Michael Succow, Lebrecht Jeschke,
Hans Dieter Knapp (Hg.)

NATURSCHUTZ IN DEUTSCHLAND

RÜCKBLICKE – EINBLICKE – AUSBLICKE

Das Pfrühlmoos an der Loisach am Rande der Allgäuer Kalkalpen gehört, mit dem ebenfalls in Bayern liegenden Murnauer Moos, zu den letzten unzerstörten, natürlichen Moorlandschaften Deutschlands. Es ist würdig, zum ersten Moornationalpark des Landes erhoben zu werden. (Foto: M. Succow, 1997)

Michael Succow, Lebrecht Jeschke,
Hans Dieter Knapp (Hg.)

NATURSCHUTZ IN DEUTSCHLAND

RÜCKBLICKE – EINBLICKE – AUSBLICKE

Ch. Links Verlag, Berlin

Das Buch wurde unter Federführung der Michael Succow Stiftung erarbeitet.

Michael Succow Stiftung
Ellernholzstr. 1/3
17489 Greifswald
www.succow-stiftung.de

Der Band entstand mit freundlicher Unterstützung durch die Dieter Mennekes Umweltstiftung und die Deutsche Bundesstiftung Umwelt.

Die Deutsche Nationalbibliothek verzeichnet diese Publikation
in der Deutschen Nationalbibliografie; detaillierte bibliografische
Daten sind im Internet über www.dnb.de abrufbar.

1. Auflage, September 2012
© Christoph Links Verlag GmbH
Schönhauser Allee 36, 10435 Berlin, Tel.: (030) 44 02 32-0
www.christoph-links-verlag.de; mail@christoph-links-verlag.de
Umschlaggestaltung unter Verwendung eines Fotos von Holm Riebe, Sächsische Schweiz
Lektorat: Annika Bach
Layout und Satz: Agentur Marina Siegemund, Berlin
Druck und Bindung: Kessler Druck- und Medien GmbH, Bobingen

ISBN 978-3-86153-686-4

Inhalt

Geleitwort
Klaus Töpfer 8

Geleitwort
Fritz Brickwedde 9

Vorwort
*Michael Succow, Lebrecht Jeschke,
Hans Dieter Knapp* 10

Historie

Wurzeln des Naturschutzes 16

Zwei Jahrhunderte Vorgeschichte 16
Lebrecht Jeschke

Unsere ostdeutschen Vordenker
und Wegbereiter
*Michael Succow, Lebrecht Jeschke,
Hans Dieter Knapp* 35

Der Kulturbund der DDR als Freiraum
*Lebrecht Jeschke, Hans Dieter Knapp,
Michael Succow* 45

Zeit der Wende 53

Das Nationalparkprogramm der DDR
Hans Dieter Knapp 53

Persönliche Erinnerungen an
eine bewegte Zeit
Michael Succow 63

Als Westbeamter in den Osten
Arnulf Müller-Helmbrecht 71

Bilanz des ostdeutschen Nationalparkprogramms

Die fünf Nationalparke 82

Der Nationalpark Jasmund
Lebrecht Jeschke, Hans Dieter Knapp 82

Der Nationalpark
Vorpommersche Boddenlandschaft
Lebrecht Jeschke, Hartmut Sporns 88

Der Nationalpark Müritz
Ulrich Meßner 96

Der Nationalpark Harz
Uwe Wegener 104

Der Nationalpark Sächsische Schweiz
Holm Riebe 113

Die sechs Biosphärenreservate 122

Das Biosphärenreservat Südost-Rügen
Hans Dieter Knapp 122

Das Biosphärenreservat Schorfheide-Chorin
Eberhard Henne 132

Das Biosphärenreservat Spreewald
Eugen Nowak 142

Das Biosphärenreservat Mittlere Elbe
Guido Puhlmann, Lutz Reichhoff 150

Das Biosphärenreservat Vessertal
Werner Westhus 159

Das Biosphärenreservat Rhön
Karl-Friedrich Abe 169

Die drei Naturparke   175

Der Naturpark Schaalsee –
heute Biosphärenreservat
Klaus Jarmatz, Rainer Mönke   175

Der Naturpark Märkische Schweiz
Hartmut Kretschmer   184

Der Naturpark Drömling
Fred Braumann   191

Entwicklungen im vereinten Deutschland

Großschutzgebiete   202

Nationalparke
Hans Dieter Knapp, Lebrecht Jeschke   202

Biosphärenreservate
Michael Succow   216

Naturparke
Lebrecht Jeschke, Hartmut Kretschmer   226

Die Nationalen Naturlandschaften
als neue Dachmarke
*Eberhard Henne, Guido Puhlmann,
Peter Schneider, Elke Baranek (für Europarc
Deutschland)*   235

Förderung durch Bund
und Bundesstiftung   240

Naturschutzgroßprojekte – chance.natur
Hans Dieter Knapp   240

Naturschutzprojekte der
Deutschen Bundesstiftung Umwelt
Fritz Brickwedde   250

Das Nationale Naturerbe   255

Die Sicherung des Nationalen Naturerbes
Adrian Johst, Christian Unselt   255

Die Naturerbe GmbH der
Deutschen Bundesstiftung Umwelt
Reinhard Stock, Werner Wahmhoff   263

Die Nabu-Stiftung Nationales Naturerbe
Christian Unselt   271

Sielmanns Naturlandschaft
Döberitzer Heide
Ulrich Simmat, Peter Nitschke   277

Die Wildnisstiftung –
Naturlandschaften Brandenburgs
Hans-Joachim Mader   282

»Alte Buchenwälder Deutschlands« –
Unesco-Weltnaturerbe
Hans Dieter Knapp   289

Schlussbetrachtung

Naturschutz in einer sich
dramatisch ändernden Welt   298

Angekommen im Anthropozän
Michael Succow   298

Schlussfolgerungen für Deutschland
*Michael Succow, Lebrecht Jeschke,
Hans Dieter Knapp*   307

Anhang

Abkürzungsverzeichnis   322
Register geographischer Namen   324
Angaben zu den Autoren   328

Die Kreideküste Rügens – eine der großartigsten Landschaften Deutschlands. (Foto: M. Succow, 2010)

Dieses Buch widmen wir

den Wäldern und Mooren,
den Flüssen und Seen,
den Steppen und Wüsten,
den Gebirgen und Meeren
und all den Menschen,
die sich für diese Lebensräume einsetzen.

Geleitwort

Von Klaus Töpfer

Der damalige Bundesumweltminister Prof. Dr. Klaus Töpfer im Sommer 1991. Er argumentiert für einen grenzüberschreitenden Nationalpark Unteres Odertal.
(Foto: M. Succow)

Vor 22 Jahren war Michael Succow zum Stellvertreter des damaligen Umweltministers der DDR berufen worden. Um ihn scharten sich Freunde und Kollegen, die von der Idee getrieben waren, in einem untergehenden Staat dem Naturschutz mit einem Nationalparkprogramm gewissermaßen ein letztes, aber buchstäblich nachhaltiges Denkmal zu setzen. Mir imponierte der Enthusiasmus der jungen Leute und ich dachte, vielleicht ist das auch eine Chance für den Naturschutz im künftig wiedervereinten Deutschland. Ich tat also das Naheliegende, sie meiner Sympathie zu versichern.

Das Programm, das sie vertraten, schien mir einerseits fast schon utopisch, zu unrealistisch, um vor den bundesdeutschen Verwaltungsmühlen bestehen zu können. Andererseits sagte ich mir: Vielleicht kann das angesichts der sich auflösenden DDR doch gelingen und von deren letzten, frei gewählten Regierung in Kraft gesetzt werden.

Mit diesem Buch legen die Protagonisten von damals Rechenschaft ab. Sie haben sich mit dem deutschen Naturschutz gründlich auseinandergesetzt und daraus ihre Schlüsse gezogen. Es ist nicht bei dem Programm von damals geblieben. Das wird jeder, der dieses Buch liest, erfahren. Ebenso wird jeder erkennen: Der Naturschutz in Deutschland sähe anders aus, wenn es sie nicht gäbe.

Sie haben weitergedacht, sich mit den Grundproblemen unserer Zeit auseinandergesetzt und in diesem Buch Vorschläge für eine neue Problemsituation unterbreitet. Es geht um das grundlegende Verhältnis des Menschen zur Natur. Die wachsende Menschheit wird begreifen müssen, dass ein Weiterso wie bisher in eine Sackgasse führt, keine Option mehr ist. Ich habe, genauso wie die Autoren dieses Buches, die Hoffnung noch nicht aufgegeben. Das hat uns damals verbunden, und es verbindet uns immer noch.

Ich wünsche dem Buch möglichst viele Leser.

Prof. Dr. Dr. h. c. mult. Klaus Töpfer,
Vizepräsident der Welthungerhilfe und Bundesminister a. D.

Geleitwort

Von Fritz Brickwedde

Seit der Wiedervereinigung in Deutschland hat der Naturschutz stetig an Bedeutung gewonnen. 1990, als sich das Ende der DDR bereits abzeichnete, wies die frei gewählte Volkskammer fünf großflächige Nationalparke, drei Naturparke und sechs Biosphärenreservate aus. Dies war ein erster großer Schritt für eine Entwicklung hin zu mehr Achtung vor der Natur und zum bewussten Schutz bedrohter Naturlandschaften, der kurz zuvor noch undenkbar schien. Der Rückzug des Militärs und die Aufgabe von militärisch genutzten Flächen ermöglichten schließlich die Sicherung der wertvollen Naturschutzflächen des Nationalen Naturerbes. Am 11. November 2005 legten die Regierungsparteien CDU/CSU und SPD dies als ein zentrales politisches Ziel fest. Im Dezember 2005 wurde die Absicht der unentgeltlichen Übertragung von bis zu 125 000 ha bundeseigener Naturerbeflächen an die Länder, die Deutsche Bundesstiftung Umwelt (DBU) und Naturschutzverbände per Haushaltsbeschluss verabschiedet und damit rechtskräftig. Dies bedeutet eine einmalige Chance für den heimischen Naturschutz und insbesondere die Entwicklung neuer Wildnisgebiete, denn 125 000 ha entsprechen in etwa der Fläche der sechs Nationalparke Bayerischer Wald, Berchtesgaden, Harz, Müritz, Unteres Odertal und Eifel. Der dauerhafte Erhalt des Nationalen Naturerbes ist somit ein internationales Vorzeigeprojekt für den Schutz der Natur beziehungsweise der biologischen Vielfalt.

Dr.-Ing. E. h. Fritz Brickwedde
(Foto: Deutsche Bundesstiftung Umwelt)

Auch in der Politik wurde erkannt, dass eine intakte Natur mehr ist als nur Selbstzweck. Natürlicher Lebensraum erfüllt viele wertvolle Funktionen, die mit technischen Maßnahmen gar nicht oder nur unter unglaublich hohem Kostenaufwand nachgebildet werden können. Eine große Artenvielfalt ermöglicht eine bessere Anpassung an die mit dem Klimawandel sich schneller verändernden Umweltbedingungen. Natur bietet uns die Möglichkeit zur Kontemplation, Entspannung und auch körperlicher Betätigung. Nur noch an wenigen Orten haben wir die Möglichkeit, uns »zur Ruhe zu begeben«, Stille zu erfahren. Umso wichtiger ist es daher, dass wir die bei uns noch vorhandenen Naturräume bewahren und schützen. Und schließlich stellen Naturräume auch einen wichtigen Teil unserer kulturellen Identität dar. Schutzgebiete sind erforderlich, um Natur zu bewahren, Wildnis entstehen zu lassen und den Menschen Natur näherzubringen.

Das vorliegende Buch zeigt die Entwicklungen im Naturschutz auf und macht deutlich, wie wichtig Naturschutz auch oder gerade heute ist. Ich wünsche Ihnen bei der Lektüre viel Freude und anregende Unterhaltung.

Dr.-Ing. E. h. Fritz Brickwedde,
Generalsekretär der Deutschen Bundesstiftung Umwelt

Vorwort

Von Michael Succow, Lebrecht Jeschke und Hans Dieter Knapp

Am Beginn eines neuen Jahrhunderts, in einer sich dramatisch verändernden Welt, erscheint es uns, den Herausgebern dieses Buches, an der Zeit, den Naturschutz in Deutschland rückschauend zu bewerten, Erreichtes zu würdigen, insbesondere aber die aktuellen Herausforderungen zu erfassen. Wir sind dabei zu dem Schluss gekommen, dass Konzepte, die von Rahmenbedingungen des 19. Jahrhunderts ausgehend im 20. Jahrhundert praktiziert wurden, unter den tiefgreifend veränderten Bedingungen der globalisierten Welt des 21. Jahrhunderts nicht mehr angemessen sind. Das Motto der Michael Succow Stiftung »Erhalten und Haushalten« stellt für uns das Gebot der Stunde dar.

Wir haben uns zunächst mit den Wurzeln des deutschen Naturschutzes auseinandergesetzt und dabei erkennen müssen, dass nach einem hoffnungsvollen Beginn sehr schnell die Landnutzer den Naturschutz in eine Nischenrolle drängten. Unserer ostdeutschen Sicht ist es geschuldet, dass wir uns eingangs an Persönlichkeiten erinnern, die für die Nachkriegsentwicklung des Naturschutzes im Osten Deutschlands von großer Bedeutung waren und auch uns wesentlich geprägt haben. Darüber hinaus setzen wir uns mit der bisher kaum reflektierten Rolle des Kulturbundes als einen Freiraum für ehrenamtliches Engagement im Naturschutz der DDR auseinander. In dem Abschnitt *Zeit der Wende* knüpfen wir an das ostdeutsche Nationalparkprogramm von 1990 und unser 2001 erschienenes Buch »Die Krise als Chance – Naturschutz in neuer Dimension« (Findling Verlag, Neuenhagen) an. Es folgen persönliche Erinnerungen an eine bewegende Zeit. Im folgenden Teil *Bilanz des ostdeutschen Nationalparkprogramms* ziehen die Initiatoren sowie heute verantwortliche Vertreter der Schutzgebiete des Nationalparkprogramms von 1990 Bilanz nach 20 Jahren. Es war für die Nationalparkleitungen nicht einfach, aber sie haben die Vision von einer Natur, die vom Nutzungsdruck befreit ist und nun zur Freude und Erbauung allen Menschen zur Verfügung steht, nicht aus den Augen verloren. Auch die Idee, Biosphärenreservate in Deutschland zu etablieren, fand positiven Anklang und wurde mithilfe der »Sevilla-Strategie« vom Kopf auf die Füße gestellt. Biosphärenreservate sind Modellregionen für die Entwicklung regionaler und Ressourcen schonender Wirtschaftskreisläufe. Dass sich in Deutschland in den vergangenen 35 Jahren allein 15 Biosphärenreservate mit Unesco-Zertifizierung etablieren konnten, ist ein großer Erfolg. Auch der Mut der in Ostdeutschland eingerichteten Naturparkverwaltungen ist beispielhaft; ohne reguläre Zuständigkeiten versuchen sie, die Idee des Naturparks als eines Großschutzgebietes hochzuhalten.

Während die ersten zwei Kapitel aufgrund unserer Arbeit mehr den Osten Deutschlands behandeln, werden im dritten Kapitel *Entwicklungen im vereinten Deutschland* aus Sicht der jewei-

Alte Lindenallee zwischen den Hansestädten Greifswald und Stralsund – heute eine beruhigte Landstraße. Sie führt weiter nach Rügen und verbindet die Lebensorte der Herausgeber. (Foto: M. Succow, 2009)

Wenn der Mensch nicht als Feind auftritt, verlieren die Tiere ihre Scheu. Singschwäne auf einem Rapsacker vor den Toren der Stadt Greifswald. (Foto: M. Succow, 2011)

ligen Autoren näher beleuchtet. Zunächst versuchen wir eine zusammenfassende Wertung der Entwicklung von Nationalparken, Biosphärenreservaten und Naturparken in den vergangenen zwei Jahrzehnten. Welche Impulse haben sie dem Naturschutz in Deutschland gegeben, und was haben sie für die Natur gebracht? Welche Rolle spielen sie in der Entwicklung der jeweiligen Region? Wie ist ihre Situation heute? Wie werden sie sich weiterentwickeln? Fragen, auf die wir Antworten aus unserer persönlichen Sicht zu geben versuchen.

In den neu eingerichteten Nationalparken waren beispielsweise Auseinandersetzungen mit den Forstverwaltungen vorprogrammiert. Die Erkenntnis, dass Wald aus sich heraus existieren kann und in Schutzgebieten keiner Nutzung oder Pflege bedarf, hat lange gebraucht, bis sie akzeptiert wurde. Generell wurde und wird noch zu viel »gepflanzt« und »gepflegt«. Oft mangelt es an Vertrauen in die Regenerationskraft der Natur. Sie findet immer einen Weg, selbst eine Monokultur zum Naturwald zu wandeln, wenn wir sie nur gewähren lassen und ihr Zeit geben. Manchmal bedient sie sich dabei auch des Borkenkäfers, wie wir zeigen werden. Wir können feststellen, dass die Nationalparke in der Wirklichkeit des politischen Tagesgeschäfts angekommen sind. Sie sind zu einem unentbehrlichen Partner der Tourismuswirtschaft geworden und nehmen ihre Aufgabe, Orte der Naturbildung und Naturerfahrung zu sein, mit großem Erfolg wahr. Allerdings konnten in diesem Buch nicht alle neuen Entwicklungen der letzten 20 Jahre im deutschen Naturschutz in gleicher Weise dargestellt werden, das erfolgreiche Projekt »Grünes Band« oder auch die Flächensicherungen durch WWF und BUND können beispielsweise nur erwähnt werden.

Anschließend werden als bedeutsame Aspekte des Naturschutzes bundesweite Förderprojekte und die Initiative Nationales Naturerbe skizziert. Die hierfür zentrale Entscheidung der Bundesregierung, der Verwertung zugewiesene, aber für den Naturschutz bedeutsame Flächen in Ostdeutschland sowie nicht mehr benötigte Truppenübungsplätze kostenlos an Naturschutzverbände und Naturschutzstiftungen abzugeben, wird als ein Meilenstein in der deutschen Naturschutzgeschichte gewürdigt. Insbesondere die Deutsche Bundesstiftung Umwelt (DBU) war bereit, nicht nur einen erheblichen Flächenanteil, sondern auch das daran gebundene Personal des Bundesforstes zu übernehmen. Mit dem Konzept des Nationalen Naturerbes besteht jetzt über die Nationalparke hinaus in Deutschland erstmals die Chance, ernsthaft größere Schutzgebiete durch gesellschaftliche Träger für ungestörte Naturentwicklung einzurichten.

Mit dem Schlusskapitel versuchen wir, die regionalen Entwicklungen und Erfahrungen aus Deutschland im globalen Zusammenhang zu betrachten und uns den Herausforderungen der Gegenwart zu stellen. Es liegt in der Natur der Sache, dass dies nicht umfassend oder gar vollständig möglich ist. Mit den Schlussfolgerungen für Deutschland versuchen wir den aktuellen Handlungsbedarf abzustecken, der sich mit den zwei Begriffen »Erhalten und Haushalten« umreißen lässt.

Wir möchten allen, die zum Zustandekommen dieses Buches beigetragen haben, herzlich danken. Unser Dank gilt als Erstes den Mitautoren, die mit ihren unmittelbaren Erfahrungen aus der Praxis vor Ort dem Buch Authentizität geben. Dabei ist anzumerken, dass wir als Herausgeber nicht alle geäußerten Ansichten der Autoren der einzelnen Kapitel teilen, sie aber zur Dokumentation der Meinungsvielfalt im Naturschutz unkommentiert wiedergeben. Zu großem Dank sind wir der umsichtigen Mitarbeit von René Fronczek und Jessica von Stryck verpflichtet. Auch danken wir besonders Prof. Dr. Klaus Töpfer und Dr.-Ing. E. h. Fritz Brickwedde für die ermutigenden Gedanken, die sie in ihren Geleitworten formuliert haben.

Und schließlich freuen wir uns, dieses Buch mit Unterstützung der Dieter Mennekes Stiftung, der Deutschen Bundesstiftung Umwelt und des so aufgeschlossenen Christoph Links Verlages einem breiteren Leserkreis präsentieren zu können.

Im Naturschutzgebiet Eldena bei Greifswald. 1825 besuchte Kronprinzessin Elisabeth von Preußen diesen damals schon alten Wald, sie war tief beeindruckt, die Universität veranlasste den Schutz der alten Bäume.
(Foto: L. Jeschke, 2012)

HISTORIE

WURZELN DES NATURSCHUTZES

Zwei Jahrhunderte Vorgeschichte

Von Lebrecht Jeschke

Frühe Beispiele eines Nutzungsverzichts

1812 rettete Fürst Wilhelm Malte zu Putbus (1783–1854) den Wald auf der Insel Vilm vor der Abholzung durch napoleonische Besatzungstruppen. Von den Malern der Romantik entdeckt, war diese Insel mit den alten Eichen und Buchen, wie es sie andernorts auf Rügen schon lange nicht mehr gab, der Stolz des Besitzers. Dies war ein Hudewald, ein als Weide genutzter Wald, der mit seinen alten Bäumen den Künstlern lange als Sinnbild der deutschen Wildnis galt.

Fürst Wilhelm Malte zu Putbus (1783–1854)
(Abbildung: Archiv Michael Succow Stiftung)

1825 besuchte die Kronprinzessin Elisabeth von Preußen mit ihrem späteren Ehemann, König Friedrich Wilhelm IV., auf der Rückreise von Rügen das der Universität gehörende Forstrevier Eldena bei Greifswald. Elisabeth war fasziniert von der Schönheit der alten Bäume, und die Universitätsleitung verfügte daraufhin den Erhalt der alten Eichen und Buchen. Fallholz jedoch wurde, wie es damals üblich war, gesammelt und als Feuerholz genutzt. Heute ist dieser Wald in einem Umfang von 407 ha Naturschutzgebiet. Aus der forstlichen Nutzung genommen sind jedoch nur 27,62 ha, die 1961 als Naturwaldzellen eingerichtet wurden. Die Eichen und Buchen in diesen Naturwaldzellen gehören heute neben denen auf der Insel Vilm zu den imposantesten Baumgestalten im Küstenbereich der Ostsee. Seit dem fürstlichen Besuch im Jahre 1825 trägt dieser Waldteil den Namen Elisenhain (Benthin 1968, S. 118).

Um die Mitte des 19. Jahrhunderts verfügte Großherzog Georg von Mecklenburg-Strelitz (1779–1860) die Schonung eines etwa 25 ha großen Buchenbestandes im Forstamt Lüttenhagen in Mecklenburg. Als Philanthrop und Romantiker, auch ein Briefpartner Goethes, liebte er seinen Wald so sehr, dass er den Holzeinschlag verbot und dem Wald ein Gedicht widmete, dessen erster Vers hier wiedergegeben werden soll (Borrmann 2009, S. 180):

Großherzog Georg v. Mecklenburg-Strelitz (1779–1860)
(Abbildung: Archiv Michael Succow Stiftung)

»Bei der Erinnerung des Buchwaldes bei Lüttenhagen
  Unter meinen alten Buchen,
  Die wie Himmelssäulen stehen,
  Möcht ich dich o Ruhe suchen,
  Möcht den Himmel wieder sehen,
  Wie er durch die dunklen Äste
  Zwiefach schön und hehr erscheint,
  Dann seh' ich gewiss das Beste
  Erd' und Himmel eng vereint.«

Um die Mitte des 19. Jahrhunderts verfügte Großherzog Georg den Schutz eines 25 ha großen Buchenwaldes. Er nannte ihn die Heiligen Hallen, heute der wohl älteste Buchenhochwald Deutschlands.
(Foto: L. Jeschke, 2011)

Die »Heiligen Hallen«, wie dieser Wald seither genannt wird, wurden 1938 mit 25,6 ha zum Reichsnaturschutzgebiet erklärt. Allerdings waren »die forstliche Nutzung unter Wahrung des Charakters als Naturschutzgebiet sowie die Entnahme von Fallholz« erlaubt, wie es in der Schutzverordnung von 1938 heißt. Bis zu einem richtigen Naturschutzgebiet war es noch ein weiter Weg! Erst 1961 wurden die Heiligen Hallen als Naturwaldzelle für immer aus der Nutzung entlassen und wirklich befriedet. Heute sind sie der älteste Buchenwald Deutschlands.

Das sind drei Beispiele, bei denen romantische Naturverehrung und Kunstsinn us Heutigen alte Wälder bescherten, die zum wertvollsten Naturerbe Deutschlands gehören.

Heinrich Cotta (1763–1844)
(Abbildung: Archiv Michael Succow Stiftung)

Im 19. Jahrhundert stand in Deutschland, nicht zuletzt durch den Einfluss einer romantisierenden Geschichtsverklärung, der Erhalt von historischen Denkmälern im Vordergrund des öffentlichen Interesses. Der Schutz von Naturbildungen hingegen war die Ausnahme. In die erste Hälfte des 19. Jahrhunderts fällt der Schutz des Drachenfels im Siebengebirge. Ein Steinbruch sollte aufgegeben werden, damit eine Burgruine als historisches Denkmal erhalten bleiben konnte. Selbst als der 1869 gegründete Siebengebirgsverein, eine dem Naturschutz verpflichtete Gruppierung, Besitzer größerer Waldflächen im Siebengebirge geworden und das Siebengebirge 1922 zum Naturschutzgebiet erklärt worden war, wurde dieser Wald »ordnungsgemäß«, wie jeder andere, bewirtschaftet. Gegenwärtig umfasst das Naturschutzgebiet Siebengebirge 4305 ha. In der Verordnung von 2005 ist immerhin die Möglichkeit eröffnet, auf bestimmten Flächen auf die forstliche Nutzung zu verzichten (Mense 2003; Krämer 2003). Da wird die »Nutzungsaufgabe von Teilflächen« in Aussicht gestellt, konkrete Festlegungen von Nutzungsbeschränkungen werden jedoch nicht ausgesprochen. Es war in Deutschland damals (und fast auch heute noch) gänzlich unvorstellbar, auf die forstliche Nutzung eines größeren Waldgebietes zu verzichten.

Die Wissenschaft entdeckt letzte Urwälder

Heinrich Göppert (1800–1884)
(Abbildung: Archiv Michael Succow Stiftung)

Um die Mitte des 19. Jahrhunderts bereiste der Breslauer Botaniker Heinrich Göppert (1800-1884) die letzten in Mitteleuropa verbliebenen Urwälder und publizierte 1868 das Ergebnis seiner Visitationen unter dem Titel »Skizzen zur Kenntnis der Urwälder Schlesiens und Böhmens«. Zu diesem Zeitpunkt waren das nur bescheidene Reste, aber immerhin waren es wirkliche Urwälder. Göppert beklagte den Verlust der Urwälder in der Ebene, und selbst in den Alpen waren »von der Axt unberührte Wälder« nicht mehr zu finden. Die Reste, die er im Glatzer Bergland und im Böhmerwald dann tatsächlich fand, die große Zahl am Boden oft übereinanderliegender Stämme (auf 40 ha fand er 2400 bis 3000 alte, im Zersetzungsprozess befindliche Bäume) und die Dimension der noch stehenden lebenden Stämme beeindruckten ihn umso tiefer.

Göppert stellte Überlegungen an, wie lange es wohl dauern würde, bis die am Boden liegenden Stämme zu Humus würden. Mit Verwunderung stellte er fest, dass sie bereits von einer neuen Fichtengeneration besiedelt wurden, ehe sie zu Humus wurden. Göppert erkannte, dass das tote Holz des Urwaldes für die Ernährung der nächsten Waldgeneration eine entscheidende Rolle spielt. Göppert wollte die Aufmerksamkeit »auf eines der großartigsten naturhistorischen ... Phänomene der Pflanzenwelt ...« lenken. Und er fuhr fort: »Dem Botaniker bietet sich dort ein unerschöpfliches Material für morphologische und physiologische Studien dar, und der Oekonom kann sich wie so leicht nirgends überzeugen, was ein seinen natürlichen Hilfsquellen überlassener Boden zu leisten vermag.« Von diesen Urwäldern gelang es lediglich eine bescheidene Fläche von nicht einmal 100 ha vor der Umwandlung in einen gewöhnlichen Fichtenforst zu bewahren, und das, obwohl der damalige Besitzer, Fürst Johann Adolf von Schwarzenberg (1799-1888), 1858, vermutlich auf Anregung Göpperts, 1600 ha des Kubani-Urwaldes »für ewige Zeiten« von jeder Nutzung freigestellt hatte. Diese Entscheidung wurde von Schoenichen (1954) als »erste Naturschutzgroßtat im europäischen Raum« gewürdigt.

Die Heimatschutzbewegung als Reaktion auf den Wandel der Kulturlandschaft

Der rasant einsetzende landschaftliche Wandel im Zusammenhang mit dem Fortschreiten der industriellen Revolution in der zweiten Hälfte des 19. Jahrhunderts, insbesondere nach der Reichsgründung 1871, sensibilisierte in Deutschland Persönlichkeiten des öffentlichen Lebens für diese gravierenden landschaftlichen Veränderungen. Sie erhoben ihre Stimme und warnten vor dem Verlust vertrauter und liebgewonnener Bilder der heimatlichen Landschaft. Diese Landschaft war in der Regel eine vom Menschen seit Jahrtausenden genutzte und ausgebeutete Natur, für die unter dem Einfluss der Romantik der alte Begriff Heimat neu belebt worden war. Es war eine dem Menschen dienstbar gemachte, eine vermenschlichte Natur. Der Gedanke, dass die überkommene Heimat zu schützen sei wie jedes andere Kulturgut, wurde Ende des 19. Jahrhunderts sehr engagiert von dem Komponisten, Pianisten und Musiklehrer Ernst Rudorff (1840-1916) vertreten. Rudorff hatte die mit der Aufteilung der Allmende verbundene »Verkoppelung« unmittelbar erlebt - eine faktische Privatisierung - und ging mit kraftvollen Worten dagegen vor. Um die Jahrhundertwende war die Heimatschutzbewegung die treibende Kraft des Naturschutzes in Deutschland. Diese Entwicklung führte schließlich 1929 zur Gründung eines »Verbandes der Freunde des deutschen Heimatschutzes«, der die in den seinerzeitigen deutschen Ländern seit der Jahr-

Links: Zeichnung vom Kubani Bergwald. So sah 1868 Heinrich Göppert einen der letzten Urwälder Mitteleuropas in Böhmen.
(Abbildung: Archiv Michael Succow Stiftung)
Rechts: Der Kubani Urwald, der einzige wirkliche Urwaldrest in Mitteleuropa, liegt in der Tschechischen Republik. 1858 beschloss Fürst von Schwarzenberg, 1600 ha zu schützen. Geblieben sind 49 ha.
(Foto: L. Jeschke, 1977)

hundertwende existierenden Heimatschutzvereine zusammenfassen sollte. Der auf konservativen zivilisationskritischen Wertvorstellungen basierende Heimatschutzgedanke wirkt im deutschen Naturschutz bis heute nach und verstellt gelegentlich den Blick auf die Realität der dem fortwährenden Wandel unterworfenen Kulturlandschaft.

Eine neue Vision: Staatsparke und Bannwälder

Eine zweite Wurzel des Naturschutzes in Deutschland, auf lange Sicht wirkungsmächtiger als der Heimatschutz, war Wilhelm Wetekamps (1859–1945) Arbeit. Unter dem Eindruck der Nachrichten über Nationalparkgründungen in Amerika schlug Wetekamp in seiner Rede am 30. März 1898 dem Preußischen Landtag vor, die Regierung solle nach amerikanischem Vorbild die Bildung von »Staatsparks« beschließen. Wörtlich sagte er mit Verweis auf die Bemühungen, Einzelteile der Natur, eben Naturdenkmäler, zu bewahren:

»Aber alle diese Mittel sind doch nur klein und unzureichend. Wenn etwas wirklich Gutes geschaffen werden soll, so wird nichts übrig bleiben, als gewisse Gebiete unseres Vaterlandes zu reservieren, ich möchte den Ausdruck gebrauchen: in ›Staatsparks‹ umzuwandeln, allerdings nicht Parks in dem Sinne, wie wir sie jetzt haben ... sondern um Gebiete, deren Hauptcharakteristikum ist, dass sie unantastbar sind.« (Wetekamp 1901, S. 260)

Es war wohl die erste Rede in einem deutschen Parlament, in der ein sehr modern anmutendes Naturschutzkonzept vertreten worden ist.

Just um diese Zeit war ein Naturwissenschaftler des Naturkunde-Museums in Danzig in der damals zum Deutschen Reich gehörenden Provinz Westpreußen mit der Erfassung der »Naturdenkmäler« unterwegs, sein Name: Hugo Conwentz (1855–1922). Das Ergebnis ist das »Forstbotanische Merkbuch für die Provinz Westpreußen« (Conwentz 1900). Der Autor schickte 1900 ein Exemplar seines Merkbuches an Robert Gradmann (1865–1950) in Tübingen. Gradmann war dort mit seiner großen Arbeit »Das Pflanzenleben der Schwäbischen Alb« 1898 promoviert worden und arbeitete als Bibliothekar in der Universitätsbibliothek. Gradmann begrüßte das »Forstbotanische Merkbuch« als Vorbild für alle deutschen Staaten. Er verwies dann jedoch auf Wilhelm Wetekamp, der schon 1898 im Preußischen Landtag viel weitergehende Vorschläge gemacht habe, nämlich die Errichtung von »Staatsparks, die nicht bloß vom Kahlschlag verschont bleiben, sondern überhaupt für unantastbar erklärt werden.« Gradmann schreibt: »Ein besonderes Gewicht legen wir

Hugo Conwentz (1855–1922)
(Abbildung: Archiv Michael Succow Stiftung)

Wilhelm Wetekamp (1859–1945)
(Abbildung: Archiv Michael Succow Stiftung)

Robert Gradmann (1865–1950)
(Abbildung: Archiv Michael Succow Stiftung)

auf den Gedanken der Einrichtung von Staatsparken, oder sagen wir mit einem guten deutschen Ausdruck, von Bannwäldern.« (Gradmann 1900, S. 410)

Der Bannwaldgedanke, eine starke und bis heute lebenskräftige Wurzel des deutschen Naturschutzes, war geboren. In Baden-Württemberg existieren heute 108 Bannwälder mit einer Fläche von 6754 ha (Bücking 2011). Der erste Bannwald wurde 1911 eingerichtet. Es wird heute leicht übersehen, dass Wilhelm Wetekamp in seiner Rede im Preußischen Landtag indirekt auch den Anstoß gab zur Ausweisung von Naturwaldreservaten. Wir werden auf dieses Thema noch zurückkommen.

Im Frühjahr 1900 ersuchte der preußische Minister für Landwirtschaft, Domänen und Forsten den Naturwissenschaftlichen Verein zu Bremen um ein Gutachten zu dem von Wetekamp vorgetragenen Thema »Erhaltung von Naturdenkmälern«. Ebenso war der Botaniker Carl Albert Weber (1856–1931) vom Minister um ein solches Gutachten gebeten worden. Das Gutachten Webers wurde in den Abhandlungen des Naturwissenschaftlichen Vereins Bremen 1901 unter dem Titel »Über die Erhaltung von Mooren und Heiden Norddeutschlands im Naturzustand, sowie über die Wiederherstellung von Naturwäldern« publiziert (Weber 1901). Es ist ein großartiges Programm mit vielen Vorschlägen zu schützender Gebiete in ganz Norddeutschland, vom Breszuller Moor und dem Zehlau-Bruch im ehemaligen Ostpreußen, von den Auwäldern an der Mittleren Elbe bis zu den »Salzmooren« und Seemarschen der Nordseeküste. Nachdrücklich und von poetischer Kraft ist Webers Plädoyer für nutzungsfreie Wälder. Am besten sollten sie zusammen mit ebenfalls von wirtschaftlicher Ausbeutung verschonten Moorlandschaften geschützt werden. Webers Vorschläge wurden weitgehend verwirklicht, wenngleich nicht immer so, wie er es sich vorgestellt hatte, beispielsweise in der Lüneburger Heide. Aber immerhin, das größte lebende Regenmoor im nördlichen Mitteleuropa, das Zehlau-Bruch, kann sich rühmen, aufgrund der Empfehlung Webers bereits 1910 mit über 2000 ha zum Naturschutzgebiet erklärt worden zu sein. Nicht nur das Moor wurde gänzlich von jeder Nutzung freigestellt, sondern es gehörte auch ein prächtiger Laubwaldgürtel, wie Weber es vorgeschlagen hatte, mit alten Linden, Spitzahornen, Flatterulmen, Fichten und Aspen zum Schutzgebiet.

Naturdenkmalpflege als staatlicher Naturschutz

Carl Albert Weber (1856–1931)
(Abbildung: Archiv Michael Succow Stiftung)

Inzwischen hatte Hugo Conwentz auf Bitten des Ministers für Geistliche, Unterrichts- und Medizinalangelegenheiten in Preußen ebenfalls seine »Denkschrift: Die Gefährdung der Naturdenkmäler und Vorschläge zu ihrer Erhaltung« (1904) fertiggestellt und im selben Jahr dem Minister überreicht. Auch diese Denkschrift bezog sich auf Wetekamps Rede. Die von dieser Denkschrift ausgehende Überzeugungskraft war so mächtig, dass sich der Minister veranlasst sah, 1906 die Staatliche Stelle für Naturdenkmalpflege zu gründen und deren Leitung Hugo Conwentz zu übertragen.

Zwei Denkschriften, die von zwei Ministern in Auftrag gegeben worden waren. Es scheint so, als hätten diese beiden Schriften bereits ein Umdenken bewirkt: 1907 wurde ein Wald und Moorgebiet mit einem See, ganz so, wie Weber es vorgeschlagen hatte, vom preußischen Minister für Landwirtschaft, Domänen und Forsten unter Naturschutz gestellt. Der preußische Staat verzichtete auf jede Art von wirtschaftlicher Nutzung in diesem Naturschutzgebiet, das unter dem Namen Plagefenn noch heute existiert und ein Teil der Kernzone des Biosphärenreservates Schorfheide-Chorin darstellt. Das alte Plagefenn in der Mark Brandenburg ist das erste wirkliche Naturschutzgebiet Preußens, dabei hat entscheidend der zuständige Oberförster und spätere Forstmeis-

Das Plagefenn bei Eberswalde, das älteste Naturschutzgebiet Preußens, erhielt 1907 eine Rechtsverordnung und ist seitdem nutzungsfrei. Es gehört heute als eine der Kernzonen zum Biosphärenreservat Schorfheide-Chorin. (L. Jeschke, 2010)

Eine Hudewaldeiche im Urwald Sababurg im Rheinhardswald. Dieses erste wirkliche Naturschutzgebiet Hessens wurde 1907 gegründet.
(Foto: L. Jeschke, 2003)

Im Bayerischen Wald, dem 1970 begründeten ersten deutschen Nationalpark. Der Borkenkäfer hat den »Waldumbau« eingeleitet! (Foto: H. D. Knapp, 2009)

Die Zehlau, das einzige nicht tiefgründig entwässerte und nicht ausgetorfte Tieflandsregenmoor im nördlichen Mitteleuropa, wurde 1911 auf Anregung von C. A. Weber mit circa 2000 ha zum Naturschutzgebiet erklärt und blieb damit nutzungsfrei. Heute zur Russischen Föderation gehörig, laufen derzeit Bemühungen, das Gebiet als »Zapowednik« zu sichern. (Foto: M. Succow, 2009)

Alter Buchenwald im ersten Naturschutzgebiet Preußens, dem Plagefenn. In einem seit 100 Jahren aus der Nutzung entlassenen Wald wächst ein Drittel der Bäume, ein Drittel steht abgestorben, ein Drittel liegt am Boden und wird zu Humus. (Foto: L. Jeschke, 2010)

Max Kienitz (1849–1931)
(Abbildung: Archiv Michael
Succow Stiftung)

ter Max Kienitz (1849-1931) mitgewirkt. Am Ende seines Antrages an den preußischen Minister formulierte er die noch heute modern anmutende Maxime des Naturschutzes: »Hier soll der Wald sich selber leben«.

Die von Conwentz vorgelegte Denkschrift ist, was die Nutzungsfreiheit betrifft, zurückhaltender: »[...] ist es wünschenswert, den ursprünglichen Wald, wo er noch besteht, tunlichst mit Schonung zu behandeln.« Mit »Schonung« meinte Conwentz lediglich, dass der »ursprüngliche Wald« ganz allgemein vom Kahlschlag verschont werden sollte. Dann auf der folgenden Seite, wo es um den fiskalischen Wald in Preußen geht, hatte er Mut gefasst und forderte, natürliche Bestände, »wenngleich meist nicht von erheblichem Umfang [...] tunlichst jeder Nutzung zu entziehen und dauernd als Naturdenkmäler zu bewahren«. Damit war klargestellt, dass auch Conwentz im Grunde dem Wetekamp'schen Ansatz, der ja auch von Weber vertreten wurde, folgte: Naturschutzgebiete sollten auf fiskalischem Grund und Boden errichtet werden. Und wo in Staatswäldern oder Kommunalwäldern keine schutzwürdigen Waldteile mehr vorhanden waren, sollte der Staat geeignetes Land aus Privathand erwerben. Conwentz führte zwar nachahmenswerte Beispiele auf, wo Privateigentümer von sich aus »Naturschutzgebiete« begründet hatten. Doch es stellte sich bald heraus, dass mit den Privatinitiativen in Deutschland kein Staat zu machen war. Fürst Wilhelm Malte zu Putbus und dessen Insel Vilm blieb eine Ausnahme.

Nach dem Vorbild Preußens organisierten sich die dem Naturschutz- und Heimatschutzgedanken verpflichteten gesellschaftlichen Kräfte in Deutschland, mit einer Unterbrechung durch den Ersten Weltkrieg. Aus allen deutschen Ländern und Staaten wurden auf der Grundlage des novellierten »Feld- und Forstpolizeigesetzes« Naturschutzgebiete vorgeschlagen und festgesetzt. Soweit es sich um Wälder handelte, ist uns kein Fall bekannt, wo auch nur ein Naturschutzgebiet von jeder forstlichen Nutzung freigestellt worden wäre. Das Plagefenn sollte lange das Einzige bleiben. In den entsprechenden Paragraphen der Naturschutzgebietsverordnungen hieß es noch bis in die 1970er Jahre hinein in der Regel zur forstlichen Nutzung: »ist im bisherigen Umfange gestattet«, oder: »gestattet ist die Entnahme kranker und abgängiger Stämme«. Man suche nur nach Nutzungsbeschränkungen in den Naturschutzgebietsverordnungen für die Naturschutzgebiete der Bundesrepublik Deutschland in »Die Naturschutzgebiete der Bundesrepublik Deutschland« (Ant und Engelke 1970).

Offenbar hatten alle vergessen oder nicht wahrhaben wollen, was der große Forstwissenschaftler Heinrich Cotta (1763-1844), der Begründer der Forstakademie Tharandt, bereits 1817 seinen Forstkollegen ins Stammbuch geschrieben, oder genauer im Vorwort seiner »Waldbaulehre« ihnen gewissermaßen als Grundmotiv des waldbaulichen Handelns mit auf den Weg gegeben hatte, nämlich, dass alle genutzten Wälder degradierte Wälder sind. Damit hatte Cotta für das »Ökosystem Wald« bereits eine allgemeingültige Begründung für die Einrichtung von nutzungsfreien Waldnaturschutzgebieten geliefert, lange bevor deutsche Naturschützer sich in den Wald wagten. Wir können wohl annehmen, dass Göppert, als er sich mit den verbliebenen Urwaldresten in Schlesien und Böhmen befasste, Heinrich Cottas »Waldbaulehre« gelesen hatte. Die entscheidenden Sätze seien hier zitiert:

»Wenn die Deutschen heute ihr Land verließen, so würde dieses in 100 Jahren ganz mit Holz bewachsen seyn. Da nun letzteres niemand benutzte, so würde es die Erde düngen, und die Wälder würden nicht blos *größer* sondern auch *fruchtbarer* werden.

Kehrten aber nachher die Menschen wieder zurück, und machten sie wieder so große Anforderungen an Holz, Waldstreu und Viehweide, wie gegenwärtig; so würden die Wälder bei der besten Forstwirtschaft abermal, nicht blos *kleiner*, sondern auch *unfruchtbarer*.« (Cotta 1817, S. 1)

Waldnaturschutz auf der »Verliererstraße«?

Doch betrachten wir noch einmal genauer den Anfang des 20. Jahrhundert und begeben uns auf die Suche nach den Gründen für die Zurückhaltung des amtlichen Naturschutzes in Bezug auf den Wald. Der erste Deutsche Naturschutztag in München wurde 1925 von der Staatlichen Stelle für Naturdenkmalpflege in Preußen veranstaltet – diese war bereits 1910 von Danzig nach Berlin verlegt worden – in Verbindung mit dem Vorstand des Bayerischen Landesausschusses für Naturpflege. Überraschend stark waren die Vertreter der Forstwissenschaft und der Forstverwaltung auf dem Naturschutztag vertreten, und es lohnt sich, den Inhalt ihrer Reden näher anzusehen. Da wird den Naturschutzaktivisten unmissverständlich klargemacht, dass der fiskalische Wald die Aufgabe habe, die Staatskassen zu füllen und die Vorstellungen der Naturschützer, Wälder mit einer Flächengröße von 400 oder 500 ha irgendwo aus Naturschutzgründen aus der Bewirtschaftung zu entlassen, einfach illusionär seien.

Eine aufklärerische Rolle spielte jedoch der Waldbaureferent der Bayerischen Staatsforstverwaltung Karl Rebel; er führte anhand von Abbildungen nicht nur ein naturnahes Waldbaukonzept vor unter dem Motto »etwas von Wildnis muss der Wirtschaftswald haben, sonst stirbt seine Natur vor lauter Kultur«, sondern er sprach sich auch für die Schaffung nutzungsfreier Naturwaldreservate und sogar für einen »Waldnationalpark« nach nordamerikanischem Vorbild aus. Diese Rede wurde jedoch durch den Auftritt des Waldbauprofessors Wilhelm Fabricius (1894 – 1989) konterkariert, der den versammelten Naturschützern erklärte, wenn Forstleute gegen ihr eigenes Schönheitsempfinden handelten, so wäre die Antwort einfach: »Das eherne Ertragsgesetz zwingt sie dazu. Denn Waldbau ist eben nicht Naturschutz, sondern Werterzeugung.« Fabricius begründet auch, warum die Bäume im Wald nicht alt werden dürften: weil dann der Wertzuwachs gegen Null tendiere und der Baum als Kapitalanlage keine Zinsen mehr bringe, und wörtlich: »verschonen kann ihn nur, wer die Zinsen aus seiner Tasche draufzahlen kann, der Staat in Deutschland jedenfalls nicht.« Schließlich trat sogar der bayerische Finanzminister auf und erklärte, dass die Einnahmen aus den Staatsforsten das Rückgrat der Staatsfinanzen seien. Damit waren die Fronten eindeutig geklärt, und die Naturschutzszene konnte ihre hochfliegenden Pläne begraben, 400 oder 500 ha Eichen- und Buchenwälder im Spessart unter Naturschutz zu stellen und damit der Nutzung zu entziehen. (Wir verdanken diesen geschichtlichen Rückblick auf den ersten Deutschen Naturschutztag Georg Sperber, der sie in der Zeitschrift *Nationalpark* Nr. 3, 2000 unter dem Titel »Waldnaturschutz auf der Verliererstraße« publiziert hat. Alle Zitate sind diesem Aufsatz entnommen.)

Bleiben wir noch ein wenig beim ersten Deutschen Naturschutztag, um auch den ehrenamtlichen Naturschutz zu hören. Nach Fabricius sprach Hans Stadler, er beantragte im Namen von neun unterfränkischen naturwissenschaftlichen Vereinen und Universitätsinstituten, »der Naturschutztag möge die dringende Bitte aussprechen, dass von den unterfränkischen Alteichenbeständen 500 ha unter Schutz gestellt werden«. Der Antrag wurde zwar mit zwei Gegenstimmen angenommen, aber er bewirkte fast nichts. Ein zweiter Vortrag eines Ehrenamtlichen galt den berühmten Spessarteichen. Herrmann Dingler plädierte für ein Urwaldreservat von mindestens 40 ha mit den achthundertjährigen Eichen im Spessart. Vier Jahre nach dem ersten Deutschen Naturschutztag waren lediglich ein Waldnaturschutzgebiet von 9,9 ha und eins mit 7,6 ha das Ergebnis. Der deutsche Naturschutz wurde auf diesem ersten Naturschutztag in seine Schranken, oder treffender formuliert, aus dem Walde verwiesen.

Zeit der Stagnation

Alfred Möller (1860–1922)
(Abbildung: Archiv Michael Succow Stiftung)

Die anschließenden Jahre können als Zeit der Stagnation beschrieben werden, denn es wurden zwar in allen deutschen Ländern in den 1920er und 1930er Jahren reichlich Naturschutzgebiete ausgewiesen, es ist uns aber kein Fall bekannt geworden, wo konsequenterweise auch die land- und forstwirtschaftliche Nutzung ausgeschlossen worden wäre. Wohl gab es hoffnungsvolle Initiativen. Der Naturschutz sah nun sein Ziel darin, den aktuellen Zustand von Natur und Landschaft zu konservieren, worin das Nachwirken des Heimatschutzgedankens zu erkennen ist. Heimat wird hier verstanden als übergreifender Begriff für den bebauten und nicht bebauten, privaten und öffentlichen landschaftlichen Raum. Man übersah dabei nur allzu gern, dass diese heimatliche Landschaft keineswegs naturbelassen war, sondern ihr Bild und ihre Struktur durch die Art und Weise der Landnutzung erhielt. Und letzten Endes die Pflanzen- und Tierwelt, also das biologische Inventar, ganz wesentlich auch ein Produkt der Landnutzung ist. Die im Rahmen des technischen Fortschritts sich zwangsläufig ändernden Formen der Landnutzung hatten und haben tiefgreifende Auswirkungen nicht nur auf das Landschaftsbild, sondern auch auf den Naturhaushalt eines Landschaftsraumes einschließlich der dort lebenden Pflanzen und Tiere.

Naturschutz agierte zwischen Heimattümelei und der Sehnsucht nach einem mythischen Urdeutschland. Schoenichen (1934) gab diesem Grundmotiv des deutschen Naturschutzes der 1930er Jahre Ausdruck in einem ersten schmalen Bildband mit dem Titel »Urwaldwildnis in deutschen Landen« mit dem Untertitel »Bilder vom Kampf des deutschen Menschen mit der Urlandschaft«. Der Band stellt ein aussichtsloses Suchen nach Urwaldresten in den deutschen Wäldern dar! Schoenichen glaubte, sie gefunden zu haben, zum Beispiel in den »Wilden Jagen« der Rominter Heide. Und unbekümmert erläutert er korrekt, dass es diese »Wilden Jagen« nur gibt, weil nach dem großen Befall durch einen Nadelwaldschädling der 1920er Jahre, dem Nonnenfraß, in den Kiefernforsten einige Flächen liegen blieben, also nicht wieder mit Kiefern aufgeforstet werden konnten. Schoenichen besuchte diese »Wilden Jagen« und war begeistert ob der sich auf diesen Flächen entwickelnden neuen Wildnis. Eines schöneren Beweises bedarf es nicht, dass sich eine neue Wildnis überall dort einstellt, wo die Landnutzung aufgegeben wird.

Parallel dazu wuchs das Wissen, dass die Natur eine Veränderliche ist, dass alle aktuellen Zustände nur das Zwischenergebnis in einem Entwicklungsprozess sind. Nicht zuletzt die sich nach dem Ersten Weltkrieg rasch entwickelnden ökologischen Wissenschaften, insbesondere die so genannte Pflanzensoziologie, leistete dazu einen wertvollen Beitrag. Reinhold Tüxen (1899 – 1980) hatte 1930 seine Arbeit über einige Waldassoziationen Nordwestdeutschlands publiziert. Darin vertrat er die Auffassung, dass im nordwestdeutschen Tiefland der Eichen-Hainbuchenwald beziehungsweise der Eichen-Birkenwald die von Natur aus herrschenden Waldformen seien, mit anderen Worten, Eichen-Hainbuchenwald und Eichen-Birkenwald seien bodenbedingte Formen des Klimaxwaldes im mitteleuropäischen Tiefland, also höchstentwickelte Waldformen, die sich im Gleichgewicht mit dem herrschenden Klima befinden (Tüxen 1930). Dieser Auffassung widersprach der junge Forstwissenschaftler Herbert Hesmer (1904 - 1982). Hesmer war damals Assistent bei Professor Dengler an der Forstlichen Hochschule in Eberswalde, wie auch Alexis Scamoni (1911 - 1993). Herbert Hesmer hatte die Waldgeschichte des nordwestdeutschen Flachlandes erforscht und war zu anderen Ergebnissen gekommen.

Herbert Hesmer (1904–1982)
(Abbildung: Archiv Michael Succow Stiftung)

Daraufhin trat Hesmer (1934) mit einem überraschenden Vorschlag an die Öffentlichkeit; er schlug vor, diesen Streit die Natur entscheiden zu lassen. Hesmer publizierte seinen Vorschlag, überschrieben mit »Naturwaldzellen«, in der Zeitschrift *Der Deutsche Forstwirt*; darin heißt es: »Ich

Der Hasbruch bei Bremen, der wohl am längsten forstlich nutzungsfreie Wald im Westen Norddeutschlands. Die erste Schutzverordnung datiert von 1898. (Foto: L. Jeschke, 2003)

möchte daher den Vorschlag machen, in dem großen Organismus des Wirtschaftswaldes eine Anzahl von Naturwaldzellen zu schaffen. Besonders geeignete kleine Waldteile würden danach von jeder Holznutzung verschon bleiben. Standort, Bodenflora und Bestand dieser Naturwaldzellen würden aufgenommen und auf besonderen Versuchsflächen wiederholt genauer erfasst. Schon nach einigen Jahren würden diese Flächen beachtliche Vergleiche mit den anstoßenden bewirtschafteten Beständen gestatten.« (Hesmer 1934, S. 133) Und weiter erklärt Hesmer: »Es mag auf den Einwand hingewiesen werden, dass die Naturwaldzellen überflüssig seien, da bereits genügend Waldteile unter Naturschutz gestellt seien. Da diese geschützten Waldteile jedoch meist weiterhin bewirtschaftet werden, können keine Naturwälder daraus werden.« Und weiter: »Die hier vorgeschlagenen Naturwaldzellen würden dagegen sowohl Naturschutzgebiete im wirklichen Sinne des Wortes sein, wie auch für Forstwirtschaft und Waldkunde Quellen wichtiger neuer Erkenntnisse werden. In den Naturwaldzellen würden die alten verschwundenen natürlichen Waldformen wieder neu erstehen und der Forstwirtschaft entweder zu beruhigendem Vergleich dienen, aber ihr auch mahnende Vorbilder sein.« (S. 142) Welch eine geniale Idee, ein wissenschaftlicher Streit soll durch ein Großexperiment entschieden werden!

Es ist in diesem Zusammenhang noch ein weiterer Name zu nennen: Kurt Hueck (1897 - 1965), Pflanzengeograph und Vegetationskundler, in den 1930er Jahren Mitarbeiter der Reichsstelle für Naturschutz. Wie kein Botaniker vor ihm (und vermutlich auch keiner nach ihm) kannte Hueck die Wälder des damaligen Deutschen Reiches. Kein anderer als Hueck war autorisiert, mit der Realisierung des von Hesmer vorgeschlagenen Programms betraut zu werden. Drei Jahre nach Hesmers Aufruf erschien im Jahrbuch für Naturschutz sein programmatischer Aufsatz »Mehr Waldschutzgebiete!« (Hueck 1937). 1934 war der Naturschutz dem Reichsforstamt eingegliedert worden, und Kurt Hueck hoffte, dass nun mit dem Vorschlag Hesmers ernst gemacht würde. Er legte ein umfassendes Programm für Naturwaldzellen vor, nur nannte er sie etwas abweichend »Waldschutzgebiete«. Auch diesem Programm war zunächst kein Erfolg beschieden, denn die Reichsstelle und das Reichsforstamt hatten andere Sorgen. Das Reichsnaturschutzgesetz von 1935 brachte keinen Fortschritt, auch wenn nun Reichsnaturschutzgebiete möglich wurden. Doch die Reichsnaturschutzgebiete dienten in erster Linie der Befriedigung der privaten Jagdgelüste des Reichsjägermeisters Hermann Göring, originäre Naturschutzmotive spielten dabei keine Rolle (Piechocki 2000).

Kurt Hueck (1897–1965)
(Abbildung: Archiv Michael Succow Stiftung)

Neubeginn in der DDR

Nach dem zweiten Weltkrieg wurde aus der sowjetischen Besatzungszone die DDR, aus den drei westlichen Besatzungszonen die BRD und der Naturschutz musste neu organisiert werden. Die DDR war gerade drei Jahre alt, da erschien in der viel gelesenen Zeitschrift *Natur und Heimat* ein Artikel von Alexis Scamoni mit dem schlichten Titel »Naturwaldzellen« (Scamoni 1952). Der Text greift das Konzept des früheren Kollegen Herbert Hesmer aus dem Jahre 1934 auf und er plädiert ebenso wie Hesmer für die Schaffung eines Netzes von nutzungsfreien Naturwaldzellen. Die Ideen von Scamoni beziehungsweise Hesmer finden Eingang in das neue Naturschutzgesetz, das 1954 beschlossen wird und den Titel trägt »Gesetz zur Erhaltung und Pflege der heimatlichen Natur (Naturschutzgesetz)«. Dieses Naturschutzgesetz lehnt sich stark an das Reichsnaturschutzgesetz an, doch es gibt zwei Neuerungen. Das Landschaftsschutzgebiet wurde als neue Flächenschutzkategorie eingeführt, und der Wald kehrte nun auch juristisch in den Verantwortungsbereich des Naturschutzes zurück. Mit der Verabschiedung dieses Gesetzes wurde gleichzeitig ein für den Naturschutz zuständiges wissenschaftliches Institut errichtet. Das Gesetz eröffnete die Möglichkeit, »Waldschutzgebiete« zu schaffen, und eine Verfügung vom 5. August 1959 über die Neueinstufung der Wälder in der DDR in Bewirtschaftungsgruppen gab die Möglichkeit, in diesen Waldschutzgebieten »Naturwaldzellen« festzulegen. 1957 wird auch die erste Naturschutzgebietsverordnung auf der Grundlage des neuen Naturschutzgesetzes erlassen. Sie trug den Titel »Anordnung über die Erklärung von Landschaftsteilen zu Naturschutzgebieten« (Müller 1962, S. 154). In dieser Anordnung wird auch die forstliche Nutzung geregelt. In § 3 heißt es: »Die forstliche Nutzung und Pflege in den in § 1 aufgeführten Naturschutzgeboten ist nur aus Gründen des Forstschutzes im Einvernehmen mit der Bezirksnaturschutzverwaltung zulässig.« Es ist das erste Mal, dass in der deutschen Gesetzgebung nutzungsfreie Waldflächen möglich sind und festgeschrieben wurden. In den Jahren 1956 bis 1958 wurden in der DDR gemeinsam von Forstbehörden und Naturschutzmitarbeitern 361 neue »Waldschutzgebiete« ausgewählt und von den Räten der Bezirke einstweilig gesichert. Diese 361 Gebiete wurden 1961 durch die »Anordnung Nr. 1« festgesetzt.

Alexis Scamoni (1911–1993)
(Foto: M. Succow, 1991)

Die Tragweite dieser Regelung wird uns erst heute mit dem Blick auf die Geschichte bewusst.

Das Ende der DDR war noch nicht in Sicht, aber die Umweltprobleme und eine gigantische Landschaftszerstörung waren unübersehbar geworden, da sah sich die DDR-Regierung veranlasst, das Naturschutzrecht im Rahmen des »Landeskulturgesetzes« 1970 neu zu fassen. Wichtigste Neuerung war die Verpflichtung für die Räte der Bezirke, gemeinsam mit dem Institut für Landschaftsforschung und Naturschutz (ILN) für alle Naturschutzgebiete Behandlungsrichtlinien zu erarbeiten. Das eröffnete die Möglichkeit, auch die alten Schutzanordnungen zu überarbeiten und zum Beispiel auch neue nutzungsfreie Waldbereiche festzulegen. Der Großteil der Wälder sollte jedoch entsprechend den Vorgaben des im Institut für Landschaftsforschung und Naturschutz Halle/Saale tätigen Forstmannes Werner Schauer nach den Grundsätzen des »Dauerwaldes« von Alfred Möller (1860–1922) kahlschlagfrei bewirtschaftet werden. Alfred Möller, ein würdiger Nachfolger des großen Waldkundlers Heinrich Cotta, der den »Ökosystemcharakter des Waldes« (Hofmann 2010, S. 59) erkannt hatte und in seiner Schrift »Der Dauerwaldgedanke« die provozierende These vertrat »Der Wald schafft sich seinen Standort selber«.

Diese Waldschutzgebiete gehören ohne Zweifel zur Erfolgsgeschichte des DDR-Naturschutzes. Dennoch enttäuschte dieses Gesetz alle diejenigen, die gehofft hatten, es würde den Weg zur Schaffung von Nationalparken in der DDR eröffnen. Kurt Kretschmann und Reimar Gilsenbach gaben die Hoffnung bis zuletzt nicht auf (siehe Unterkapitel *Unsere ostdeutschen Vordenker und Wegbereiter*).

Doch auch nach der Naturschutzverordnung des Landeskulturgesetzes von 1970 waren weder Nationalparke noch Biosphärenreservate als Schutzgebietskategorie vorgesehen. Auch Naturparke, die in der BRD in schneller Folge gegründet wurden, jedoch jedes originären Naturschutzinhalts entbehren, gab es nicht. Hingegen lief die Industrialisierung der Landnutzung auf Hochtouren, der Naturschutz konzentrierte sich mehr und mehr auf die aus der industriemäßigen Landwirtschaft herausgefallenen Flächen, für die der Begriff der Residualflächen erfunden wurde. Damit wurden Flächen bezeichnet, die aus der landwirtschaftlichen Nutzung herausgefallen waren.

Die Roten Listen, welche die gefährdeten und vom Aussterben bedrohten Pflanzen- und Tierarten verzeichneten, erlangten mehr und mehr politische Beachtung (Unterkapitel *Der Kulturbund der DDR als Freiraum*). Neue Naturschutzimpulse wurden von außen gesetzt: 1978 verpflichtete sich die DDR dem »Ramsarabkommen« über den Schutz von Feuchtgebieten und meldete acht Feuchtgebiete internationaler Bedeutung. 1979 wurden von der DDR mit dem Vessertal und Steckby-Lödderitz die ersten deutschen Biosphärenreservate gegründet. Es handelte sich zwar um alte Naturschutzgebiete, nun aber mit dem Titel »Biosphärenreservat« ausgezeichnet. Jetzt verfügte die DDR auch über zwei international zertifizierte Schutzgebiete, gewissermaßen die Keimzellen des späteren Nationalparkprogramms (siehe Unterkapitel *Förderung durch Bund und Bundesstiftung*). In den 1980er Jahren wurde auch im ILN die Möglichkeit gesehen, weitere Gebiete in den Rang von Biosphärenreservaten zu erheben. Als Ergebnis dieser Diskussionen wurde das Biosphärenreservat als Flächenschutzkategorie in der novellierten Naturschutzverordnung von 1989 gesetzlich fixiert. Biosphärenreservate erschienen uns damals als ein Ersatz für Nationalparke, für die in der DDR die gesetzlichen Voraussetzungen fehlten. Immerhin gehörte zu einem Biosphärenreservat eine nutzungsfreie Kernzone. Und das schien uns der Kern allen Naturschutzes zu sein. Schließlich eröffnete die novellierte Naturschutzverordnung von 1989 auch die Möglichkeit, dass das Ministerium Landschaftsschutzgebiete von zentraler Bedeutung beschließen konnte, zum Beispiel als Ersatz für die nach DDR-Recht nicht möglichen Naturparke.

Parallelentwicklung im Westen

Mit der Ausweisung von Nationalparken hat man sich auch im Westen Deutschlands sehr schwergetan, waren doch im Reichsnaturschutzgesetz, das in der Bundesrepublik Deutschland als Rahmengesetz bis 1976 fortbestand, Nationalparke nicht vorgesehen. So stimmte der bayerische Landtag 1969 der Schaffung eines Nationalparks im Bayerischen Wald nur zu, weil er eine Möglichkeit sah, mit dem Instrument Nationalpark die wirtschaftliche Entwicklung der Region zu fördern, an Naturschutz dachte niemand dabei. Die bayerische Staatsforstverwaltung hatte geglaubt, indem sie zwei Förster, Hans Bibelriether und Georg Sperber, mit der Leitung betraute, das »Unternehmen Nationalpark« schnell zunichtemachen zu können. Doch sie hatte die Rechnung ohne den Wirt gemacht. Es liest sich heute wie ein Krimi, wie es Hans Bibelriether gelang, den ersten wirklichen Nationalpark Deutschlands zu schaffen. Wie das Problem der Jagd gelöst wurde und wie mit Sturmwürfen und Borkenkäfern verfahren wurde und wie ein Lernprozess auch bei der Bevölkerung einsetzte, haben Siegfried Klaus und Georg Sperber in der Zeitschrift *Nationalpark* (2010) trefflich geschildert. Als wir im Mai 1990 den Nationalpark im Bayerischen Wald zum ersten Mal besuchen durften, Hans Bibelriether uns seinen Wald sorgenvoll vorführte und wir mit leisem Erschauern die braunen vom Borkenkäfer befallenen Flächen sahen, die sich nahezu über den ganzen Gebirgszug erstreckten, sprach es einer von uns aus: »Das ist die Geburtsstunde des Nationalparks!« Wie sehr er recht haben sollte. Heute besuchen Touristen den Nationalpark hauptsächlich, um die in den vergangenen 20 Jahren aufgewachsene »neue Wildnis« zu erleben. Dieser erste Nationalpark Deutschlands war jedoch keine leichte Geburt. Der Widerstand der ortsansässigen Bevölkerung wuchs mit dem Borkenkäferbefall. Sie fürchtete den Verlust des vertrauten Bildes ihrer Heimat und wollten gegen den Schädling massiv vorgehen. Die Nationalparkgegner gründeten einen Verein, der gegen den Nationalpark gerichtlich vorging. Aber es gelang dennoch, Gerichte und Politiker von der Rechtmäßigkeit des Nationalparks zu überzeugen. Die Geschichte des Nationalparks Bayerischer Wald ist in Band I der »Naturschutz-Geschichte(n)« in einem Interview mit Hans Bibelriether festgehalten (Fluhr-Meyer et al. 2010).

Ein alter Lindenwald von etwa 500 ha Größe am Rande des Zehlau-Moores im ehemaligen Ostpreußen wurde als befriedeter Schutzwald 1912 in das Naturschutzgebiet einbezogen. (Foto: M. Succow, 2009)

Bis zur Einrichtung des ersten deutschen Nationalparks 1970 hatte in Deutschland niemand Erfahrungen mit Nationalparken, obwohl es sie in den östlichen Nachbarländern seit den 1930er Jahren gab, beispielsweise Białowieża, den berühmten Urwald an der Grenze von Polen zu Weißrussland. Das alte Jagdgebiet der russischen Zaren und polnischen Könige, das von dem Mythos lebte, die Heimstatt der letzten in Europa vorkommenden Bisons, den Wisenten, zu sein. Für das ungleich dichter besiedelte Deutschland musste ein neues Nationalparkkonzept erfunden werden, der »Entwicklungsnationalpark«. Der Entwicklungsnationalpark ist mit einer Zonierung der Nationalparkfläche verbunden: Einer Naturzone oder Kernzone, die sofort aus der Nutzung entlassene Flächen umfasst, einer Entwicklungszone mit noch befristet zu nutzenden Beständen und einer Pflegezone, die dauerhaft einer pflegenden Nutzung unterworfene Flächen umfasst. Die Zonierung von Nationalparken war dem Biosphärenreservatskonzept entlehnt. Wobei die Entwicklungszone im Nationalpark allerdings eine vorübergehende Erscheinung sein sollte.

Ein Meilenstein in der Geschichte des bundesdeutschen Naturschutzes war die Verabschiedung des Bundesnaturschutzgesetzes 1976. Damit wurde den Bundesländern ein verbindlicher Rahmen zur Ausfüllung vorgegeben. Eingriffs- und Ausgleichsregelung sowie Landschaftsplanung wurden zu wichtigen Instrumenten des Naturschutzes und der Landschaftspflege, ohne dass es mit diesen Instrumenten jedoch wirklich gelang, Wälder in nennenswertem Umfange nutzungsfrei zu stellen. Von den über 8000 Naturschutzgebieten in Deutschland mit einer Fläche von mehr als 1 Million ha dürfte heutzutage in weniger als einem Flächenprozent die forstwirtschaftliche Bewirtschaftung zu den Verbotstatbeständen zählen. (Daten zur Natur 2005)

Im Unterschied zu den Naturschutzgebieten, in denen kaum Nutzungsbeschränkungen ausgesprochen wurden, hat sich die Idee nutzungsfreier Naturwaldreservate als außerordentlich lebenskräftig erwiesen. In ganz Deutschland existierten 2010 719 Naturwaldreservate, die eine Fläche von 314 km^2 einnehmen (Meyer et al. 2007). Wenn auch nicht alle der 719 bestehenden Naturwaldreservate dauerhaft als nutzungsfreie Waldflächen gesichert sind, so stellen sie doch ein Naturpotenzial von höchstem Wert dar, das die Forstverwaltungen ganz ohne Zutun der Naturschutzbehörden geleistet haben. Doch man gewinnt den Eindruck, als würde der amtliche Naturschutz sich schwertun, diese Leistung anzuerkennen.

Mit dem Bundesprogramm zur »Errichtung und Sicherung schutzwürdiger Teile von Natur und Landschaft mit gesamtstaatlich repräsentativer Bedeutung« wurde 1979 endlich ein Instrument geschaffen, mit dem der Bund den Erhalt von Naturlandschaften sowie die Sicherung und Entwicklung von Kulturlandschaften mit herausragenden Lebensräumen finanziell fördern kann. 1989 wurde dieses Förderprogramm um das Gewässerrandstreifenprogramm erweitert. Inzwischen hat die Bundesregierung mehr als 70 Naturschutzgroßvorhaben fachlich begleitet und finanziell gefördert (siehe Unterkapitel *Naturschutzgroßprojekte – chance.natur*).

Mit dieser schlaglichtartigen Skizzierung der Wurzeln des Naturschutzes in Deutschland und der aus diesen Wurzeln erwachsenen Strukturen wollten wir darlegen, wie sich der aus Amerika herübergekommene Nationalparkgedanke gewandelt hat. In Amerika wollten die Nationalparkpioniere eine weitgehend vom Menschen nicht oder nur geringfügig veränderte Natur in repräsentativen Ausschnitten zur Freude, zur Erbauung und zum Wohlergehen der lebenden und der kommenden Generationen vor der Privatisierung und damit vor der Ausbeutung von deren Ressourcen und der totalen Umwandlung bewahren. In Deutschland, wo es faktisch nur mehr oder weniger intensiv durch den Menschen genutzte Landschaften gibt, mussten andere Wege beschritten werden. Die Suche nach dem anderen Weg führte zum Kulturlandschaftsschutz, zum Naturschutzgebiet ohne Nutzungsbeschränkungen und zum Naturpark als Erholungsgebiet. Erst seit einem halben Jahrhundert, mit der zunehmenden Industrialisierung der Landschaftsnutzung in Mitteleuropa, wurde der Ruf nach unreglementierter Natur immer lauter, die Sehnsucht nach dieser Form der Wildnis der seit Jahrzehnten mehrheitlich in Städten lebenden Menschen brach sich endlich auch in Deutschland Bahn. Damit geht offenbar ein bemerkenswerter Bewusstseinswandel einher, die total durchorganisierte, gestaltete und vermeintlich gepflegte Landschaft dient immer weniger als Projektionsfläche der unerfüllten Naturvorstellungen. Und es ist nicht die von einem Schöpfer »gemachte Natur«, sondern die »werdende Natur«. Wir erleben die Wiedergeburt des Mythos der neuen Wildnis!

Literatur zum Weiterlesen

Ahnt, H. U.; Engelke, H. (1970): Die Naturschutzgebiete der Bundesrepublik Deutschland, Bonn.

Auster, R.; Endtmann, K. J. (2007): 100 Jahre Naturschutzgebiet Plagefenn. Natur und Geschichte 2, Mitt. des Arbeitskreises Naturschutzgeschichte Berlin-Brandenburg. Förderverein Haus der Natur in Potsdam (Hg.).

Bibelriether, H. (1992): Vom Naturschutzpark zum Naturpark, in: Nationalpark (3), S. 6–10.

Borrmann, K. (u. Mitarb.) (2009): Feldberg. Serrahner Naturparkgeschichten. »Lütt Holthus«, Lüttenhagen.

Bücking, W. (1994): Naturwaldreservate in Deutschland. Aufgaben, Ziele und Betreuung, in: AFZ, Der Wald (11), S. 559–597.

Bücking, W. (1995): Naturwaldreservate in Deutschland, in: Jh. Gs. f. Naturkunde 151, S. 41–72.

Bücking, W. (1997): Naturwald, Naturwaldreservate, Wildnis in Deutschland und Europa, in: Forst u. Holz (18), S. 515–522.

Bücking, W. (1999): Naturwaldreservate in Deutschland. Urwald von morgen. Rückblick – Ausblick, in: Natur- u. Umweltschutz-Akademie des Landes Nordrhein-Westfalen (Hg.): Buchennaturwald – Reservate – Unsere Urwälder von morgen. NUA-Seminarbericht Bd. 4, S. 21–29.

Bücking, W. (2011): The beech in strict forest reserves in the south western German uplands, in: Knapp, H. D.; Fichtner, A. (Eds.): Beech Forests. Joint Natural Heritage of Europe. Bfn-Skripten 297, S. 91–98.

Conwentz, H. (1900): Das forstbotanische Merkbuch für die Provinz Westpreußen, Berlin.

Conwentz, H. (1904): Die Gefährdung der Naturdenkmäler und Vorschläge zu ihrer Erhaltung, Berlin.

Cotta, H. (1817): Waldbaulehre, Dresden.

Fluhr-Meyer, G.; Weiz, B.; Köstler, E. (2010): Naturschutz-Geschichte(n). Bayerische Akademie für Naturschutz und Landschaftspflege (ANL), Laufen.

Frohn, H.-W.; Schmoll, F. (2006): Natur und Staat. Staatlicher Naturschutz in Deutschland 1906–2006. Bundesamt für Naturschutz Bonn-Bad Godesberg (Hg.): Naturschutz und Biologische Vielfalt (35), S. 736.

Göppert, H. R. (1868): Skizzen zur Kenntnis der Urwälder Schlesiens und Böhmens, Dresden, [Druck von Blochmann & Sohn, 57 S. mit 9 Tafeln].

Gradmann, R. (1900): Zur Erhaltung vaterländischer Naturdenkmale, in: Blätter des Schwäbischen Alpvereins (9), S. 409–414.

Großer, K. H. (1997): Waldkunde und Naturwaldreservate in Brandenburg, in: Forstwirtsch. u. Landschaftsökol. (31), S. 49–54.

Hesmer, H. (1932): Die Entwicklung der Wälder des nordwestdeutschen Flachlandes, in: Zeitschrift für Forst- und Jagdwesen (10), S. 277–607.

Hesmer, H. (1934): Naturwaldzellen. Der Deutsche Forstwirt Bd. 16 (13/14), S. 133–143.

Hueck, K. (1937): Mehr Waldschutzgebiete. Jahrbuch für Naturschutz, Berlin, [Sonderdruck 32 S.].

Jeschke, L. (1988): Zu einigen Fragen der Behandlung der Wälder in Naturschutzgebieten in den Nordbezirken der DDR, in: Naturschutzarbeit in Mecklenburg (2), S. 5–17.

Jeschke, L. (1995): Naturwaldentwicklung und Nationalparke. Nationalpark Hochharz, 5 Jahre Nationalparkprogramm in Sachsen-Anhalt., Berichte der Festveranstaltung vom 25. Okt. 1995 in Ilsenburg, S. 71–81.

Jeschke, L. (1999): Buchennaturwald-Reservate in Deutschland. Ein Beitrag zur Bewahrung des europäischen Naturerbes, in: Natur- u. Umweltschutz-Akademie des Landes Nordrhein-Westfalen (Hg.): Buchennaturwald – Reservate – Unsere Urwälder von morgen. NUA-Seminarbericht Bd. 4, S. 233–244.

Jeschke, L.; Knapp, H. D. (2010): »Hier soll der Wald sich selber leben«. Wald-Naturschutzgebiete sind längst überfällig, in: Nationalpark (4) S. 32–34.

Knapp, H. D.; Jeschke, L. (1991): Naturwaldreservate und Naturwaldforschung in den ostdeutschen Bundesländern, in: Schriftenreihe für Vegetationskunde (21), S. 21–54.

Krämer, H. (2003): Der Verschönerungsverein für das Siebengebirge. Naturschutz im Siebengebirge, Tagung vom 28.–29. November 2003 in Königswinter, S. 80–84.

Landkreis Friesland (Hg.) (o. J.): Das Naturschutzgebiet Neuenburger Urwald, Jever. 18 S.

Makowski, H. (1997): Nationalparke. Schatzkammern der Natur, Kampfplätze des Naturschutzes, Neumünster.

Mense, S. (2003): Die Naturschutzarbeit des VVS als Verein, Träger des Naturparks Siebengebirge und als Waldbesitzer. Naturschutz im Siebengebirge, Tagung vom 28.–29. November 2003 in Königswinter, S. 85–87.

Piechocki, R. (2000): »Reichsnaturschutzgebiete« Vorläufer der Nationalparke?, in: Nationalpark (2), S. 28–33.

Piechocki, R. (2010): Landschaft, Heimat, Wildnis, München.

Scamoni, A. (1952): Naturwaldzellen. Natur und Heimat, Leipzig. 2 (6).

Schoenichen, W. (1930): Aus der Entwicklung der Naturdenkmalpflege, in: Der deutsche Heimatschutz, München, S. 222–227.

Schoenichen, W. (1934): Urwaldwildnis in deutschen Landen, Berlin. [64 S. mit 96 Tafeln].

Schoenichen, W. (1954): Naturschutz, Heimatschutz. Ihre Begründung durch Ernst Rudorff, Hugo Conventz und ihre Vorläufer, Stuttgart.

Schumann, G. (2002): Der Urwald Sababurg. »Die Geschichte unserer Heimat«, Bd. 12, Hofgeismar.

Sperber, G. (2000): Waldnaturschutz auf der Verliererstraße, in: Nationalpark (3), S. 28–33.

Trautmann, W. (1976): Stand der Auswahl und Einrichtung von Naturwaldreservaten in der Bundesrepublik Deutschland, in: Natur u. Landschaft (3), S. 67–72.

Tüxen, R. (1930): Über einige nordwestdeutsche Waldassoziationen von regionaler Verbreitung. Jahresbericht der Geographischen Gesellschaft Hannover 1928, S. 3–64.

Weber, C. A. (1901): Über die Erhaltung von Mooren und Heiden Norddeutschlands im Naturzustand sowie über die Herstellung von Naturwäldern. Abhandlungen Naturwissenschaftlicher Verein zu Bremen, Bd. 15, S. 263–278.

Wetekamp, W. (1901): Rede des Abgeordneten Oberlehrer Wetekamp im preußischen Abgeordnetenhaus am 30. März 1898. Abhandlungen Naturwissenschaftlicher Verein zu Bremen, Bd. 15, S. 258–261.

Wolf, G.; Bohn, U. (1991): Naturwaldreservate in der Bundesrepublik Deutschland und Vorschläge zu einer bundesweiten Grunddatenerfassung. Schriftenreihe für Vegetationskunde 21, S. 9–19.

Unsere ostdeutschen Vordenker und Wegbereiter

Von Michael Succow, Lebrecht Jeschke und Hans Dieter Knapp

Das enge Zusammenwirken von führenden Wissenschaftlern, denen der Naturschutz ein Anliegen war, mit herausragenden Persönlichkeiten, die weitestgehend in ehrenamtlicher Arbeit den Naturschutz voranbrachten, war kennzeichnend für den ostdeutschen Naturschutz.

Hans Stubbe 7. März 1902 – 14. Mai 1989

Wenn wir uns des Beginns des Naturschutzes in der noch jungen DDR erinnern, so ist die Gründung des Instituts für Landschaftsforschung und Naturschutz (ILN) 1953 zentral. Hans Stubbe, erster Präsident der 1951 gegründeten Deutschen Akademie der Landwirtschaftswissenschaften der DDR, war maßgeblich daran beteiligt, das erste wissenschaftliche Naturschutzinstitut in Deutschland ins Leben zu rufen. Er hat dieses Institut konzipiert und vorangetrieben. Auch die Erarbeitung des 1954 verabschiedeten Naturschutzgesetzes der DDR geht auf Hans Stubbe zurück. Er berief dazu 1953 Kurt Kretschmann als Referent in die Akademie. Bereits 1952 war im Rahmen der Akademie die Sektion Landeskultur und Naturschutz gegründet worden und Hermann Meusel wurde mit der Leitung beauftragt. 1953 wurde Meusel auch zum Direktor des ILN berufen. Dieses Institut hat bis zur Wiedervereinigung 1990 den wissenschaftlichen Naturschutz – was auch immer man darunter verstehen will – so weit es der politisch vorgegebene Rahmen gestattete, erfolgreich mitgestaltet.

Hans Stubbe
(Abbildung: Bundesarchiv)

Hans Stubbe war gelernter Landwirt und studierter Genetiker. 1943 wurde er, da ein international anerkannter Forscher, Direktor des Kaiser-Wilhelm-Instituts für Kulturpflanzenforschung in der Nähe von Wien. Sein tiefes Naturverständnis gepaart mit seiner Jagdleidenschaft und nicht zuletzt das Erleben der Zerstörungen des Zweiten Weltkrieges mögen die Motive für sein Engagement für den Naturschutz gewesen sein. Doch ganz sicher auch die moralische Verpflichtung, als Überlebender des Krieges am Aufbau eines nichtkapitalistischen Staates mitzuwirken.

In der »Forschungsgeschichte des Instituts für Landschaftsforschung und Naturschutz« (2011) geht Lutz Reichhoff auf die Rolle von Hans Stubbe ein: »Der persönliche Anteil von Hans Stubbe an der Gründung des ILN kann nicht hoch genug eingeschätzt werden, da er mit tiefer innerer Überzeugung den Zielen des Naturschutzes verbunden war.« Reichhoff zitiert dann aus einer Veröffentlichung von Michael Stubbe (2002), Hans Stubbe habe bereits im Januar 1948 eine Denkschrift verfasst zur Reorganisation des Naturschutzes in der Sowjetischen Besatzungszone Deutschlands und darin gewissermaßen das Programm des ILN vorgezeichnet. In der Grün-

Blick vom Rummelsberg bei Brodowin auf den Parsteiner See im Biosphärenreservat Schorfheide-Chorin. In dieser nordostbrandenburgischen Kulturlandschaft lebten und wirkten bedeutende Vordenker und Wegbereiter. (Foto: M. Succow, 2011)

dungsanordnung seien dem ILN dann folgende Aufgaben zugewiesen worden: Durchführung regionaler Untersuchungen in biologischer, biogeographischer und standortkundlicher Hinsicht; Erforschung der vom Naturschutz betreuten Objekte und wissenschaftliche Beratung der Naturschutzarbeit der DDR; Sammlung aller bisher erschienenen Unterlagen und Karten über die einzelnen Landschaften der DDR, unter besonderer Berücksichtigung landeskultureller Forschung durch Organisation einer Kollektivarbeit mit den an diesen Fragen bereits arbeitenden Instituten (Reichhoff 2011, S. 27).

Hans Stubbe hat sich in einem Festvortrag am 10. Oktober 1961 anlässlich des zehnjährigen Bestehens der Landwirtschaftsakademie auch zu den Aufgaben der Naturschutzforschung geäußert: »Die Naturschutzforschung ist mehr als bisher als ein grundlegender gesellschaftlicher Auftrag zur Erhaltung der Naturreserven, wichtiger wissenschaftlicher Beobachtungsgebiete und wertvoller Naturschätze aufzufassen.« Und weiter hieß es in dem Vortrag: »Die Auffassung, dass Naturschutz eine Angelegenheit einiger romantischer Professoren sei, die mit Botanisiertrommel und Schmetterlingsnetz durch Wald und Feld streifen, sollte schnell und endgültig aufgegeben werden und der einzig richtigen Auffassung Platz machen, dass Naturschutz in einer hochindustrialisierten Gesellschaft lebensnotwendig ist, und das die Schutzgebiete in harmonischer Verbindung mit den Erholungsgebieten für unsere Menschen in den Großstädten entwickelt werden sollten.« (Reichhoff 2011).

Damit hat Hans Stubbe einen sehr modernen Naturschutzansatz vertreten, der für die Forschungsthemen im ILN bestimmend war. Es war von Anfang an sein Anliegen, den Naturschutz auf eine wissenschaftliche Grundlage zu stellen. Für uns, die wir ihn noch persönlich erlebt haben, war Hans Stubbe ein herausragender Wissenschaftler, dessen Motto »Im Frieden für Wahrheit und Fortschritt« auch uns beflügelte.

Hermann Meusel

2. November 1909 – 3. Januar 1997

Hermann Meusel
(Foto: Eckehart Jäger, 1959)

Hermann Meusel kam nach dem Studium der Biologie und Geowissenschaften in Würzburg, Innsbruck und München 1932 an das Botanische Institut nach Halle, wo er sich 1939 mit einer grundlegenden vegetationskundlich-pflanzengeographischen Monographie des Kyffhäusers habilitierte. Mit dem Aufbau der Arbeitsgemeinschaft Mitteldeutscher Floristen und der Gründung der Zeitschrift *Hercynia* gelang es ihm bereits in den 1930er Jahren, die botanische Heimatforschung in Mitteldeutschland neu zu beleben. Nach dem Krieg widmete er sich als Gartendirektor (1946) mit großer Hingabe dem Wiederaufbau des Botanischen Gartens der Universität, als ordentlicher Professor (1947) und schließlich Ordinarius (1952) dem Aufbau des Instituts für Systematische Botanik und Pflanzengeographie der Martin-Luther-Universität Halle-Wittenberg. Hier vermittelte er Generationen von Studenten und jungen Wissenschaftlern die genaue Naturbeobachtung, Achtung und Verantwortung gegenüber der Natur, insbesondere gegenüber der Pflanzenwelt, und entwickelte die Pflanzengeographie und Vegetationskunde als eine Grundlagenwissenschaft für den Naturschutz.

Als Mitglied der Deutschen Akademie der Landwirtschaftswissenschaften leitete er ehrenamtlich von 1953 bis 1963 das Institut für Landschaftsforschung und Naturschutz (ILN). In der Diskussion um das 1954 erlassene Naturschutzgesetz der DDR vertrat er die Auffassung, dass der konservierende Naturschutz auch im Rahmen einer umfassenderen Landeskultur notwendig sei. Er unterstrich die Rolle von Naturschutzgebieten als Freilandlaboratorien und Unterrichtsräume, begründete ihren praktischen Nutzen im Landschaftshaushalt, hielt sie für unverzichtbar für die Entwicklung von Heimatliebe, mit der im Osten weniger verkrampft als im Westen umgegangen wurde.

Das ILN war das erste wissenschaftliche Institut für Naturschutz und Landschaftsforschung in Deutschland, das sich mit seinen fünf regionalen Zweigstellen einer umfassenden Bestandsaufnahme der noch bestehenden Schutzgebiete und dem Aufbau eines wissenschaftlich begründeten Systems von Naturschutzgebieten widmete. Meusel gab eine erste Übersicht aller Naturschutzgebiete in der DDR heraus, die später zum fünfbändigen Handbuch der Naturschutzgebiete der DDR in mehreren Auflagen weiterentwickelt wurde.

Er veranlasste eine systematische Auswahl waldbestockter Naturschutzgebiete, die für möglichst alle Naturräume repräsentativ sein sollte. Damit wurde, anders als im Naturschutz der Vorkriegszeit, ein Schwerpunkt auf Wälder als Kern der natürlichen Vegetation Mitteleuropas gelegt und mit der späteren Einrichtung von so genannten Totalreservaten in Wäldern folgerichtig weiterentwickelt.

Hermann Meusel empfand tiefe Verantwortung des Menschen gegenüber der Natur, betonte immer wieder die Bedeutung der Formenvielfalt und Mannigfaltigkeit der Pflanzenwelt, lange bevor Biodiversität als Idee geprägt wurde. Mit der ihm eigenen Aufgeschlossenheit und Kontaktfreude, Begeisterungsfähigkeit und Ausstrahlung hat er Studenten und Mitstreiter für den Naturschutz gewonnen und Naturschutz als gesellschaftliches Anliegen in Forschung und Lehre und in verschiedenen Gremien vertreten. Er war als Forscher von schöpferischer Ungeduld getrieben und verfügte über die Gabe, selbst unter ungünstigen Umständen Positives zu bewirken. Er hatte Ehrfurcht vor allem Lebendigen und sich bis ins hohe Alter die Fähigkeit bewahrt, über die Wunder der Natur zu staunen, sich an einer einzelnen Blüte ebenso wie an großartiger Landschaft zu freuen. Für uns war Hermann Meusel ein väterlicher Freund und Förderer, dem wir viel zu verdanken haben.

Es sind vor allem vier Persönlichkeiten des ostdeutschen Naturschutzes, durch deren Engagement, durch deren Überzeugungskraft und Vorbildwirkung Generationen ostdeutscher Naturschützer geprägt worden sind. Sie legten damit einen wesentlichen Grundstock für ein Kapitel erfolgreicher Naturschutzgeschichte, wie es in dem kurzen Zeitfenster zwischen Wende und Wiedervereinigung möglich war. In dieser Zeitspanne forderten Natur- und Umweltschützer die Umsetzung eines Nationalparkprogramms unter Einbeziehung der frei werdenden und der überflüssig gewordenen Staatsjagdgebiete, Grenzsicherungsräume und militärischen Übungsplätze ein. Immerhin waren das etwa zehn Prozent des DDR-Territoriums.

Diesen von tiefer Naturliebe, echter Menschlichkeit und Freundlichkeit, verbunden mit großer Tatkraft beseelten Menschen haben wir, die Schar von Mitstreitern, unsere Motivation zu politischem Wirken zu verdanken. Gleiches gilt für die große Zahl von leidenschaftlichen und fachlich kompetenten Naturschützern, die seinerzeit vor allem im Kulturbund der DDR Entfaltungsmöglichkeiten fanden und in ihrer Freizeit wertvolle Naturschutzarbeit leisteten. Diese vier Persönlichkeiten: Erna Kretschmann, Kurt Kretschmann, Reimar Gilsenbach und Norbert Wisniewski, waren für alle, die sich dem Schutz der Natur in der DDR verpflichtet fühlten, geschätzte und verehrte Persönlichkeiten jenseits allen Machtgerangels von Partei und Ideologie. Alle vier hatten durch den Krieg und durch den Faschismus großes persönliches Leid erfahren. Nach dem Zusammenbruch Nazideutschlands, nach ihrer »Befreiung«, waren sie davon beseelt, eine neues, ein friedliches Deutschland aufzubauen, in dem der Schutz der Natur zu den vorrangigen Staatszielen gehörte. Sie waren für uns Aufklärer und Vorbilder, die ihre Ideale lebten, die bemüht waren, andere Menschen für diese Ziele zu gewinnen, sie zu begeistern, sie einzubeziehen in diese gesellschaftlich notwendige, uneigennützige, dem Gemeinwohl dienende Arbeit. Durch sie formierten sich Gemeinschaften und Freundeskreise, es fanden sich Gleichgesinnte zusammen, die sich kritisch den Fragen der Zeit stellten, nach Orientierung suchten und Lebensinhalte fanden. Das Ehepaar Erna und Kurt Kretschmann lebte vor allem einen praktischen Naturschutz. Reimar Gilsenbach war für uns der Ethiker und als wortgewaltiger Poet Vorbild. Norbert Wisniewski lehrte uns vor allem, politisch zu denken und international vernetzt zu handeln. Sie alle waren freundschaftlich miteinander verbunden. Sie integrierten uns frühzeitig in ihre Arbeit. Mit ähnlichen Grundüberzeugungen wollten sie die Welt, wie sie ist, verändern. Sie wollten Naturbewusstsein und Verantwortung stärken. Den Schrecken des Krieges mit Mühe entkommen, waren sie zu überzeugten Pazifisten geworden. Sie folgten den Ideen von Marx und Engels und wollten eine neue, friedliche und solidarische, die Natur achtende Gesellschaftsordnung mit hohen ethischen Grundsätzen aufbauen. Sie glaubten an das Gute im Menschen. Alle vier wurden vom real existierenden Sozialismus tief enttäuscht. Sie fühlten sich erneut ausgegrenzt und wurden belächelt. Sie blieben bis zuletzt ihren Idealen treu, blieben trotz vieler bitterer Erfahrungen bis zum Ende Menschenfreunde, blieben Ausstrahlende und Gebende, Mahnende und Hoffende.

Ohne ihr Wirken, ihr Wissen, ihre Glaubwürdigkeit und Überzeugungskraft und vor allem ihre tiefe Naturliebe, die Generationen von Naturschützern formten, wäre das in der Zeit des Sozialismus an Naturkapital Gerettete und Erforschte nicht zu bewahren gewesen. Sie hatten schon vor anderen begriffen, dass der Schutz der Natur, das heißt die Funktionstüchtigkeit der Landschaft, des Naturraumes, eine der wohl bedeutendsten Sozialleistungen für die Zukunft der menschlichen Gesellschaft darstellt. Wir verdanken ihnen sehr viel!

Erna Kretschmann und Kurt Kretschmann

12. November 1912 – 6. Januar 2001
2. März 1914 – 13. Januar 2006

Ihre gemeinsame Lebensgeschichte spiegelt einen großen Teil der Naturschutzgeschichte der DDR wider. Einen von ihnen allein zu würdigen ist schier unmöglich, war es doch das fortwährende Zusammenspiel, das einfache, aber dabei doch so produktive Leben, das uns heute in so besonderer Weise berührt. Die Kretschmanns haben entscheidenden Anteil daran, dass Naturschutz in der DDR als Aufgabe von Staat und Gesellschaft akzeptiert wurde. Kretschmanns haben ihre Überzeugungen als Naturschützer, Pazifisten, Naturgärtner und Vegetarier konsequent gelebt. Sie waren Pragmatiker, die durch ihre tiefe Liebe und Ehrfurcht gegenüber der Natur zu praktischem Handeln anregten und unzählige Naturschutzaktivitäten entfalteten. Bis zu ihrem Lebensende nahmen sie ungebrochen Anteil an Erfolgen und Niederlagen des Naturschutzes, sie waren dankbar für das Zusammenwachsen des deutschen Naturschutzes nach der Wende.

Kurt Kretschmann ist der »Erfinder« der Naturschutz-Eule, er hat das Naturschutzgesetz der DDR (1953) wesentlich mitgestaltet. Einen Nationalpark-Paragraphen in das frühe DDR-Natur-

Das Ehepaar Kretschmann in seinem selbsterbauten »Sonnenhaus« in Bad Freienwalde, circa 1981. (Foto: Archiv Haus der Naturpflege)

UNSERE OSTDEUTSCHEN VORDENKER UND WEGBEREITER

Der alte Müritzhof, die erste Lehrstätte für Naturschutz in Deutschland und in Europa, von 1954 bis 1960 Wirkungsstätte des Ehepaares Kretschmann. (Foto: Archiv Haus der Naturpflege, circa 1955)

schutzgesetz zu bringen gelang jedoch nicht. Gemeinsam mit seiner Frau Erna Kretschmann hat er 1954 die erste Lehrstätte für Naturschutz – zumindest für Europa – in Müritzhof zunächst als private Initiative ins Leben gerufen und jahrelang geführt, lange bevor »Naturschutzakademien« in Mode kamen. Drei Mal machte Kurt Kretschmann Vorschläge für Nationalparke, alle scheiterten. Sein erster Versuch war die Sächsische Schweiz. Darüber gibt es einen Bericht in der Zeitschrift *Natur und Heimat.* Am 22. Mai 1954 hatte eine Naturschutztagung in Bad Schandau den Vorschlag erörtert, die Sächsische Schweiz zum Nationalpark zu erklären: »Alle Anwesenden, ob Vertreter der Bezirksverwaltung Dresden, der Gemeinden und Kreise, oder Forstleute, Wissenschaftler verschiedener Fachrichtungen, Vertreter der Organisationen – waren sich in der Hauptfrage einig: Hier, in der Sächsischen Schweiz, soll eine einzigartige Landschaft in ihrem Charakter für die Zukunft erhalten bleiben. Nach eintägiger Beratung sandten die Versammelten eine Entschließung an die Volkskammer, in der sie die Regierung darum bitten, mit Nachdruck Vorbereitungen zu treffen, damit möglichst bald der erste Nationalpark der DDR entstehen könne.« Reimar Gilsenbach kommentierte das in einem Mitte der 1990er Jahre geschriebenen und leider nicht publizierten Beitrag »Die größte DDR der Welt – Ein Staat ohne Nationalparke« mit folgenden Sätzen: »Eine Eingabe an das höchste Staatsorgan – verschollen – nichts wieder gehört. … Millionen für den Leistungssport, Pfennige für den Naturschutz – da musste jede Idee von nationaler Dimension auf der Strecke bleiben.« Ähnlich erging es dem Projekt »Müritz-Seen-Park«, das ab 1960 thematisiert wurde. Kretschmanns letzter Versuch, das Gebiet des Parsteiner Sees (heute Kernstück des Biosphärenreservats Schorfheide-Chorin) zu einem Großschutzgebiet zu machen, scheiterte ebenfalls. Die Zeit dafür war noch lange nicht reif.

Erna Kretschmann galt als die »Mutter« des ostdeutschen Naturschutzes. Alle, die ihr begegnet sind, waren von dieser kleinen, zierlichen Frau fasziniert: Ihre Klugheit, ihr diplomatisches Geschick, ihre kritische Auseinandersetzung mit der Zeit, ihre Uneigennützigkeit, Freundlichkeit und Güte, ihr Werben und Eintreten für den Naturschutz, ihre immerwährende Bereitschaft, Kurt zur Seite zu stehen, manchmal auch zu lenken. Wie vielen Menschen gab sie Lebensanstöße, konnte sie für den Naturschutz gewinnen! Über das Leben und Wirken der beiden ist viel berichtet worden, auch hat es Kurt Kretschmann in seinem langen Leben geschafft, über alles in seinem Leben Wichtige eine Vielzahl von Buchpublikationen zu erarbeiten.

Reimar Gilsenbach 16. September 1925 – 22. November 2001

Seit früher Kindheit mit kommunistischen Idealen aufgewachsen, erhielt er sich bis zuletzt seinen Glauben an das Gute im Menschen, an Freiheit, Gleichheit, Brüderlichkeit, an einen menschlichen Sozialismus. Den Staat erlebte er fortwährend nur als Bedrohung, der seine Ideale mit Füßen trat. Das war so, als er als blutjunger Soldat von der faschistischen Wehrmacht zur Sowjetarmee überlief und dort letztlich im Straflager landete, es war auch so in der Zeit des DDR-Sozialismus, den aufzubauen er angetreten war. Und so lautete denn auch oft seine bittere Erkenntnis: »Die, die ich suchte, nahmen mich nicht an.« Nach Rückkehr aus sowjetischer Gefangenschaft und Anstellung bei der *Sächsischen Volkszeitung* in Dresden war er für fast zehn Jahre Redakteur der damals bedeutsamen Kulturbund-Zeitschrift *Natur und Heimat* bis zu ihrer staatlich verordneten Einstellung 1962. Danach gab Reimar Gilsenbach endgültig auf, sich ein- und unterzuordnen. Er wurde freischaffender Journalist und Buchautor und zog sich nach Brodowin am Rande des ältesten wirklichen Naturschutzgebietes Deutschlands, dem Plagefenn inmitten der Choriner Endmoränenlandschaft, zurück. (Heute ist Brodowin ein Ökodorf inmitten des Biosphärenreservates Schorfheide-Chorin.)

Mit insgesamt 25 Büchern und über 600 Publikationen sowie unzähligen Vorträgen hat er Generationen von Naturschützern motiviert und mit ethischen und ökologischen Argumenten geschärft. Er war früher Wegbereiter der Nationalparkidee. Reimar Gilsenbach war wie Kurt Kretschmann Autodidakt, ein Studium an einer Hochschule war ihm nicht vergönnt, dennoch bewunderten wir sein nahezu universelles Wissen, seine profunden ökologischen Kenntnisse, seine Ethik, die in einer tiefen Natur- und Menschenliebe wurzelte. Drei Anliegen finden sich immer wieder herausgehoben: Sein Plädoyer für die bedrängte, ausgebeutete Natur. Seine Solidarität mit bedrohten, verfolgten Menschen und Völkern. Und seine totale Kriegsverweigerung, sein tiefer Antimilitarismus. Er hatte die Schriften von Marx und Engels gründlich gelesen und sich auch mit der Philosophie Nietzsches und Kants auseinandergesetzt, intensiv das Neue und Alte Testament studiert, sich umfassend mit Kunst, Natur und auch Technik beschäftigt – er war Glaubender und Aufklärender. Eine der wichtigsten Botschaften Reimar Gilsenbachs lässt sich in drei Sätzen zusammenfassen und umreißt das ganze Dilemma unserer Zeit: Lassen wir die Natur unverändert, können wir nicht existieren. Zerstören wir sie, gehen wir zugrunde. Der schmale, sich verengende Gratweg zwischen Verändern und Zerstören wird auf Dauer nur einer Gesellschaft gelingen, deren Ethik sich im Einssein mit der Natur begründet. Er brannte für diese neue Gesellschaft, er wollte sie mitgestalten. Was daraus wurde, beschreibt seine Lebensgeschichte in erschütternder Deutlichkeit. Wie viel Wahrheit steckt in seiner Feststellung: »Wo unter Roten Grüne ein Ärgernis sind, büßt es die Erde.« Sein »Vergehen« in der Endphase der DDR war, so der Original-Stasibericht, »eine breit gefächerte Front zum Schutz der Natur und Umwelt zu schaffen«. Und so finden wir seinen Namen zusammen mit dem seiner Lebenspartnerin auch in der Liste der im Herbst 1989 für »Isolierungslager« vorgesehenen Oppositionellen, die »im Spannungsfall« zu internieren seien!

Ab 1981 führte er in der Abgeschiedenheit Brodowins umweltbewusste Schriftsteller der DDR mit kritischen Ökologen zu Diskussionen zusammen, die als »Brodowiner Gespräche« in die Geschichte eingingen. Trotz Ausgrenzung und Verfemung durch Staat und Partei, trotz Stasi-Überwachung war es möglich, dass sich hier ein Kristallisationspunkt von auf Veränderungen drängenden Naturfreunden und Geistesschaffenden bildete. Hier wurde über eine zukunftsfähige Gesellschaft ohne Wachstumszwang nachgedacht. Wir fanden uns an Brennpunkten der Natur-

Reimar Gilsenbach bei einer Lesung anlässlich der zweiten Brodowiner Gespräche im Mai 1983 in seinem Garten in Brandenburg. (Foto: H. Gilsenbach)

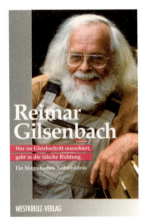

In seinem letzten Buch schrieb Reimar Gilsenbach seine »Lebensbeichte« auf, erschienen 2004. (Foto: H. Gilsenbach, 1999)

zerstörung in der DDR zusammen, den sterbenden Wäldern des Erzgebirges, den durch Braunkohletagebau zerstörten mitteldeutschen Landschaften, den durch die so genannten Komplexmeliorationen geschädigten Agrarlandschaften Brandenburgs. In den letzten Jahren der DDR fanden wir ihn zusammen mit seiner Mitstreiterin Hannelore Kurth (später Gilsenbach) in literarisch-musikalischen Programmen (mit Titeln wie »Zuspruch für Verletzbare« oder »Trostlied für Mäuse«) in Kirchen wieder, nur sie gaben zuletzt noch Freiräume für Auftritte, die Tausende von Menschen erreichten und wachrüttelten.

Reimar Gilsenbach ließ nie Zweifel an seiner Überzeugung, dass die Naturschutzbewegung in erster Linie eine kulturelle und ethische Dimension besitzt. Und erst danach rangieren wissenschaftlich-technisch-rationale sowie juristische Argumente. »Seit 40 Jahren denke ich in öffentlichen Auftritten und Büchern darüber nach, wie wir mit der Natur umgehen und welche Verantwortung wir auf uns laden. Manchen ging, was ich geschrieben habe, zu weit. Mir selbst, im Nachhinein gesehen, nicht weit genug, zu offensichtlich sind die Schäden, die wir der Natur zugefügt haben, zu groß die Verluste.« So Reimar Gilsenbach in seiner Lebensbeichte, seinem letzten großen Buch »Wer im Gleichschritt marschiert, geht in die falsche Richtung«, erschienen nach seinem Tod 2004.

Was hat dieser feinsinnige, kluge, freiheitsliebende und friedfertige Mann in seinem Leben an Schmach, an Missachtung, an Unterdrückung ertragen müssen, von Menschen verübt an ihm, der er doch selbst bis zur letzten Stunde so ungewöhnlich menschlich und von einem so ausgeprägten Gerechtigkeitssinn durchdrungen war. Er, der die Versöhnung, die Aussöhnung des Menschen mit sich selbst und der Natur zu seinem Lebensinhalt gemacht hatte. Reimar Gilsenbach hat uns außerordentlich viel hinterlassen: Provokante Lieder, unzählige Schriften, Gedichte und Aufsätze über die Natur. Er schrieb für Kinder, für die Unterdrückten und Geschmähten, aufklärend, mahnend oder Freude schenkend. In der Zeit der DDR war er für uns ein Fels in der Brandung, er gab mit seinem Mut uns Mut, mit seinem Geist uns Geist, mit seinen Argumenten uns

Argumente, war einer der seltenen Aufrichtigen. Seine klare, eindringliche Sprache, seine Klugheit und Weisheit, seine Unerschrockenheit faszinierten uns, ließen uns zu seinen Freunden werden. Wir begriffen, dass Naturschutz eine zutiefst ethische und kulturelle Dimension hat. Reimar Gilsenbach, der so sehr am Leben hing und sich so sehr für das Leben einsetzte, fand erst in seinem letzten Lebensjahrzehnt, mit der politischen Wende in der DDR, seinen inneren Frieden. Das lange erträumte Einssein mit der Natur und mit sich selbst, inmitten der Wälder, Seen und Moore des Choriner Endmoränenbogens, zuletzt fand er es, zusammen mit seiner Lebenspartnerin Hannelore.

Norbert Wisniewski   21. April 1927 – 3. November 1976

Norbert Wisniewski hat uns die politischen Zusammenhänge und die internationale Dimension des Naturschutzes bewusst gemacht. Als freier Dolmetscher und Übersetzer für Polnisch hat er seine Freizeit und finanziellen Mittel mit großer Engagiertheit dem Aufbau des »Arbeitskreises zur Beobachtung und zum Schutz heimischer Orchideen«, den er 1965 gründete, gewidmet. Durch private Initiative hat er eine Basisbewegung für den Naturschutz in Gang gebracht, die aufgrund seiner persönlichen Integrität und Loyalität vom staatlichen Naturschutz akzeptiert werden musste. Er öffnete uns mit Kontakten zur International Union for Conservation of Nature (IUCN) den Blick für die Welt, regte die Erarbeitung Roter Listen gefährdeter Pflanzen in der DDR an und prägte auch den Begriff »Florenschutz«. Er war ein führender Aktivist im Zentralen Fachausschuss Botanik (ZFA) des Kulturbundes. Seine gründlichen Studien zum Florenwandel, zum Verlust an Lebensräumen und Arten durch die »sozialistische Intensivierung« der Landwirtschaft trugen zum Bewusstsein für die Notwendigkeit von Naturschutz in der DDR bei. Durch Exkursionen zu den aus der Literatur ermittelten einstigen Standorten, durch Publikationen und Veranstaltungen klärte er schonungslos auf. Er organisierte Netzwerke und scharte Wissenschaftler wie Laien um sich, ja selbst Funktionäre. Sein republikweit aufgebautes Netzwerk »Arbeitskreis zur Beobachtung und zum Schutz heimischer Orchideen« wurde zur Avantgarde eines zunehmend auch politisch arbeitenden ehrenamtlichen Naturschutzes.

Norbert Wisniewski Anfang der 1960er Jahre, noch als Herpetologe.
(Foto: L. Wisniewski)

Schon 1967 war er Mitglied der Orchid Group der Survival Service Commission der IUCN geworden. 1968 wirkte er maßgeblich an der Ausrichtung der 2. Konferenz des Regionalen Osteuropäischen Komitees der IUCN in Ost-Berlin und Müritzhof mit. Als eine große Hoffnung für die internationale Zusammenarbeit stellte sich die mit tschechischen Kollegen vorbereitete Konferenz »Flora und Mensch im 20. Jahrhundert« im Juli 1970 in Pardubice dar. Eine vor allem durch Norbert Wisniewski erarbeitete Resolution durfte jedoch aus politischen Gründen nicht publiziert werden. Es gab über diese wegweisende Konferenz, die Vertreter des Naturschutzes aus den meisten Ostblockländern sowie auch Finnland zusammenführte, keine offizielle Berichterstattung. Eine vom ZFA Botanik der DDR 1975 wiederum maßgeblich durch Norbert Wisniewski geforderte 2. Naturschutzkonferenz der sozialistischen Länder, die für 1978 angesetzt war, kam trotz intensiver politischer Vorarbeit nicht zustande.

Höhepunkte für den Naturschutz in der DDR waren zu jener Zeit die Arbeitstagungen des Orchideenarbeitskreises. Die 5. Arbeitstagung 1972 in Bad Freienwalde hatte republikweite Resonanz, über 200 Teilnehmer folgten der Einladung. Sie löste ein intensives Nachdenken und vielfältige Diskussionen zum Florenwandel und zum Florenverlust aus. Norbert Wiesniewski legte zusammen mit Michael Succow die »Kurzkonzeption für eine ständige Arbeitsgruppe Floren-

Norbert Wisniewski mit Kurt Kretschmann und Hugo Weinitschke auf Exkursion des Orchideen-Arbeitskreises auf dem Pimpinellenberg bei Oderberg in Brandenburg. (Foto: R. Kümpel, 1972)

schutz« bei der Zentralen Naturschutzverwaltung der DDR vor. Darin wurden in 14 Punkten die dringendsten Aufgaben umrissen sowie organisatorische Lösungsvorschläge gemacht. Bald danach wurde die Resolution »Erhalt der Flora der DDR« erstellt, die im Mai 1973 auf der 1. Zentralen Tagung des ZFA Botanik als Entschließung einstimmig verabschiedet wurde. Als Sofortaufgabe wurde die Erarbeitung einer Liste der gefährdeten Pflanzenarten und Vegetationstypen gefordert, Arbeiten, die in den folgenden Jahren im Kulturbund ehrenamtlich geleistet werden sollten.

Literatur zum Weiterlesen

Gilsenbach, R. (1998): Die größte DDR der Welt. Ein Staat ohne Nationalparke, in: Institut für Umweltgeschichte und Regionalgeschichte (Hg.): Naturschutz in den neuen Bundesländern. Ein Rückblick, Marburg, S. 533–560.

Gilsenbach, R. (2004): Wer im Gleichschritt marschiert, geht in die falsche Richtung. Ein biografisches Selbstbildnis, Berlin, Bonn.

Reichhoff, L. (2011): Kurze Geschichte der strukturellen Entwicklung des Instituts für Landschaftsforschung und Naturschutz Halle. In: Lutz Reichhoff; Uwe Wegener. ILN Institut für Landschaftsforschung und Naturschutz – Forschungsgeschichte des ersten deutschen Naturschutzinstituts, IUGR-Neubrandenburg (Hg.).

Rösler, M. (1998): Nationalparkinitiativen in der DDR bis zur Wende 1989, in: Institut für Umweltgeschichte und Regionalgeschichte (Hg.): Naturschutz in den neuen Bundesländern. Ein Rückblick, Marburg, S. 547–560.

Schulz, M. (1999): Ein Leben in Harmonie. Kurt und Erna Kretschmann, Neuenhagen.

Stubbe, M. (2002): Hans Stubbe. Im Frieden für Wahrheit und Fortschritt – Engagement für die Bewahrung und Nutzung der Naturressourcen, in: Beiträge für Jagd- und Wildforschung Leipzig 27, S. 79–124.

Succow. M. (2001): Erna Kretschmann. Ein Nachruf, in: Berlin-Brandenburger Naturmagazin (2), S. 14–15.

Succow. M. (2003): Kurt Kretschmann. Naturschützer, Naturgärtner, Pazifist, in: Nationalpark (3), S. 34–35.

Succow. M. (2007): In Gedenken an Kurt Kretschmann – dem Pionier des ostdeutschen Naturschutzes, in: Natur und Landschaft (12), S. 552–554.

Der Kulturbund der DDR als Freiraum

Von Lebrecht Jeschke, Hans Dieter Knapp und Michael Succow

Der Kulturbund der DDR, ursprünglich als Kulturbund zur demokratischen Erneuerung Deutschlands gegründet, war im östlichen Nachkriegsdeutschland das Sammelbecken für alle bürgerlichen Vereine, so auch aus den Bereichen von Natur und Heimat. Als Leitungsgremium der naturkundlich orientierten Arbeitsgemeinschaften fungierte eine Zentrale Kommission Natur und Heimat mit mehreren Zentralen Fachausschüssen (ZFA). Es gab Arbeitsgemeinschaften und Arbeitskreise auf Republiks-, Bezirks- und Kreisebene. Der Freiraum für eine fachliche Vereinsarbeit jenseits der ideologischen Worthülsen war von Anfang an bis zum Ende der DDR erstaunlich groß.

Die naturwissenschaftliche Freizeitforschung war seit Beginn der 1970er Jahre in zunehmendem Maße auf Naturschutzaufgaben gerichtet, sie dürfte für Europa damals ohne Beispiel gewesen sein. Die Mitarbeit im Kulturbund wurde von den staatlichen Stellen als gesellschaftliche Tätigkeit nicht nur anerkannt, sondern auch gefördert. Für regionale und zentrale Veranstaltungen gab es großzügig Freistellungen sowie Fahrtkosten-Rückerstattungen. Der ZFA Botanik, der ursprünglich aus einer Gruppe hervorgegangen war, die sich der floristischen Kartierung angenommen hatte, wurde zunehmend zum Sprachrohr des Naturschutzes. Über die Arbeit im Rahmen des ZFA, in dem die Protagonisten des Nationalparkprogramms der DDR eine wesentliche Rolle spielten, soll hier berichtet werden. Die Herausgeber dieses Buches waren aus Überzeugung Mitglieder des Kulturbundes. Sie sahen hier eine Möglichkeit, ihre Sorgen um den Erhalt der Arten und der Lebensräume zu äußern, Gleichgesinnte um sich zu scharen und gewonnene Erkenntnisse so weit wie möglich in praktisches Naturschutzhandeln umzusetzen.

Der Zentrale Fachausschuss Botanik

Der ZFA Botanik tagte in der Regel zwei Mal im Jahr, im Frühjahr und im Herbst. Auf diesen Beratungen wurden Arbeitsvorhaben diskutiert und beschlossen sowie Arbeitsaufträge verteilt. Die gesamte Arbeit war ehrenamtlich. Der Versand der Einladungen, die Vervielfältigung der Berichte, Protokolle und Beschlüsse wurde von hauptamtlichen Mitarbeitern des Kulturbundes beziehungsweise der Gesellschaft für Natur und Umwelt durchgeführt. Zu den vom ZFA Botanik angeleiteten Fachgruppen im Lande gehörten die besten Freilandbotaniker der DDR. Sie kamen aus Universitäts- und Akademie-Instituten, aus Schulen, auch aus staatlichen Naturschutzbehörden, und vor allem waren es viele dem Naturschutz verpflichtete Laien. Wir verfolgten als ZFA das

Ziel, die Natur- und Heimatfreunde im Lande für Fragen der Florenveränderungen und des Florenschutzes zu sensibilisieren. Ein kaum überraschendes Ergebnis der Pflanzenkartierungen war die Erkenntnis, dass sich die heimatliche Flora in einem geradezu dramatisch verlaufenden Wandlungsprozess befindet. Uns wurde sehr schnell bewusst, dass die bisherigen Instrumentarien des Naturschutzes, wie das Verbot, seltene Arten auszugraben oder zu pflücken, nicht ausreichend waren.

1975 wurde Lebrecht Jeschke auf Vorschlag von Norbert Wisniewski, der als Vorsitzender des Arbeitskreises »Heimische Orchideen« Mitglied des ZFA Botanik war und Vorschlagsrecht hatte, als Vorsitzender berufen. Norbert Wisniewski war in den 1970er Jahren die zentrale Persönlichkeit im ehrenamtlichen Naturschutz. Er hatte mit dem 1963 gegründeten »Arbeitskreis zur Beobachtung und zum Schutz heimischer Orchideen« ein republikweit agierendes Netzwerk von Orchideenfreunden aufgebaut (siehe Unterkapitel *Unsere ostdeutschen Vordenker und Wegbereiter*), am Beispiel heimischer Orchideen auf den Rückgang von Pflanzenarten aufmerksam gemacht und das Thema Florenschutz in die Diskussion gebracht.

Die erste Tagung dieses Arbeitskreises fand 1968 in Halle statt. Republikweite Resonanz fand die Tagung 1972 in Bad Freienwalde. In der hieß es: »Die Tagung soll über eine spezielle Orchideentagung hinausführen und allgemein die Flora des Gebietes und deren Gefährdung aufzeigen.« Sie löste ein intensives Nachdenken und Diskussionen über den Florenwandel in der DDR und seine Ursachen aus. Die nächsten Tagungen des Orchideen-Arbeitskreises wurden 1975 in Berlin und 1979 auf der Leuchtenburg bei Kahla durchgeführt.

Nach der Freienwalder Orchideentagung fand die erste Tagung des ZFA Botanik 1973 in Halle statt. Sie stand unter dem Thema »Inventarisation und Florenschutz«. Michael Succow und Norbert Wisniewski lieferten grundsätzliche Beiträge zum Florenschutz. Zum Abschluss wurde eine Resolution verabschiedet, die praktisch das Programm für einen reorganisierten ZFA Botanik darstellte und über das Präsidium des Kulturbundes den zuständigen Ministerien zugeleitet wurde. Damit wurde der Florenschutz zum wichtigen Thema des ZFA Botanik. Höhepunkte der weiteren Arbeit waren seine Tagungen, die in der Regel in einem vierjährigen Turnus stattfanden und jeweils aus einem Vortragsteil und einem Exkursionstag bestanden. Die Beiträge wurden in Tagungsberichten veröffentlicht.

1977 folgte die 2. Zentrale Tagung in Karl-Marx-Stadt, dem heutigen Chemnitz. Es wurden Fragen des Florenwandels und des Florenschutzes diskutiert. Wir waren bestrebt, einen Überblick über die sich in der Landschaft vollziehenden Veränderungen und deren Ursachen zu gewinnen. Es folgte 1981 die 3. Zentrale Tagung in Cottbus unter dem Motto »Biotop- und Florenschutz«. Es zeichneten sich Schwerpunkte des Florenwandels ab, und wir versuchten, die Lebensstätten mit einer starken natürlichen oder anthropogenen Dynamik einzugrenzen. Die 4. Zentrale Tagung 1985 in Güstrow war dem Thema »Populationsökologie und Florenschutz« gewidmet. Lutz Reichhoff hielt einen vielbeachteten Vortrag zum Thema »Populationsschutz als Grundlage des Artenschutzes«. Das Thema hat auch heute nichts von seiner grundsätzlichen Aktualität verloren.

Als eine von sechs »Sofortaufgaben des Florenschutzes« wurde in einer Resolution die Erarbeitung einer »Liste der gefährdeten Pflanzenarten und Vegetationstypen der DDR« vorgeschlagen. Die Erstellung dieser so genannten Roten Listen war eine Leistung, die nicht durch staatliche Institutionen, sondern einzig durch die ehrenamtlich im Kulturbund agierenden Natur- und Heimatfreunde zustande gekommen war und schließlich vom Staat als verbindlich akzeptiert wurde. Diese Listen lieferten wertvolle Informationen für das politische Engagement zum Schutz der Natur.

Die Roten Listen gefährdeter Pflanzenarten hatten im Wesentlichen drei Wurzeln, nämlich
1. die floristische Erforschung einzelner Regionen einschließlich der Kartierungen der Pflanzenwelt von Mitteldeutschland, Sachsen, Brandenburg und Mecklenburg
2. die Aktivitäten des 1963 gegründeten Arbeitskreises zur Beobachtung und zum Schutz heimischer Orchideen
3. die Ergebnisse vegetationskundlicher Forschungen, die seit den 1960er Jahren einen dramatischen Wandel der Kulturlandschaften und ihrer Pflanzenwelt konstatierten.

Sächsische Schweiz. Diese großartige Landschaft hätte bereits in den 1950er Jahren der erste deutsche Nationalpark werden können, was jedoch von der Partei- und Staatsführung der DDR verhindert wurde.
(Foto: Holm Riebe, 2010)

Auf internationaler Ebene hatte die IUCN bereits 1966 mit der Erarbeitung von Listen weltweit gefährdeter Tier- und Pflanzenarten begonnen, als Ausdruck des gewachsenen Bewusstseins, dass es notwendig sei, alle gefährdeten Organismenarten in Schutzbemühungen einzubeziehen. 1970 veröffentlichte die IUCN (International Union for Conservation of Nature) das »Red Data Book 5 gefährdeter und erloschener Angiospermen« (das sind becktsamige Blütenpflanzen), eine Liste im Weltmaßstab. Von dieser ersten »Roten Liste« gingen erstaunliche Wirkungen aus, sie rückte das Problem des Erhalts der floristischen Mannigfaltigkeit in das öffentliche Bewusstsein.

In der DDR nahm die Arbeit an den Roten Listen konkretere Formen an, als es gelang, Stefan Rauschert für die Arbeit des ZFA zu gewinnen. Als Erstes wurde von Rauschert eine Checklist der

Flora der DDR erarbeitet. Als Grundlage diente »Der kleine Rothmaler«, eine »Schulflora der DDR«. Diese Schulflora enthielt eine große Zahl so genannter Kollektivspezies (Sammelarten), die für unsere Zwecke aufgelöst werden mussten. Stefan Rauschert hat diese Arbeit mit großer Akribie übernommen. Die »Check List DDR« enthielt eine alphabetische Aufzählung aller in der DDR nachgewiesenen einheimischen und archaeophytischen (alt eingebürgerten) Arten einschließlich der erloschenen sowie aller fest eingebürgerten Neophyten (neu eingebürgerte Pflanzen). Die Aufnahme der Neophyten war nicht unumstritten, die in diesem Zusammenhang geführten Diskussionen machten uns jedoch gleichzeitig bewusst, welcher Dynamik unsere Flora unterliegt. Die Frage, ob selten gewordene Neophyten in die Naturschutzbemühungen einbezogen werden sollten, wurde mehrheitlich positiv beantwortet, hatte allerdings kaum praktische Konsequenzen.

Die DDR-Liste sollte dann auf der Grundlage von Regionallisten kompiliert werden. Auch die Zusammenstellung der fünf Regionallisten – entsprechend den bis 1952 auf dem Gebiet der DDR existierenden Ländern – wurde ebenfalls von Stefan Rauschert methodisch koordiniert. Entsprechend den auf dem Gebiet der DDR existierenden Traditionen der Pflanzenkartierung und der floristischen Heimatforschung waren die Voraussetzungen für die Regionalbearbeiter durchaus unterschiedlich. Für Sachsen konnte Werner Hempel mit seiner Arbeitsgruppe bereits 1976/77 eine erste Regionalliste publizieren. Stefan Rauschert folgte 1978 mit der unter seiner Leitung erarbeiteten Liste für Sachsen-Anhalt. Die regionale Arbeitsgruppe für Brandenburg wurde von Dieter Benkert geleitet, Thüringen hatte ebenfalls Stefan Rauschert übernommen und Mecklenburg (einschließlich Vorpommern) Lebrecht Jeschke.

Die Arbeitssitzungen der regionalen Bearbeiter gehörten zu den aufregendsten Aufgaben im Rahmen der Arbeit des ZFA Botanik. Da wir in den regionalen Checklisten versuchten, die Dynamik der Gesamtflora zu bewerten, das heißt nicht nur seltener gewordene Arten einzuschätzen, sondern auch häufiger werdende, also Arten mit Ausbreitungstendenz, veranlassten uns diese Diskussionen, über die Ursachen des Florenwandels nachzudenken. Erst das Erkennen der Ursachen der in der heimatlichen Pflanzendecke vor sich gehenden Veränderungen schützt uns davor, in die Lage eines Don Quichote zu geraten, weil wir die Zeichen der Zeit nicht begreifen. Auf mehreren Zentralen Tagungen des ZFA Botanik haben wir uns mit diesem Thema auseinandergesetzt. Es ging dabei um den unauflösbaren Zusammenhang zwischen der Art und Weise der Landnutzung und der davon abhängigen Dynamik von Flora und Vegetation.

Anstoß für das Nationalparkprogramm

Ein Grundstein für das Nationalparkprogramm der DDR wurde während eines Seminars des ZFA Botanik erarbeitet, welches unter dem Titel »Erhaltung der floristischen Mannigfaltigkeit unter den Bedingungen der intensiv genutzten Landschaft in der DDR« 1976 in Wesenberg stattfand. Festgehalten wurde dies in dem Arbeitsmaterial des ZFA Botanik vom 4. Dezember 1976. Darin heißt es: »Infolge der stürmischen Entwicklung der Land- und Forstwirtschaft herrschen gegenwärtig Bedingungen, unter denen das bestehende Reservat-System die Erhaltung naturnaher Landschaftsausschnitte und der großen biologischen Mannigfaltigkeit extensiv genutzter Kulturlandschaften nicht mehr gewährleisten kann.« Und weiter wird ausgeführt: Die fortschreitende Intensivierung der Landnutzung »erfordert die Konzentration der Naturschutzbemühungen auf zahlenmäßig beschränkte aber großflächige Schutzgebiete, die neben den kleinen Schutzgebieten örtlicher Bedeutung zu schaffen sind.«

Auf Exkursion im Naturschutzgebiet Plagefenn (Choriner Endmoränenbogen) anlässlich der Brodowiner Gespräche. (Foto: R. Gilsenbach, 1981)

Auf Exkursion im Naturschutzgebiet Urwald Breitefenn (Choriner Endmoränenbogen), 1986. Uwe Wegener, Hans Dieter Knapp, Michael Succow, Lebrecht Jeschke (v. l. n. r.). (Foto: U. Wegener, 1986)

Rote Liste der gefährdeten Pflanzenarten der DDR, erarbeitet vom Bundesfachausschuss Botanik im Kulturbund der DDR, erschienen 1979. (Archiv Michael Succow Stiftung)

Wir hielten damals vier Kategorien von Schutzgebieten für notwendig:
»1. Großflächige Totalreservate,
2. Landschaftsparke (Nationalparke)
3. kleinflächige Naturschutzgebiete im herkömmlichen Sinne
4. kleinere Landschaftsschutzgebiete in der Nähe von Ballungsgebieten«.

Bei den großflächigen Totalreservaten sollte es sich um Gebiete von überregionaler Bedeutung handeln, deren Auswahl in internationaler Abstimmung erfolgen müsste. Sie sollten »der natürlichen Dynamik überlassen werden«. Wir hatten während des Seminars konkrete Vorschläge für solche nutzungsfreien Reservate diskutiert, beispielsweise Jasmund auf Rügen, das Bodetal im Harz, die Kammlagen des Harzes und des Erzgebirges.

Was wir als »Landschaftsparke« bezeichneten, sahen wir damals als Alternative zu den in der DDR tabuisierten Nationalparken. Sie erschienen uns als geeignetes Instrument zur Bewahrung charakteristischer Kulturlandschaften. Wir bedienten uns des von Reimar Gilsenbach propagierten Begriffs, fügten aber in Klammern verschämt den Begriff »Nationalpark« an. In diesen Landschaftsparken sollte die Landnutzung in extensiver Form praktiziert werden, allerdings unter Verzicht auf »Chemisierung, Melioration und Technisierung«. Wir hatten auch konkrete Vorstellungen, welche Landschaften dafür in Frage kamen und nannten in dem Papier: »Ost-Rügen, Usedom, Mecklenburger Seenplatte, Spreewald, Mittleres Elbegebiet, Kyffhäuser-Südharz, Eichsfeld, Hainleite, Gebiet der mittleren und oberen Saale und Rhön.« Innerhalb dieser Landschaftsparke sollten kleinere Naturschutzgebiete als Totalreservate besonders geschützt werden.

Auch sollten in der Nähe von Ballungsgebieten kleinere, gepflegte Landschaftsschutzgebiete eingerichtet werden, die der Naherholung dienen und gleichzeitig Nischen biologischer Mannigfaltigkeit sein sollten. Manch einer, der heute das Papier liest, wird sich ob der Begriffsverwirrung wundern. Wir hatten in der DDR den Begriff des Totalreservates eingeführt, heute bezeichnen wir diese Gebiete als »nutzungsfrei«, was bedeutet, dass sie frei von materiellen Nutzungen sind. Der Begriff Landschaftspark als Synonym für Nationalpark hatte noch keine klaren Konturen. Das war im Westen nicht viel anders, man lese nur einmal das Gutachten von Professor Haber zum Nationalpark Bayerischer Wald. Auch in unseren Köpfen war die Grenze zwischen Nationalpark und Naturpark nicht scharf gezogen. Mit Genugtuung können wir jedoch gut dreißig Jahre später feststellen, dass alle von uns in dem Arbeitspapier des ZFA Botanik genannten Gebiete heute entweder Nationalpark oder Biosphärenreservat oder Naturpark geworden sind. Allerdings fällt auch auf, dass eine ganze Reihe von Gebieten, die heute zu den Kernstücken des Programms zählen, damals nicht genannt worden waren. Die Erklärung ist einfach, denn es handelte sich um militärische Sperrgebiete oder Staatsjagdgebiete.

Gefährdete Pflanzengesellschaften

Ein weiteres großes Vorhaben des ZFA Botanik war die Erarbeitung einer Liste der gefährdeten Pflanzengesellschaften der DDR. Hans Dieter Knapp hatte es übernommen, eine erste Liste der Pflanzengesellschaften zu Papier zu bringen. Ein erster Entwurf wurde auf einem Seminar in Müritzhof im Dezember 1979 beraten und im Frühjahr 1980 erneut zur Diskussion gestellt. Auf der 3. Zentralen Tagung für Botanik in Cottbus im Mai 1981 wurde die Notwendigkeit einer Übersicht gefährdeter Pflanzengesellschaften als Grundlage für einen wirksamen Biotopschutz erneut bekräftigt. Als Ergebnis mehrjähriger ehrenamtlicher Gemeinschaftsarbeit des ZFA Botanik wurde 1983 schließlich dem Vorsitzenden der Gesellschaft für Natur und Umwelt das Manuskript »Gefährdete Pflanzengesellschaften auf dem Territorium der DDR« übergeben und, nach gesellschaftspolitischen Diskussionen und der Vorabveröffentlichung einer Zusammenfassung, drei Jahre später in der tschechischen Naturschutz-Zeitschrift *Ochrana Přirody* veröffentlicht.

Die Schrift sollte das Ausmaß des sich vollziehenden Vegetationswandels bewusst werden lassen, die Ursachen dieses Wandels aufdecken und Argumentationshilfen für praktische Naturschutzarbeit geben. Einleitend wurden die Geschichte der heimischen Pflanzendecke seit dem Spätglazial und die bisherige Forschung und Aktivität auf dem Gebiet des Florenschutzes skizziert. In Anlehnung an die Roten Listen gefährdeter Pflanzenarten wurden vier Kategorien unterschieden. Hauptteil der Arbeit stellte eine Liste von 314 als gefährdet eingestuften Pflanzengesellschaften dar, angeordnet in 13 Formationen mit 43 Gesellschaftsgruppen auf Klassen- beziehungsweise Ordnungsniveau. Der Text teilte die historische Entwicklung der Kulturlandschaft in drei Phasen ein: die »vorindustrielle Kulturlandschaft«, die »industrielle Kulturlandschaft« und schließlich die »hochindustrielle Kulturlandschaft«. Jeder Entwicklungsphase wurden die eingangs analysierten Vegetationskomplexe zugeordnet. So ergaben sich Schwerpunkte der Gefährdung und der Schutzbedürftigkeit gleichermaßen.

Die vergleichende Auswertung unter Berücksichtigung des Anteils gefährdeter Arten ergab folgendes Bild: Als besonders stark gefährdet erwiesen sich die naturnahe Gewässer- und Moorvegetation sowie die anthropogene Ersatzvegetation aus der Zeit vorindustrieller Landnutzung, das sind beispielsweise Zwergstrauchheiden, verschiedene Grasfluren (wie Feuchtwiesen, Trockenrasen, Magerrasen) und Ackerwildkrautfluren. Aber auch eine Reihe von Waldgesellschaften wurde als gefährdet eingestuft.

Als Hauptursachen des Vegetationswandels wurden vier Faktoren herausgestellt:
– Standortveränderungen (insbesondere Eutrophierung und Entwässerung)
– Nutzungsänderungen (Industrialisierung von Land- und Forstwirtschaft)
– direkte Vegetationszerstörung infolge wirtschaftlicher Maßnahmen
– Urbanisierung im weiteren Sinne.

Abschließend wurden zwölf Thesen über »Schutz und Pflege einer mannigfaltigen Pflanzendecke und gesunden Umwelt« formuliert. Insbesondere diese, aus heutiger Sicht banalen, Thesen versetzten den Zentralvorstand der Gesellschaft für Natur und Umwelt sowie die Führung des staatlicherseits zuständigen Instituts für Landschaftsforschung und Naturschutz in der Akademie der Landwirtschaftswissenschaften in Aufregung. Sie sahen mit den aus der Analyse von Vegetationsveränderungen gezogenen Schlussfolgerungen die Grundlagen der sozialistischen Landnutzungspolitik und damit die DDR überhaupt in Frage gestellt. Floristische Beobachtungen und vegetationskundliche Untersuchungen waren somit zu einem Politikum von hoher Brisanz geworden.

Rückblickend können wir feststellen, dass der Kulturbund mit dem ZFA Botanik bemerkenswerten Freiraum für die Auseinandersetzung mit grundlegenden Problemen des Schutzes von Natur und Landschaft bot und Erkenntnisse in diesem Bereich ermöglichte, die auch jenseits der Landesgrenzen Beachtung fanden und vor allem eine Voraussetzung für das Nationalparkprogramm der DDR in der Zeit der Wende werden sollten. Pflanzengesellschaften erwiesen sich als ein sensibler und komplexer Indikator für den Zustand einer Landschaft. Rote Listen fungierten als Barometer, das Veränderungen und Trends anzeigt.

Titelblatt der bedeutsamen Kulturbundschrift über die Gefährdung der natürlichen Vegetation der DDR, erschienen 1985.
(Archiv Michael Succow Stiftung)

Literatur zum Weiterlesen

Bauer, L.; Weinitschke, H. (Hg.) (1972–1974): Handbuch der Naturschutzgebiete der Deutschen Demokratischen Republik, Bd. 1–5, Leipzig, Berlin, Jena.

Behrens, H.; Benkert, U.; Hopfmann, J.; Maechler, U. (1993): Wurzeln der Umweltbewegung. Die Gesellschaft für Natur und Umwelt (GNU) im Kulturbund der DDR, Marburg.

Behrens, H. (2000): Naturschutz in der DDR, in: Stiftung Naturschutzgeschichte, Wegmarken, Beiträge zur Geschichte des Naturschutzes, S.189–258.

Benkert, D.; Succow, M.; Wisniewski, N. (1981): Zum Wandel der floristischen Artenmannigfaltigkeit in der DDR, in: Gleditschia 8, S. 11–30.

Buschner, G.; Ruge, U. (1990): Naturschutz in der DDR. Eine Auswahlbibliographie 1977–1990, in: Dokumentation Natur und Landschaft (Sonderheft 15, Bibliografie Nr. 60).

Hempel, W. (1976, 1977a): Rote Liste der ausgestorbenen und gefährdeten Pflanzenarten der drei sächsischen Bezirke, Teil I und II, in: Naturschutzarbeit in Sachsen 18(2), S. 73–83, 19(1), S. 28–40.

Jeschke, L. (1966): Die Einrichtung eines Systems von Moor- und Gewässerschutzgebieten in Mecklenburg, in: Wiss. Zeitschrift Univ. Rostock, math.-nat., S. 601–604.

Jeschke, L.; Henker, H.; Fukarek, F.; Knapp, H. D.; Voigtländer, U. (1978): Liste der in Mecklenburg (Bezirk Rostock, Schwerin und Neubrandenburg) erloschene und gefährdete Farn- und Blütenpflanzen, in: Bot. Rundbrief Bez. Neubrandenburg (8), S. 1–29.

Knapp, H. D.; Jeschke, L.; Succow, M. u. Mitarb. v. Hempel, W.; Krausch, H.-D.; Pietsch, W.; Voigtländer, U. (1985): Gefährdete Pflanzengesellschaften auf dem Territorium der DDR, in: Kulturbund der DDR. Zentralvorstand der Gesellschaft für Natur und Umwelt, Zentraler Fachausschuss Botanik (Hg.), Berlin.

Knapp, H. D.; Jeschke, L. (1991): Naturwaldreservate und Naturwaldforschung in den ostdeutschen Bundesländern, in: Schriftenreihe für Vegetationskunde (21), S. 21–54.

Knapp, H. D. (2005d): Entstehungsgeschichte von Roten Listen gefährdeter Gefäßpflanzen, in: Naturschutz und Biologische Vielfalt, S. 49–68.

Knapp, H. D. (2005e): Entstehungsgeschichte von Roten Listen gefährdeter Pflanzengesellschaften. Naturschutz und Biologische Vielfalt, S. 99–118.

Rauschert S.; Benkert, D.; Hempel, W.; Jeschke L. (1978): Liste der in der Deutschen Demokratischen Republik erloschenen und gefährdeten Farn- und Blütenpflanzen (Stand 14.01.1978), Kulturbund der Deutschen Demokratischen Republik, Zentraler Fachausschuss Botanik (Hg.), Berlin. 56 S.

Rauschert, S. et al. (1978b): Liste der in den Bezirken Halle und Magdeburg erloschenen und gefährdeten Farn- und Blütenpflanzen, in: Naturschutz und naturkundl. Heimatforschung Bez. Halle u. Magdeburg (1), S. 1–31.

Rauschert, S. et al. (1980): Liste der in den thüringischen Bezirken Erfurt, Gera und Suhl erloschenen und gefährdeten Farn- und Blütenpflanzen, in: Landschaftspflege u. Naturschutz Thüringen (1), S. 1–23.

Succow, M. (1973): Probleme und Aufgaben des Florenschutzes in der DDR I. Zentrale Tagung für Botanik 1973, Kulturbund der DDR. Zentraler Fachausschuß Botanik (Hg.), Berlin S. 29–37.

Succow, M. (1976): Probleme und Aufgaben des Florenschutzes in der DDR, 1. Botanikerkonferenz des Kulturbundes der DDR in Halle 1973, Berlin, S. 1–20.

Succow, M. (1990): Ängste und Sorgen um die Natur. Hoffnungen auf mehr Ökonomie und Ökologie, in: Einmischungen, Berlin, S. 40–59.

Voigtländer, U. (1976): Leitungsseminar des Zentralen Fachausschusses Botanik des Kulturbundes der DDR vom 8.–11.4.1976 in Wesenberg, in: Botanischer Rundbrief (6), S. 54–57.

Weber, R. (1998): Der Zentrale Fachausschuß Botanik im Kulturbund der DDR, in: Institut für Umweltgeschichte und Regionalgeschichte (Hg.): Naturschutz in den neuen Bundesländern. Ein Rückblick, Marburg, S. 147–165.

Weinitschke, H. et al. (1989): Naturschutz in der DDR, in: Natur und Landschaft, S. 251–284.

Wisniewski, N. (1965): Die bisherige Entwicklung des Arbeitskreises und seine weitere Aufgabenstellung, in: Mitteilungen Arbeitskreis Orchideen (1), S. 2–13.

Wisniewski, N. (1969): Schutzvorschläge für wertvolle Orchideenvorkommen in der DDR, in: Mitteilungen Arbeitskreis Orchideen (5), S. 62–85.

Wisniewski, N. (1976): Ökologische Aspekte des Orchideenschutzes in der DDR. Proc. 8th World Orchid. Conference, Frankfurt. a.M., S. 64–79.

Wisniewski, N. et al. (1969): Zur früheren und gegenwärtigen Verbreitung einiger Orchideenarten in der DDR, in: Archiv für Naturschutz und Landschaftsforschung (9), S. 209–249.

ZFA (1973): Entschließungsentwurf »Erhaltung der Flora in der DDR«. I. Botaniker-Tagung des Kulturbundes der Deutschen Demokratischen Republik, 13.–14. Mai 1973, (hektogr. Mskr.), Halle (Saale).

ZFA (1976): Zentraler Fachausschuß Botanik im Kulturbund der DDR. Inventarisation und Florenschutz. I. Zentrale Tagung für Botanik 1973, Berlin.

ZFA (1979): Zentraler Fachausschuß Botanik im Kulturbund der DDR. Florenwandel und Florenschutz. II. Zentrale Tagung für Botanik 1977, Berlin.

ZFA (1983): Zentraler Fachausschuß Botanik im Kulturbund der DDR. Biotop- und Florenschutz. III. Zentrale Tagung für Botanik 1981, Berlin.

ZEIT DER WENDE

Das Nationalparkprogramm der DDR

Von Hans Dieter Knapp

Aufbruch im Umbruch

Die Geschichte der Nationalparke, Biosphärenreservate und Naturparke ist noch jung. Zwar gab es bereits in den 1950er Jahren Vorschläge und Diskussionen um die Einrichtung von Nationalparken auf dem Darß, an der Müritz und in der Sächsischen Schweiz. In den 1970er Jahren waren die ersten beiden Biosphärenreservate eingerichtet worden. Im Zentralen Fachausschuss für Botanik des Kulturbundes und im Institut für Landschaftsforschung und Naturschutz gab es wiederholt Versuche, Nationalparke in die Diskussion zu bringen, doch diese Kategorie war im Naturschutzgesetz der DDR nicht vorgesehen (siehe Unterkapitel *Unsere ostdeutschen Vordenker und Wegbereiter* und Unterkapitel *Der Kulturbund der DDR als Freiraum*).

Erst mit der Wende im Spätherbst 1989 bot sich die historische Chance, ein großräumiges Flächenschutzkonzept in die gesellschaftliche Diskussion und auf die politische Tagesordnung zu bringen. Gänzlich neu war dabei das Flächenpotenzial großer, von militärischer Nutzung aufgegebener Truppenübungsplätze, geöffneter Grenzsperrgebiete und ausgedehnter Staatsjagdgebiete.

Umwelt- und Naturschutz waren ein von breiter Zustimmung getragenes Thema der Bürgerbewegung im Herbst 1989. Umweltgruppen forderten eine saubere Umwelt, die Offenlegung von Umweltdaten und die Umwandlung von Truppenübungsplätzen und Staatsjagden in Naturschutzgebiete. Die Auflösung der Staatsjagd an der Müritz gab den Anstoß zur Bürgerinitiative »Müritz-Nationalpark« in Waren, die ein erstes Konzept für einen Nationalpark an der Müritz entwarf und zugleich die Sicherung weiterer wertvoller Naturlandschaften anregte. Örtliche Initiativen auf dem Darß und auf Rügen brachten Vorschläge für Nationalparke in der Boddenlandschaft und auf Jasmund an runde Tische und in die öffentliche Diskussion. Auch im Harz und in der Sächsischen Schweiz gab es entsprechende Initiativen. Diese Diskussionen zur Gründung von Nationalparken lösten in den betroffenen Regionen regelrechte Volksbewegungen aus, die mit überwiegend positiven Reaktionen, aber auch erbitterten Auseinandersetzungen verbunden waren. Insgesamt wurde das Nationalparkprogramm in den ersten Monaten des Umbruchs von breiter Zustimmung der Bürgerbewegung getragen, an runden Tischen gefordert und befürwortet und von den Medien wohlwollend begleitet.

Mit der Berufung des damaligen Volkskammerabgeordneten Michael Succow zum Stellvertretenden Umweltminister im Januar 1990 wurde die Vision zur realen Chance. Einige eilig ins Ministerium berufene Enthusiasten, von den Altministerialen als »Schar bunter Vögel« wahrgenommen,

Wiedervernässter Erlenbruchwald im Müritz-Nationalpark, dem früheren Staatsjagdgebiet des DDR-Ministerpräsidenten; hier formierte sich im Spätherbst 1989 eine Bürgerinitiative, die das Nationalparkprogramm der DDR auslöste.
(Foto: G. Meßner, 2008)

sollte das vorgeschlagene Nationalparkprogramm konkretisieren. Unser Plan war, den seit dreißig Jahren von intensiver Landnutzung verschont gebliebenen Grenzstreifen als wirklich »Grüne Grenze« für die Natur zu sichern, aufzugebende Truppenübungsplätze in Naturschutzgebiete umzuwandeln und Grundsätze für eine ökologische Landnutzungspolitik zu erarbeiten. Ohne Erfahrung in Verwaltungsvorgängen und Rechtsvorschriften, aber durchdrungen von der Aufgabe und überzeugt von deren Notwendigkeit, machten wir uns an die Arbeit. Zwar war uns bewusst, dass rasches Handeln geboten war, doch ahnten wir nicht, in welch kurzer Zeit das Werk abzuschließen und welche Hindernisse und unerwarteten Schwierigkeiten zu überwinden sein würden.

Zunächst wurde uns am Beispiel von Südost-Rügen und der Schorfheide bewusst, dass man in bewohnten Kulturlandschaften keinen Nationalpark einrichten kann. Diese außerordentlich vielgestaltigen und reizvollen Kulturlandschaften gaben den Anlass, das Konzept der Biosphärenreservate in das Nationalparkprogramm mit aufzunehmen. Als dritte Kategorie wurden »Naturschutzparke« für besondere Kulturlandschaften regionaler Bedeutung definiert.

Daraufhin war ein Beschluss des zentralen Runden Tisches zur Legitimation der weiteren Arbeit einzuholen, er wurde Anfang Februar 1990 gefasst. Sodann galt es, die vor Ort tätigen Initiativen zu koordinieren, in das Gesamtprogramm einzubinden und zu unterstützen, gelegentlich gegen Bedenken und Widerstände des noch bestehenden Apparates in Bezirks- und Kreisverwaltungen anzugehen. Medien und öffentliche Meinung hatten das Thema in jener Zeit jedoch positiv besetzt, und so gelang es, insgesamt 23 große Gebiete durch Beschluss der letzten Ministerratssitzung der Übergangsregierung am 16. März 1990 einstweilig zu sichern.

Nach der ersten freien Wahl am 18. März 1990 stand das Programm zunächst in Frage, da Michael Succow als Stellvertretender Minister nicht bestätigt wurde und im Mai auf eigenen Wunsch aus dem Ministerium ausschied. Inzwischen hatte das Programm aber solch eine Eigendynamik entfaltet, dass einfach weitergemacht werden konnte. Während Kollegen aus einigen bundesdeutschen Naturschutzbehörden das Ganze für ein aussichtsloses Unterfangen und uns

für reichlich naiv hielten, erfuhren wir von Verbänden und bundesdeutschen Naturschutzorganisationen begeisterten Zuspruch. Ohne die tatkräftige Unterstützung von WWF Deutschland, der Stiftung Europäisches Naturerbe (heute Euronatur) und des Vereins der Freunde des ersten deutschen Nationalparks Bayerischer Wald wäre das Ziel kaum zu erreichen gewesen. Entscheidenden Anteil am Erfolg hatten aber auch der damalige Bundesumweltminister Klaus Töpfer, sein Staatssekretär Clemens Stroetmann und der ins Umweltministerium nach Berlin abgeordnete Berater Arnulf Müller-Helmbrecht. In der Schlussphase beim Entwurf der Verordnungen erfuhren wir außerdem tatkräftige Unterstützung von Landesbehörden aus Nordrhein-Westfalen, Bayern, Bremen, Hamburg und Schleswig-Holstein.

Die Festsetzung von fünf Nationalparken, sechs Biosphärenreservaten und zunächst drei Naturparken in letzter Minute auf dem Gebiet der noch nicht ganz ehemaligen DDR ist oft als Handstreich oder Husarenstück hingestellt worden. Ein Handstreich war es jedoch wahrlich nicht. Neun Monate harter Arbeit von vielen Menschen an vielen Orten und eine Reihe glücklicher Umstände waren nötig, um mit dem »Nationalparkprogramm der DDR als Baustein für ein europäisches Haus« den Grundstein für die heutigen Nationalen Naturlandschaften zu legen. Es gehört zu den guten und ermutigenden Erfahrungen jener äußerst bewegten Phase, dass bei scheinbar unüberwindbaren Hindernissen zur rechten Zeit die rechten Leute am rechten Ort waren und an dieser Stelle weiterhalfen.

Links: Der gerade freigezogene sowjetische Truppenübungsplatz Lieberoser Heide in Brandenburg im Sommer 1992.
(Foto: M. Succow)

Rechts: Ehemaliger sowjetischer Truppenübungsplatz Speck im Juni 1991, heute Teil des Müritz-Nationalparks.
(Foto: U. Meßner)

Nahziele und Visionen

Mit dem Nationalparkprogramm sollten erstmals großflächig Wälder, Moore, Flüsse und Seen sich selbst überlassen werden und von allen materiellen Nutzungen freigestellt werden. Das war die größte denkbare Herausforderung, nicht nur für die Forstverwaltungen und die Wasserwirtschaftsämter, sondern auch für den staatlichen und ehrenamtlichen Naturschutz, hatte der Naturschutz bisher doch sein Hauptbetätigungsfeld in der Erhaltung artenreicher Teile historischer Kulturlandschaft gesehen.

Zunächst galt es aber, in einer Zeit, die täglich neue Ereignisse brachte, dringliche Nahziele zu erreichen. Dazu gehörten unter anderem:
- die Sicherung der Verfügungsgewalt für die als Nationalparke vorgesehenen Flächen und die Etablierung von Aufbaustäben vor Ort
- die Öffentlichkeitsarbeit zur Gewinnung oder Verbesserung breiter Akzeptanz für die Nationalparkidee

Das Naturschutzgebiet Ostufer der Müritz: seinerzeit trotzdem Staatsjagdgebiet – Sperrschild auf dem Weg zum Specker Horst, 26.11.1989.
(Foto: U. Meßner)

Demonstrationszug zum Specker Horst im November 1989. (Foto: U. Meßner)

- ein schneller Informationsaustausch der Berliner Zentrale mit den Aufbaustäben und der »Nationalparkgründer« untereinander
- ebenso eine enge Verbindung zum ersten deutschen Nationalpark im Bayerischen Wald
- die drastische personelle Stärkung der Naturschutzverwaltungen auf Kreis-, Bezirks- und zentraler Ebene.

Bis zum Sommer 1990 wurde mit einer Aufbauzeit von zwei bis drei Jahren gerechnet. Als am 14. August 1990 die Volkskammer der DDR den Beitritt zur Bundesrepublik Deutschland zum 3. Oktober 1990 beschloss, wurde die Zeit knapp, denn die Nationalparkverordnungen mussten nun bis zum Oktober entworfen und noch vom amtierenden Ministerrat beschlossen werden. Mit dem letzten Beschluss des Ministerrats auf seiner letzten Sitzung am 12. September 1990 wurden fünf Nationalparke, sechs Biosphärenreservate und drei Naturparke endgültig unter Schutz gestellt, insgesamt eine Fläche von 4882 km², das entsprach 4,5 Prozent des Territoriums der DDR. Das Ministerium für Umwelt, Naturschutz, Energie und Reaktorsicherheit der DDR gab unter der Überschrift »DDR-Regierung beschließt Schutzstatus für 14 Landschaften zwischen Ostsee

und Rhön« am 12. September 1990 folgende Pressemitteilung heraus: »*Umweltminister Steinberg: Nationalparkprogramm gibt Impulse für gesamtdeutsche Naturschutzpolitik.*

Für alle Freunde der Natur und Beschützer der Umwelt in Ost und West wird der 12. September 1990 ein herausragendes Datum: Die Regierung der DDR fasste an diesem Tag einen Beschluss, nach dem 14 Landschaften zwischen Ostseeküste und Thüringer Wald ein rechtskräftiger Schutzstatus verliehen wird. Die großflächigen Gebiete, die Naturräumliche Besonderheiten aufweisen, sich durch besondere Naturnähe auszeichnen oder als einzigartige, zum Teil jahrhundertealte durch den Menschen geprägte Kulturlandschaften gelten, sollen auch künftigen Generationen erhalten bleiben.

In den Ministerrat eingebracht wurde die Beschlussvorlage vom Ministerium für Umwelt, Naturschutz, Energie und Reaktorsicherheit. Umweltminister Professor Karl-Hermann Steinberg hebt an der Tatsache, dass insgesamt fünf Nationalparks, sechs Biosphärenreservate und drei Naturparks per Regierungsdekret endgültig unter Schutz gestellt werden, die politische Bedeutung hervor: ›Von diesem Beschluss werden rund vier Prozent des Gebietes im östlichen Teil Deutschlands betroffen. Nimmt man alle 26 bislang einstweilig gesicherten Gebiete, so erhöht sich der

Besuch von Bundesumweltminister Klaus Töpfer an der innerdeutschen Grenze (Mecklenburg-Vorpommern und Schleswig-Holstein) am Schaalsee bei Zarrentin, 20. August 1990, heute ein Biosphärenreservat. (Foto: M. Succow)

Anteil auf zehn Prozent – ein Spitzenwert in Europa, der zugleich ein würdiger Beitrag zum Naturschutz des geeinten Deutschlands sowie zur Sicherung des Naturerbes auf unserem Kontinent ist, bei der Verwirklichung der Umweltunion mit der BRD hierbei Schrittmacherdienste leistet, macht besonders stolz. Auch mein Bonner Amtskollege, Professor Klaus Töpfer, unterstützt diese Impulse für künftige gesamtdeutsche Naturschutz-Politik.«

Um diese Zielsetzung zu verwirklichen, fasste der Ministerrat bereits Mitte März 1990 einen Beschluss zur einstweiligen Sicherung von insgesamt 23 Gebieten für den Natur- und Landschaftsschutz. Einbezogen wurden hierbei die nun zu bestätigenden Nationalparke Boddenlandschaft, Jasmund, Müritz, Hochharz und Sächsische Schweiz, die Biosphärenreservate Südost-Rügen, Schorfheide-Chorin, Spreewald, Mittelelbe, Vessertal und Rhön sowie die Naturparke Schaalsee, Drömling und Märkische Schweiz. Berücksichtigt wurden in dem Programm auch frühere Vorbehaltsgebiete, die beispielsweise Jagdinteressen ehemaliger Funktionäre, der Grenzsicherung wie auch militärischen Zwecken gedient hatten. Dem Anliegen fühlte sich auch die Regierung von Lothar de Maizière verpflichtet, und so erfuhr der Regierungsbeschluss vom 16. März durch das ab 1. Juli 1990 geltende Umweltrahmengesetz zusätzliche rechtliche Absicherung. Durch Anordnung von Umweltminister Steinberg vom 25. Juli desselben Jahres erhielten zudem drei weitere Areale einen einstweiligen Schutzstatus – der künftige Nationalpark Unteres Odertal, die Niederlausitzer Heidelandschaft und der Naturpark Erzgebirge/Vogtland. Die Verantwortung für die jetzt durch die Regierung zu bestätigenden sowie übrigen, derzeit noch einstweilig gesicherten Gebiete und Naturparke ging entsprechend dem Bundes-Naturschutzgesetz nach der Länderbildung an die jeweiligen Landesregierungen über. In den fünf neuen Bundesländern Mecklenburg-Vorpommern, Brandenburg, Sachsen-Anhalt, Thüringen und Sachsen bildeten sich Umweltministerien und Umweltämter und nahmen sich dieser wichtigen Naturschutzaufgabe an. Die einstweilige Sicherstellung der Gebiete für den Zeitraum von zwei Jahren behielt – obwohl im Bundesnaturschutzgesetz nicht vorgesehen – ihre Gültigkeit. Der Schutzstatus für die 14 im Ministerratsbeschluss aufgeführten Gebiete trat am 1. Oktober 1990 in Kraft.

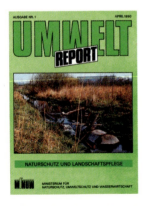

Der erste und einzige Umweltreport des im Januar 1990 neu strukturierten Ministeriums für Naturschutz, Umweltschutz und Wasserwirtschaft der DDR vom März 1990. (Archiv Michael Succow Stiftung)

Die Verordnungen zu den 14 endgültig festgesetzten Gebieten wurden als letzte Regelungen überhaupt im Gesetzblatt der DDR gedruckt, traten am 1. Oktober 1990 in Kraft, wurden mit dem Einigungsvertrag ab 3. Oktober in bundesdeutsches Recht übernommen und sind bis heute als Länderrecht gültig. Am 6. Oktober, drei Tage nach der Wiedervereinigung, eröffnete Bundesumweltminister Töpfer im vormaligen Regierungsgästeheim die Naturschutzakademie Insel Vilm. Die erste Tagung vom 20. bis 23. November war den jungen Nationalparken im Osten gewidmet. Die Teilnehmer verabschiedeten eine umfangreiche Erklärung mit dem Titel »Nationalparke in den ostdeutschen Bundesländern«.

Links: Innerdeutsche Grenze, gemeinsame Grenzbegehung zum nun wieder zivil zugänglichen Brocken am 21. August 1990. (Foto: M. Succow)

Rechts: Innenansicht des Brockenplateaus, 21. August 1990, heute Nationalpark. (Foto: M. Succow)

**Verordnung
über die Festsetzung von Naturschutzgebieten
und einem Landschaftsschutzgebiet
von zentraler Bedeutung mit der Gesamtbezeichnung
Biosphärenreservat Südost-Rügen**

vom 12. September 1990

Eine der noch heute gültigen Rechtsverordnungen, erschienen drei Tage vor dem Ende der DDR. (Archiv Michael Succow Stiftung)

Tabelle 1:
Einstweilig gesicherte Gebiete durch den Ministerratsbeschluss vom 16. März 1990 (x = Anordnung des Muner vom 25. Juli 1990)

		Fläche	Bundesland
	Nationalpark		
x 6.	Untere Oder	150 km²	Brandenburg
	Naturparke		
4.	Mecklenburgisches Elbtal	350 km²	Mecklenburg-Vorpommern
5.	Krakower See/Nossetiner Heide	300 km²	Mecklenburg-Vorpommern
6.	Usedom-Oderhaff	900 km²	Mecklenburg-Vorpommern
7.	Feldberger Seenlandschaft	300 km²	Mecklenburg-Vorpommern
8.	Harz	1550 km²	Sachsen-Anhalt
9.	Kyffhäuser	100 km²	Thüringen
10.	Eichsfeld-Werratal	575 km²	Thüringen
11.	Frankenwald	660 km²	Thüringen
12.	Oberlausitzer Heide- und Teichlandschaft	150 km²	Sachsen
x 13.	Vogtland/Erzgebirge	1700 km²	Sachsen
x 14.	Niederlausitzer Heidelandschaft (Konversion eines Truppenübungsplatzes)	100 km²	Brandenburg
	gesamt	**6835 km²**	

Tabelle 2:
Endgültig unter Schutz gestellte Gebiete beim Ministerratsbeschluss vom 12. September 1990

		Fläche	Bundesland
	Nationalparke		
1.	Vorpommersche Boddenlandschaft	805 km²	Mecklenburg-Vorpommern
2.	Jasmund	30 km²	Mecklenburg-Vorpommern
3.	Müritz	308 km²	Mecklenburg-Vorpommern
4.	Hochharz	59 km²	Sachsen-Anhalt
5.	Sächsische Schweiz	93 km²	Sachsen
	gesamt	1295 km²	
	Biosphärenreservate		
1.	Südost-Rügen	228 km²	Mecklenburg-Vorpommern
2.	Schorfheide-Chorin	1258 km²	Brandenburg
3.	Spreewald	476 km²	Brandenburg
4.	Mittlere Elbe	430 km²	Sachsen-Anhalt
5.	Rhön	483 km²	Thüringen
6.	Vessertal	127 km²	Thüringen
	gesamt	3002 km²	
	Naturparke		
1.	Schaalsee	162 km²	Mecklenburg-Vorpommern
2.	Drömling	249 km²	Sachsen-Anhalt
3.	Märkische Schweiz	147 km²	Brandenburg
	gesamt	558 km²	
	gesamt Tabelle 2	**4882 km²**	**= 4,5 % des Territoriums (der DDR)**
	Gesamtfläche der 26 Gebiete aus Tabelle 1 und 2	**11 717 km²**	**= 10,8 % des Territoriums (der DDR)**

Planung großräumiger Schutzgebiete in der DDR, September/Oktober 1990.
(Abbildung: Archiv Michael Succow Stiftung)

Nationalpark (NLP)
Biosphärenreservat (BSR)
Naturpark (NP)
einstweilig gesicherte Gebiete (egG)
Naturpark-Vorschlagsgebiet

DAS NATIONALPARKPROGRAMM DER DDR | 61 |

Literatur zum Weiterlesen

Beutler, H. (2000): Landschaft in neuer Bestimmung. Russische Truppenübungsplätze, Neuenhagen.

Deutscher Rat für Landespflege (1991): Naturschutz und Landschaftspflege in den neuen Bundesländern, in: Schriftenreihe des Deutschen Rates für Landschaftspflege.

Erz, W. (1989): Einige Betrachtungen zum Naturschutz in der DDR und der Bundesrepublik Deutschland, in: Natur und Landschaft (6), S. 277–280.

FÖNAD (1991): Sonderausgabe Deutsche Nationalparke, in: Nationalpark (2), S. 3–75.

FÖNAD (1992): Sonderausgabe Deutsche Nationalparke, in: Nationalpark (3), S. 3–91.

FÖNAD (1993): Schutzgebiete in den neuen Bundesländern. Chancen für Regionalentwicklung und Naturschutz. Tagungsbericht Fachtagung der FÖNAD v. 23.–25. Juni 1993 im Nationalpark Sächsische Schweiz, Grafenau, 81 S.

Freude, M.; Jeschke, L.; Knapp, H. D.; Succow, M. (Hg.) (1992/1993/1995): Unbekanntes Deutschland. Die Nationalparke und Biosphärenreservate zwischen Rügen und Fichtelgebirge, München.

Knapp, H. D. (1990): Für ein gemeinsames Europa: Nationalparkprogramm der DDR, in: Umweltreport (1), S. 13–20.

Knapp, H. D.; Jeschke, L. (1991): Naturschutzakademie Insel Vilm. Stätte der Begegnung im südlichen Ostseeraum, in: Nationalpark (1), S. 26–30.

Reichhof, L.; Böhnert, W. (1991): Das Nationalparkprogramm der ehemaligen DDR, in: Natur und Landschaft (4), S. 195–203.

Rösler, M. (1998): Das Nationalparkprogramm der DDR, in: Institut für Umweltgeschichte und Regionalentwicklung (Hg.): Naturschutz in den neuen Bundesländern. Ein Rückblick, Marburg, S. 561–595.

Schurig, V. (1991): Naturschutz hat Geschichte – auch in der ehemaligen DDR, in: Nationalpark (3), S. 24–28.

Succow, M. (1991): Einmalige Chance. Wende in der DDR hat dem Naturschutz unerwartete Möglichkeiten eröffnet, in: Politische Ökologie, S. 26–37.

Persönliche Erinnerungen an eine bewegte Zeit

Von Michael Succow

Mit dem Abstand von nunmehr 22 Jahren zur Endphase der DDR, zum Zusammenbruch des so genannten real existierenden Sozialismus, war die Arbeit an diesem Band Anlass, in den Terminkalendern, Mitschriften und Aufzeichnungen des Zeitraums November 1989 bis Mai 1990 zu blättern und einen kurzen Rückblick zusammenzutragen. Diese persönlichen Erinnerungen sind von Dankbarkeit geprägt über das sich damals entfaltende Netzwerk, den Zuspruch, die vielfältige uneigennützige Hilfe, und sie sind auch geprägt von Freude, Genugtuung über das Erreichte, das Bleibende zum Wohle von Natur und Gesellschaft. Bei allen, die daran mitgearbeitet und mitgeholfen haben, möchte ich mich bedanken. Das gilt insbesondere für meine Frau Ulla, die mich auch in dieser Zeit des totalen Umbruchs mit Herz und Verstand begleitete und mir zur Seite stand.

Wie wir alle wissen, spielten für das Ende des real existierenden Sozialismus die Umweltbewegungen in der DDR eine maßgebliche Rolle. Sie forderten unter anderem im November 1989 die Umwandlung der Staatsjagdgebiete in Nationalparke, mehr Umweltverträglichkeit bei der Landnutzung, mehr ökologische Bildung und vor allem die Freigabe der Daten über den aktuellen Zustand der Umwelt in der DDR. Es hatte in der DDR zwar ein Ministerium für Umweltschutz und Wasserwirtschaft gegeben, das hatte aber keine Naturschutzaufgaben wahrgenommen. Dafür war das Landwirtschaftsministerium zuständig gewesen, mit einer Hauptabteilung Forstwirtschaft, doch darin wirkten lediglich zwei Mitarbeiter für den Naturschutz, Günther Hoffmann und Horst Hörich. Ähnlich sah es in den Räten der Bezirke aus. In den Räten der Kreise gab es nur noch eine halbe Planstelle, gekoppelt mit Jagd – man kann sich vorstellen, was da für den Naturschutz übrigblieb.

Die Umweltbewegungen im Kulturbund forderten im November 1989 ein eigenes Naturschutzministerium mit mir als Exponenten des ehrenamtlich-gesellschaftlichen Naturschutzes. Am Rande einer Volkskammersitzung sprach mich Anfang Dezember 1989 (damals etablierte sich gerade die Modrow-Regierung) der Minister für Umweltschutz und Wasserwirtschaft Hans Reichelt an. Er erklärte, dass die Regierung kein eigenes Naturschutzministerium schaffen könne. Aber der Ministerrat wünsche, kurzfristig einen eigenen Stellvertreterbereich für Naturschutz in seinem Ministerium einzurichten. Er bat mich, diese Position einzunehmen, denn »die Zeit der Funktionäre sei zu Ende, Glaubwürdigkeit und fachliche Kompetenz würden nun entscheidend werden. Das Ministerium könnte Ministerium für Naturschutz, Umweltschutz und Wasserwirtschaft heißen«. Ich erbat mir 14 Tage Bedenkzeit.

In diesen Tagen erhielt ich (möglicherweise im Ergebnis einer ersten unzensierten eineinhalbstündigen kritischen DDR-Fernsehsendung zum Naturschutz, an der ich maßgeblich mitwirkte

Der ehemalige Panzerübungsbereich des NVA-Truppenübungsplatzes Bad Liebenwerda, bewachsen mit blühender Besenheide am 12. September 1990, heute Naturpark Lausitzer Heidelandschaft in Brandenburg. (Foto: L. Jeschke)

und an der ich sogar Herbert Sukopp aus West-Berlin beteiligen konnte) eine Einladung von Bundesumweltminister Klaus Töpfer. Er lud nach Bonn zu einem ersten Zusammentreffen mit den Spitzen der Umweltverbände der BRD ein, und ich konnte hierzu eine Delegation von zehn Umwelt- und Naturschützern der DDR zusammenführen. So reiste eine ausgewählte Gruppe am 12. und 13. Dezember 1989 nach Bonn. Für viele die erste Westreise! Mit dabei waren Lebrecht Jeschke, Uwe Wegener und Lutz Reichhoff vom Institut für Landschaftsforschung und Naturschutz der Akademie der Landwirtschaftswissenschaften der DDR, Matthias Platzeck als Sprecher der gerade gegründeten Grünen Liga, Rolf Casper (noch Bundessekretär für Natur und Umwelt im Kulturbund der DDR), aber auch Günther Hoffmann aus dem Landwirtschaftsministerium.

Ich bekam für die Fahrt sogar einen Dienstwagen vom Kulturbund der DDR gestellt. Nach abenteuerlicher Reise (die Stasi hatte unsere Reifen zerstochen, dann hatten wir eine Panne und mussten den ADAC kommen lassen) erreichten wir um Mitternacht Bonn. Dort trafen wir am nächsten Morgen unter anderem erstmals Wolfgang Engelhardt, Hubert Weinzierl und Carl-Albrecht von Treuenfels. Auch gaben wir dort unsere erste Pressekonferenz – gemeinsam mit Klaus Töpfer. Wir alle waren beseelt vom Willen, die Chancen des zu erwartenden Zusammenbruchs der DDR und eines daraus hervorgehenden wiedervereinten Deutschlands für den Umwelt- und Naturschutz zu nutzen. Minister Töpfer beschwor mich, nicht weiter in der Wissenschaft tätig zu sein, sondern der Politik zur Verfügung zu stehen. Er überzeugte mich, und am Montag, dem 15. Januar 1990, trat ich meinen Dienst im nun neu zu konzipierenden Ministerium für Naturschutz, Umweltschutz und Wasserwirtschaft der DDR in Berlin am Schiffbauerdamm an. Kurzfristig wurde für die neu zu berufenden Mitarbeiter die 2. Etage leer geräumt – hier hatte bisher die Staatssicherheit gesessen. Minister Reichelt stimmte meinem Vorschlag zu, dass sich dieser Stellvertreterbereich nicht »Naturschutz«, sondern »Ressourcenschutz und Landnutzungsplanung« nennen sollte, also ein wesentlich umfassenderer Ansatz. Er versprach und gab mir auch für die Arbeit völlige Freiräume. Er sagte, ich solle »es besser machen, denn er habe in falscher Überzeugung vieles falsch gemacht bzw. machen müssen«.

Eröffnung des WWF-Büros Ost am 14. März 1990 in Potsdam. V. l. n. r. Hans Bibelriether, Heinz-Georg Klös, Michael Succow, Hartmut Jungius, Carl-Albrecht von Treuenfels. (Foto: Archiv Michael Succow Stiftung)

Es gab ein Dienstfahrzeug, eine Sekretärin, einige Mitarbeiter aus der Wasserwirtschaft und natürlich die freien Räumlichkeiten. Am nächsten Tag führte ich viele Telefonate mit meinen Freunden und Weggefährten im ehrenamtlichen und auch staatlichen Naturschutz (ILN) der DDR. »Kommt zu mir –, wir haben große Freiräume – wir können bei sicher nur kurzem Zeitfenster vieles Angedachte, Vorbereitete verwirklichen!« Als Erstes konnte ich bereits nach einer Woche Hans Dieter Knapp und Rolf Casper einstellen. Kurz danach Lebrecht Jeschke und Siegfried Schlosser vom ILN. Ende Januar auch Matthias Freude und Lutz Reichhoff sowie Wolfgang Böhnert und Heiko Pieplow. Die erste Dienstberatung am 24. Januar 1990 beschäftigte sich schon mit dem so genannten Nationalparkprogramm. Die dafür vorgesehenen Landschaften standen schon lange in unseren Köpfen fest: Darß/Zingst sowie die Stubnitz an der Ostseeküste, das Ostufer der Müritz (eingeschlossen die Wälder um Serrahn), der Hochharz und die Sächsische Schweiz (Elbsandsteingebirge). Hans Dieter Knapp wurde dafür der Hauptverantwortliche. Es galt, umgehend Aufbaustäbe zu installieren. Die Regie für den Schutz der wertvollen Abschnitte der innerdeutschen Grenzräume wurde Lebrecht Jeschke übertragen. Ein zunächst auf zwei Jahre angelegtes Dreistufenprogramm für die Ausweisung von Großschutzgebieten wurde erarbeitet.

Am 23. Januar gab es ein erstes Treffen mit Volker Hassemer aus West-Berlin, dem späteren Umweltsenator der wiedervereinten Stadt. Es ging um den Beginn einer gemeinsamen Landschaftsplanung für das Umland von Berlin. Hassemer bot für diese Rahmenplanung großzügig finanzielle und personelle Unterstützung an. Lutz Reichhoff wurde die Gesamtleitung übertragen. Am Wochenende vom 27. und 28. Januar 1990 fand auf Einladung des Deutschen Naturschutzringes (DNR) die erste große gesamtdeutsche Naturschutzbegegnung, das erste Treffen Hunderter ost- und westdeutscher Naturschützer, in der damals noch so genannten Hochschule der Künste in Berlin-Wilmersdorf statt. Wir erlebten freie Diskussionen und fertigten eine erste gemeinsame Resolution mit dem Schwerpunkt einer ökologischen Erneuerung an. Wolfgang Engelhardt und Wolfgang Erz spielten auf bundesdeutscher Seite dabei eine entscheidende Rolle.

Als wir uns am Abend mit Carl-Albrecht von Treuenfels, dem Vorstandsvorsitzenden von WWF Deutschland, und dessen Geschäftsführer Arnd Wünschmann im Intercity-Restaurant am Bahnhof Zoo zusammensetzten und dabei auch auf dringend benötigte Hilfe zu sprechen kamen und ich um ein Auto bat, stand dieses schon nach kurzer Zeit zur Verfügung. Eigentlich wollte man uns ein westliches Geländefahrzeug schicken, meine Sorge vor zu erwartenden Reparaturen und fehlenden Ersatzteilen war aber zu groß. Ein roter Lada (aus der Sowjetunion) war uns dagegen recht. Was wäre ohne dieses Auto aus dem Nationalparkprogramm geworden?

Am Montag, dem 29. Januar, musste Minister Reichelt aus dem Ministerrat ausscheiden. Der nachfolgende Umweltminister Peter Diederich ließ uns »Exoten« ebenfalls größte Freiräume. Er hatte mit den Fragen des technischen Umweltschutzes der ausklingenden DDR ein Übermaß an Problemen und Aufgaben zu lösen. An diesem Tag fand auch die 10. Sitzung des Zentralen Runden Tisches statt. Die Grüne Liga und die Grüne Partei forderten von der Regierung die einstweilige Sicherung der frei gewordenen Staatsjagdgebiete und Grenzsicherungsräume, um anderweitigen Ansprüchen zuvorzukommen. Daraufhin legte mir am 31. Januar 1990 Hans Dieter Knapp ein erstes Konzept für ein Nationalparkprogramm der DDR vor, das ich dann am 26. Februar 1990 dem im Schloss Berlin-Niederschönhausen versammelten 14. Zentralen Runden Tisch vorstellen konnte. Dazu die folgende Begründung: »Die derzeitige Situation in der DDR bietet die vielleicht letzte Chance, offensiv ein Naturschutz- und Umweltprogramm zu entwickeln, das den wachsenden Anforderungen der Zukunft Rechnung trägt und beispielhaft für eine existenziell notwendige ökologische Umgestaltung in Europa werden kann. Gesunde Landschaft, lebende Natur und zukunftsfähige Konzepte sind die wertvollsten Bausteine, die unser Land in ein europäisches Haus einbringen kann.« Alle neuen und alten Parteien und die großen neuen politischen Gruppierungen (Neues Forum, Demokratie jetzt, Demokratischer Aufbruch und andere) stimmten dem ohne Vorbehalt zu. Der am 5. Februar 1990 (inzwischen als Vertreter der Grünen Partei) nun in die »Regierung der Nationalen Verantwortung« unter Hans Modrow berufene »Minister ohne Geschäftsbereich« Matthias Platzeck widmete sich unseren Themen besonders intensiv und brachte viele der von uns erarbeiteten Vorlagen direkt in den Ministerrat.

Im Monat Februar beschäftigten sich die inzwischen 20 Mitarbeiter meines Bereiches mit den Fragen der Ökologisierung der Landnutzung, des Bodenschutzes, und bereiteten die fast vollständige Auflösung der Agrochemischen Zentren (ACZ), der Kombinate Industrielle Mast (KIM) sowie der VE Meliorationskombinate im Frühjahr/Sommer 1990 mit vor. Als weiteres Aufgabenfeld ergaben sich die zu reformierenden Hochschulen und die ökologische Neuausrichtung der Forschungslandschaft. Nach Gesprächen mit den Präsidenten der Akademie der Wissenschaften (Werner Scheeler) beziehungsweise der Akademie der Landwirtschaftswissenschaften (Dieter Spaar) wurden vielfältige Projekte ökologischer Forschung und ökologischer Ausbildung in Gang gesetzt. Mit Wissenschaftsminister Klaus-Peter Budig gab es diesbezüglich bemerkenswerte Diskussionen, vieles wurde hier angedacht, manches auch umgesetzt. Auf Arbeitsebene spielte Helmut Schieferdecker, seinerzeit Sekretär des Ökologieausschusses der AdW, eine wichtige Rolle.

Durch Briefe an die Vorsitzenden der Räte der Bezirke initiiert, konnte bereits Ende Februar ein außerordentlich wichtiger Beschluss des Ministerrats der DDR umgesetzt werden, nämlich eine bedeutende Stärkung des staatlichen Naturschutzes auf Kreis- und Bezirksebene. Jeder Kreis hatte zwei bis vier hauptamtliche Mitarbeiter für den Aufbau einer arbeitsfähigen Naturschutzverwaltung einzustellen, jeder Bezirk vier bis acht. Und das in einer Zeit, in der Massenentlassungen in Administrationen und Betrieben die Regel waren. Viele Hundert bisher ehrenamtlich tätige Naturschützer arbeiteten ab jetzt hoch motiviert und mit Fachkompetenz an Fragen der

Nach der Wende zum ersten Mal in der Lüneburger Heide, 20. März 1990: Deutsch-deutsches Naturschutztreffen mit Hans Dieter Knapp, Lebrecht Jeschke, Michael Succow und Matthias Freude (v. l. n. r.). (Foto: Archiv Michael Succow Stiftung)

nachhaltigen Landnutzung, des Naturschutzes, der Umweltbildung und der Realisierung des Nationalparkprogramms.

Am 1. Februar 1990 hatte es in unserm Ministerium bereits ein erstes Gespräch mit Generalleutnant Kaiser (Ministerium für Nationale Verteidigung der DDR) zum Thema Konversion von Truppenübungsplätzen gegeben, und schon am 26. Februar kam es daraufhin vor Ort zur feierlichen Übergabe eines ersten Truppenübungsplatzes (3300 ha) der Nationalen Volksarmee an den Naturschutz – dieses Gebiet ist heute wesentlicher Teil des Naturparks Lausitzer Heidelandschaft bei Bad Liebenwerda (Bundesland Brandenburg). Ausgangspunkt dafür war eine gemeinsame Initiative des Ökologen Hermann Remmert (Universität Marburg) und Hans Peter Gensichens (Leiter des Kirchlichen Forschungsheims Wittenberg) gewesen, die in einem offenen Brief an Bundeskanzler Helmut Kohl und gleichlautend an den Ministerpräsidenten der DDR Hans Modrow vom 22. Dezember 1989 die Umwandlung jeweils eines Truppenübungsplatzes für friedliche Zwecke, für den Naturschutz, forderten. (In der BRD ist seinerzeit keiner freigegeben worden, das erfolgte im Rahmen von Bundeswehrreformen erst viele Jahre später.)

Der erste offizielle Besucher aus dem Bundesministerium für Umwelt, Naturschutz und Reaktorsicherheit bei uns im Ost-Berliner Ministerium am Schiffbauerdamm war Heinrich Spanier, am 7. Februar 1990. Eine Woche später, am 13. Februar folgte dann ein erstes Zusammentreffen mit dem damaligen Abteilungsleiter Naturschutz des BMU, Herrn Bobbert, sowie Walter Mrass, dem Direktor der Bundesforschungsanstalt für Naturschutz und Landschaftsökologie (BFANL, heute BfN).

Von besonderer Bedeutung im Zusammenhang mit der Zukunft der Insel Vilm war ein Treffen mit dem Tourismusminister der DDR, Bruno Benthien (ja, es gab in der Modrow-Regierung ein eigenes Ministerium für Tourismus!, besetzt mit einem Tourismus-Fachmann, bis dahin Direktor des Geographischen Instituts der Universität Greifswald). In seiner Verantwortung befand sich auch die zukünftige Verwaltung der zahlreichen Erholungsobjekte der Staats- und Parteiführung auf dem Territorium der DDR. Bei diesem Gespräch stand unter anderem auch das Ferienobjekt des Ministerrats der DDR Insel Vilm zur Diskussion, das Ende der 1950er Jahre in einem alten bedeutenden Naturschutzgebiet im heutigen Mecklenburg-Vorpommern errichtet worden war. Gerade für dieses Objekt entwickelten sich viele Begehrlichkeiten. Da traf es sich gut, dass Bundesumweltminister Töpfer mir Anfang März mitteilte, dass er vorhabe, eine internationale Naturschutzakademie für Deutschland aufzubauen. Denn inzwischen, ab Anfang März, war klar, dass es zu einer Wiedervereinigung kommen würde (wenn auch seinerzeit noch über einen Prozess von Jahren konzipiert). Ich sollte für diese geplante Akademie geeignete Immobilien der Staatsführung der DDR, die nun nicht mehr gebraucht würden, vorschlagen.

Ganz entscheidend war eine kurzfristig anberaumte gemeinsame Bereisung mit dem Parlamentarischen Staatssekretär des BMU, Wolfgang Gröbl. Schon am 7. und 8. März fand zu diesem Zweck die Begutachtung verschiedener Gästehäuser der Staatsführung statt. Grundlage dafür war das Protokoll über das Treffen der Verantwortlichen für Naturschutz der DDR und der BRD vom 13. Februar 1990 in Ost-Berlin. Ich darf aus dem Bericht zu dieser Bereisung vom 9. März (bestätigt durch DDR-Minister Diederich) zitieren:

»Es gibt Übereinstimmung, dass die Insel Vilm als Naturschutzgebiet mit hohem nationalem Wert für Deutschland erhalten und entwickelt wird. Als dem Charakter und der Aufgabenstellung des Gebietes angemessene Hauptnutzung der Gebäude auf der Insel wurde nach einer gründlichen Erörterung unterschiedlicher Varianten die Einrichtung einer Naturschutzakademie für den Ostseeraum vorgeschlagen. Damit würde die Insel Vilm nicht nur die wissenschaftliche Basis für die in diesem Raum geplanten Nationalparke und Biosphärenreservate, sondern gleichzeitig ein Ort der Begegnung für Wissenschaftler der Nachbarländer. Die Bildung einer solchen Naturschutzakademie wäre gleichzeitig ein Beitrag zur Fortsetzung des Helsinki-Prozesses.«

Das hieß, kurzfristig eine Konzeption als Grundlage zur Vorlage an das BMU zu erarbeiten. Termin: 23. März 1990. Als verantwortlich von Seiten des Ministeriums für Naturschutz, Umweltschutz und Wasserwirtschaft (MNUW) wurde Lebrecht Jeschke im Protokoll benannt. Er sollte durch Knapp unterstützt werden.

Nachfolgend (aus meinem Tagebuch) Eindrücke von unserm Spaziergang am Abend des 7. März 1990 auf der Insel Vilm:

»- Heroisches Licht, Vorfrühlingsstimmung, Seeadler, Gänsesäger, rufende Singschwäne und Kolkraben am Himmel. Die kleine Gruppe wandert im letzten Lichtschein bis an die Südspitze der Insel, ist fasziniert.
- Für die Übernachtung wird für Wolfgang Gröbl das Haus mit dem Bett von Erich Honecker reserviert. Mit wenig Schlaf, wie er mir am nächsten Morgen berichtete; aber für ihn steht der Entschluss fest: Die Akademie muss hier auf Vilm errichtet werden!
- Staatssekretär Gröbl (CSU, einer der Zöglinge von Franz Josef Strauß und Freund des Finanzministers Theo Waigel) meinte die Finanzierung dafür zu erreichen, aber es sei nicht leicht!«

Vom 19. bis zum 21. März waren wir (Lebrecht Jeschke, Hans Dieter Knapp, Matthias Freude und ich) zu einem Seminar über Rechtsgrundlagen und Strukturen des Naturschutzes in der Bundesrepublik nach Inzmühlen in der Lüneburger Heide eingeladen, veranstaltet von der Arbeitsgemeinschaft Beruflicher Naturschutz (ABN) und geleitet von Wolfgang Erz, mit wichtigen fachlichen Gesprächen und natürlich einem ersten Erleben der Lüneburger Heide. Für mich war die Begegnung mit Alfred Toepfer, dem Hamburger Unternehmer und Naturschützer, unvergesslich, mit dem ich die große Freude über das bald vereinte Deutschland teilen konnte. Hier entstand auf einer vom Herbergsvater entliehenen Reiseschreibmaschine der erste Entwurf für ein Konzept der Naturschutzakademie Insel Vilm.

Links: Unser erster offizieller Besuch des freizugebenden sowjetischen Truppenübungsplatzes Lieberoser Heide südöstlich Berlins, Anfang April 1990. (Foto: Archiv Michael Succow Stiftung)

Ein erster offizieller Gegenbesuch im Bundesministerium in Bonn fand vom 25. bis zum 28. März statt. Dabei gab es für mich auch ein erstes offizielles Treffen mit Minister Klaus Töpfer. Eher deprimiert kehrte unsere Delegation (elf Mitarbeiter meines Stellvertreterbereiches) zurück, denn die Verwirklichung unserer Vorhaben, insbesondere das so genannte »Nationalparkprogramm, dürfte Jahre in Anspruch nehmen«, so der Rat beziehungsweise die Versicherung der bundesdeutschen Kollegen.

Rechts: 26. Februar 1990: Feierliche Übergabe des ersten Truppenübungsplatzes der Nationalen Volksarmee (Bad Liebenwerda) mit einer Größe von 3300 ha an den Naturschutz. (Foto: Archiv Michael Succow Stiftung)

Von symbolischer Bedeutung für die Umsetzung des Nationalparkprogramms der DDR war jedoch das Projekt Drömling in Sachsen-Anhalt an der Grenze zu Niedersachsen, weil es das erste deutsch-deutsche Naturschutzvorhaben noch vor der Wende darstellte. Im Mai 1989 hatte es bereits vor Ort auf ostdeutscher Seite eine Begegnung von Minister Reichelt und Minister Töpfer gegeben. (Doch, wie mir Hans Reichelt später berichtete, konnte bei diesem Treffen nichts erreicht werden. Er musste sich mit ganz anderen Dingen als dem Naturschutz beschäftigen und hatte die Trinksprüche für die Begegnung mit Töpfer vorher dem Politbüro-Mitglied Hermann Axen zur Absegnung vorzulegen, dann auswendig zu lernen. Die Begegnung wurde von der Stasi total überwacht.) Der Drömling, eine von der innerdeutschen Grenze durchzogene Niederungslandschaft, sollte in gemeinsamem Ansatz zu Naturschutzzwecken renaturiert werden. Dieses zwischenzeitlich in Vergessenheit geratene Vorhaben konnte am 6. März 1990 durch die Bildung einer gemeinsamen Arbeitsgruppe aus Vertretern der Land- und Wasserwirtschaft, des Naturschutzes und der Melioration wieder in Gang gebracht werden. Ein Aufbaustab wurde auf ostdeutscher Seite berufen. Ein heute vorbildlicher Naturpark hat sich daraus entwickelt.

Noch ein Ereignis soll nicht unerwähnt bleiben. Am 14. März 1990 durfte ich als Stellvertreter des Ministers in Begleitung von Hans D. Knapp das an der Pädagogischen Hochschule Potsdam angesiedelte WWF-Büro Ost eröffnen. Neben C.-A. von Treuenfels (damaliger Präsident des WWF) und Hartmut Jungius (WWF International) waren noch Hans Bibelriether und Heinz-Georg Klös aus dem WWF-Vorstand anwesend. Es herrschte große Überraschung und natürlich Freude, dass das DDR-Ministerium keinen Funktionär, sondern von gleichen Zielen beseelte Naturschützer schickte.

Am 18. März 1990 fand dann die erste freie Volkskammerwahl statt, und eine neue Regierung unter Lothar de Maiziére trat am 12. April die Arbeit an. Als einer von ganz wenigen wurde der letzte Beschluss der letzten Sitzung des Kabinetts Modrow vom 16. März 1990 mit der einstweiligen Sicherung von 10,8 Prozent der DDR-Fläche als Großschutzgebiete aufrechterhalten. Es waren dies 23 Einzelgebiete, »Landschaftsschutzgebiete von zentraler Bedeutung«, die für zwei Jahre von Fehlnutzung und Landschaftsveränderung zu bewahren waren. Es handelte sich um den Beschluss unserer in größter Zeitnot erarbeiteten Vorlage »Information über den Stand und Maßnahmen für die Erhaltung von Biosphärenreservaten, Nationalparks und Naturschutzparks in der DDR«. Mit diesem Ministerratsbeschluss konnten in allen 23 konzipierten Großschutzgebieten Aufbaustäbe eingerichtet werden. Die finanziellen Mittel waren bereitgestellt.

Ich schied am 15. Mai 1990 auf eigenen Wunsch nach Differenzen mit dem neuen Umweltminister Hermann Steinberg aus dem Ministerium aus. Er befürchtete Behinderungen des Wirtschaftswachstums durch das Schutzgebietssystem. Gegen meinen Fortgang gab es von Umweltgruppen starke Proteste. Zum Abschluss meines viermonatigen Wirkens im Ministerium für Naturschutz, Umweltschutz und Wasserwirtschaft der DDR besuchten wir vom 12. bis zum 14. Mai 1990 einige der bereits im März berufenen Aufbauleitungen der zukünftigen Biosphärenreservate und Nationalparke der DDR; diese Exkursion mit den wichtigsten Mitstreitern begann am 12. Mai mit einer Tagung auf der Insel Vilm. Dabei wurde von den Teilnehmern noch einmal die Dringlichkeit und Bedeutung des Nationalparkprogramms und der zu schaffenden Naturschutzakademie für die Sicherung des Kapitalstocks Natur im zusammenwachsenden Europa hervorgehoben.

Etwa zur selben Zeit begann der Jurist Arnulf Müller-Helmbrecht aus dem Bonner Umweltministerium seine Arbeit im DDR-Umweltministerium. Vor allem ihm verdanken wir die rechtliche Verankerung des Nationalparkprogramms nach den neuen Rechtsgrundlagen, die durch die so genannte Umweltunion am 1. Juli 1990 geschaffen wurden. Ohne seinen engagierten Einsatz wäre das Nationalparkprogramm wohl nicht in der vom Ministerrat in seiner letzten Sitzung beschlossenen Form zustande gekommen. Auch an der Gründung der Naturschutz-Akademie Insel Vilm hat er mitgewirkt.

Bereits ab Ende Mai 1990 arbeitete man fieberhaft an der Weiterführung dieses Vorhabens. Bundesumweltminister Töpfer, der Präsident des Deutschen Naturschutzrings (DNR) Wolfgang Engelhardt und wohl auch Bundespräsident Richard von Weizsäcker konnten DDR-Umweltminister Hermann Steinberg nach dessen anfänglichem Zögern überzeugen, das Programm weiterzuführen. Dem Geschick von Staatssekretär Clemens Stroetmann und der Überzeugung von Klaus Töpfer haben wir diesbezüglich viel zu verdanken.

Literatur zum Weiterlesen

Succow, M. (1990): Ängste und Sorgen um die Natur. Hoffnungen auf mehr Ökonomie und Ökologie, in: Krüger, M.: Einmischung, Berlin, S. 40–59.

Succow, M. (1990): Ökologie als Lebensaufgabe, in: Umwelt Report, Ministerium für Naturschutz, Umweltschutz und Wasserwirtschaft (Hg.), (1), S. 4–9.

Als Westbeamter in den Osten

Von Arnulf Müller-Helmbrecht

Als Zeitzeuge möchte ich von der spannenden Zeit während der letzten Wochen vor der Wiedervereinigung Deutschlands berichten, in denen das Nationalparkprogramm der DDR Gesetzeskraft erlangte und als so genanntes fortgeltendes DDR-Recht in den Einigungsvertrag aufgenommen wurde. Ich hoffe, etwas von der Dynamik der Arbeiten und Ereignisse vermitteln zu können. Ich gebe hier einen subjektiven Bericht, der aus meiner Erlebniswelt als Berater aus dem westdeutschen Umweltministerium im Ostministerium geprägt ist, und ich bin froh, dass einige derer, die an der Realisierung des Programms mitgewirkt haben, ihre Erlebnisse in ähnlicher Weise dokumentiert haben. So entsteht ein authentisches Zeitzeugnis.

Ein Symposium über Braunkohle-Folgelandschaften in der DDR führte mich Ende April 1990 an Bitterfeld vorbei in das Braunkohlegebiet bei Leipzig. Dies war mein erster Eindruck von der DDR, und er war nicht der beste, entsprach aber der Berichterstattung in den westdeutschen Medien zur Zeit des Kalten Krieges. Doch da wusste ich noch nichts von den Kleinodien, die der erste gesamtdeutsche Umweltminister Klaus Töpfer fünf Monate später »das Tafelsilber der deutschen Vereinigung« nennen sollte.

Eine Woche nach dieser Reise, am 10. Mai, eröffnete mir Umweltminister Töpfers Stellvertreter, Staatssekretär Clemens Stroetmann, ich solle sofort meine laufenden Arbeiten abschließen, mein Büro räumen und mich am folgenden Montag, dem 14. Mai morgens um 8.00 Uhr, im Umweltministerium der DDR in Ost-Berlin am Schiffbauerdamm zum Dienstantritt melden. Meine Frau und ich waren nicht begeistert, aber das Beamtenrecht ließ mir keine Möglichkeit, nein zu sagen; zudem spürte ich die Herausforderung, mich in eine geschichtlich einmalige Entwicklung einzubringen.

Mein Auftrag lautete: Beraten Sie den DDR-Umweltminister und die Abteilung für Naturschutz, Bodenschutz und Landschaftspflege, stellen Sie den Kontakt zwischen den beiden Fachabteilungen in Ost und West her und fördern Sie ihn nach Kräften. Erst jetzt erfuhr ich, dass die Minister Töpfer und Steinberg auf der Basis einer Absprache der Regierungschefs Kohl und de Maizière unmittelbar nach der Regierungsbildung im April 1990 vereinbart hatten, dass Fachleute aus dem Westministerium im Ostministerium als Berater eingesetzt werden sollten.

Am Mittwoch, dem 16. Mai, um 8.00 Uhr betrat ich im Ministerium für Umwelt, Naturschutz, Energie und Reaktorsicherheit der DDR (Muner) das Büro des Abteilungsleiters für Naturschutz Alfons Hesse; dieser war gerade im Begriff, seinen neuen Posten als Nachfolger von Michael Succow anzutreten. Er war anscheinend nicht von meinem Kommen unterrichtet worden und behandelte mich mit unverhohlenem Misstrauen. Aber was konnte ich in dieser für uns beide sehr ungewöhnlichen Situation anderes erwarten? Ich versuchte, mich zu informieren und mich meinem Auftrag gemäß nützlich zu machen. Also half ich bei den typischen Ministeriumsarbeiten, beispielsweise Programm- und Personalplanung, Anmeldungen für den Haushalt 1991, Gründung einer Naturschutzpolizei, Vorbereitungen für ein neues DDR-Naturschutzgesetz, Entwicklung einer Bodenschutzkonzeption und Prüfungen der Umweltschäden durch Massentierhaltung und Agrochemische Zentren.

Gegen Ende Mai hatte ich zusammen mit fünf oder sechs anderen Westberatern einen Vorstellungstermin bei Minister Steinberg: Er sagte fast wörtlich zu mir: »Da ist eine Sache, die mir sehr am Herzen liegt: Ich bitte Sie, sich um das Nationalparkprogramm zu kümmern. Ich möchte, dass alles getan wird, um die von Succow entworfenen Pläne zu verwirklichen.«

Herausforderung neuer Dimension

Nun hatte ich also meinen Aufgabenschwerpunkt: das Nationalparkprogramm und die endgültige Sicherung dieser Gebiete zu unterstützen. Die Naturschutzabteilung des Muner hatte erst zwei Drittel der Sollstärke von 40 Mitarbeitern erreicht; die meisten waren Wissenschaftler ohne Erfahrung in Ministeriums- und Gesetzgebungsarbeit. Erst auf Nachfrage hörte ich von dem Beschluss des Ministerrates vom 16. März 1990, durch den 23 Gebiete, und damit insgesamt 10,8 Prozent der Landesfläche der DDR, unter vorläufigen Natur- und Landschaftsschutz gestellt worden waren. Ich erfuhr erst nach und nach von dem ehrenamtlichen Naturschutz in der DDR, der jahrzehntealten Naturschutzbewegung im Rahmen des Kulturbundes, der Gesellschaft für Natur und Umwelt, den Fantasien und fachkundigen Vorschlägen für großflächige Gebiete, in denen die Vielfalt, Einzigartigkeit und Besonderheit der belebten und unbelebten Natur erhalten und geschützt werden sollten. Ich lernte, dass sich in der Wendezeit an der Müritz eine Bürgerinitiative gegründet hatte, in der fachkundige Leute wie Ulrich Meßner und Hans Dieter Knapp aktiv geworden waren und aus der heraus die Forderung nach einem Müritz-Nationalpark erwachsen war, dass diese Forderung zu dem späteren Nationalparkprogramm anwuchs – mit immer mehr Nationalparken, Biosphärenreservaten und Naturparken. Und ich erfuhr erst spät von der hochpolitischen Forderung der verschiedensten Initiativen am Runden Tisch, die Staatsjagden und Truppenübungsplätze einer neuen, der Allgemeinheit nützenden Verwendung zuzuführen.

Im Mai und Juni 1990 hörte man auf meiner Ebene kein Wort von Wiedervereinigung oder Ähnlichem. Es gab den BRD-DDR-Staats-»Vertrag vom 18. Mai 1990 über die Schaffung einer Wirtschafts-, Währungs- und Sozialunion« mit dem Umweltschutz-Artikel 16, aus dem ich zitiere: »Die DDR wird [...] das Umweltrecht der BRD übernehmen«; darauf aufbauend die Vorbereitung der Umweltunion zum 1. Juli 1990 mit der für uns wichtigen Übernahme des westdeutschen Bundesnaturschutzgesetzes (BNatschG) als DDR-Recht. Die Zwei-plus-vier-Gespräche der beiden deutschen Staaten mit den Alliierten des Zweiten Weltkrieges liefen hinter verschlossenen Türen, und der dadurch zustande kommende Vertrag, der die Wiedervereinigung seitens der Alliierten gestattete und Deutschland die Souveränität zurückgab, wurde erst am 12. September 1990 unterzeichnet.

Die Wirtschafts-, Währungs- und Umweltunion schien ein wichtiger Abschluss zu sein, auf dessen Basis man die weitere Annäherung versuchen konnte. Erst ab etwa Mitte Juli – Kohl und Gorbatschow hatten am 16. Juli einen Durchbruch in wesentlichen Fragen erzielt – wurden Überlegungen öffentlich, dass vielleicht im Dezember ein gemeinsamer Termin für Wahlen in beiden

Die Brockenkuppe des Harzes im winterlichen Schmuck, heute als Nationalpark für jedermann erlebbar. (Foto: L. Jeschke, 1993)

Staaten stattfinden könne, was wir auf der Fachebene des Ministeriums aber noch nicht mit einer politischen Vereinigung der beiden deutschen Staaten in Verbindung brachten. Im Rahmen dieser Unwissenheit und, schlimmer noch, des – wie sich später herausstellte trügerischen – beruhigenden Gefühls, dass wir in dem gegebenen Zeitrahmen systematisch arbeiten könnten, versuchten wir in der Naturschutzabteilung des Ministerium doch, die Dinge zügig voranzubringen. Anfang Juni gab das Muner an das Institut für Landschaftsforschung und Naturschutz (ILN) den Auftrag, die wissenschaftlichen Grundlagen für die endgültige Unterschutzstellung der vorläufig gesicherten Gebiete zu erarbeiten. Dies sollte im kurzen Zeitraum bis Ende 1990 geschehen. Ende Mai bis Mitte Juni arbeiteten wir das Umweltrahmengesetz der DDR aus, insbesondere das Leitgesetz für das Bundesnaturschutzgesetz als DDR-Recht. Intensive Beratungen innerhalb des Muner und mit dem Naturschutzjuristen Dieter Apfelbacher im BMU führten schließlich zu einer Regelung, durch welche

1. die vorläufige Sicherung der 23 Großschutzgebiete durch den Ministerrat vom 16. März 1990 auf eine solide gesetzliche Basis gestellt wurde
2. bestimmte Vorschriften des Landeskulturgesetzes und der Naturschutzverordnung der DDR übergangsweise in Kraft blieben, und zwar bis zur Bildung von Bundesländern nach westdeutschem Vorbild auf dem Gebiet der DDR (diese Regelung hat später übrigens auch den Übergang der ostdeutschen Eule als Naturschutzsymbol in das vereinigte Deutschland gesichert)
3. die Unterstützung durch westdeutsche Fachleute aus dem Umweltministerium und den Naturschutzbehörden der Länder bis Ende Juni organisiert wurde.

Am 1. Juli trat die Währungsunion in Kraft; mit ihr, weniger bekannt, die Umweltunion mit dem Umweltrahmengesetz. Das bedeutete 3000 Seiten BRD-Gesetze, Verordnungen und Verwaltungsvorschriften, Richtlinien der Europäischen Union, völkerrechtliche Verträge und so weiter. Wer in der DDR sollte damit zurechtkommen? Ich kannte mich zumindest mit dem Bundesnaturschutzgesetz aus. Ich informierte die Kollegen des Muner und diese die Aufbaustäbe der Großschutzgebiete, dass durch die neue Gesetzeslage für jedes Gebiet, das endgültig gesichert werden sollte, eine eigene Verordnung mit eindeutig definierten Grenzen, klaren Geboten und Verboten sowie Ahndungsregelungen erarbeitet werden müsse. Die parzellenscharfen Grenzziehungen seien für die äußeren Grenzen der Gebiete, aber auch für die innerhalb der Gebiete eingerichteten Zonierungen nötig. Nach dem Umweltrahmengesetz seien die Verordnungsvorschläge (VO-Vorschläge) dem Ministerrat zur Beschlussfassung vorzulegen und vorher seien die nach anderen Vorschriften geforderten Abstimmungen, beispielsweise mit den Räten der Bezirke und auf gesamtstaatlicher DDR-Ebene mit den fachlich betroffenen Ministerien, durchzuführen.

Nach dem 1. Juli fanden dann diverse Kontakte zwischen den Aufbaustäben und Experten aus westdeutschen Ländern statt; die Wissenschaftler des ILN halfen bei der Biotopkartierung und der Zonierung der Schutzgebiete – angesichts der Größe der Gebiete eine enorme Herausforderung; die Mitarbeiter des Muner reisten durch die Lande, berieten die Aufbaustäbe und hielten Beratungen mit den Bezirks- und Kreisräten ab, teilweise wurden Bürgerversammlungen durchgeführt. Am 25. Juli stellte Minister Steinberg noch drei weitere Gebiete unter einstweiligen Schutz: den Nationalpark Untere Oder und die Naturparke Niederlausitzer Heidelandschaft sowie Erzgebirge/Vogtland. Damit waren es insgesamt 26 einstweilig gesicherte Gebiete.

Wettlauf mit der Zeit

Am 14. August 1990 brachte uns die politische Entwicklung in starke zeitliche Bedrängnis: Ein Erlass des stellvertretenden Abteilungsleiters der Muner-Naturschutzabteilung Reichhoff begann mit den Worten: »Die Beschleunigung der Vereinigung der beiden deutschen Staaten führt zu kürzeren Fristsetzungen für die Realisierung des Nationalparkprogramms.« Als Konsequenz wurde die Auswahl der Schutzgebiete auf die Nationalparke und Biosphärenreservate beschränkt. Die neu vorgegebenen Termine nahmen uns den Atem. Einen Tag später wurden diese Fristen von Minister Steinberg weiter verkürzt, weil der Ministerrat soeben (15. August) entschieden hatte, am 12. September zum letzten Mal zusammenzutreten. Durch diese Anordnungen erfuhren wir auf der Arbeitsebene im Muner zum ersten Mal von fortgeschrittenen Plänen zur Wiedervereinigung, die kurz danach durch Beschlüsse des Ministerrates (15. August) und der Volkskammer (23. August) öffentlich bekannt wurden. Nach diesen politischen Weichenstellungen stand fest, dass wir die Verordnungsvorschläge bis zum 5. September dem Minister zur Unterschrift würden vorlegen müssen; Frist zur Vorlage beim Amt des Ministerpräsidenten Freitag, 7. September; Vorbereitung der letzten Ministerratssitzung durch die Staatssekretäre am Montag, den 10. September; Beschlussfassung durch den Ministerrat in seiner allerletzten Sitzung am Mittwoch, den 12. September.

In Bonn war ich inzwischen als Fantast abgestempelt worden, weil ich meine Ostkollegen nicht davon abhielt, an den Verordnungen zu arbeiten. Gleichwohl halfen mir meine Westkollegen bei meinen Bemühungen, für den 30. und 31. August im Muner eine Sitzung mit allen Umweltreferenten der Bezirksräte und der Aufbaustäbe, den Ministeriumsmitarbeitern und Westjuristen abzuhalten, in der die Verordnungsvorschläge inhaltlich fertiggestellt, untereinander weitestgehend harmonisiert und unter Anleitung von erfahrenen Naturschutzjuristen aus westdeutschen Bundesländern rechtlich wasserfest formuliert werden sollten. Ich hatte die Kollegen aus dem Westen gebeten, sich darauf einzurichten, mit uns, falls nötig, am Samstag und Sonntag weiter an den Verordnungen zu arbeiten. Doch es kam anders: Die westdeutschen Juristen stritten um die reine Lehre der Naturschutzrechtsetzung, die in jedem Bundesland eine andere war und ist. Am Freitagnachmittag, dem 31. August, verschwanden fast alle diese Helfer in Richtung Westen. Nur einer blieb. Nichts war fertig.

Jörn Mothes, damals Leiter des Müritz-Aufbaustabes, sah mir meine Enttäuschung an und lud mich zu einem Besuch des Müritzgebietes ein. Ich fragte, ob ich bereits am nächsten Tag (Samstag, 1. September) kommen dürfe. Er schluckte und sagte ja. So fuhr ich Samstag frühmorgens zusammen mit dem einzigen verbliebenen Länderjuristen, Rainer Morav aus Hamburg, und einem Praktikanten, dem Jurastudenten Stefan Schoeneck aus Hamburg, zur Besichtigung des Müritz-Nationalparks.

Der gesamte Aufbaustab empfing uns in einem perfekt eingerichteten Großraumbüro in Speck, einer kleinen ehemaligen Waldarbeitersiedlung mitten im künftigen Schutzgebiet gelegen. Weiter kamen wir nicht. Denn zuerst legten uns Jörn Mothes, Ulrich Meßner und Kollegen ihren Entwurf der Müritz-Schutzverordnung zu einer »kurzen Begutachtung« vor. Sie waren offenbar entschlossen, notfalls ihren Vorschlag als einzigen zur Beschlussfassung vorzulegen. Bis zum späten Nachmittag überarbeiteten wir den Entwurf in intensiven Diskussionen.

Das Ergebnis gab mir wieder Hoffnung. Wir hatten – ganz unerwartet – den ersten Entwurf einer Schutzgebietsverordnung, die den Namen verdiente, erarbeitet. Bis zur Vorlage beim Minister hatten wir noch sechs Tage. Ich erklärte den Müritz-Entwurf zum Muster für alle anderen

Schutzgebiete, die noch im Rennen waren. Wir versandten Kopien an alle Aufbaustäbe und beriefen die nächste gemeinsame Arbeitssitzung aller Stäbe nach Berlin ein.

Zwischenzeitlich waren die Karten als handgezeichnete Unikate für 14 Schutzgebiete auf den offiziellen Karten der DDR, Maßstab 1:50 000 (Ausgabe für die Volkswirtschaft), fertiggestellt worden. Die kartographische Abteilung des Bundesamtes für Naturschutz in Bonn übernahm die Herstellung von je 2000 Karten, die für die Veröffentlichung im DDR-Gesetzblatt benötigt wurden. Ich schickte die Kartenvorlagen, eben die DDR-Karten, per Luftkurier nach Bonn; die Zeit war knapp. Gegen 2.30 Uhr am nächsten Morgen weckte mich der Leiter der Kartographie, Helmut Uhlisch, per Telefon. Er war erregt und schimpfte: »Was haben Sie mir da für Karten geschickt? Die sind nicht zu gebrauchen. Die sind verfälscht; der Brocken im Harz fehlt ganz, Wandlitz ist nicht drauf und der Grenzstreifen ist weiß. Was soll ich tun?« Herr Uhlisch löste das Problem innerhalb von einem Tag: Er besorgte geographisch korrektes Kartenmaterial beim westdeutschen Militärgeographischen Institut der Bundeswehr.

Wir arbeiteten Tag und Nacht. Am 4. September kamen nochmals alle Aufbaustäbe in Berlin zur endgültigen Abstimmung und Fertigstellung der Verordnungsvorschläge zusammen. Wir waren keine Minute zu früh fertig. Der Minister sagte bei der Rücksprache am 5. September um 7.00 Uhr morgens, dies sei einer der glücklichsten Tage in seinem Leben, und unterschrieb das Übersendungsschreiben an die sieben DDR-Minister, deren Zustimmung nötig war.

Die beteiligten Ministerien hatten weniger als zwei Tage Zeit, ihre Zustimmung zu geben. In intensiven Beratungen mit einigen von ihnen nahmen wir letzte Änderungen vor, um ihnen die Zustimmung zu den Verordnungen zu erleichtern. Wir im Muner waren in dieser Situation erpressbar, und einige Fachkollegen in anderen Ministerien nutzten das aus.

Ich hatte meine Mission erfüllt – glaubte ich. Ich flog nach Hause, nach Bonn. Am Montagmittag, dem 10. September, erfuhr ich von einem Kollegen in meinem Ministerium, ich zitiere: »Das Nationalparkprogramm ist geplatzt. Staatssekretär [Winfried] Pickart (Muner) hat dem Vorschlag seines Kollegen aus dem Landwirtschaftsministerium zugestimmt, die Beratung im Ministerrat ›um eine Woche zu verschieben‹. Der Punkt ist von der Tagesordnung für die allerletzte Sitzung des Ministerrates am 12. September gestrichen.« Dann kam der Nachsatz: »Ich habe dir doch gleich gesagt, das wird nichts.«

Was tun? Kein Minister Töpfer oder Steinberg, kein Staatssekretär Stroetmann erreichbar. So versuchte ich es allein. Ich telefonierte von morgens bis abends und hatte Glück. Um 22.30 Uhr konnte ich dem Leiter des Büros von Minister Steinberg, Thomas Rummler, mitteilen, dass der Landwirtschaftsminister die Zustimmung zu den Verordnungen und zur Wiederaufnahme dieses Punktes auf die Tagesordnung des Ministerrates gegeben hatte. Dieser informierte sofort Minister Steinberg und leitete im Ministerauftrag die weiteren Schritte ein.

Dramatischer Schlussakt

Den Rest der Geschichte mit dem Streik der Müllwerker, der fast die Beschlussfassung des Ministerrates über das Nationalparkprogramm verhindert hätte, kenne ich selbst nur aus Berichten. Jedenfalls war der Ministerratsbeschluss über die endgültige Unterschutzstellung der wichtigsten 14 der 26 vorläufig gesicherten Großschutzgebiete gefasst! Doch die Geschichte war noch nicht ganz zu Ende und es wurde noch einmal spannend: Zwischen dem Ministerratsbeschluss vom 12. September und dem 3. Oktober 1990 mussten die Verordnungen als so genanntes fortgel-

Abschlussexkursion der DDR-Ministeriumsmitarbeiter im gerade ausgewiesenen Biosphärenreservat Südost-Rügen am 29.9.1990. H. D. Knapp, U. Müller-Helmbrecht, L. Reichhoff, W. Böhnert, M. Freude, L. Jeschke (v. l. n. r.). (Foto: Archiv Michael Succow Stiftung)

tendes DDR-Recht in den Einigungsvertrag aufgenommen werden. Das war zu unser aller Überraschung eine äußerst schwierige Sache und wäre um ein Haar gescheitert. In verschiedenen Ministerien sowohl in Berlin als auch in Bonn formierte sich der Widerstand gegen die Verordnungen mit dem Ziel, die Aufnahme in den Einigungsvertrag zu verhindern. Hauptwidersacher waren die beiden Landwirtschaftsministerien und das Verkehrsministerium (West). Es gelang mir, die Kollegen des Landwirtschaftsministeriums (West) zu überzeugen, ihren Widerstand aufzugeben. Im Verkehrsministerium hatte der Naturschutz-Abteilungsleiter (West) weniger Erfolg. In der Endphase der Verhandlungen unter Leitung der beiden Innenminister Wolfgang Schäuble (BRD) und Günther Krause (DDR) widersetzte sich der Vertreter des westdeutschen Verkehrsministeriums der Aufnahme der Nationalpark-Verordnungen. Da den Verhandlungsführern die Zeit weglief, setzten sie den Ressortvertretern eine Frist: Alle Rechtsakten, über deren Fortgeltung bis Fristende kein Einvernehmen bestehen würde, sollten nicht aufgenommen werden. Dank Staatssekretär Clemens Stroetmann und Referatsleiter Dieter Apfelbacher wurde schließlich nach Ablauf der Frist doch noch ein Kompromiss mithilfe einer Fußnote erreicht, die den Vorrang des Bundesverkehrswegeplanes vor den Vorschriften der Nationalpark-Verordnungen festschrieb. Für seine – noch dazu unter rechtlichen Gesichtspunkten unnötige – Vorgehensweise wurde der damals amtierende Bundesverkehrsminister Friedrich Zimmermann öffentlich scharf kritisiert.

Schlussbetrachtung

Insgesamt lässt sich sagen, dass das Nationalparkprogramm auf einer jahrzehntelangen Entwicklung fußt. Das Nationalparkprogramm ist ein Gemeinschaftswerk, an dem viele mitgewirkt haben. Der Bogen zieht sich von den heimatverbundenen Vordenkern in der DDR-Zeit über die Bürgerinitiative Müritz-Nationalpark, die Hauptakteure in der Wende- und Wiedervereinigungszeit (die »Väter des Nationalparkprogramms«), die politischen Entscheidungsträger der DDR in der Wendezeit, die Fachleute in den Aufbaustäben der Schutzgebiete und im Muner bis hin zu den westdeutschen Unterstützern, das heißt den Leitern der Nationalparke, den nicht staatlichen Umweltorganisationen und den staatlichen Naturschutzeinrichtungen. Meine Arbeit als Berater im Muner wäre ohne die gute Zusammenarbeit mit L. Reichhoff, W. Böhnert, H. D. Knapp und T. Rummler im Muner wirkungslos geblieben und ohne die Unterstützung durch D. Apfelbacher, K.-G. Kolodziejcok † und Staatssekretär C. Stroetmann im BMU nicht möglich gewesen.

Die Verwirklichung des Nationalparkprogramms wäre im vereinigten Deutschland in dieser Form kaum möglich gewesen. Dass es schlussendlich Gesetzeskraft erlangte, war und ist gut für Ostdeutschland, das gesamte Deutschland und hat Früchte getragen weit über die Grenzen Deutschlands hinaus.

Es hat zwar viele Widerstände und Anfeindungen gegeben, die teils auch heute noch stattfinden oder nachwirken, aber insgesamt lässt sich eine positive Bilanz ziehen. 20 Jahre nachdem das Programm Gesetzeskraft erlangt hat, sind alle 26 Gebiete, die das Programm ursprünglich umfasst hatte, nach geltenden Ländergesetzen endgültig ausgewiesen. Die Akzeptanz der Gebiete in Politik und Bevölkerung ist gewachsen mit der Erkenntnis, dass der Tourismus und die regionale Wirtschaft daraus Nutzen ziehen. Mecklenburg-Vorpommern, das als industriell gering entwickeltes

Kugelgestalt einer im Freistand aufgewachsenen Stieleiche auf den Zickerschen Bergen im BR Südost-Rügen. (Foto: L. Jeschke, 2009)

Land mit drei Nationalparken und je einem Biosphärenreservat und einem Naturpark die meisten der Schutzgebiete des Programms »geerbt« hatte und in den ersten Jahren die daraus resultierenden Belastungen beklagte, hat bei seiner 15-Jahr-Feier im Schloss Schwerin verkündet, dass zwischenzeitlich nicht nur alle durch das Nationalparkprogramm vorläufig gesicherten Gebiete landesrechtlich endgültig geschützt sind, sondern dass darüber hinaus noch drei Naturparke eingerichtet worden sind. Ohne die Erkenntnis, dass diese Gebiete Attraktionen für den Tourismus und Motoren für die regionale Wirtschaft sind, wäre das gewiss nicht möglich gewesen.

Es war und ist erfreulich, zu beobachten, dass die Schutzgebiete des Nationalparkprogramms sich zu guten Tourismusmagneten entwickelt haben, die Investitionen und Arbeitsplätze schaffen, aber keine Naturzerstörung, Industriebrachen oder Schadstoffimmissionen verursachen. Und ich habe mit Genugtuung die Medienberichterstattung über die Großschutzgebiete seit 1990 verfolgt, die eine kostenlose Werbung maßgeblich für das jeweilige Land und die betreffende Region darstellt, die viele Menschen neugierig macht und zum Besuch dieser Gebiete einlädt. Das Programm hat mit der Wiedervereinigung auch in Westdeutschland und dank Succow, Freude, Jeschke, Knapp und anderer, die sich den Menschen und der Natur verbunden fühlen, auch in anderen Ländern, beispielsweise Georgien, Mongolei, Russland, Iran, beispielgebend gewirkt.

Ich habe selten so viel Engagement, Uneigennützigkeit und Teamgeist erlebt wie in dieser Zeit. Deshalb empfinde ich für die damalige Chance, aktiver Zeitzeuge dieser Ereignisse gewesen zu sein, tiefe Dankbarkeit.

Literatur zum Weiterlesen

Müller-Helmbrecht, A. (1998): Endspurt – das Nationalparkprogramm im Wettlauf mit der Zeit, in: Institut für Umweltgeschichte und Regionalentwicklung (Hg.): Naturschutz in den neuen Bundesländern. Ein Rückblick, Marburg, S. 567–608.

Blick vom Königsstuhl über die Stubbenkammerschlucht. Die Wälder auf den Küstenhängen gehören zu den ursprünglichsten des Nationalparks. Hier fand nie eine Nutzung statt. Infolge von Hangrutschungen sind sie in ständiger Bewegung. Darüber hinaus enthalten diese Wälder mit Elsbeere und Eibe zwei seltene Arten. Der Abstieg durch die Stubbenkammerschlucht erschließt die ganze Schönheit dieser Hangwälder.
(Foto: L. Jeschke, 2011)

BILANZ DES
OSTDEUTSCHEN NATIONALPARKPROGRAMMS

DIE FÜNF NATIONALPARKE

Der Nationalpark Jasmund

Von Lebrecht Jeschke und Hans Dieter Knapp

Die Landschaft und ihre Nutzung

Mit Jasmund wird jene bis 161 m über den Meeresspiegel aufragende, bewaldete Halbinsel im äußersten Nordosten der Insel Rügen bezeichnet, die mit einer grandiosen Kreidesteilküste zum Meer abbricht und durch den Maler Caspar David Friedrich weltberühmt geworden ist. Kreidefelsen, Buchenwälder und Wasser (Quellen, Bäche, Moore, Meer) prägen eine einzigartige Küstenlandschaft von ungebrochener Dynamik und beeindruckender Schönheit. Es ist ein altes Waldland, das seit mindestens 1000 Jahren von Buchen beherrscht wird. Die Hinterlassenschaften der einzelnen Siedlungsperioden sind imposante neolithische Großsteingräber, bronzezeitliche Hügelgräber und slawische Burgwälle, als vorgeschichtliche Denkmäler sind sie heute in den Buchenwäldern verborgen. Die erste verlässliche Beschreibung dieses Buchenwaldes stammt aus dem Jahre 1695 durch schwedische Landvermesser. Das Waldland wird von einer größeren Zahl ost-westlich streichender Kämme, also Moränenrücken, und zwischen ihnen eingetiefte Bachtäler gegliedert.

Über das ganze Gelände sind abflusslose, meist vermoorte, rundliche Hohlformen verteilt. Es handelt sich um Karstmoore; einige versuchte man durch oberirdische Wasserableitungen zu entwässern, um Wiesen zu gewinnen. Außerdem befinden sich in den Tälern und in einigen Uferschluchten meist bewaldete Quellmoore. Der Buchenwald wurde jahrhundertelang als Niederwald genutzt und blieb dabei doch immer ein Buchenwald. Nur auf den Küstenhängen haben sich weitgehend nutzungsfreie Hochwaldbestände halten können. Ende des 18. Jahrhunderts setzte Fremdenverkehr ein, der sich rasch entwickelte und nun Jahr für Jahr Hunterttausende Besucher anzieht. Am Königsstuhl entstanden im 19. Jahrhundert die erste Restauration und später das Stubbenkammer Hotel, das im Zweiten Weltkrieg und während der DDR militärisch genutzt und mit Betonmauer und Stacheldraht umgeben war.

Nach 1945 wurden die Kahlflächen der Reparationshiebe mit Nadelbäumen aufgeforstet, deren Flächenanteil gegenwärtig noch etwa zehn Prozent beträgt. Außerdem wurde am Kolliker Bach eine Forellenmastanlage errichtet und später im Mündungsbereich des Großen Steinbaches ein Tiergehege. In den 1970er Jahren wurden zur Bereicherung des jagdbaren Wildes Mufflon und Damwild ausgesetzt. Dem Institut für Landschaftsforschung und Naturschutz gelang es damals nicht, diese Vorhaben der Jagdgesellschaft zu verhindern. Ein weiteres Problem waren und sind die nach schneereichen Wintern gehäuft auftretenden Küstenabbrüche.

Blick vom Schiff auf die herbstliche Küste des Nationalparks Jasmund.
(Foto: L. Jeschke, 2009)

Kleine natürliche Salzwiese an der offenen Ostsee, Geröllstrand südlich Stubbenkammer.
(Foto: M. Succow, 2010)

Die Vorgeschichte des Naturschutzes

Am 5. November 1926 hatten einige Abgeordnete des Preußischen Landtags eine kleine Anfrage an die Regierung gerichtet, ob der Minister bereit sei, die von der Stralsunder Bezirksregierung gegebene Genehmigung zum Abbau von Kreide zurückzuziehen und das Steilufer zwischen Sassnitz und Stubbenkammer zum Naturdenkmal zu erklären. Auf der Jahreskonferenz für Naturdenkmalpflege, am 15. und 16. November 1926, teilte Ernst Holzfuß mit, dass er den Antrag gestellt habe, die Kreideküste zum Naturdenkmal zu erklären. Das Ergebnis dieser Bemühungen war eine Polizeiverordnung vom 17. März 1929. Diese Schutzverordnung von 1929 wurde 1935 auf der Grundlage des Reichsnaturschutzgesetzes erneuert. Danach gehörte nicht nur die Kreideküste, sondern etwa die Hälfte des Stubnitzwaldes zum Naturschutzgebiet Jasmund, in dem Land- und Forstwirtschaft jedoch ohne jede Einschränkung betrieben werden durften.

Im Rahmen der Forsteinrichtung wurden 1958 zwei nutzungsfreie Naturwaldzellen festgelegt: so der Schlossberg und ein etwa abteilungsbreiter Küstenstreifen einschließlich der Hangwälder. 1973 erfolgte zwischen Kollicker und Kieler Bach eine Erweiterung der nutzungsfreien Naturwaldzellen, so dass deren Gesamtfläche 1990 circa 260 ha betrug.

Die schrittweise Umsetzung der Nationalparkziele

Zu den Pionieren im Bemühen um einen Nationalpark Jasmund gehörten Anfang 1990 Joachim Kleinke und Manfred Kutscher; sie hatten eine kleine Gruppe um sich geschart, die sich mit großem Enthusiasmus in die Arbeit stürzte. Als erster Leiter wurde 1991 der Forstmann Gerd

Uferschlucht an den Wissower Klinken nördlich Sassnitz. Derartige Schluchten sind dort entstanden, wo die Kreide von Moränenstreifen unterbrochen wird. Sie tragen unberührte Wälder mit zahlreichen Orchideenarten. (Foto: L. Jeschke, 2008)

Links: Kesselmoore im Zentrum des Nationalparks Jasmund. Das Moor hat in 1000 Jahren etwa 10 m Torf gebildet. Mehr als 100 solcher Kesselmoore, aufgewachsen in Karsthohlformen, unterbrechen den geschlossenen Buchenwald.
(Foto: L. Jeschke, 2011)

Rechts: Alter Buchenwald auf dem Plateau südlich des Königsstuhls. Die erste preußische Forsteinrichtung schied bereits 1819 entlang der Küste einen Schutzwaldstreifen aus, lange bevor Jasmund preußisches Naturschutzgebiet wurde.
(Foto L. Jeschke, 2011)

Klötzer bestellt. Ein erstes Faltblatt über den neuen Nationalpark wurde herausgegeben und ein leer stehendes Haus in Stubbenkammer außerhalb des Militärobjektes als Arbeitsstelle eingerichtet. Ein erster Erfolg war die Schließung der Forellenmastanlage. Die Hamburger Umweltstiftung Save Our Future (SOF) stellte Mittel für die Erarbeitung eines Pflege- und Entwicklungsplanes zur Verfügung. Dies wurde der erste Managementplan eines Nationalparks in Deutschland.

Die junge Nationalparkverwaltung geriet sofort mit der etablierten Forstverwaltung, die weiter wirtschaftete, als wäre nichts geschehen, in Streit. Die Durchforstung eines Buchenbestandes an einem stark benutzten Wanderweg weitete sich zum öffentlichen Skandal aus. Daraufhin informierte sich im Herbst 1995 der Umweltausschuss des Landtages über die Situation vor Ort. Der groteske Zustand, dass zwei Landesbehörden mit gegensätzlichen Zielen auf gleicher Fläche gegeneinander arbeiteten, führte zur Entscheidung des zuständigen Ministers Martin Brick, die Forstämter und Nationalparkverwaltungen der drei Nationalparke Mecklenburg-Vorpommerns zusammenzulegen. Zum 1. Januar 1996 wurden einige Mitarbeiter des Forstamtes in das Dezernat Nationalpark Jasmund übernommen und so das Nationalparkamt Rügen gebildet. Durch Ministerentscheidung wurde auch die Waldbehandlung geklärt: Außer den notwendigen Maßnahmen im Rahmen der Verkehrssicherungspflicht werden künftig nur die Nadelholzbestände nach Erreichen verwertbarer Dimensionen eingeschlagen. Das Nadelholzproblem dürfte sich in etwa zehn Jahren erledigt haben. Bis heute ungelöst ist jedoch der Umgang mit den dort lebenden Wildtieren. Die Schalenwildbestände, insbesondere die des Damwildes, sind immer noch viel zu hoch, was die Waldverjüngung stark behindert. Der einstige Orchideenreichtum der Kalkbuchenwälder ist nahezu verschwunden. So scheint der Frauenschuh auf den Küstenhängen ein Opfer des Damwildes geworden zu sein.

Nach Aufgabe des Militärobjektes Stubbenkammer wurde lange um eine Entscheidung gerungen, wie damit künftig zu verfahren sei. Schließlich legte der WWF einen Plan für ein Nationalparkzentrum vor und richtete eine provisorische Besucherinformationsstelle ein. Mit Mitteln der EU konnten die militärischen Altlasten beseitigt und mit finanzieller Förderung durch Bund, Land, WWF Deutschland und der Michael Otto Stiftung für Umweltschutz (Hamburg) konnte 2004 das Nationalparkzentrum Königsstuhl eröffnet werden. Es wird gemeinsam vom WWF Deutschland, der Stadt Sassnitz und dem Land als gemeinnützige GmbH betrieben und muss sich seit der Eröffnung selber tragen. Hier erhält der Besucher gegen Eintritt, der auch zum Betreten des Königs-

Der Wanderweg im Nationalpark von Sassnitz nach Stubbenkammer wird jährlich von mehreren Hunderttausend Menschen genutzt, sie erleben dabei überwältigend schöne Ausblicke auf das Meer, wie hier am Hohen Ufer nördlich des Kieler Baches. (Foto: L. Jeschke, 2008)

stuhls berechtigt, alle wesentlichen Informationen über den Nationalpark. Außerdem bietet der Nationalpark, dessen Ranger hier stationiert sind, regelmäßig Führungen an. Die Zahl der Besucher hält sich mit jährlich etwa 300 000 Menschen auf einem vergleichsweise hohen Niveau.

Der Aufbau eines Parkplatzes außerhalb des Nationalparks erwies sich als wichtiger Schritt zur Verkehrsberuhigung. Der öffentliche Nahverkehr steuert regelmäßig Stubbenkammer an. Erhebliche Mittel werden für den Unterhalt der Wanderwege und der Abstiege an der Küste eingesetzt. Die Hoffnung, mit der Eröffnung des Nationalparkzentrums Königsstuhl die gastronomischen Einrichtungen dort zu konzentrieren, hat sich hingegen nicht erfüllt. Ebenso ist es bisher nicht gelungen, für den Parkplatz und die Waldhalle (nördlich Sassnitz) eine nationalparkkonforme Lösung zu finden. Der jetzige Zustand erinnert allzu sehr an DDR-Zeiten und ist eines Nationalparks unwürdig.

Zukünftige Entwicklungen – das Leitbild

Der Nationalpark Jasmund ist hinsichtlich der Vielfalt seiner geologischen, geomorphologischen und hydrologischen Phänomene sowie der klimatischen Situation einzig und ohne Parallele in Deutschland. Die Buchenwälder reichen bis an ihre natürliche Grenze an der Meeresküste. Die urwüchsigsten Bestände auf den Küstenhängen und im angrenzenden Hinterland wurden 2011 gemeinsam mit den alten Buchenwäldern in den Nationalparken Müritz, Hainich und Kellerwald sowie im Biosphärenreservat Schorfheide-Chorin in die Weltnaturerbeliste der Unesco aufgenommen. Die Wälder werden sich von Jahr zu Jahr mehr und mehr zu Naturwäldern entwickeln und vielgestaltiger werden. Wenn die Kontrolle des Schalenwildes besser gelingt, werden sich auch seltenere Baumarten in dem neuen Wald halten und die Wälder werden an Attraktivität gewinnen. Dem Besucherverkehr muss künftig noch mehr Aufmerksamkeit geschenkt werden, denn der stark beanspruchte Hochuferweg erfordert wahrscheinlich eine Befestigung des Weges in voller Länge. Schwerwiegende Fehler der Vergangenheit konnten beseitigt und die Weichen für die Zukunft richtig gestellt werden.

Partner des Nationalparks

Mit der Stadt Sassnitz und dem WWF Deutschland hat der Nationalpark zwei starke und verlässliche Partner als Betreiber des Nationalparkzentrums, das außerdem vielfältige Beziehungen zu Partnern in der Region unterhält. Von Anfang an hat es auch einen Förderverein des Nationalparks gegeben, der in erster Linie Öffentlichkeitsarbeit betreibt und sich um die Pflege von Orchideenstandorten außerhalb des Waldes kümmert.

Literatur zum Weiterlesen

Dost, H. (1960): Rügen. Die Grüne Insel und ihre Naturschutzgebiete, Lutherstadt Wittenberg.
ILN (1972): Handbuch der Naturschutzgebiete der DDR. Bd. 1. Leipzig, Jena, Berlin.
Jeschke, L. (1964): Die Vegetation der Stubnitz, in: Natur u. Naturschutz in Mecklenburg (2), S. 1 – 154.
Jeschke, L. (1992): Nationalpark Jasmund. Kreidekliffs am Meer. In: Succow, M. et al., Unbekanntes Deutschland, S. 10 – 25.
Jeschke, L. et al. (2003): Die Naturschutzgebiete in Mecklenburg-Vorpommern, Schwerin.
Knapp, H. D. (1997): Nationalpark Jasmund. Kreideklippen, Wald und Meer, in: Bibelriether, H. (Hg.): Naturland Deutschland, Stuttgart, S. 344 – 351.
Lenkungsgruppe (2009): Anmeldung »Alte Buchenwälder Deutschlands« als Erweiterung des Weltnaturerbes Buchenurwälder der Karpaten. Nominierungsdossier für die UNESCO zur Eintragung in die Welterbeliste, 184 S.
Paulson, Ch. (2001): Die Karstmoore in der Kreidelandschaft des Nationalparks Jasmund auf der Insel Rügen, Greifswald.
Schnick, H.; Schüler, U. (1996): Initiale Karstphänomene in der Schreibkreide der Insel Rügen (NE-Deutschland), in: Greifswalder Geowissenschaftliche Beiträge (3), S. 29 – 41.

Allgemeine Literatur zum Weiterlesen

Auster, R.; Behrens, H. (1998): Naturschutz in den neuen Bundesländern. Ein Rückblick, in: Institut für Umweltgeschichte und Regionalentwicklung, Berlin.
Europarc Deutschland (2000): 1990 – 2000, 10 Jahre Nationalparkprogramm, Grafenau.
Europarc Deutschland (2002): Leitbild für deutsche Nationalparke, Grafenau.
Jeschke, L.; Knapp, H. D.; Succow, M.; Wegener, U. (2010a): Mehr Wildnis wagen! 20 Jahre Nationalparks in Ostdeutschland. Ein Erfolgsmodell, in: Nationalpark (3), S. 10 – 16.
Jeschke, L.; Knapp, H. D.; Succow, M.; Wegener, U. (2010b): Von der Ostsee bis zur Elbe. Der aktuelle Stand in sieben deutschen Nationalparks, in: Nationalpark (3), S. 17 – 20.
Knapp, H. D. (1995): Das ostdeutsche Nationalparkprogramm fünf Jahre danach, in: Nationalpark (2), S. 6 – 12.
Knapp, H. D.; Succow, M. (2000): Bilanz und Ausblick. 10 Jahre ostdeutsches Nationalparkprogramm, in: Nationalpark (1), S. 4 – 6.
Succow, M. (2000): Der Weg der Großschutzgebiete in den neuen Bundesländern. Die Weiterentwicklung des Nationalparkprogramms von 1990. Naturschutz u. Landschaftsplanung 32, S. 63 – 70.
Succow, M. (2000): The national park programme during the collapse of the GDR and its subsequent development, in: Beiträge zur regionalen Geographie, Institut für Länderkunde Leipzig, (52), S. 176 – 185.
Succow, M.; Jeschke, L. (2000): Das Nationalparkprogramm der Wendezeit: Seine Umsetzung und Weiterführung in Mecklenburg-Vorpommern, in: Natur u. Landschaft (3), S. 90 – 94.

Der Nationalpark Vorpommersche Boddenlandschaft

Von Lebrecht Jeschke und Hartmut Sporns

Die Landschaft und ihre Nutzung

»Boddenlandschaft«, das ist eine Landschaft, die es nur in Vorpommern gibt. Östlich der Oder sind Bodden unbekannt. Dieser Begriff bezeichnet ein flaches Küstengewässer der Ostsee und die im Laufe der letzten Jahrtausende entstandenen und gegenwärtig noch entstehenden Landbildungen. Das sind zum Beispiel Inseln, Haken und Nehrungen. Es gehören jedoch auch eiszeitliche und späteiszeitliche Bildungen zum Nationalpark, wie der über 70 m hoch aufragende Inselkern des Dornbusch und der jüngere Inselkern des Altdarß. Mit insgesamt 78 600 ha Fläche ist die Vorpommersche Boddenlandschaft der zweitgrößte deutsche Nationalpark. Davon entfallen allein 65 200 ha auf Bodden- und Seegewässer. Mit Einbeziehung der Ostsee bis zur 10-Meter-Tiefenlinie ist der Nationalpark zugleich auch eines der ersten Meeresschutzgebiete im Ostseeraum. Er greift damit einer Entwicklung vor, die 1992 mit der neuen Helsinki-Konvention zum Schutz der Ostsee einsetzte und die Schaffung von Meeresschutzgebieten zum Ziel hat. Konkret erstreckt sich die Vorpommersche Boddenlandschaft zwischen der Westküste von Rügen und Fischland und schließt die Darß-Zingster-Boddenkette ein. Das neu entstehende Land wurde meist bald als Weideland genutzt, wie beispielsweise die Insel Hiddensee. Der Weidegang der Rinder und der steigende Meeresspiegel ließen an den flachen boddenseitigen Küsten Küstenüberflutungsmoore als halbnatürliche Landschaftsform wachsen. Auf den eiszeitlichen und späteiszeitlichen Landbildungen entwickelten sich in der Nacheiszeit überwiegend von der Buche beherrschte Wälder. Diese wurden meist auch in die Beweidung einbezogen und degradierten – denn jeder genutzte Wald wird als degradierter Wald bezeichnet –, so dass die schwedischen Landmesser vor 300 Jahren auf dem Dornbusch Hiddensees und auf dem Altdarß nur Heide, Wacholder und kleinwüchsige Kiefern antrafen. Im Schutz alter Strandwälle konnten in Perioden tieferer Ostseespiegelstände stärker durch Niederschläge ernährte Moorkörper aufwachsen.

Als dann vor 200 Jahren die Waldnutzung neu geregelt wurde und ausgebildete Förster für den Wald verantwortlich waren, pflanzten sie wieder nur Kiefern, weil diese wirtschaftlich lukrativer als Buchen waren, und begannen, ein weit verzweigtes Grabennetz zur Entwässerung der vermoorten Senken zwischen den Strandwällen anzulegen. Nachdem das Weidevieh aus den Wäldern des Darß verbannt worden war, konnte die Forstverwaltung mit der Hirschzucht beginnen. Auf Anregung des schwedischen Tierschriftstellers Bengt Berg begannen die Vorarbeiten für einen Nationalpark. Jedoch ließ Hermann Göring sich in den 1930er Jahren hier ein Jagdhaus errichten,

Die Dünenlandschaft auf dem Ostzingst im Nationalpark Vorpommersche Boddenlandschaft, im Hintergrund rechts die Sandplatte des Bocks. Aus der Vogelperspektive erschließt sich eine den Naturkräften unterworfene Küstendüne mit Windanrissen und Winderosionsmulden. Am rechten Bildrand steht der Wald bereit, die Düne zu erobern, wenn deren Dynamik schwächer wird. (Foto: L. Jeschke, 1991)

Blick aus der Vogelperspektive auf die Anlandungsküste im zentralen Teil des Nationalparks Vorpommersche Boddenlandschaft. Deutlich zeichnen sich in der Mitte die hellen Flachwassergebiete der Bockplatte und dahinter der Gellenschar (das Südende Hiddensees) ab. Hier entsteht neues Land. (Foto: L. Jeschke, 2007)

und der Darß wurde ein als »Reichsnaturschutzgebiet« getarntes Staatsjagdgebiet. Auch nach 1961 wurde dieses Gebiet als Jagdgebiet von hohen Funktionären genutzt.

Zu Beginn des 19. Jahrhunderts wurden erste Deiche gebaut und Schöpfwerke errichtet, um die entstandenen Siedlungen an den Boddenufern vor den windbedingten Überflutungen zu schützen. Der Ostzingst wurde nach dem Ersten Weltkrieg aufgesiedelt, doch das währte nicht lange. Göring brauchte ein Übungsgelände für das Abwerfen von Bomben, und die kaum sesshaft gewordenen Bauern wurden wieder umgesiedelt. Nach 1961 übernahm die Armee der DDR große Teile des Ostzingst als militärisches Übungsgelände. Die Deiche mussten erneuert und Schöpfwerke gebaut werden. In den 1960er und 1970er Jahren setzte im gesamten Gebiet des heutigen Nationalparks eine beispiellose Intensivierungswelle der Landnutzung ein, verbunden mit überdimensionierten Meliorationsprojekten. Das Grabennetz auf dem Darß und Zingst wurde ausgebaut, Schöpfwerke wurden errichtet, auch auf dem Ostzingst, trotz der dort übenden DDR-Volksarmee. Neben massiven Kasernen, Bunkern und Unterständen wurde südlich des Weges nach Pramort auch ein gigantisches Trockenwerk errichtet. Militärische Einrichtungen entstanden nach 1961 auf dem Bug, auf Hiddensee und am Darßer Ort. Dort wurde ein Hafen für die Grenztruppen der DDR und eine Bungalowsiedlung für die Armeeführung errichtet. Militärhafen und Kasernen gab es auch auf dem Bug. Die Bungalows und ein Schiffsanleger auf der Insel Bock unterstanden dem Minis-

Blick aus der Vogelperspektive auf die Wasserverbindung zwischen der Ostsee und dem Grabow. Dieses Seegatt trennt die Halbinsel Zingst vom Großen Werder. Die Seegatts sorgen für einen schnellen Wasseraustausch zwischen Ostsee und Bodden. (Foto: L. Jeschke, 2009)

terium für Staatssicherheit. Der ganze Ostzingst einschließlich der Werder-Inseln und der Insel Bock waren als militärische Übungsgebiete für die Öffentlichkeit gesperrt, ebenso Teile des Bugs. Das Windwatt des Bocks diente viele Jahrzehnte als Baggergutdeponie.

Außerdem entstand nach 1961 westlich von Prerow ein Zeltplatz mit zunächst minimaler Infrastruktur, der sich nach 1990 vergrößerte und sich mit einer Reihe fester Bauwerke im Nationalpark ausbreitete. Probleme bereitet auch heute noch die Trinkwassergewinnung auf dem Darß, die bereits zu einer Absenkung des Grundwasserspiegels führte. Mit einer Ringleitung, die 2012 vom Fischland gelegt worden ist, können inzwischen die Verbrauchsspitzen gesenkt werden.

Vorgeschichte des Naturschutzes

Erste Naturschutzbestrebungen in der Boddenlandschaft gingen von Ornithologen aus. Vogelkunde-Vereine pachteten um 1890 die Jagd auf den Werder-Inseln und auf Hiddensee. Seit den 1930er Jahren entstanden dort mehrere Naturschutzgebiete: Dornbusch und Bessin mit dem Schwedenhagener Ufer, seit 1967 ist die Fährinsel und bereits seit 1922 die Insel Gänsewerder mit der Halbinsel Gellen Naturschutzgebiet.

Blick aus der Vogelperspektive auf den nördlichen Teil der Halbinsel mit dem Darßer Ort. Gut erkennbar sind die Reffen und Riegen und die Strandwälle im Neulandbildungsgebiet mit den jungen Strandseen.
(Foto: L. Jeschke 2009)

Küstenabbruch am Darßer Weststrand. Während der Sturmhochwasser in den Herbst- und Wintermonaten wird die Strandwall- und Dünenküste unterspült und die darauf stockenden Buchen verlieren ihren Halt. Dieses dramatische Naturschauspiel wiederholt sich Jahr für Jahr.
(Foto: L. Jeschke, 2006)

Nach dem Zweiten Weltkrieg wurden im Bereich des Darß und Zingst einschließlich der östlich vorgelagerten Inseln 1957 drei Naturschutzgebiete festgesetzt: Westdarß und Darßer Ort mit Bernsteininsel sowie der Bock und die Hohe Düne von Pramort. In den 1960er Jahren wurden zwei große Landschaftsschutzgebiete ausgewiesen: Fischland, Darß und Zingst sowie die Insel Hiddensee. Zur gleichen Zeit deklarierte man die Inseln Kirr und Oie im Barther Bodden aufgrund ihrer reichhaltigen Brutvogelfauna als Naturschutzgebiete. In den westrügischen Bodden kam die Insel Liebitz als Naturschutzgebiet hinzu, ebenfalls aus den 1960er Jahren stammt die Schutzanordnung für die Vogelinseln Heuwiese und Freesenort.

In den 1960er Jahren wurde dann zur Rettung der letzten nicht aufgeforsteten holozänen Strandwall- und Dünenlandschaft das Naturschutzgebiet Dünenheide auf Hiddensee geschaffen. 1978 trat die DDR dem Ramsarabkommen bei und meldete unter anderem Ost-Zingst-Westrügen-Hiddensee als Feuchtgebiet von internationaler Bedeutung bei der Unesco in Paris an. Das Feuchtgebiet umfasst große Bereiche des Nationalparks. Alle diese Maßnahmen haben jedoch letztlich nicht verhindern können, dass die unvergleichliche Boddenlandschaft während der DDR-Jahre in erheblichen Teilen ihrer Originalität beraubt und mit Brachialgewalt umgeformt worden ist.

Die Umsetzung der Nationalparkziele

Im Februar 1990 konstituierte sich in Ribnitz-Damgarten eine Initiativgruppe »Nationalpark Küstenlandschaft« und verfasste Diskussionsmaterial für Bürger und Gäste des Kreises. In vielen Gesprächen mit Kommunalpolitikern, in Diskussionen am Runden Tisch, wurden die Weichen für einen Nationalpark gestellt. Im Frühjahr 1990 beauftragte das um die Zuständigkeit für den Naturschutz erweiterte Umweltministerium der DDR das Institut für Landschaftsforschung und Naturschutz Halle, Arbeitsgruppe Greifswald, einen Vorschlag für die Ausgrenzung und Zonierung des Nationalparks Vorpommersche Boddenlandschaft auszuarbeiten. Die aus der Aufbauleitung hervorgegangene Nationalparkverwaltung wurde bis zum 1. Januar 1996 von Hartmut Sporns geleitet. Was während dieser Zeit geleistet wurde, ist beispiellos. Die militärischen Bauten auf dem Darßer Ort konnten mit Ausnahme des Hafens beseitigt werden. Ebenso gelang es, die Kasernen und militärischen Anlagen auf dem Ostzingst, dem Bock, dem Dornbusch und auf dem Bug zurückzubauen. Nach dem Freiwerden des Hafens Darßer Ort entbrannte sofort ein Streit mit den Seglerverbänden, der öffentlichkeitswirksam ausgetragen wurde. Von Seiten des Nationalparks kamen nur ein Rückbau und die Schließung des Hafens in der Kernzone in Frage; da bot der WWF seine Hilfe an. Das Nationalparkamt schloss einen Vertrag mit dem WWF und setzte ihn als Betreiber des Nothafens ein. Er ist es noch heute. Nachdem die Hafeneinfahrt immer wie-

Links: Wanderer auf der Bockplatte im Herbst 1974. Der Sturm treibt Sand über das Windwatt, der dann am Rande des Großen Werder festgehalten wird. Dort ist auch die Ruine eines ehemaligen Bauernhauses sichtbar, worauf die Wanderer zugehen. Im Flachwasser des Bock rasten jedes Jahr Zehntausende Kraniche aus Nordeuropa auf ihrem Flug in die Winterquartiere. (Foto: L. Jeschke)

Mitte: Der Süderbramhakensee ist einer der Strandseen auf dem nördlichen Darß. Im durch Humusstoffe braun gefärbten Wasser des Sees spiegeln sich die vom Wetter gezeichneten Bäume, Windflüchter genannt, vom Weststrand. (Foto: M. Succow, 1987)

Rechts: Die Dünenheide auf der Insel Hiddensee als sekundäre Küstenheide wird von Wanderwegen durchkreuzt, auf denen der blanke Dünensand zum Vorschein kommt. Die Waldbäume stehen bereit, die Heide abzulösen. (Foto: M. Succow, 1987)

der versandete und freigebaggert werden musste, wurde das Nothafenproblem immer dringlicher. 2010 war die Zufahrt vollständig versandet, damit schien die Möglichkeit, den Hafen zu schließen, näher gerückt zu sein. Doch die Gemeinde Prerow lehnte einen Hafenneubau an ihrer Außenküste ab. Per Gerichtsbeschluss wurde die Hafeneinfahrt 2010 letztmalig freigebaggert. Gegenwärtig wird der Bau eines Inselhafens vor der Ortslage Zingst diskutiert.

Als schwerwiegendere Probleme auf dem Darß, weil größere Flächen betroffen sind, erwiesen sich jedoch die Waldbehandlung und die Jagd. Trotz einer Waldbehandlungsrichtlinie des Landesumweltministeriums hat der ehemalige Forstamtsleiter und bis zum 31. August 2010 agierende Leiter des Nationalparkamtes Vorpommern gewirtschaftet, als handelte es sich um einen Wirtschaftswald, und der Umgang mit den Wildtieren unterschied sich nur wenig von dem der »Staatsjagd«. Das wurde durch den seit 5. Juli 2011 eingesetzten neuen Nationalparkamtsleiter, Herrn G. Haffner, grundlegend geändert. Er führte ein neues, den Qualitätskriterien von Europarc Deutschland gerecht werdendes Nationalpark-Management ein.

Größtes Naturschutzprojekt bleibt auch nach 2013 die Renaturierung der Sundischen Wiese auf dem Ost-Zingst. Die Beweidung der Werder-Inseln wurde eingestellt. Zu den Leistungen der Nationalparkverwaltung zählen der Auf- und Ausbau der Besucherbetreuung. Es wurden ein Wander- und ein Fahrradwegenetz geschaffen und die Nationalparkinformation weiter ausgebaut. Es werden geführte Wanderungen angeboten, obwohl die Mitarbeiterzahl durch Personaleinsparung in der Landesverwaltung weiter zugunsten geforderter Einsparungen gesenkt wird. Im Nationalpark Leuchtturm am Darßer Ort betreibt das Meeresmuseum Stralsund eine Ausstellung. Während der vergangenen 20 Jahre besuchten mehr als 48 Millionen Menschen den Nationalpark. Zu den größten Attraktionen gehört die Kranichrast auf dem Windwatt des Bocks während des Herbstzuges.

Zukünftige Entwicklungen – das Leitbild

Vor der neuen Nationalparkleitung stehen seit dem Wechsel 2011 große Aufgaben, aber die Weichen sind richtig gestellt. So wird ein baldmöglicher Ausstieg aus der Waldbehandlung vorbereitet. Die Frage der Beweidung des Ostzingst wird mit der Renaturierungsplanung weiter geklärt. Der Darßwald wird zu sich selber zurückfinden und von Jahr zu Jahr urwüchsiger werden, wenn die landwirtschaftliche Nutzung aufhört. Auf längere Sicht sollte auch der Campingplatz bei Prerow im Nationalpark geschlossen werden. Die Aufmerksamkeit wird sich stärker auf die Wasserflächen des Nationalparks richten, deren Erforschung gerade begonnen hat. Insbesondere gilt das für die für den Bootsverkehr gesperrten Wasserflächen. Wenn wir diesen Bereich künftig auch zu den nutzungsfreien Flächen zählen, dann dürfte die Anerkennung durch die IUCN als Schutzgebiet der Kategorie II (Nationalpark) in absehbarer Zeit ziemlich sicher sein.

Unabhängig von den administrativen Belangen wird die weitere Entwicklung des Gebietes ganz entscheidend von der Klimaentwicklung und dem künftigen Verhalten des Meeresspiegels abhängen. Es sind zwei gegensätzliche Prozesse, die das Geschehen steuern: die Landhebung und der klimabedingte Meeresspiegelanstieg. Noch gehören Darß und Zingst zu den Küsten, wo offenbar eine ausgleichende Wirkung der Landhebung gegenüber dem allgemeinen Ansteigen des Meeresspiegels zu beobachten ist.

Nationalparkpartner

Zu den treuen Nationalparkpartnern zählt neben dem Förderverein die Darßer Arche in Wieck, ein modernes und vielseitiges Nationalparkinformationszentrum.

Die Fehlleistungen des Nationalparkamtes hat in den letzten anderthalb Jahrzehnten immer wieder der Förderverein des Nationalparks öffentlich gemacht und sich damit große Verdienste erworben. Ebenso gehört der Tourismusverband Fischland, Darß, Zingst zu den verlässlichen Partnern des Nationalparks, und auch zu den Gemeinden werden gute Beziehungen unterhalten. Das zeigte sich besonders im Jahr 2010, dem zwanzigsten Jahr nach der Nationalparkgründung, als auf der Halbinsel Fischland, Darß und Zingst und auf Rügen eine Reihe besonderer Veranstaltungen den Nationalpark herausstellten. Das Fotofestival »Horizonte« in Zingst und das »Darßer Naturfilmfestival« in Wieck sind Beispiele für inzwischen traditionelle Höhepunkte in der Nationalparkregion. Die Kommunen haben mit dem Nationalparkstatus ihren Werbevorteil für den Fremdenverkehr erkannt und umgesetzt.

Literatur zum Weiterlesen

Billwitz, K.; Porada, H. Th. (Hg.): Die Halbinsel Fischland-Darß-Zingst und das Barther Land. Eine landeskundliche Bestandsaufnahme im Raum Wustrow, Prerow, Zingst und Barth; Wien, Köln, Weimar 2009.

Boedeker, D.; von Nordheim, H. (1997): Naturschutz und Küstenschutz an der deutschen Ostseeküste, in: Bundesamt für Naturschutz (Hg.): Schriftenreihe für Landschaftspflege und Naturschutz (52).

Fukarek, F. (1961): Die Vegetation des Darß und ihre Geschichte. Pflanzensoziologie (12), 321 S.

Gosselck, F.; Kell, V. (1998): Der verborgene Nationalpark. Die Bodentiere und -pflanzen der Ostsee und der Bodden des Nationalparks Vorpommersche Boddenlandschaft, in: Natur und Naturschutz in Mecklenburg-Vorpommern (34), S. 113–129.

Graumann, G.; Jäkel, D.; Müller, S.; Zöllick, H. (1980): Die Vögel des NSG Bock und Hohe Düne von Pramort, in: Natur und Naturschutz in Mecklenburg, S. 5–79.

Harder, K. (1995): Die Bedeutung der Flachwassergebiete am Darßer Ort, vor Pramort und der Insel Bock im Nationalpark Vorpommersche Boddenlandschaft für die Wiederansiedlung der Robben. Bericht aus dem Deutschen Museum für Meereskunde und Fischerei Stralsund.

Herrmann, C.; Holz, R. (1997): Küstenüberflutungsräume zwischen Ökologie und Ökonomie. Probleme und Perspektiven, in: BfN Bonn-Bad Godesberg (Hg.): Schriftenreihe für Landschaftspflege und Naturschutz (52), S. 37–44.

Jeschke, L.; Succow, M. (2001): Nationalpark Vorpommersche Boddenlandschaft, in: Meer und Museum. Die Darß-Zingster Bodden. S. 126–134.

Paulson, C.; Raskin, R. (1998): Die Vegetation des Großen Werder (Nationalpark Vorpommersche Boddenlandschaft) als Ausdruck von Küstendynamik und Landnutzung, in: Natur und Naturschutz in Mecklenburg-Vorpommern (34), S. 24–42.

Purps, J. (1998): Zur Nutzungsgeschichte der Vorpommerschen Boddenlandschaft, in: Bodden, S. 19–36.

Reich, K.; Grundner, T. (2009): Nationalpark Vorpommersche Boddenlandschaft, Rostock.

Reinhard, H. (1953): Der Bock. Entwicklung einer Sandbank zur neuen Ostseeinsel. Gotha, Petermanns Geographische Mitteilungen, Ergänzungsheft (251), S. 1–485.

Reinicke, R. (1994): Nationalpark Vorpommersche Boddenlandschaft, Rostock.

Umweltministerium Mecklenburg-Vorpommern (Hg.) (2003): Die Naturschutzgebiete in Mecklenburg-Vorpommern, Schwerin.

Der Nationalpark Müritz

Von Ulrich Meßner

Die Landschaft

Es war einst das Armenhaus Mecklenburgs, das Land, das sich vom östlichen Ufer der Müritz bis fast nach Feldberg erstreckt und die alte Residenzstadt Neustrelitz umschließt. Am nördlichen Rand bestimmen Endmoränen des Hauptvorstoßes der Weichseleiszeit das Landschaftsbild, nach Süden schließen sich weite Sanderflächen mit zahlreichen Seen und Mooren an. Ursprünglich war es, wie ganz Norddeutschland, ein Waldland gewesen, in dem in den verschiedenen Siedlungsperioden Menschen versuchten, sesshaft zu werden und den Wald für eine landwirtschaftliche Nutzung zu öffnen. Der Waldhumus war in dieser frühen Phase der Landnutzung schnell verbraucht, und manches Dorf wurde schon bald wieder aufgegeben und der Wald kehrte zurück, entweder als Buchenwald mit Eichen und Kiefern auf den blockreichen Endmoränen oder auf den Sanderflächen als ein Pionierwald aus Kiefern und Birken. Nachdem sich im 19. Jahrhundert eine rationelle Forstwirtschaft herausgebildet hatte, wurde dieses Gebiet mit Kiefern aufgeforstet.

Vorgeschichte des Naturschutzes

Ehe der Naturschutz sich als eine gesellschaftliche Kraft entfaltet hatte, griff die Jagd nach dem Gebiet. In den großherzoglichen Wäldern östlich von Neustrelitz wurde nach 1848 ein mehr als 7000 ha umfassendes Jagdgatter eingerichtet, das bis 1919 existierte. Am Ostufer der Müritz hatte ein Großindustrieller mehrere Güter aufgekauft und sich ein Jagdgebiet und Schloss errichtet. 1931 gelang es den Warener Ornithologen und Naturschützern unter Karl Bartels, in der Weidelandschaft am Ostufer der Müritz ein Naturschutzgebiet einzurichten, bescheiden genug, nur circa 300 ha groß, die gegen den Großindustriellen verteidigt werden mussten. 1934 vernichtete ein Großbrand in den Kiefernforsten östlich der Müritz einige 1000 ha Wald. Die Fläche konnte nicht vollständig wieder aufgeforstet werden und wurde nach dem Zweiten Weltkrieg Truppenübungsplatz der sowjetischen Armee.

Zu jener Zeit war es dann endlich möglich, das Naturschutzgebiet am Ostufer der Müritz auf etwa 5000 ha zu vergrößern. Damit bestand die Möglichkeit, alle Waldbestände auf der Müritzterrasse und an den Seen aus der forstlichen Nutzung zu nehmen. Das währte bis 1970, dann wurde das ganze Naturschutzgebiet zum Staatsjagdgebiet mit der dazugehörenden Infrastruktur

Vermodernder Buchenstamm in der alten Naturwaldzelle Serrahn. Der Stachelbart, ein fast ausgestorbener Pilz, besiedelt zunehmend die natürlich gefallenen Bäume.
(Foto: U. Meßner, 2007)

einschließlich eines Jagdhauses mit Gärtnerei, Garagen und zahlreichen Schuppen. Für den öffentlichen Verkehr wurde es weitestgehend gesperrt.

Im Gebiet östlich von Neustrelitz gelang ebenfalls bald nach dem Zweiten Weltkrieg die Gründung des Naturschutzgebietes Serrahn, das nach mehrfachen Erweiterungen mehr als 2000 ha umfasste. Gleichzeitig war hier eine biologische Station entstanden, begründet von dem Ornithologen Hubert Weber. 1961 wurde im Buchenwald auf der Endmoräne südwestlich von Serrahn eine Naturwaldzelle von 71 ha festgelegt, in der von 1958/59 an kein Holzeinschlag mehr stattfand. Ebenso konnten in den Wäldern nördlich von Wesenberg zwei alte Laubwaldinseln als nutzungsfreie Naturwaldzellen in neuen Naturschutzgebieten ausgewiesen werden. Dem Serrahner Naturschutzgebiet drohte dann ein ähnliches Schicksal wie dem Ostufer der Müritz: 1986 wurde es der Hauptverwaltung Staatsjagd unterstellt.

Seit den 1960er Jahren waren im Gebiet des heutigen Nationalparks außerdem umfangreiche Meliorationsmaßnahmen, insbesondere die Entwässerung von feuchten Grünländereien und Mooren, angelaufen, so am Ostufer der Müritz und im Havelquellgebiet. Alles das gehörte zum Erbe, das der Müritz-Nationalpark 1990 antrat.

Die Umsetzung der Nationalparkziele

Die Nationalparkverwaltung nahm als Aufbauleitung am 1. April 1990 die Arbeit auf; mit dem 1. Oktober war die Nationalparkverordnung fortgeltendes Recht, und die Aufbauleitung wurde zur Nationalparkverwaltung. Am 1. Juli erfolgte die Gründung des Nationalparkamtes, und die Verwaltung des Müritz-Nationalparks wurde das Dezernat Müritz-Nationalpark innerhalb dieses

Blick aus der Vogelperspektive auf den buchtenreichen Schweingartensee, Herzstück des Serrahnteils des Müritz-Nationalparks. Diese Buchenwälder gehören zum Unesco-Weltnaturerbe dank ihres konsequenten Schutzes seit 1961.
(Foto: L. Jeschke, 1998)

Blick von der Aussichtskanzel am Westufer des Großen Serrahn-Sees. Das Moor im Vordergrund ist nach Absenkung des Seespiegels um 1800 entstanden, im Hintergrund fällt eine Kieferninsel auf, die nach der Seespiegelabsenkung aufwachsen konnte. Gesteuerte Wasserspiegelschwankungen verhindern eine Bewaldung des botanisch sehr kostbaren nährstoffarm-basenreichen Verlandungsmoores.
(Foto: L. Jeschke, 2010)

| 98 | DIE FÜNF NATIONALPARKE

Das Nordufer des Schweingartensees. Nach der Seespiegelerhöhung starben Bruchwaldbereiche ab.
(Foto: U. Meßner, 2009)

Der Truppenübungsplatz Speck, 13 Jahre nach Abzug des Militärs. Langsam wächst ein neuer Wald auf.
(Foto: L. Jeschke, 2007)

Oben: Blick vom Käflingsberg über die Specker Seen, im Hintergrund die Müritz. Die Landschaft mit den heutigen drei Specker Seen war einst Teil der Müritz. Mit dem Ausbau der Schifffahrtswege zu Anfang des 19. Jahrhunderts wurde die Müritz abgesenkt und weite Strecken am Ostufer wurden zu Land, die Specker Seen entstanden. (Foto: U. Meßner, 2007)

200 Jahre alter Kiefernbestand winterlich vereist am früheren Müritz-Ufer bei Speck in Mecklenburg-Vorpommern. Am Rande des Dorfes blieben diese Kiefern erhalten, etwa dort, wo die einstige Glashütte stand. Nachdem diese aufgegeben worden war, konnten die Kiefern aufwachsen. Sie sind heute die ältesten Kiefern im Nationalpark. (Foto: U. Meßner, 2008)

Amtes. Die junge Mitarbeitermannschaft, voller Elan und von großen Visionen getragen, ließ sich durch nichts entmutigen, auch nicht durch die öffentlich geführten Diskussionen über Sinn und Zweck eines Nationalparks. Die gesperrten Gebiete mussten vorsichtig geöffnet und mit dem Rückbau der Hinterlassenschaften der Staatsjagd begonnen werden. Für die Bevölkerung wurden beschilderte Wanderwege festgelegt und Campingplätze aus der DDR-Zeit geschlossen. Im Bereich der ehemals militärisch genutzten Flächen war eine Munitionsberäumung erforderlich.

Außerdem musste das ehemals gesperrte Gelände erkundet werden, beispielsweise waren die meisten Seen des Nationalparks weitgehend unbekannt. Es gelang, das Unabhängige Institut für Umweltfragen Halle für die Erarbeitung eines Seenkatasters zu gewinnen. In den Jahren 1993 und 1994 wurden 117 Seen des Nationalparks limnologisch erkundet und somit das Ökosystem der dortigen Binnengewässer näher erforscht. Neben der Entwicklung des Tourismus in den Grenzen des Nationalparks war es außerdem dringend erforderlich, mit den verschiedenen Nutzern (Eigentümer, Förster, Landwirte, Fischer, Angler und Erholungsuchende) ins Gespräch zu kommen.

Bis 1993 waren die sowjetischen Truppen noch im Nationalpark anwesend. Allein die Überwachung der Beräumung der militärischen Hinterlassenschaften erforderte Spezialkenntnisse und die beinahe ständige Anwesenheit eines Mitarbeiters. Besonders schwierig gestaltete sich die Zusammenarbeit mit der Forstverwaltung. Auf dem Gebiet des Nationalparks existierten Flächen von zwölf Forstämtern. Deren leitende Mitarbeiter lehnten den Nationalpark mehr oder weniger offen ab. Es mussten also Behandlungskonzepte für die Schutzzonen des Nationalparks erarbeitet und anstelle des früheren Staatsjagdregimes ein nationalparkverträgliches Jagdmanagement entwickelt werden – alles Aufgaben, die keinen Aufschub duldeten.

Die Auseinandersetzungen mit den Forstverwaltungen führten 1995 dazu, dass sich der Um-

Der Mühlensee mit Erlenmoor nach der Wasserspiegelanhebung, die Anfang der 1990er Jahre durchgeführt worden war. Heute sind vom Erlen-Uferwald nur die aus dem Wasser ragenden Stümpfe der Bäume übrig geblieben.
Jahrhundertelang haben Bauern und Förster Seespiegel abgesenkt und versucht, trockenes Land zu gewinnen. Das gilt auch großflächig für das Ostufer der Müritz. Der Nationalpark verfolgt das Ziel, überall, wo möglich, ursprüngliche Verhältnisse wieder herzustellen.
(Foto: U. Meßner, 2008)

Das Ostufer der Müritz ist der vollen Gewalt der Westwinde ausgesetzt und unterliegt einer starken Dynamik. In windschwächeren Jahren breiten sich Röhrichtsäume und Gehölzinseln aus, die in Eiswintern oder sturmreichen Sommern vom Wellenschlag oder dem Eisdruck wieder beseitigt werden. Einzelne Erleninseln überleben und werden zu Ansätzen temporärer Neulandbildungen.
(Foto: U. Meßner, 2010)

weltausschuss des Landtages damit befasste und Minister Brick die Zusammenlegung von Nationalparkverwaltung und Forstverwaltung entschied. Der Landtag stimmte der neuen Struktur der Verwaltungen zu, und das neue Müritz-Nationalparkamt nahm am 1. Januar 1996 seine Arbeit auf. Die Leitung übernahm der bisherige Leiter des Müritz-Nationalparks, der Biologe Ulrich Meßner. Die vorausgegangenen Auseinandersetzungen hatten bewirkt, dass der Müritz-Nationalpark im Bewusstsein der Bevölkerung als Realität wahrgenommen wurde. Erst jetzt bestand eine reale Chance, dass es gelingen könnte, einen wirklichen Nationalpark zu entwickeln, der internationalen Standards entsprechen würde.

Im Waldbehandlungskonzept ist festgeschrieben, dass innerhalb von 20 Jahren kein Baum mehr aus wirtschaftlichen Gründen umgesägt wird. Schon heute sind mehr als 50 Prozent der Nationalparkfläche frei von materiellen Nutzungen. Die Eigentumsverhältnisse konnten inzwischen so weit geklärt werden, dass das Land Mecklenburg-Vorpommern nunmehr Eigentümer von 67 Prozent der Flächen ist, 13 Prozent gehören dem Bund, 0,2 Prozent der Bodenverwertungs- und -verwaltungs GmbH (BVVG), sechs Prozent den Kommunen, 5,4 Prozent Stiftungen, 0,4 Prozent der Kirche und acht Prozent privaten Eigentümern.

Mit den Landwirten, die Flächen im Nationalpark bewirtschaften, mussten langjährige Pachtverträge abgeschlossen und für die alten Weideflächen des ursprünglichen Naturschutzgebietes Müritzhof naturschutzkonforme Lösungen gefunden werden. Die Flächen werden seit 1992 vom Landschaftspflegehof Müritzhof des gemeinnützigen Lebenshilfswerkes Waren gGmbH betreut. Insgesamt beträgt der dauerhaft zu pflegende Bereich im Nationalpark 2100 ha, das entspricht 6,2 Prozent der Nationalparkfläche.

Von Anfang an wurde daran gearbeitet, Meliorationsanlagen, die den Landschaftshaushalt belasten, zurückzubauen. So konnten unter anderem im Rahmen eines EU-Life-Projektes 127 Moore wieder vernässt werden und der Wasserhaushalt von 31 Seen verbessert, das heißt, den ursprünglichen Verhältnissen entsprechend umgestaltet werden.

Für die Besucherbetreuung wurde das Berufsbild des Rangers entwickelt, der die Aufgabe hat,

Besucher zu führen und ihnen das, was sie sehen, zu erklären. Außerdem wurden ein effizienter Personennahverkehr und das Nationalparkticket eingeführt, wozu der Ausbau von Führungen, Informationspunkten und Ausstellungen gehörte. Bis heute wurden durch die Müritz-Linie des Nationalparktickets mehr als 500 000 Fahrgäste befördert, wodurch der individuelle Motorverkehr im Nationalpark erheblich eingeschränkt, der Ruhecharakter des Gebietes merklich verbessert und die Belastung der Umwelt durch Abgase und Lärm verringert werden konnte.

Zukünftige Entwicklungen – das Leitbild

Mit der 1990 begonnenen Weichenstellung werden sich wichtige Ökosysteme des Nationalparks frei von materiellen Nutzungen auf größtmöglicher Fläche entfalten. Bewohner und Gäste werden hier weiterhin Erholung und Belehrung finden. Der Müritz-Nationalpark wird das Erscheinungsbild der Region auch in Zukunft entscheidend mitbestimmen. Er wird in ökologischer, ökonomischer und in geistig-kultureller Hinsicht fest in der Region verankert bleiben.

Partner des Nationalparks

Zuallererst muss der Förderverein des Nationalparks genannt werden, er spielt in der Öffentlichkeitsarbeit und Besucherbetreuung eine wichtige Rolle. Die Jost Reinhold Stiftung ist ein verlässlicher Partner der Stiftung, und 2005 wurde die Aktion »Müritz-Nationalpark-Partner« gestartet. Heute gehören 40 Unternehmen zum Kreis der Nationalparkförderer, die das Logo des Nationalparks führen dürfen. Mit allen Kommunen im und am Nationalpark wird vertrauensvoll zusammengearbeitet. Die Stimme des Bürgermeisters einer Anliegergemeinde: »Wenn der Müritz-Nationalpark nicht existierte, er müsste sofort errichtet werden!«

Literatur zum Weiterlesen

Jensen, M.; Hofmann, G.; Rütz, G.; Stöcker, G. (2003): Ergebnisse waldkundlicher Selbstorganisationsforschung im NSG Serrahn mit Bedeutung für eine naturnahe Waldbewirtschaftung, in: Natur und Naturschutz in Mecklenburg-Vorpommern, Greifswald, S. 38–51.

Jeschke, L. (1999): Buchennaturwaldressourcen in Deutschland. NUA Recklinghausen (Hg.), in: Ein Beitrag zur Bewahrung des europäischen Naturerbes. Seminarbericht Bd. 4, Greifswald, Recklinghausen, S. 233–244.

Jeschke, L.; Paulson, C. (2001): Revitalisierung von Kesselmooren im Serrahner Wald (Müritz-Nationalpark), in: Landschaftsökologische Moorkunde. Stuttgart, Greifswald, S. 523–528.

Knapp, H. D.; Voigtländer, U.; Grundmann, L. (1999): Das Müritzgebiet. Ergebnisse der landeskundlichen Bestandsaufnahme im Raum Waren, Klink, Federow und Rechlin, in: Werte der deutschen Heimat Bd. 60, Weimar.

Nationalparkamt Müritz (Hg.): Wandern im Müritz-Nationalpark, Hohenzieritz.

Scamoni, A. (1963): Natur, Entwicklung und Wirtschaft einer jungpleistozänen Landschaft dargestellt am Gebiet des Messtischblattes Thurow (Kreis Neustrelitz). Deutsche Akademie für Landwirtschaften zu Berlin (Hg.), in: Wissenschaftliche Abhandlung der Deutschen Akademie für Landwirtschaften zu Berlin (56), Berlin.

Schauer, W. (1969): Zur forstlichen Pflege und Behandlung, in: Das Naturschutzgebiet Serrahn, Sonderheft der Schriftenreihe Natur- und Naturschutz in Mecklenburg, S. 97–109.

Tempel, H.; von Oheimb., G.; Friedel, A. (2003): Sukzessionsforschung in naturnahen Buchenwäldern mit langjährig ungestörter Walddynamik im nordostdeutschen Tiefland, Lüneburg.

Voigtländer, U. (1982): Die Landschaftsentwicklung am Ostufer der Müritz, in: Natur und Naturschutz in Mecklenburg (18), Greifswald, Stralsund, S. 39–61.

Der Nationalpark Harz

Von Uwe Wegener

Die Landschaft und ihre Nutzung

Auf dem Weg von Ilsenburg zum Brocken begegnet dem Wanderer dieses Bronzerelief mit dem Gesicht von Heinrich Heine. Eine Träne unter seinem Auge, vielleicht eine Freudenträne? (Foto: L. Jeschke, 2006)

Der Harz stellt einen weit vorgeschobenen Vorposten der Mittelgebirge in der Norddeutschen Tiefebene dar. Er zeichnet sich durch ein raues und niederschlagsreiches Klima aus, das die Vermoorung und die Herausbildung einer Fichtenwaldstufe in höheren Lagen des Gebirges begünstigte. Wegen der Unzugänglichkeit dieses Fichtenwaldes sind bis in die Neuzeit davon Reste erhalten geblieben. Insbesondere der höchste Gipfel des Gebirges mit dem 1141 m hohen Brocken gilt noch heute als Sinnbild für unbezwungene, urwüchsige Natur.

Die Mystik des Brockens geht auf ein viel gelesenes Werk von Johannes Praetorius aus dem Jahre 1669 zurück, in dem Hexen beim Tanz auf dem Brocken während der Walpurgisnacht beschrieben werden. Später verarbeitete Johann Wolfgang von Goethe die Erlebnisse mehrerer Brockenbesteigungen in seinem Hauptwerk »Faust«. Auch Heinrich Heine lässt uns literarisch an seiner Hochharzüberquerung teilhaben, »Die Harzreise« erschien 1826.

In der Karolingerzeit war der Harz von 768 an kaiserlicher Bannforst und nur an den Rändern besiedelt. Das änderte sich im 12. Jahrhundert, als sich der schon seit der Bronzezeit betriebene Bergbau sowohl am Harzrand (bei Goslar und Mansfeld) als auch in den Höhenlagen ausweitete. Gefördert wurden Eisen-, Kupfer-, Blei- und Silbererze, und es entstand eine stark genutzte mittelalterliche Bergbaulandschaft, wie wir sie uns heute nur schwer vorstellen können. Dieser frühen Bergbauperiode folgte eine zweite im 15. und 16. Jahrhundert und setzte sich mit Unterbrechungen bis zum 19. Jahrhundert fort. Der Holzmangel führte dazu, dass im Hochharz von 1744 bis 1776 Torf gewonnen, getrocknet und ebenfalls zu »Holzkohle« verarbeitet wurde.

Das Hüttenwesen, die Glasmanufakturen, Sägemühlen und die Viehherden der Bergleute führten zum weitgehenden Verschwinden der Buchen- und Bergfichtenwälder. Nur im Brockengebiet blieben die Fichtenwälder an den schwer zugänglichen Stellen erhalten. Die Holznot wurde durch die Einführung einer geregelten Forstwirtschaft beendet. Die Fichte wurde zum »Brotbaum« der Forstwirtschaft des Harzes und verbreitete sie sich schnell im gesamten Gebiet. Damit begann ein zweiter Angriff auf die Harzmoore: Rund 1000 ha Moorfläche wurden entwässert und mit Fichten bepflanzt. Bis heute blieben jedoch etwa 500 ha waldoffene Moore erhalten.

Als der Bergbau im Harz zu Ende ging, entwickelte sich im 19. Jahrhundert ein bescheidener Tourismus. Ein erstes Unterkunftshaus auf dem Brocken geht auf das Jahr 1800 zurück. Mit der Inbetriebnahme der Brockenbahn 1899 begann der Tourismus größere Dimensionen anzunehmen, dem der Zweite Weltkrieg 40 Jahre später jedoch erst einmal wieder ein Ende bereitete. Die Holz-

Blick zum Brocken über das Ilsetal von den Rohnklippen aus. Reste von Buchenwäldern bedecken die unteren Hänge und signalisieren, dass die heutige Fichtendominanz ein Resultat der Forstwirtschaft ist.
(Foto: U. Wegener, 2003)

nutzung wurde nun verstärkt. Nach dem Kriege wirkten sich die »Reparationshiebe« besonders in Niedersachsen aus. Aber auch im Hochharz nahm der Holzeinschlag für die Bevölkerung und die Besatzungsmacht zu. Aufgeforstet wurde ausschließlich mit der Baumart Fichte. So entstanden in dieser Zeit ausgedehnte Fichtenforste, die den starken Stürmen in den 1970er Jahren nicht standhielten. Erst danach und als Folge der Diskussion um das »Waldsterben« erfolgte eine Neuorientierung der Forstwirtschaft, weg von der Fichtenmonokultur. Zunächst begann Niedersachsen mit umfangreichen Waldumbauprogrammen, nach 1990 auch das Land Sachsen-Anhalt.

Vorgeschichte des Naturschutzes

Die erste Verfügung zum Schutz des Brockenurwaldes erließ im Jahre 1718 der Graf Christian Ernst von Stolberg-Wernigerode. Man kann sie bereits in die frühe Zeit des Naturschutzes einordnen (Conwentz 1904). In die gleiche Richtung wies eine Verfügung des Fürstenhauses aus dem Jahre 1904, die den Schutz der Brockenkuppe vor der Bebauung zum Inhalt hatte. Im gleichen Jahr forderte der Braunschweiger Hofrat Wilhelm Blasius die Einrichtung eines Nationalparks im Harz, er sollte eine Mindestgröße von 10 000 ha haben (Wegener & Knolle 2010). Bekannter dürften die Ideen von Hermann Löns aus dem Jahre 1912 zur Errichtung eines nationalparkähnlichen »Heimatparks« bei Bad Harzburg sein. Konkreter wurde der Schutz mit der einstweiligen Sicherung des Naturschutzgebietes Oberharz im Jahre 1937.

Nach der Grenzziehung 1945 wurden 1954 7000 ha Land als Naturschutzgebiet Oberharz in

Niedersachsen neu verordnet, allerdings sollten laut Verordnung nur »Großkahlschläge« vermieden werden, andere Nutzungsbeschränkungen gab es nicht. Nur für die Kuppe des Wurmberges enthielt die Verordnung die Bestimmung, dass die forstliche Bewirtschaftung nur als »Nichtwirtschaftswald gestattet ist« (Ant & Engelke 1970, S. 85). In der DDR wurde unter gleichem Namen 1967 ein 2000 ha großes Gebiet um den Brocken zum Naturschutzgebiet erklärt. Im Jahre 1979 gab es eine weitere Initiative auf östlicher Seite, das Hochharzgebiet unter Einschluss des Brockens zum Biosphärenreservat zu entwickeln, was aber an der »militärischen Festung Brocken« scheiterte.

1985 wurde durch die Ausweisung eines Totalreservates (Naturwaldzelle) am Osthang des Brockens mit 238 ha und einer Pufferzone von 300 ha im Harz ein wirkliches Naturschutzgebiet begründet. Weitere Naturwaldzellen wurden in Niedersachsen unter Schutz gestellt. Bis zum 3. Dezember 1989 war der Brocken noch militärisches Sperrgebiet. An jenem Tag erzwang die Bevölkerung die Öffnung des Brockentores und schuf damit wichtige Voraussetzungen für die Einrichtung eines Nationalparks. Im April 1994 zogen die letzten russischen Soldaten vom Brocken ab und gaben das Gebiet frei für eine friedliche Umgestaltung der Brockenkuppe.

Am Ende der mittelalterlichen Bergbauperiode waren die Wälder des Harzes weitgehend aufgebraucht und die sich neu entwickelnde Forstwirtschaft begann ein gigantisches Aufforstungsprogramm. Es wurden vor allem Fichten gepflanzt, auch dort, wo früher einmal Buchenwälder gewachsen waren. Solche massenreiche Fichtenbestände nehmen im Nationalpark einen Großteil der Flächen ein, im Verlaufe der nächsten 100 Jahre werden sie Buchenwäldern weichen müssen. (Foto: L. Jeschke, 2007)

Umsetzung der Nationalparkziele

Erste Konzepte für einen Harznationalpark wurden am 30. November 1989 von Uwe Wegener sowohl im damaligen Bezirk Magdeburg als auch in Niedersachsen vorgestellt. Dabei ließen es diese ersten Planungen offen, ob ein großes grenzübergreifendes Biosphärenreservat oder ein räumlich wesentlich kleinerer Nationalpark rings um den Brocken entwickelt werden sollte. Von der Forstverwaltung Wernigerode wurden die Schutzprojekte von Anfang an unterstützt. Bei den Naturschutzverbänden in Niedersachsen fielen die Ideen auch auf fruchtbaren Boden, so dass bereits Ende 1989 ein gemeinsamer grenzübergreifender Nationalpark Harz diskutiert wurde. Hauptsächlicher Förderer des Vorhabens wurde in der Folgezeit die Gesellschaft zur Förderung des Nationalparks Harz e.V.

Zu den Pionieren des Schutzgebietes gehörten unter anderem: Wolfgang Eberspach, Achim Groß, Hubertus Hlawatsch, Andreas Keßling, Friedhart Knolle, Heinz Quitt und Gerhard Stöcker. Von wissenschaftlicher Seite unterstützten die Professoren Gerhard Hartmann, Hermann Meusel, Rudolf Schubert, Giselher Schuschke und Michael Succow das Nationalparkprojekt.

Buchenwald an den Ufern der Ilse. Es gibt nur wenige Stellen im Nationalpark auf anhaltinischer Seite, auf denen sich die Buche behaupten konnte, denn vor allem die Fichte wurde von der Forstwirtschaft gefördert. (Foto: M. Succow, 2000)

Rechte Seite oben: Das Goethemoor unterhalb des Brockens ist ein Regenmoor im Harz auf anhaltinischer Seite. Es ist gut erhalten und weist auf der zentralen, nahezu horizontalen Moorfläche ein irreguläres Schlenkennetz auf. Unterhalb der Waldgrenze sind die Moore die einzigen waldfreien Flächen im Nationalpark.
(Foto: L. Jeschke, 2003)

Rechte Seite unten: Waldfreier Quellsumpf auf der Nordostseite des Brockens im Einzugsgebiet der Ilse. Solche Moorbildungen werden weitestgehend von oberflächennahen Zuflüssen ernährt. Das Wasser ist so arm an Nährstoffen, dass nur eine an saure Verhältnisse angepasste Moorvegetation existieren kann.
(Foto: L. Jeschke, 1985)

Parallel zur Entwicklung auf östlicher Seite im Hochharz ging der Druck der Umweltverbände auf die Regierung in Niedersachsen zur Einrichtung eines Nationalparks weiter. Wir können heute davon ausgehen, dass das Nationalparkprogramm von Berlin eine solche Ausstrahlung hatte, dass sich keine Regierung in Niedersachsen der Einrichtung eines Nationalparks im Westharz entziehen konnte. So kam es dort zunächst zur Planung einer kleinen Parkvariante und nach dem Regierungswechsel unter der Schröder-Regierung und Ministerin Monika Griefahn zu einem großen Projekt von mehr als 16 000 ha.

Nach der schwierigen Anlaufphase auf östlicher Seite wurde der erste Nationalpark im Harz zum 1. Oktober 1990 in einem feierlichen Akt eröffnet. Als erster Leiter wurde 1991 Hubertus Hlawatsch berufen. Der Aufbau erfolgte mit Unterstützung der Landesforstverwaltung und des Umweltministeriums. Zu den ersten Maßnahmen gehörten die Sicherung der eingriffsfreien Kernzone und die schrittweise Umwandlung der Fichtenforste in der Entwicklungszone. Schwierigkeiten gab es vor allem beim Aufbau einer professionellen Öffentlichkeitsarbeit und in der Zusammenarbeit mit dem Nationalparkort Schierke. Ohne größere Probleme lief ein umfangreiches Programm zur wissenschaftlichen Arbeit an, welches im Wald von Gerhard Stöcker, auf den Mooren von Hans-Jürgen Beug sowie auf dem Brocken von Rudolf Schubert unterstützt wurde.

1994 wurde Peter Gaffert als neuer Leiter berufen, der sich besonders um einen Ausgleich mit der Gemeinde Schierke bemühte. Nach langer Diskussion und umfangreicher öffentlicher Beteiligung gelang im gleichen Jahr auch die Einrichtung eines niedersächsischen Nationalparks. Dieses neue Schutzkonzept hatte das Ziel, einen Querschnitt der Harzwälder vom Südharz bis zum Nordharzrand zu erfassen. Diesem Ziel schloss sich auch die östliche Seite an, und 2001 gelang es, den Hochharz-Nationalpark um 3000 ha bis nach Ilsenburg zu erweitern. Das Nationalparkprinzip »Natur - Natur sein lassen«, also der Verzicht auf forstliche Nutzungen, wurde bis zu dieser Zeit auf 41 Prozent der Fläche konsequent umgesetzt. Der Rotwildbestand wurde zwar während der letzten zwei Jahrzehnte erheblich vermindert, von einem urwaldähnlichen Besatz war er aber noch deutlich entfernt. Seit dem Jahr 2000 wird der Luchs erfolgreich ausgewildert. Die Anzahl der inzwischen in freier Wildbahn geborenen Luchse schwankt von zehn bis 16 je Jahr.

Seit 1994 gab es immer Bemühungen, beide Nationalparke zu vereinigen; dem standen die Nationalparkverwaltungen wie auch die Ministerien im Wege, bis die Ministerpräsidenten Christian Wulff und Wolfgang Böhmer diese Vereinigung über zwei Staatsverträge in Gang setzten und am 1. April 2006 verwirklichten. Neuer Leiter wurde bereits ab 2004 Andreas Pusch. Inzwischen können alle Mitarbeiter in beiden Bundesländern eingesetzt werden - ein Novum in der Bundesrepublik Deutschland.

Die Nationalparkverwaltung nimmt die Aufgaben der Unteren Naturschutz-, Jagd- und Forstbehörde wahr. Die Aufsicht liegt bei den obersten Behörden der Länder, also dem Umweltministerium sowie dem Landwirtschaftsministerium in Niedersachsen und dem Ministerium für Landwirtschaft und Umwelt in Sachsen-Anhalt.

Nach der Vereinigung vollzog sich auch ein Anpassungsprozess der Waldentwicklungskonzeptionen beider Nationalparkteile. Der Anteil der Kernzone überschreitet seit dem Jahre 2011 in dem 24 700 ha großen Park 50 Prozent. In der Entwicklungszone der Höhenlagen unterliegt ein Drittel der Fläche der Laubholzförderung, in den tieferen Lagen zwei Dritteln der Fläche.

Im Nationalpark und den umgebenden Städten und Kommunen ist inzwischen ein Netz von Nationalparkhäusern entstanden, die der Öffentlichkeitsarbeit dienen und von der Verwaltung selbst beziehungsweise von den Naturschutzverbänden BUND, dem Nabu und der SDW geführt werden.

DER NATIONALPARK HARZ | 109 |

Zukünftige Entwicklungen – das Leitbild

Bedingt durch unterschiedliche Ausgangsgesteine, Böden und Höhenlagen zwischen 300 und 1141 m weist der Nationalpark eine große Vielfalt an Lebensräumen auf. Diese reichen von Buchenwäldern über Bergmischwälder, verschiedenartige Moortypen und Bergfichtenwälder bis zu den subalpinen Matten, und schließen außerdem zahlreiche Felsformationen und natürliche Gewässer ein. Der Fichtenanteil – derzeit noch bei 74 Prozent – befindet sich durch die Laubholzförderung der letzten 20 Jahre und den Klimawandel stark im Rückgang. Die Zunahme des Laubholzes von zwölf auf 33 Prozent ist erreicht. Die Moore und Moorwälder entwickeln sich durch abgeschlossene Renaturierungen und die höheren Niederschläge positiv.

Ein schwieriges Problem stellt die Waldbehandlung des 500 m breiten Randstreifens dar, soweit Fichtenforste vorherrschen. Buchenwälder auf nährstoffarmen sauren Substraten werden weiter zunehmen oder gemeinsam mit Bergahorn, Fichte, Birke und Eberesche Mischbestände bilden. Die letzten Eingriffe werden planmäßig 2022 in der immer kleiner werdenden Entwick-

Unterhalb des Brockengipfels beginnt die Auflösungszone des Fichtenwaldes, hier auf der Ostseite reicht der Wald höher hinauf als auf der Nordwestseite. Es gibt keinen geschlossenen Wald mehr, einzelne letzte Baumgruppen trotzen dem waldfeindlichen Klima. (Foto: L. Jeschke, 2006)

Der waldfreie Nordwesthang des Brockens. Der Boden ist mit groben Blöcken übersät, zwischen denen sich einige kleinwüchsige Fichten halten können. Es dominieren Zwergsträucher und Gräser. (Foto: L. Jeschke, 2006)

lungszone auslaufen. Seit 2006 sind auch in Niedersachsen die Weichen für eine Kernzone so gestellt, dass nicht mehr regulierend eingegriffen wird und die Naturdynamik unumkehrbar ist. Die in den letzten zwei Jahrzehnten eingebrachten Laubwaldinitiale und der Klimawandel werden langfristig auf großer Fläche einen Buchenmischwald entstehen lassen. Dieser von der Buche dominierte Wald wird den Bergfichtenwäldern im Gebiet nur noch oberhalb von 800 m eine Chance einräumen. Außerdem werden die Borkenkäfer diesen Bergfichtenwald in immer kürzeren Zeiträumen heimsuchen, so dass es vermutlich alte Bergfichtenwälder künftig nicht mehr geben wird. Um diese interessanten Entwicklungen langfristig zu verfolgen, hat die Nationalparkverwaltung ein umfangreiches Monitoringprogramm begonnen.

Wildnis wird zukünftig auf größerer Fläche für die Besucher erlebbar werden, so dass das Motto des Nationalparks »Sagenumwobene Bergwildnis« immer besser verwirklicht ist. Auf weniger als zwei Prozent der Fläche werden auch Elemente der historischen Kulturlandschaft, wie Bergwiesen, Matten und Schwermetallrasen mit ihrem Artenreichtum erhalten bleiben.

Partner des Nationalparks

Eine wesentliche Stütze der Nationalparke Hochharz und Harz sowie Initiator der Nationalparkvereinigung war von 1990 an die Gesellschaft zur Förderung des Nationalparks Harz. Maßgeblich tragen auch die Umweltverbände BUND und Nabu zur Festigung des Parks bei. Weiterhin existiert ein Netz von nationalparkfreundlichen Beherbergungsstätten in den Nationalparkorten. Von Bedeutung für die Öffentlichkeitsarbeit ist darüber hinaus die Brockenhaus GmbH, die ebenfalls weitere öffentliche Einrichtungen des Nationalparks wirkungsvoll unterstützt. Eng sind die Beziehungen auch zum Regionalverband Harz und zum Harzer Tourismusverband sowie auf wissenschaftlichem Gebiet unter anderem zu den Hochschuleinrichtungen in Bernburg, Göttingen und Halle.

Literatur zum Weiterlesen

Baumann, K. (2009): Entwicklung der Moorvegetation im Nationalpark Harz (4), in: Schriftenreihe Nationalpark Harz, S. 1–244.

Beugh, F.-J.; Henrion, I.; Schmüser, A. (1999): Landschaftsgeschichte im Hochharz. Die Entwicklung der Wälder und Moore seit dem Ende der letzten Eiszeit, Clausthal-Zellerfeld.

Bezirksregierung Braunschweig (1997): Expertenkolloquium zur Wiederansiedlung des Luchses im Harz. Tagungsband, 114 S.

Böttcher, I.; Sacher, P. (Hg.) (1999): Arthropoden der Brockenregion. Ergebnisse der Bodenfallenuntersuchungen 1992–1996, in: Abhandlungen und Berichte für Naturkunde, Bd. 22, Wernigerode.

Dennert, F. (1954): Geschichte des Brockens und der Brockenreisen, Braunschweig.

Dierschke, H.; Knoll, J. (2002): Der Harz, ein norddeutsches Mittelgebirge. Natur und Kultur unter botanischem Blickwinkel, in: Tuexenia (22), S. 279–421.

Garve, E.; Hullen, M. (2002): Flora und Vegetation im Nationalpark Harz, in: Tuexenia (22), S. 127–150.

Greger, O. (1992): Erfassung von Relikten des autochthonen Fichtenvorkommens im Hochharz, in: Aus dem Walde (44), S. 1–319.

Karste, G.; Schubert, R.; Kison, H.-U.; Wegener, U. (2006): Die Pflanzengesellschaften des Nationalparks Harz (Sachsen-Anhalt); Wernigerode, 59 S.

Kison, H.-U.; Wegener, U. (2004): Die Farn- und Blütenpflanzen des Nationalparks Hochharz, Wernigerode, 183 S.

Kortzfleisch, A. v. (2008): Die Kunst der schwarzen Gesellen. Köhlerei im Harz, Clausthal-Zellerfeld.

Lagatz, U. (2011): Hercynia Curiosa oder Curiöser Hartz-Wald. Auf den Spuren früher Harzreisender, Wernigerode.

Porada, H. T.; Brückner, J.; Denecke, D.; Wegener, U. (2012): Der Hochharz rings um den Brocken, in: Werke der Deutschen Heimat Bd. 73, Wien, Köln, Weimar [im Druck].

Schubart, W. (1978): Die Verbreitung der Fichte im und am Harz vom hohen Mittelalter bis in die Neuzeit, in: Aus dem Walde (28), S. 1–294.

Schultz, T. (2010): Die Großpilzflora des Nationalparks Harz. Kommentierte Artenliste der Ascomyceten und Basidiomyceten, in: Schriftenreihe aus dem Nationalpark Harz (5).

Wegener, U.; Kison, H.-U. (2002): Die Vegetation des Brockens im Nationalpark Hochharz, in: Tuexenia (22), S. 243–267.

Der Nationalpark Sächsische Schweiz

Von Holm Riebe

Der Nationalpark Sächsische Schweiz (93 km²) ist eingebettet in das Landschaftsschutzgebiet Sächsische Schweiz (287 km²) und bildet mit diesem zusammen die Nationalparkregion Sächsische Schweiz, wobei der Schutz der Gesamtlandschaft von jeher die höchste Priorität hatte. Seit dem Jahr 2000 schließt sich in der hinteren Sächsischen Schweiz der tschechische Nationalpark České Švýcarsko (79 km²) an und seit 1972 das Landschaftsschutzgebiet CHKO Labské pískovce (250 km²).

Natur und Landschaft

Unter den deutschen Mittelgebirgen nimmt das Elbsandsteingebirge eine Sonderstellung ein. Als ein kleinflächiges Felsengebirge bildet es eine Erosionslandschaft, die aus einer stark zergliederten, etwa 600 m mächtigen, fast reinen Quarzsandsteinschicht der oberen Kreide besteht. Die tektonischen Aktivitäten des Tertiärs führten im Gebiet zu einer kleinen Anzahl von Basaltdurchbrüchen mit geringer Flächenausdehnung. Aufgrund der geringen Höhenlagen ist es kaum gerechtfertigt, von einem Mittelgebirge zu sprechen. Der Charakter des Gebietes wird von wild gegliederten Felsreliefen und seinem außerordentlichen Formenreichtum bestimmt. Der ständige Wechsel der morphologischen Großformen von Schluchten, Ebenheiten, Tafelbergen und Felsrevieren auf engstem Raum stellt eine Einmaligkeit innerhalb der europäischen Mittelgebirge dar. Infolge dieser schwer zugänglichen Felsenwildnis sind in weiten Teilen des Gebietes die großen, geschlossenen Wälder erhalten geblieben. Diese Bereiche sind auch heute noch weitgehend siedlungsfrei. Grundsätzlich lassen sich hier hinsichtlich ihrer Erscheinungsform und Ökologie mehrere Lebensräume erkennen.

Da sind als Erstes die Schluchten (Cañons), Felsgründe und Bachtäler mit ihrem vegetationsprägenden Eigenklima zu nennen. Dies ist gekennzeichnet durch mangelnde Sonneneinstrahlung, geringe Luftbewegung und herabgesetzte Abstrahlung, also durch größere Kühle und höhere Feuchte. Eingebunden in die Täler sind in Bezug auf ihre Gewässergüte überwiegend gute bis sehr gute Fließgewässer (Bäche). Dadurch wird die biologische Diversität der Gebiete beträchtlich erhöht. Hier kommt eine Vielzahl von Moosen und Farnen vor sowie seltene Arten wie beispielsweise Weißtanne, Akelei-Wiesenraute, Flutender Wasserhahnenfuß, Gelbes Veilchen, Knotenfuß, Westgroppe, Feuersalamander, Schwarzstorch, Uhu, Sperlingskauz, Eisvogel, Wasseramsel, Zwergschnäpper, Wasserspitzmaus und Fischotter.

Am Gleitmannshorn. Die Sandsteinkuppen tragen einen schütteren Kiefernwald. Der Blick reicht bis zu den Felsenriffen der Hinteren Sächsischen Schweiz. Eine für mitteleuropäische Verhältnisse bizarre Erosionslandschaft hat seit Beginn des 19. Jahrhunderts Künstler und Naturliebhaber angezogen. Ähnlich weit reichen die Schutzbemühungen im Elbsandsteingebirge zurück. Es hätte 1953 der erste deutsche Nationalpark werden können.
(Foto: H. Riebe, 2008)

Die Felsreviere und Tafelberge mit ihrer starken Zerklüftung, ihren Riffen, Hörnern, Wänden und Türmen stellen ebenfalls einen interessanten Lebensraum dar, denn sie sind siedlungsfrei und besitzen einen natürlichen Kiefernriffwald höchster ökologischer Wertigkeit. Arten wie Moorbirke, Sumpfporst, Heidekraut, Krähenbeere, Wanderfalke, Mauersegler, Kleinspecht, Baumpieper, Gartenrotschwanz, Zwergfledermaus und früher auch der Gartenschläfer sind hier zu Hause.

Die Basaltberge und andere Basaltgebiete stellen, als Ergebnis eines tertiären Vulkanismus, ein eigenständiges geologisches Element im Elbsandsteingebirge dar. Eine Häufung dieser zahlreichen stock- oder gangförmigen Basaltdurchbrüche finden wir im südöstlichen Teil des Gebietes, also in der hinteren Sächsischen Schweiz. Diese häufig nur recht kleinflächig vorhandenen Bereiche sind mit reichen Buchenwäldern oder an steilen Hängen mit Hangschuttwäldern bestockt. In ihrer Ausprägung und Vergesellschaftung gehören diese Wälder zu den wertvollsten Ökosystemen des Nationalparks Sächsische Schweiz. Hier kommen seltene Pflanzen- und Tierarten wie Hohler Lerchensporn, Neunblättrige Zahnwurz, Bingelkraut, Einblütiges Perlgras, Waldgerste, Hohltaube, Waldkauz, Schwarzspecht, Grauspecht, Waldlaubsänger und auch Siebenschläfer vor.

In den Fels-Wald-Gebieten der hinteren Sächsisch-Böhmischen Schweiz sind frühgeschicht-

Am Kipphorn, Blick zu den Schrammsteinen. Die geschlossene Waldlandschaft wird von einigen Felspartien überragt. Über die Hälfte der Waldfläche des Nationalparks ist bereits nutzungsfrei. Problematisch sind großflächige Fichtenbestände, in denen der Borkenkäfer bekämpft wird, aus Sorge der Forstleute um die touristische Attraktivität. (Foto: H. Riebe, 2008)

liche Ansiedlungen schon seit der Alt-Steinzeit nachgewiesen wie beispielsweise im Zeidlerbachtal. Zum Ausgang des Mittelalters befanden sich hier verschiedene hölzerne Felsenburgen sowie Warten. Ein Netz von kleineren Handelswegen durchzog das Gebiet, ohne nachhaltige Spuren zu hinterlassen. So war die zerklüftete Landschaft im Gebiet des Nationalparkes immer weitgehend unbesiedelt, abgesehen von einigen Mühlen und Forsthäusern. Diese werden heute zumeist touristisch genutzt. Intensive Holznutzungen setzten ab dem 15. Jahrhundert ein und führten zu einer deutlichen Übernutzung der Waldbestände. Auf einem Teil der Fläche kam es zu gravierenden Vegetationsveränderungen, und eine Verheidung größerer Wald-Fels-Bereiche begann. Ab dem 19. Jahrhundert setzte dann die geregelte Forstwirtschaft ein, die zu den Fichtenmonokulturen weiter Bereiche der Sächsischen Schweiz führte. Zum gleichen Zeitpunkt erfolgte die Entdeckung der Sächsischen Schweiz durch den Fremdenverkehr, verbunden mit einer rasanten Entwicklung des Wandertourismus, des Sommerfrischebetriebes und Kurwesens sowie ab dem Ausgang des 19. Jahrhunderts auch des Bergsteigens und Felskletterns. Die in den 1920er Jahren beginnende naturgemäße Waldwirtschaft hinterließ auch in der Sächsischen Schweiz ihre Spuren, und so finden sich im Gebiet des Nationalparkes noch heute, wenn auch selten, gut erhaltene von Förstern begründete Waldbilder.

Geschichte des Naturschutzes

In kaum einem anderen Gebiet werden die in die Zeit der Romantik hineinreichenden Wurzeln des Naturschutzes so deutlich wie hier. Ab Mitte des 19. Jahrhunderts sind erste Gedanken zum Erhalt der Landschaft bekannt. Wir wissen von Erhaltungsmaßnahmen an einzelnen Felsen (zum Beispiel 1850 Tiedgestein), von verschiedenen Protesten gegen den Bau von geplanten Bergbahnen (1880, 1896, 1902, 1911) und vor allem gegen die vielen Sandsteinbrüche im Elbtal, die aufgrund der damit verbundenen großflächigen Landschaftszerstörung Anlass für Naturschutzbestrebungen gaben. Noch vor dem ersten Weltkrieg (1910) wurde ein erstes flächenhaftes Naturschutzgebiet im Cañon des Polenztales (26 ha) ausgewiesen, das erste in Sachsen. Für die nächsten zwei Jahrzehnte waren es vor allem der Landesverein Sächsischer Heimatschutz (ab 1908) und der 1910 gegründete Verein zum Schutze der Sächsischen Schweiz, die durch eine Vielzahl von Publikationen und konkreten Schutzmaßnahmen den Naturschutz der Sächsischen Schweiz repräsentierten. In den 1930er Jahren kamen erste Bestrebungen zu einem Gesamtschutz der Landschaft auf. So schreibt der bekannte sächsische Geologe P. Wagner bereits 1931:

»Es gibt kaum ein Gebirge Deutschlands, das in so mannigfaltiger Form die schöpferische Tätigkeit des Wassers zeigt wie unser Elbsandsteingebirge – eine Gebirgswelt, die Wildes und Liebliches auf engem Raume vereint, ein Stück Heimaterde, das wert wäre, als einziger großer Naturschutzpark gehegt zu werden.«

1938 wird das Naturschutzgebiet Bastei (785 ha) und 1940 das Naturschutzgebiet Polenztal (91 ha) ausgewiesen. Ende 1953 kam es, in Vorbereitung eines Naturschutzgesetzes, zur Diskussion um die Ausweisung eines Nationalparkes Sächsische Schweiz, und es begannen Vorarbeiten für eine Unterschutzstellung. Im Mai 1954 wurde in Bad Schandau bei einer Zusammenkunft von

Die Kirnitzsch ist der größte Wildfluss im Nationalpark und heute wieder Laichgebiet des Lachses. (Foto: H. Riebe, 2008)

staatlichen Behörden und Fachleuten die Errichtung eines Nationalparkes vorgeschlagen, was allerdings an der damaligen Regierung scheiterte. 1956 erfolgte ersatzweise die Ausweisung der Sächsischen Schweiz als Landschaftsschutzgebiet (LSG) mit einer Fläche von 36 800 ha. Dieses Landschaftsschutzgebiet umfasste die gesamte Kulturlandschaft Sächsische Schweiz (58 Prozent Wald, 18 Prozent Acker, 15 Prozent Grünland, 1,5 Prozent Gewässer und 7,5 Prozent Siedlungen/Straßen) mit etwa 30 zumeist dörflichen Ortschaften und circa 30 000 Einwohnern. Aufgrund der noch erhaltenen Natur in der hinteren Sächsischen Schweiz versuchten ab 1957 verschiedene namhafte Naturforscher in der Sächsischen Schweiz ein größeres Tierschutzgebiet mit einer Fläche von 3500 ha einzurichten. Hier ging es vor allen Dingen um die Ruhigstellung und den damit verbundenen Schutz verschiedener Tierarten wie beispielsweise der Gämse, des Auerhuhnes, des Wanderfalken und des Uhus. Erst 1961 erfolgte die Ausweisung von drei weiteren Naturschutzgebieten in der Sächsischen Schweiz, der Große Winterberg und Zschand mit 830 ha (erweitert 1966 und 1986 auf 1092 ha), die Kirnitzschklamm mit 53 ha Fläche und das Naturschutzgebiet Zschnigleiten (99 ha). Im Naturschutzgebiet Kirnitzschklamm gab es seinerzeit auch mit 22 ha das einzige Totalreservat auf sächsischem Gebiet.

In den darauffolgenden drei Jahrzehnten wurde die Naturschutzarbeit im Wesentlichen durch engagierte ehrenamtliche Helfer unter Leitung des langjährigen Kreisnaturschutzbeauftragten Dietrich Graf geprägt. Auf hohem fachlichen Niveau agierend, gelang es, die vorhandene Vielfalt zu schützen und in einzelnen Fällen erfolgreich Schaden vom Gebiet abzuhalten.

Der 1978 beschlossene Landschaftspflegeplan für die Sächsische Schweiz definierte dann Ziele für die Entwicklung, Gestaltung und Pflege des Landschaftsschutzgebietes und erklärte diese für verbindlich. Aufgrund einer zunehmenden Diskrepanz zwischen Schutz und Nutzung erfolgte ab 1985 der Aufbau einer hauptamtlichen Naturschutzverwaltung unter der Leitung von Jürgen Stein, die ab 1987 als LSG-Inspektion Sächsische Schweiz für die Umsetzung der Naturschutzaufgaben zuständig war.

In der Zeit der Wende 1989/90 konnten in nur vier Monaten in der Sächsischen Schweiz die zwei großen, siedlungsmäßig kaum erschlossenen Fels-Wald-Gebiete mit einer Fläche von 9300 ha als Nationalpark ausgewiesen werden.

Links: Die Kirnitzschklamm: Hier bildet die Kirnitzsch, gleichzeitig Grenzfluss zur Tschechischen Republik, ein wildes, nicht begehbares Felsental.
(Foto H. Riebe, 2008)

Rechts: Der Schwarzstorch ist ein scheuer Bewohner der Sächsischen Schweiz. Seine Nahrung findet er in den abgeschiedenen Wildgewässern.
(Foto: H. Riebe, 2011)

Entwicklung des Nationalparkes

In der Sächsischen Schweiz kam es in den 1990er Jahren zu einem immensen Anstieg des Individualverkehrs sowie einer regen Bautätigkeit unterschiedlichster Art. So wurde in diesen Anfangsjahren enorme Kraft und Zeit in das den Nationalpark umgebende Landschaftsschutzgebiet investiert, um hier bauliche Fehlentwicklungen zu vermeiden sowie eine sinnvolle Erhaltung der Kulturlandschaft sicherzustellen. Dies ist nur zum Teil gelungen.

Im Nationalpark selbst wurden viele Planungen realisiert. So entstanden fundierte Grundlagen für die Pflege- und Entwicklungspläne für den Wald, das Offenland und die Gewässer (Kirnitzsch), die zweifellos vielfach naturwissenschaftliches Neuland für die Sächsische Schweiz bedeuteten. Ebenso stellte die neu entstandene Umweltbildung einen wichtigen Baustein zur Entwicklung eines dringend erforderlichen modernen Naturschutzbewusstseins dar. Die Verwaltung selbst, mit 23 Personen besetzt (davon waren neun Personen Nationalparkwacht), die mit einem enormen Engagement diese bürokratiearme Zeit nutzte, unterstand als untere Sonderbehörde direkt dem Umweltministerium. Ihre technische Ausstattung entsprach den modernen Anforderungen. So wurde beispielsweise von Anfang an mit Datenbanken und Geoinformationssystem gearbeitet.

Einzigartige Felsenwildnis im Schrammsteingebiet.
(Foto: L. Jeschke, 2004)

Die Felswände auf der Nordseite des Liliensteins erstrahlen in der herbstlichen Morgensonne in ungewöhnlicher Farbigkeit. (Foto: H. Riebe, 2011)

Auch der Nationalparkwacht standen zeitgemäße Kommunikationsmittel (Funk) und eine gute technische Dienstausstattung zur Verfügung. Größere Artenschutzprojekte wie die erfolgreiche, von 1989 bis 1996 durchgeführte Wiederansiedlung des Wanderfalken am Lilienstein wurden von der kleinen Verwaltung in Angriff genommen.

Die erste Nationalparkinformationsstelle öffnete im Amselgrund 1992. In den Folgejahren kamen weitere auf dem Großen Winterberg, am Zeughaus, an der Bastei und in Hinterhermsdorf hinzu. Seit dem Jahr 2001 bietet das Nationalpark-Informationszentrum als Teil der Sächsischen Landesstiftung für Umwelt und Natur in Bad Schandau einen guten Überblick zur Natur und Landschaft der Sächsischen Schweiz. 1998 bezog die Verwaltung ein neues Dienstgebäude am Elbkai in Bad Schandau, welches nun alle Kollegen aufnahm.

Schon 1994 wurde ein Nationalparkprogramm verabschiedet, in dem erste Grundsätze zu Pflege und Entwicklung des Nationalparkes formuliert wurden. Erste Leitsätze zur Waldbehandlung (1992) bildeten die Grundlage für die praktischen Arbeiten im Wald. Die von 1996 bis 1998 durchgeführte Forsteinrichtung legte dann auf der Grundlage von detaillierten Waldbehandlungsgrundsätzen (1996) die flächenkonkrete Waldbehandlung fest. So nahm der nicht mehr forstwirtschaftlich behandelte Ruhebereich jetzt eine Fläche von 40 Prozent ein.

Wichtige Momente, um den Naturschutz in den Blickpunkt der Bevölkerung zu richten, waren verschiedene Jubiläen, wie der 1996 durchgeführte Landschaftstag oder die Festveranstaltung »50 Jahre Landschaftsschutzgebiet« auf der Festung Königstein. Regionale Naturmärkte wie in Stadt Wehlen und alternativ sowie landeskulturell geprägte Feste hatten sich schon bald und über lange Zeit fest in der Region etabliert.

Eine intensive und freundschaftliche Zusammenarbeit mit den Kollegen vom CHKO Labské pískovce (Landschaftsschutzgebiet Elbsandsteine) vermittelte den deutschen Kollegen ein Bild vom hohen fachlichen Niveau des tschechischen Naturschutzes. Seit 1996 werden jährliche Exkursionen und Treffen durchgeführt. Nach fast zehnjährigen Bemühungen wurde am 1. Januar 2000 der Nationalpark České Švýcarsko (Böhmische Schweiz) auf etwa 7900 ha eröffnet. Er grenzt mit einer Länge von 23 km an den hinteren Nationalparkteil Sächsische Schweiz an und bildet eine sinnvolle Erweiterung des Schutzgebietes auf dem Weg zum Internationalpark. Mit seiner neuen Verwaltung arbeitet die Nationalparkverwaltung von Anfang an eng zusammen.

Schon 1990 bei der Ausweisung des Nationalparkes war klar, dass touristische Schwerpunktgebiete mit in das Schutzgebiet integriert werden sollten. Neben dem 200 Jahre alten Wandertourismus betrifft dies vor allem das Felsklettern. Als Ende der 1990er Jahre erste Konzeptionen zum Wandersport erarbeitet wurden, führten diese zu konfliktreichen und zum Teil heftig geführten Diskussionen mit den Wander- und Bergsportverbänden, die in lang andauernde und bis in die Gegenwart reichende Akzeptanzprobleme des Nationalparkes mündeten. Erst nach einer längeren Verständigungsphase wurden tragfähige und für beide Seiten akzeptable Kompromisse gefunden.

Im Jahr 2003 erhielt nach jahrelangen Vorarbeiten die Nationalparkregion eine neue Rechtsverordnung, welche verbunden war mit einer Abgrenzung des Landschaftsschutzgebietes sowie einer neuen Zonierung des Nationalparkes. Umfassend gestaltete sich auch die Arbeit des Umweltbildungsbereiches, die mit einer großzügig ausgestatteten Feldstation (Sellnitz), vielen Kindern und Jugendlichen aus der Region Naturkenntnisse und Erlebnisse vermitteln konnte. Außerdem wurden die beiden Nationalpark-Forstämter Lohmen und Bad Schandau mit der Nationalparkverwaltung zusammengelegt und als Nationalpark-Forstamt der sächsischen Landesforstverwaltung unterstellt. In der Behörde arbeiteten nun 75 Mitarbeiter unter dem bisherigen Leiter der Nationalparkverwaltung Jürgen Stein. Seit dem 1. Januar 2011 ist Dietrich Butter Leiter der Nationalparkverwaltung.

Die Nationalparkverwaltung ist als Naturschutzfachbehörde für die Nationalparkregion Sächsische Schweiz sowie als Forstbehörde für den Nationalpark zuständig. Als Vollzugsbehörde fungiert das Regierungspräsidium Dresden, die höhere Naturschutzbehörde.

Im August 2008 wurden die drei Großschutzgebietsverwaltungen Biosphärenreservatsverwaltung Oberlausitzer Heide- und Teichlandschaft, die Naturschutzgebietsverwaltung Königsbrücker Heide/Gohrischheide sowie die Nationalparkverwaltung Sächsische Schweiz (69 Mitarbeiter), in ein Amt für Großschutzgebiete mit insgesamt 104 Mitarbeitern innerhalb des Staatsbetriebes Sachsenforst zusammengeführt.

Zukünftige Entwicklung – das Leitbild

Folgende Themen haben für die künftige Entwicklung des Nationalparkes Sächsische Schweiz entscheidende Bedeutung. An erster Stelle sei der Tourismus genannt, der in der Sächsischen Schweiz schon immer gekennzeichnet ist von einer starken saisonalen Ausprägung sowie durch seine Intensität (2008: 2,9 Millionen Besucher auf 93 km²). Dies stellte das flächenmäßig kleine Gebiet des Nationalparkes Sächsische Schweiz schon immer vor große Herausforderungen, wobei es vor allem um die beruhigten und inzwischen aus der Nutzung genommenen Teile des Schutzgebietes ging. Im Nationalpark steht, auch aufgrund seiner frühen touristischen Erschließung, heute ein Wegenetz von über 600 km zur Verfügung. Des Weiteren befinden sich 755 Klettergipfel (68 Prozent aller Klettergipfel der Sächsischen Schweiz) im Nationalpark. Um möglichen Belastungen von Natur und Landschaft zu begegnen, wurden schon 1911 von naturverbundenen Bergsteigern die Sächsischen Kletterregeln entwickelt, deren konsequente Einhaltung nach wie vor wichtig ist. Außerdem wird der Information der Besucher durch die Ranger auch künftig eine entscheidende Bedeutung zukommen. Eng verbunden mit der intensiven touristischen Nutzung ist ein hohes Verkehrsaufkommen mit all seinen negativen Auswirkungen (Lärm, Abgase, parkende PKW). Die natürlichen Reize der Sächsischen Schweiz, ihre Ruhe und ihr Erholungswert, aber auch ihre Tier- und Pflanzenwelt leiden unter diesen Belastungen.

Ein weiteres wichtiges Thema stellt die Entwicklung der forstlich geprägten Fichtenreinbestände dar, die immerhin circa die Hälfte der Nationalparkfläche einnehmen. Es scheint, dass die Fichte aufgrund der zu beobachtenden hohen natürlichen Verjüngung noch lange Bestand haben wird. Die Nationalparkverwaltung praktiziert ein differenziertes Waldpflegekonzept, bestehend aus Waldumbau (beispielsweise die Wiedereinbringung von Weißtanne), partieller Bekämpfung des Borkenkäfers sowie Entlassung der naturnahen Flächen aus der Bewirtschaftung, um dem Entwicklungsgedanken des Nationalparkes gerecht zu werden. Gegenwärtig erfolgt auf 4960 ha (57 Prozent) keine forstwirtschaftliche Nutzung mehr. Auf 3710 ha (43 Prozent) werden die noch naturfernen Waldbestände (Fichtenforste) mit Pflegemaßnahmen in einen naturnäheren Zustand versetzt.

Die verschiedenen Anforderungen an den Nationalpark Sächsische Schweiz sind hoch und werden von vielen unterschiedlichen Gruppierungen gestellt. Nur ein gemeinsames Miteinander aller in dieser Landschaft lebenden, hier Sport treibenden, Erholung suchenden sowie Verantwortung tragenden Menschen wird dieses Kleinod der Natur erhalten können.

Literatur zum Weiterlesen

Graf, D. (1986): 30 Jahre Landschaftsschutzgebiet Sächsische Schweiz, in: Naturschutzarbeit und naturkundliche Heimatforschung in Sachsen, Dresden (28), S. 3–12.

Hempel, W.; Schiemenz H. (1986): Handbuch der Naturschutzgebiete der Deutschen Demokratischen Republik Bd. 5, Die Naturschutzgebiete der Bezirke Leipzig, Karl-Marx-Stadt und Dresden; Leipzig, Jena, Berlin.

Riebe, H.; Härtel, H.; Bauer, P.; Benda P. (1999): Die Naturausstattung der Sächsisch-Böhmischen Schweiz, in: Schriftenreihe des Nationalparkes Sächsische Schweiz (3), S. 20–57.

Riebe, H. (2008): Nationalpark Sächsische Schweiz, in: Naturschutzgebiete in Sachsen, Freistaat Sachsen, S. 614–621.

Stein, J. (1990): Nationalpark Sächsische Schweiz. Von der Idee zur Wirklichkeit, in: Sonderheft zur Eröffnung des Nationalparkes Sächsische Schweiz, Königstein, S. 10–17.

DIE SECHS BIOSPHÄRENRESERVATE

Das Biosphärenreservat Südost-Rügen

Von Hans Dieter Knapp

Die Landschaft und ihre Nutzung

Der südöstliche Teil Rügens mit der Halbinsel Mönchgut ist eine der eigentümlichsten Landschaften Deutschlands. Natur und Kultur bestimmen zusammen die besondere Eigenart dieses Gebietes. Bewaldete Höhenzüge und kurzgrasige Hügel wechseln mit weiten Salzwiesen und vermoorten Niederungen, Steilküsten aus festem Geschiebemergel mit flachen hellen Sandstränden, schattige Buchenwälder mit sonnigen Schafweiden und buntblumigen Wiesen. Land und Meer sind eng ineinander verschlungen, Halbinseln, Landzungen und Küstenvorsprünge durch Bodden und Buchten getrennt. Die bizarre topographische Form von SO-Rügen ist das Ergebnis der nacheiszeitlichen Landschaftsgeschichte, die eng mit der Entwicklungsgeschichte der Ostsee verbunden ist. Die letzten Gletschervorstöße in Mitteleuropa während der jüngsten Kaltzeit formten vor etwa 13 000 Jahren das ausgeprägte Hügelrelief der mittel- und ostrügenschen Endmoränenlandschaften, die in deutlichem Kontrast zu den weiten, mit Moorniederungen durchsetzten, ebenen bis flachwelligen Grundmoränenlandschaften West- und Süd-Rügens stehen. Mit dem phasenhaften Meeresspiegelanstieg der Ostsee in der mittleren Nacheiszeit wurde das eiszeitlich geformte Festland zu einem Archipel mehrerer Inseln aufgelöst und zugleich küstendynamischen Prozessen von Abtragung und Landbildung ausgesetzt, in deren Verlauf markante Steilküsten unterschiedlicher Formen einerseits sowie Haken und Nehrungen als Neulandbildungen andererseits entstanden.

Großsteingräber und Hügelgräber, Dorfkirchen und Fischerhäuser, alte Landstraßen und Alleen prägen das Bild dieser alten Kulturlandschaft, die seit Anfang des 19. Jahrhunderts in zunehmendem Maße vom Tourismus geprägt wird. Das klassizistische Stadtensemble von Putbus mit dem Badehaus Goor, das Jagdschloss Granitz, die Ostseebäder mit Strandpromenaden und Sommervillen im Stil der Bäderarchitektur, die Kleinbahn »Rasender Roland«, Seglerhäfen und Ausflugsschiffe, Wander- und Radwege dokumentieren die zweihundertjährige Geschichte des Tourismus im heutigen Biosphärenreservat.

Vorgeschichte des Naturschutzes

Wenngleich in der Geschichte des Naturschutzes auf Rügen der Seevogelschutz und die Kreidefelsen von Jasmund eine weit über die Region hinaus wirkende Hauptrolle spielen, so weist die Insel Vilm im Biosphärenreservat SO-Rügen eine zweihundertjährige Naturschutztradition auf.

Das Biosphärenreservat Südost-Rügen. Eine der Kernzonen ist das alte Naturschutzgebiet Insel Vilm. Die Wälder wurden nie forstlich bewirtschaftet, jedoch über 200 Jahre als Hudewald genutzt. Das Bild zeigt eine mehr als zweihundertjährige Buche als Relikt der früheren Waldweide. (Foto: H. D. Knapp, 2008)

Putbus stellt ein frühes Beispiel nachhaltiger Regionalentwicklung dar, und im Landschaftsschutz nahm das Gebiet eine Vorreiterrolle in Deutschland wahr.

Die Rettung des Waldes auf Vilm durch den Fürsten Wilhelm Malte zu Putbus (1783–1854) vor der Abholzung durch napoleonische Besatzungstruppen um 1810 ist eine der frühesten Naturschutzinitiativen in Deutschland.

Mit der Umgestaltung des Putbuser Schlossgartens zu einem weitläufigen Landschaftspark englischen Stils und mit der planmäßigen Anlage von Putbus als Residenz- und Badeort hat Fürst Wilhelm Malte zu Putbus noch in der Schwedenzeit ein umfassendes Werk wirtschaftlicher, touristischer und kultureller Entwicklung, verbunden mit reger Bautätigkeit und landschaftlicher Gestaltung, begonnen und dieses in der frühen Preußenzeit Rügens zum Höhepunkt geführt. Putbus ist nach dem in den 60er Jahren des 18. Jahrhunderts entwickelten Dessau-Wörlitzer Gartenreich und neben Parkschöpfungen von Graf Schlitz in Mecklenburg sowie zahlreichen Projekten von Peter Joseph Lenné (1789–1866) in Brandenburg, Mecklenburg und Pommern eines der prominenten Beispiele bewusster Landschaftsgestaltung mit hohem ästhetischen Anspruch in Verbindung mit wirtschaftlicher Entwicklung einer überschaubaren Region.

Der Fürst entwickelte eine rege Bautätigkeit, in deren Ergebnis ein Gesamtkunstwerk aus Schloss und Park, aus Stadt und Kulturlandschaft, aus Architektur, Kunst und Natur entstand. Als

Rechte Seite oben: Blick vom Turm des Jagdschlosses Granitz nach Süden auf die Halbinsel Mönchgut, eine bizarr geformte Landschaft aus Moränenhügeln, Landzungen und Küstenvorsprüngen, von Buchten und Bodden umschlungen, an der Ostküste vom Meer umspült.
(Foto: H. D. Knapp, 2008)

Rechte Seite unten: Blick von den Höhen östlich Neu-Reddevitz über die Having, 2010. Auf den Moränenkuppen und Uferhängen blieben Laubwaldreste erhalten, sie sind ein Blickfang in der alten Kulturlandschaft. Die flachen Uferbuchten werden von breiten Röhrichtgürteln gesäumt.
(Foto: H. D. Knapp, 2010)

er 1854 starb, hinterließ er ein Werk, das man aus heutiger Sicht als gelungenes Beispiel »nachhaltiger Regionalentwicklung« ansehen kann. Ein Werk, das wirtschaftlich tragfähig, sozial und ökologisch verträglich war, das mit dem 1836 gegründeten Pädagogium als Bildungsstätte in die Zukunft wies und das vor allem durch und durch mit höchstem ästhetischen Anspruch gestaltet war. Putbus ist der gelungene Versuch, die Vision der Synthese von Natur und Kultur in einer konkreten Landschaft umzusetzen und damit ein konzeptioneller Vorläufer des heutigen Biosphärenreservates.

Auch der Landschaftsschutz hat eine lange, etwa hundertjährige Tradition in der Region. Auf der Grundlage des preußischen Gesetzes gegen die Verunstaltung landschaftlich hervorragender Gegenden erklärte der Landrat von Rügen 1911 die Süd- und Ostküste der Insel Rügen, die Insel Hiddensee und den Bereich Bergen-Rugard zu Schutzbezirken. Hans Klose (1880–1963), Provinzialkommissar für Naturdenkmalpflege in Brandenburg, Mitautor des Reichsnaturschutzgesetzes und ab 1938 Leiter beziehungsweise Direktor der Reichsstelle für Naturschutz, stellte dies bei einem Vortrag in Koblenz als beispielgebend heraus:

»Wer von Ihnen einmal auf Rügen war, kennt den auf dem höchsten Punkt der Insel, dem Rugard, erbauten Ernst-Moritz-Arndt-Turm (der Bonner Professor E. M. A. war bekanntlich ein Rügener Kind). Von der Turmbrüstung überschaut man einen großen Teil der Insel mit ihren Höhen und Gewässern und empfängt einen der stärksten Landschaftseindrücke, die Norddeutschland bietet. Der treffliche Landrat des Kreises Rügen sagte sich, für diese Landschaft, ihre Eigenart und ihre Reize fühle ich mich verantwortlich; ich darf nichts zulassen, was diese schmälern oder zerstören könnte; Millionen und aber Millionen Volksgenossen werden im Ablauf künftiger Jahrzehnte hierher kommen; nichts darf geschehen, was ihnen Enttäuschung bereiten müsste. So nahm er den Rotstift, umriß auf dem Meßtischblatte den Raum, der vom Turme aus einzusehen ist, und stellte ihn in kurzem Verfahren mit Genehmigung der höheren Naturschutzbehörde unter Landschaftsschutz. Der Besitzer der Herrschaft Putbus, dem der weitaus größte Teil des betroffenen Gebietes gehört, hatte bedingungslos seine Einwilligung gegeben und damit das Verständnis bewiesen, das heute vom Eigentümer erwartet werden muß, in vielen Fällen aber leider noch vermisst wird.

In gleicher Weise schützte dieser Landrat die Nachbarinsel Hiddensee, die heute – mit Ausnahme eines einzigen Ortes – entweder Landschafts- oder Naturschutzgebiet ist. Was auf Rügen möglich ist, sollte auch am Rhein durchführbar sein.«

Mit dieser frühen Initiative des letzten königlich-preußischen Landrates Hans Jaspar Freiherr von Maltzahn (1869–1929), Landrat auf Rügen von 1903 bis 1921, haben die Insel und das heutige Biosphärenreservat eine lange Tradition des Landschaftsschutzes aufzuweisen.

Nachdem die Insel Vilm bereits 1910 durch eine private Anordnung des Fürsten Wilhelm zu Putbus unter Naturschutz gestellt worden war, erfolgte 1936 die offizielle Erklärung zum Naturschutzgebiet durch den Regierungspräsidenten von Pommern. Die »Verordnung über das Naturschutzgebiet ›Insel Vilm‹ im Rügen-Greifswalder Bodden, Kreis Rügen« wurde am 5. Dezember 1936 im Amtsblatt der Preußischen Regierung in Stettin veröffentlicht.

Ein zentraler Grund war hier gewesen, »dass der Vilm über den ältesten Buchenwaldbestand auf Rügen verfügt«, wie der Kreisbeauftragte für Naturschutz, Kantor Wiedemann aus Garz, schrieb.

Der Status als Naturschutzgebiet blieb in der DDR bestehen. In amtlichen Behandlungsrichtlinien von 1967 und 1970 wurde festgeschrieben, dass der Wald keiner forstlichen Bewirtschaftung unterliegt. 1990 wird mit dem Nationalparkprogramm der DDR der südöstliche Teil der Insel Rügen zum Biosphärenreservat erklärt und das Naturschutzgebiet Insel Vilm wird Teil des Bio-

DAS BIOSPHÄRENRESERVAT SÜDOST-RÜGEN | 125

Rechte Seite oben: Auf den trockenen Moränenhügeln von Groß Zicker findet man eine erstaunlich große Zahl wärmeliebender Pflanzenarten, wozu auch das Himmelsschlüssel gehört. (Foto: H. D. Knapp, 2011)

Rechte Seite unten links: Von der Wiesenküchenschelle hat sich ein kleiner Bestand auf ungedüngten Schafhutungen der Zickerschen Berge erhalten. Im Biosphärenreservat kommt sie zu Tausenden in den Dünen bei Baabe und Göhren vor. (Foto: H. D. Knapp, 2011)

Rechte Seite unten rechts: Prachtvolle Schirmeiche aus der Zeit vor dem Dreißigjährigen Krieg im Naturschutzgebiet Goor bei Putbus. Dieser alte Wald am Ufer des Greifswalder Boddens ist größtenteils im Besitz der Michael Succow Stiftung und damit befriedet. (Foto: H. D. Knapp, 2008)

sphärenreservates. Die gesamte Insel mit Ausnahme des Siedlungsbereiches wird als Kernzone festgeschrieben und ganz der natürlichen Entwicklung überlassen.

Seit 2010 wird vom zuständigen Ministerium des Landes Mecklenburg-Vorpommern die Erklärung zu einem »Nationalen Naturmonument« vorbereitet (Knapp 2010). Diese Kategorie wurde in Deutschland erst 2009 mit einer Novelle des Bundesnaturschutzgesetzes eingeführt, sie entspricht der IUCN-Kategorie III (Natural Monument). Die Insel Vilm wird das erste Nationale Naturmonument in Deutschland.

Die schrittweise Umsetzung der Ziele des Biosphärenreservats

Das Biosphärenreservat SO-Rügen umfasst 23 500 ha, davon 10 900 ha Landfläche. 4112 ha sind Naturschutzgebiet (Land und Wasser). Das Amt für das Biosphärenreservat SO-Rügen ist die zuständige Untere Naturschutzbehörde mit Sitz in Lancken-Granitz (Ortsteil Blieschow).

Es wurde 1990 im Rahmen des Nationalparkprogramms der DDR eingerichtet. Die Unterschutzstellung bezweckt nach § 3 (1) der Verordnung:

»1. den Schutz, die Pflege und die Entwicklung dieser in Mitteleuropa einzigartigen Kulturlandschaft
2. den Schutz der Vielfalt, Eigenart und Schönheit des Landschaftsbildes
3. die Erhaltung der Nutzungsfähigkeit der Naturgüter und der Leistungsfähigkeit des Naturhaushaltes durch die Entwicklung von praktischen Modellen ökologischer Landnutzung in Landwirtschaft, Waldwirtschaft, Fischerei, Erholungs- und Verkehrswesen unter Berücksichtigung landschaftstypischer historischer Siedlungs- und Landnutzungsformen
4. die Erforschung der Wechselwirkungen zwischen Mensch und Landschaft mit dem Ziel der Erarbeitung von Konzepten nachhaltiger Nutzung der Biosphäre
5. die Nutzung der besonderen Vielfalt, Eigenart und Schönheit des Gebietes für die Entwicklung eines breiten Umweltbewusstseins durch Öffentlichkeitsarbeit und Angebot von Möglichkeiten zu ökologischer Bildung« sowie nach § 3 (2) unter anderem »die Sicherung der Eigendynamik der Naturprozesse in der Kernzone des Biosphärenreservates (Küstendynamik einschließlich submariner Prozesse, Waldentwicklung und Moorgenese)«.

Diese Zweckbestimmung bedeutet eine ständige Herausforderung, da der Nutzungsdruck auf die Landschaft fortwährend hoch ist und die Attraktivität der Landschaft Begehrlichkeiten weckt, die nicht in allen Fällen zerstreut werden können. Die Ziele 1 und 2 konnten im Wesentlichen realisiert, müssen aber weiterhin verfolgt werden. Zu den Zielen 4 und 5 gibt es eine Vielzahl von Aktivitäten, im Bereich der ökologischen Bildung, der Forschung und dem Monitoring sowie der Besucherlenkung und der Öffentlichkeitsarbeit werden trotz angespannter Personalsituation beispielsweise erhebliche Anstrengungen seitens der Verwaltung unternommen. Punkt 3 konnte hingegen bisher nur in zaghaften Ansätzen realisiert werden, die Entwicklung praktischer Modelle ökologischer Landnutzung bedarf noch erheblicher Anstrengungen und langen Atems.

Der Bebauungsdruck auf die Landschaft ist nach wie vor groß, und ohne das Wirken des Biosphärenreservates wäre die Landschaft heute wohl kaum mehr wiederzuerkennen. Auf die Privatisierung von Wäldern und deren Ausplünderung durch massiven Holzeinschlag hat das Biosphärenreservat jedoch ebenso wenig Einfluss wie auf den fast flächendeckenden Raps- und Maisanbau. Die Landwirtschaft im Gebiet wird überwiegend konventionell betrieben, ökologischer Landbau

Die mittelalterliche Dorfkirche der Gemeinde Middelhagen auf der Rügener Halbinsel Mönchgut. (Foto: H. D. Knapp, 2011)

konnte hier bisher kaum Fuß fassen. Das ist eines der bedauerlichsten Defizite in der bisherigen Entwicklung dieses Biosphärenreservates.

Die Umsetzung der anspruchsvollen, am Gemeinwohl orientierten Zielstellungen ist ein langwieriger und schwieriger Prozess, da sie mit den Interessen einzelner Akteure nach schnellem und hohem Profit kollidieren. Das Verhältnis der Mönchguter Bürgermeister zur Verwaltung des Biosphärenreservates war zudem über Jahre hinweg sehr angespannt, eskalierte 2004 zu offenem Konflikt, ist jedoch seit 2007 auf dem Weg der Normalisierung. Ein inzwischen einberufener Biosphärenreservatsbeirat mit Vertretern aller Gemeinden und ausgewählter Vereine und Verbände hat zur Entschärfung des Konfliktes beigetragen und ein abgestimmtes gemeinsames Leitbild erarbeiten können, das im Oktober 2010 der Öffentlichkeit übergeben wurde.

Mit dem vom Bund 1995 bis 2009 geförderten Naturschutzgroßprojekt gesamtstaatlich repräsentativer Bedeutung Ostrügensche Boddenlandschaft, dessen Projektgebiet einen großen Teil des Biosphärenreservates einschloss, konnten unter anderem die Naturwaldfläche im Naturschutzgebiet Granitz auf über 600 ha deutlich erweitert, militärische Altlasten entsorgt und Biotope eingerichtet sowie das hydrologische Regime im Bereich des Neuensiener Sees mit Deichöffnung und Wiedervernässung entwässerter Feuchtwiesen wiederhergestellt werden.

Seit 2008 wird an einem Pflege- und Entwicklungsplan für das Biosphärenreservat gearbeitet, 2009 wurde eine Kommunikationskampagne durchgeführt, um Ziele und Anliegen des Biosphärenreservates stärker in die Öffentlichkeit zu tragen und für dessen Erweiterung zu werben. Die Evaluierung durch das MAB-Nationalkomitee 2005 hat festgestellt, dass die Mindestfläche von 30 000 ha und der Anteil von drei Prozent Kernzonen nicht erreicht werden und eine entsprechende Erweiterung gefordert.

Zukünftige Entwicklungen – das Leitbild

Mit der Erarbeitung und Veröffentlichung des Leitbildes für das Biosphärenreservat hat sich der einstige Konflikt mit den Mönchguter Bürgermeistern in ein konstruktives Miteinander gewandelt. In Bezug auf die notwendige Erweiterung des Biosphärenreservates gibt es aber bei mehreren Gemeinden Vorbehalte, die nicht in allen Fällen ausgeräumt werden konnten. Während die Stadt Putbus sich per Beschluss der Stadtvertretung entschieden hat, sich mit ihrem gesamten Territorium dem Biosphärenreservat anzuschließen, verweigern sich die ehemalige Kreisstadt Bergen und einige Landgemeinden.

Insula Rugia, Verein zum Schutz, zur Pflege und Entwicklung der Insel Rügen, hat 2009 die Ausdehnung des Biosphärenreservates auf die gesamte Insel Rügen vorgeschlagen. Ein Biosphärenreservat Rügen würde einen natürlich abgegrenzten Wirtschaftsraum mit besten Voraussetzungen für eine Modellregion zur nachhaltigen Regionalentwicklung darstellen. Eine künstliche Abgrenzung innerhalb Rügens je nach Votum der Gemeindevertretungen würde eine abgestimmte Entwicklung als Insel insgesamt hingegen eher erschweren. Ein Biosphärenreservat könnte auch einen neuen Identifikationsraum für den im Großkreis Vorpommern-Rügen aufgegangenen ehemaligen Landkreis Rügen bedeuten. Das vom Biosphärenreservatsbeirat erarbeitete Leitbild wäre ohne inhaltliche Probleme auf die ganze Insel übertragbar. Die bereits Anfang der 1990er Jahre formulierten Ziele einer Modellregion Rügen fänden im Biosphärenreservat einen angemessenen Rahmen zu ihrer Realisierung, doch scheint das öffentliche Bewusstsein dafür noch nicht reif. Die »Biosphäre« muss in der Region mehr als Chance wahrgenommen werden.

Eines von sieben der 5000 Jahre alten Großsteingräber bei Lancken-Granitz. Die hügelige Moränenlandschaft zwischen Putbus und der Granitz war während der Jungsteinzeit ein bevorzugtes Siedlungsgebiet, wovon die Großsteingräber zeugen. (Foto: H. D. Knapp, 2011)

Das Pfarrwitwenhaus in Groß Zicker ist das letzte schornsteinlose Rauchhaus auf der Insel Rügen. Es entspricht den Bauernhäusern im 17. und 18. Jahrhundert mit Rohrdach und Lehmfachwerkwänden. Wohnung und Stall befanden sich unter dem weit herabgezogenen Rohrdach. (Foto: H. D. Knapp, 2010)

Partner des Biosphärenreservats

Hier sind vor allem die Gemeinden, Verbände und Vereine, Schulen, Forschungs- und Bildungseinrichtungen, Beherbergungs- und Gastronomieunternehmen, Tourismusanbieter, Landwirtschafts- und Handwerksbetriebe und Verkehrsunternehmen zu nennen. Im Rahmen von Umweltbildung und Öffentlichkeitsarbeit bringen Biosphären-Ranger Kindern von Schulen der Region die Besonderheiten des Natur- und Kulturerbes sowie die Schutzwürdigkeit und den Schutzbedarf ihrer engeren Heimat nahe, bieten geführte Wanderungen für Einheimische und Touristen an. Ein Besucherzentrum im ehemaligen Forsthaus unterhalb des Jagdschlosses Granitz sowie mehrere Informationstafeln im Gelände informieren über Zielstellung des Biosphärenreservates und seine naturgeschichtlichen und historischen Besonderheiten. Die Außenstelle Insel Vilm des Bundesamtes für Naturschutz versteht sich ebenso als Partner wie die Michael Succow Stiftung zum Schutz der Natur, die für das Naturschutzgebiet Goor ein Waldbehandlungskonzept zur Naturwaldentwicklung und einen »Pfad der Muße und Erkenntnis« entworfen hat. Der Insula Rugia e.V. fungiert als Förderverein für das Biosphärenreservat.

Darüber hinaus gibt es das Projekt »Partner Biosphärenreservat Südost-Rügen« zur Zusammenarbeit von Naturschutz, Tourismus und (Land-)Wirtschaft. Damit sollen der Schutzzweck gestärkt und nachhaltiges Wirtschaften in der Region gefördert werden. Unternehmen mit deutlichem Bezug zum Biosphärenreservat können sich anhand der Kriterien »Identifikation, Qualität, Information, Kooperation, Umweltorientierung« als Partner zertifizieren lassen. Partner sind insbesondere touristische Anbieter, es gibt zum Beispiel geführte Wild- und Heilkräuterwanderungen und Führungen zu Hügel- und Großsteingräbern; die Tourismusagentur »Discover«, die nachhaltigen Tourismus im Einklang mit der Natur vermittelt und Natur mit allen Sinnen erleben lässt.

Weidende Schafe auf der Halbinsel Zicker. Dieser sonnenreichste und niederschlagsärmste Teil Rügens ist seit dem Frühmittelalter entwaldet und eine offene Kulturlandschaft. (Foto: M. Succow, 2007)

Der Rügen-Markt findet Dienstag und Freitag in Thießow statt, bietet ein reichhaltiges Angebot regionaler und ökologischer Produkte sowie Kunst und Kunsthandwerk. Die Hofbrennerei Strandburg in Alt-Reddevitz produziert Obstbrände, Obstgeist und Obstlikör im Manufakturbetrieb und vermarktet ihre Produkte im Hofladen und in Gaststätten und Hotels der Region. Und schließlich betreibt der Pommernhof Westphal Landschafts- und Biotoppflege im NSG Zicker Berge mit tausend Rauhwolligen Pommerschen Landschafen. In den vergangenen zwei Jahrzehnten ist manches erreicht worden. Dennoch bleibt es ein mühsamer Weg, die Ziele des Biosphärenreservates für eine nachhaltige regionale Entwicklung zu verwirklichen.

Literatur zum Weiterlesen

Deutsches Nationalkomitee (Hg.) (2004): Voller Leben: UNESCO Biosphärenreservate. Modellregionen für eine Nachhaltige Entwicklung, Bonn. 314 S.

Jeschke, L.; Knapp, H. D. (2007): Die Goor. Natur, Landschaft, Kulturerbe. Rostock. Amt für das Biosphärenreservat Südost-Rügen (Hg.): Von Poken und Knollen. Land und Leute im Biosphärenreservat Südost-Rügen. Putbus. 96 S.

Knapp, H. D. (1996): Biosphärenreservat Südost-Rügen. Maler, Mönche, Meeresbuchten, in: Bibelriether, H. (Hg.), Naturland Deutschland, Stuttgart, S. 352–359.

Knapp, H. D. (2010): Erstes Nationales Naturmonument in Deutschland, in: Nationalpark (2), S. 14–16.

Knapp, H. D. (2010): Landschaftswandel und Naturschutz, in: Petrick, F. (Hg.): Rügens Geschichte von den Anfängen bis zur Gegenwart, Teil 4: Rügens Preußenzeit 1815–1945, Putbus, S. 115–129.

Knapp, H. D. (2010): Zweitagesexkursion Insel Rügen und Insel Vilm. 30. DNT, Frischer Wind und weite Horizonte. 27. Sep.–1. Okt. 2010 in der Alten Brauerei, Stralsund. Exkursionen, S. 105–113.

Spangenberg, A.; Knapp, H. D. (2008): Kulturlandschaftsentwicklung und Naturschutz auf Rügen. Jahrestagung der Floristisch-soziologischen Arbeitsgemeinschaft in Greifswald 2008, in: Tuexenia Beiheft 1, S. 93–111.

Ständige Arbeitsgruppe der Biosphärenreservate in Deutschland (Hg.) (1995): Biosphärenreservate in Deutschland. Leitlinien für Schutz, Pflege und Entwicklung, Berlin, Heidelberg, New York.

Das Biosphärenreservat Schorfheide-Chorin

Von Eberhard Henne

Die Landschaft und ihre Nutzung

Der Kranich ist heute mit mehr als 400 Brutpaaren Charaktervogel des Biosphärenreservats. (Foto: E. Henne)

Die Eismassen des Pommerschen Stadiums der Weichselkaltzeit prägten und formten das Relief der Landschaft vor 12 000 bis 15 000 Jahren. Damit repräsentiert das Biosphärenreservat (BR) Schorfheide-Chorin in einer einmaligen Formenfülle alle Elemente einer Jungmoränenlandschaft: Endmoränenhügel und wellige Grundmoränenplatten mit sanften Tälern und steilen Abbrüchen, nach Südwesten geneigte Sanderflächen mit Sicheldünen, die auf den Terrassen des Eberswalder-Thorner Urstromtales auslaufen. Eingestreut darin liegen Seen unterschiedlicher Größe, Form und Herkunft und Tausende Kesselmoore und Feldsölle.

Die Herausbildung der Kulturlandschaft setzte erst mit der Christianisierung der slawischen Bevölkerung und mit der deutschen Besiedlung ein. Maßgeblichen Anteil daran hatten die Prämonstratenser im Kloster Gramzow, Zisterzienser im Kloster Chorin und die Franziskaner im Kloster Angermünde. Die großen uckermärkischen Wälder, insbesondere die Schorfheide, mit ihrem Wildreichtum waren vom 12. und 13. Jahrhundert an das Jagdgebiet von Markgrafen, Landesfürsten, Königen und Kaisern. Ehe die Jagd zur dominierenden Nutzung wurde, war die Schorfheide eine ausgedehnte Weidelandschaft. Die Sandböden degradierten im Laufe der Zeit so weit, dass schließlich nur noch Kiefern wachsen konnten. Das Wild ersetzte danach die früher hier weidenden Haustiere. Neben dem Jagdschloss Hubertusstock von Kaiser Wilhelm II. standen hier die Jagdresidenz Carinhall von Hermann Göring und das bescheidene Jagdhaus von Erich Honecker.

Vorgeschichte des Naturschutzes

Im Biosphärenreservat liegt das älteste Naturschutzgebiet Preußens, das Plagefenn, das 1907 nutzungsfrei gestellt wurde. Es folgte 1924 der Plötzendiebel, ein Kesselmoor, das von Kurt Hueck als eines der ersten Kesselmoore Brandenburgs erforscht worden war. Die Naturschutzbemühungen der 1930er Jahre führten zur Ausweisung des Naturschutzgebietes Hechtdiebel, eines Kesselmoores wie der Plötzendiebel, und schließlich auch zur Ausweisung der Endmoränenlandschaft von Ringenwalde als Naturschutzgebiet. Auf Hermann Görings Betreiben wurde die ganze Schorfheide als »Reichsnaturschutzgebiet Schorfheide« bestimmt. Dabei spielte offensichtlich das Jagdinteresse eine besondere Rolle. Es wurden Elbebiber und Wisente angesiedelt, von denen nur die Elbebiber das Ende des Zweiten Weltkrieges überlebt haben. Im Jahre 1938 wurden auch der Ur-

Ackerlandschaft bei Golzow im Biosphärenreservat Schorfheide-Chorin in Brandenburg. Klatschmohn und Kornblume zieren wie seit Jahrhunderten die Felder – heute ein Ergebnis des Verzichtes auf Herbizide im ökologischen Landbau.
(Foto: E. Henne, 2010)

wald Breitefenn, ein alter Hudewald, und der so genannte Faule Ort, ein alter Laubwald, Naturschutzgebiet.

Während der DDR-Zeit kamen im Rahmen der Aktion Waldschutzgebiete als weitere Naturschutzgebiete in der zentralen Schorfheide die Naturschutzgebiete Kienhorst und Pinnowseen hinzu. Außerdem wurden schon in den 1960er Jahren mehrere Landschaftsschutzgebiete im Bereich des heutigen Biosphärenreservates festgelegt.

Die schrittweise Umsetzung der Ziele des Biosphärenreservats

Mit der Wende von 1989 sind die letzten Jagdbesessenen gegangen, und die großen Wälder, wenn auch verändert, sind geblieben. Naturschutz, der bis dahin ein Feigenblatt für die Sonderjagdgebiete gewesen war, konnte endlich Realität werden. Um den Aufbaustab des Biosphärenreservates, das damals noch den Namen Choriner Endmoränenbogen trug, scharte sich ein Kreis von ehrenamtlichen und hauptamtlichen Naturschützern aus der Region, die schon lange diese Landschaft kannten, unzählige Daten gesammelt und sich vielfach um ihren Schutz bemüht hatten. Nur so war es möglich, in wenigen Monaten das Schutzgebiet abzugrenzen, zu zonieren und mit Unterstützung von Umweltrechtlern aus den westdeutschen Bundesländern zu sichern.

Mit dem Volkskammerbeschluss vom 12. September 1990 war die grundlegende Etappe geschafft und durch die Unesco-Anerkennung im Dezember 1990 vervollständigt. Nun galt es, Struk-

Rechte Seite oben: Das Kloster Chorin ist das wohl besterhaltene Zisterzienserkloster Nordostdeutschlands aus dem 14. Jahrhundert – Ausgangspunkt der deutschen Besiedlung dieses Raumes.
(Foto: H. D. Knapp, 2009)

Rechte Seite unten: Der Parsteiner See ist einer der letzten großen Klarwasserseen des nordostdeutschen Tieflandes. Im Biosphärenreservat existieren insgesamt 230 Seen.
(Foto: M. Succow, 2011)

turen aufzubauen, um das BR Schorfheide-Chorin mit einer geeigneten Verwaltung auszustatten und in der Region zu etablieren. Durch die Einstellung erster Mitarbeiter und die Schaffung von ABM-Stellen wurde der Aufbaustab wesentlich erweitert. Aber erst mit der Einrichtung der Projektgruppe Großschutzgebiete beim brandenburgischen Ministerium für Umwelt, Naturschutz und Raumordnung konnte 1991/92 mit der Ausschreibung von Personalstellen und mit dem Aufbau einer, am Man and the Biosphere-Programm (MAB) orientierten, Schutzgebietsverwaltung begonnen werden. Dieser Prozess war 1995 weitestgehend abgeschlossen. Parallel zum Aufbau der Verwaltung des Schutzgebietes, der Einrichtung eines Kuratoriums und der Gründung des Fördervereins Kulturlandschaft Uckermark e.V. begann 1991 auch die Groß-ABM Naturwacht Brandenburg mit 200 Mitarbeitern und Mitarbeiterinnen.

Von damals 115 Naturwächtern im BR Schorfheide-Chorin, die eine zweijährige Fortbildung durchliefen, sind heute noch 15 im Schutzgebiet tätig. Damit ist eine erfolgreiche Arbeit in dem breiten Tätigkeitsfeld der Ranger kaum noch möglich, und dementsprechend leidet in einigen Bereichen die Qualität des Schutzgebietes.

Eine ähnliche Tendenz zeigt auch der Zustand der Schutzgebietsverwaltung. Waren die 1990er Jahre durch eine kreative Phase der Verwaltungsarbeit geprägt, was an der Vernetzung mit vielen Akteuren in der Region, erfolgreichen Projekten, reger Forschungstätigkeit und vielen öffentlichen Auftritten der Mitarbeiter gemessen werden konnte, so sind die Handlungsmöglichkeiten heute stark eingeschränkt. Die Beschneidung gesetzlicher Handlungsspielräume wie der Wegfall der Einvernehmensregelung, die überdimensionale Personalreduzierung von über 30 Prozent und die Versuche, die Arbeit auf reines Verwaltungshandeln zu reduzieren, lassen kaum noch ein kreatives Arbeiten im Sinne einer nachhaltigen Regionalentwicklung zu.

Zwar konnte die erste Evaluierung des Unesco-Status 2001 mit sehr gutem Erfolg abgeschlossen werden, aber die Folge-Evaluierung 2012 sieht zahlreiche Defizite, vor allem infolge von Personalreduzierung und wachsendem Druck von Agrarinvestoren auf diese Landschaft. Bei schwerwiegenden Eingriffen in das Biosphärenreservat melden sich heute Bürgerinitiativen zu Wort und nutzen die Gesetze, insbesondere die Verordnung des BR, um überdimensionierten, nicht nachhaltigen Investitionen kritisch zu begegnen und sie wenn möglich zu verhindern. Ob eine 380-Kilovolt-Freileitung durchs Gebiet, eine Rinder-Intensivhaltung mit 1500 Tieren oder eine industrielle Ferkelaufzuchtanlage mit mehreren tausend Plätzen - Bürgerwiderstand im Sinne einer nachhaltigen Entwicklung der Modellregion Biosphärenreservat haben sie verhindert oder Verfahrensfehler offengelegt.

»Biosphärenreservat - eine Modellregion«, diese Phrase sagt sich leicht dahin. 1990 befand sich die Region im gesellschaftlichen und wirtschaftlichen Umbruch. Besonders die landwirtschaftlichen Strukturen veränderten sich radikal, und eine modellhafte Entwicklung war damals nicht absehbar. Aber schon zu dieser Zeit diskutierte man in Brodowin über den Aufbau einer ökologisch arbeitenden Agrargenossenschaft, und heute ist der Betrieb Ökodorf Brodowin mit 1500 ha einer der größten Arbeitgeber in der Region.

Brodowin war der Anfang - heute werden über 30 Prozent der landwirtschaftlichen Nutzfläche im BR ökologisch bewirtschaftet. Aber bei der einfachen Formel »Ökolandbau ist gleich Naturschutz« konnte man nicht stehenbleiben. Mit dem Forschungsprojekt »Naturschutzhof Brodowin« wurden die ökologischen Nutzungsmethoden aus Naturschutzsicht untersucht und optimiert. Der Erfolg lässt sich sehen: Orchideenwiesen zeigen wieder tausendfachen Blütenflor, der Feldhasenbestand ist überdurchschnittlich und auf kalkhaltigen Mergelkuppen blüht das Sommer-Adonisröschen zum ersten Male nach 50 Jahren wieder in Brandenburg. Aber es gibt auch nega-

DAS BIOSPHÄRENRESERVAT SCHORFHEIDE-CHORIN

Erlenbruch bei Ringenwalde mit frühsommerlicher Wasserfüllung. Hunderte derartiger Versumpfungsmoore beleben die Buchenwaldlandschaft. (Foto: L. Jeschke, 2006)

tive Entwicklungen in der Landwirtschaft. Der Anbau großflächiger Maismonokulturen als Folge überdimensionierter Biogasanlagen im Raum Angermünde und Gerswalde reicht bis ins Biosphärenreservat.

Über 50 Prozent der Fläche des BR sind mit Wald bedeckt; von besonderer Bedeutung sind dabei die großflächigen Rotbuchenwälder. Mehr als 60 Prozent des Waldes gehören dem Land, doch der Privatbesitz hat sich durch die Rückgabe von Wäldern an anspruchsberechtigte Alteigentümer deutlich erhöht. Insbesondere in diesen Wäldern sind starke, rücksichtslose Eingriffe in den Altholzbestand erfolgt. Obwohl generell eine kahlschlagslose Bewirtschaftung eingehalten wird, so ist in den Großprivatwäldern ein deutlicher Verlust am Altbaumbestand unübersehbar. Diese Tatsache ist in letzter Zeit auch in den Bereichen des Landeswaldes festzustellen. Wenn auch ein so genanntes Methusalem-Programm einige besondere Altbäume im Landeswald sichert, so hat sich das Waldbild in den letzten Jahren doch stark verändert. Ursache ist der wirtschaftliche Druck, der auch auf Landesforststrukturen ausgeübt wird.

Sicherlich hat der Unterbau mit Laubbaumarten die großen Kiefernmonokulturen schon durchmischt und aufgelockert, aber der Verlust wertvoller Altholzbestände ist weiter stark angewachsen. Die zunehmende Holzwerbung zu Heizzwecken entnimmt zusätzlich einen erheblichen Anteil an liegendem Totholz. In Zusammenhang damit steht eine entsprechende Wildbestandsreduzierung. Sie ist in einigen ökologisch bewirtschafteten Revieren gelungen, und in den Waldbereichen ohne Zäunung zeigt eine gute Naturverjüngung den Erfolg. In anderen Bereichen verhindern die nach wie vor zu hohen Reh- und Damwildbestände eine solche Entwicklung. Oft steht – gerade in den Großprivatwäldern – wieder das jagdliche Interesse im Vordergrund.

Ein gutes Beispiel für die Zusammenarbeit mit der Forstverwaltung ist der Bereich der Bildung für nachhaltige Entwicklung. Das Waldsolarheim in Eberswalde und das Schorfheide-Museum in Groß Schönebeck zeigen dies. Auch auf dem Gebiet der Verbesserung des Landschaftswasserhaushaltes gibt es gute Beispiele der Waldmoorrenaturierung und Wasserrückhaltung.

Nach wie vor zu hohe Schalenwildbestände hemmen die natürliche Laubwaldentwicklung in den noch immer dominierenden Kiefernforsten. Verbissene und deshalb klein gebliebene Buchen bei Ringenwalde.
(Foto: L. Jeschke, 2006)

Der Gewässerreichtum des BR ist Ausdruck seiner eiszeitlichen Prägung: Über 230 Seen und mehr als 3000 Kesselmoore und Sölle tragen wesentlich zur außergewöhnlichen Schönheit des Landschaftsbildes bei. Trotz des Gewässerreichtums bestehen im BR große Probleme mit dem Landschaftswasserhaushalt. Die Trockenlegung großer Niedermoorbereiche wie am Döllnfließ, im Sernitztal, im Welsebruch und die starke Wasserableitung über die Vorflutsysteme – ein Erbe der DDR – sind die eine Ursache dafür. Die großflächigen Kiefernmonokulturen in der Schorfheide mit ihrem hohen Wasserverbrauch sind ein anderer Störfaktor. Sinkender Grundwasserspiegel sowie die Austrocknung, das Verschwinden kleiner Flachseen sind die Folge. Im Interesse des Klimaschutzes und der Biodiversität muss eine großflächigere Wasserrückhaltung in der Landschaft erfolgen. Ein gelungenes Beispiel dafür ist die Renaturierung des Mellnsees bei Parlow, bei der über 200 ha Erlenbruchwald wieder einen naturnahen Wasserstand haben. Die im Randbereich überstauten Wiesen bieten nun wieder ideale Lebensbedingungen für viele Arten des Feuchtgrünlandes.

Die größten Probleme im BR in den letzten 20 Jahren traten beim Ausbau der Infrastruktur und der Siedlungsentwicklung auf. Der Ausbau des Straßensystems, die Verbreiterung des Oder-Havel-Kanals an der Südgrenze und die Erweiterung von Sand- und Kies-Abbauflächen sind nur einige Beispiele dafür. Wenn sich auch der forcierte Ausbau von Golfplätzen und Gewerbegebieten schnell als wirtschaftlich weniger rentabel erwies, ist doch die Situation beim Straßenausbau eine andere. So verursacht das Gebot der BR-Verordnung, die historischen Pflasterstraßen zu erhalten, bis heute beständige Diskussion. Zwar gibt es einige gute Beispiele für den Erhalt dieses Kulturgutes, aber 25 Prozent der Pflasterstraßen gingen durch Ausbau bereits verloren.

Der Tourismus, früher oft als Allheilmittel gegen Arbeitslosigkeit und mangelnde Entwicklung missbraucht, ist heute im BR ein realer wirtschaftlicher Faktor, mit dem viele Arbeitsplätze verbunden sind. Die Qualität der historischen Kulturlandschaft und das ungestörte Landschafts-

Mehrhundertjährige Kiefern auf Dünenstandorten im Naturschutzgebiet Kienhorst, Zeugen einstiger Walddegradierung. Lange Zeit war die Schorfheide von Kiefern beherrscht, so dass man die Kiefer als natürliche, bestandsbildende Baumart ansah. (Foto: M. Succow, 1991)

Buschwindröschenblüte in den naturnahen Buchenwäldern des Naturschutzgebietes Fauler Ort. (Foto: M. Succow, 2010)

Zweihundertjährige Lindenallee zwischen Ringenwalde und Poratz. Mit der Biosphärenreservats-Verordnung konnte die Asphaltierung zahlreicher historischer Pflasterstraßen verhindert werden. (Foto: E. Henne)

bild in vielen Bereichen sind die Grundlage für einen naturbezogenen Tourismus. Kommunen wie die Stadt Angermünde, die im Dezember 2010 den Titel »Anerkannter Erholungsort« erhielt, sind auf den Erhalt der landschaftlichen Werte angewiesen.

Eine positive Bilanz kann bei der Entwicklung des Netzwerkes der Umweltbildungseinrichtungen im BR gezogen werden, die in den letzten zwei Jahrzehnten entstanden sind. Gab es 1990 lediglich Aktivitäten der ehemaligen Gesellschaft für Natur und Umwelt (GNU) und der neu gegründeten Naturschutzverbände in diesem Bereich, so existiert heute ein ganzes Netz von Bildungseinrichtungen. Die Naturwacht, inzwischen bei der Stiftung Naturschutzfonds Brandenburg beheimatet, ist dabei einer der wichtigen Multiplikatoren. Aber auch Einrichtungen wie das Hauptinformationszentrum des BR, die Blumberger Mühle des Nabu, das Waldsolarheim der Landesforstverwaltung, der Wildpark Schorfheide, die Schorfheide-Information und das Biorama-Projekt in Joachimsthal, das entstehende Informationszentrum in der ehemaligen Dampfmühle in Groß Ziethen, das Haus der Naturpflege in Bad Freienwalde sind einige wichtige Knotenpunkte dieses Netzwerks.

Ähnliche Erfolge gibt es im Bereich von Forschung und Monitoring im Biosphärenreservat. Hier ist vor allem die Hochschule für Nachhaltige Entwicklung Eberswalde hervorzuheben. Neben diesen großen Forschungsvorhaben dürfen die vielen Dissertationen, Diplom- und Masterarbeiten, die kleineren Forschungsprojekte von Vereinen und Verbänden und die Langzeituntersuchungen des ehrenamtlichen Naturschutzes nicht unerwähnt bleiben.

Partner des Biosphärenreservats

Alle diese Arbeiten der BR-Verwaltung und anderer Behörden wären kaum erfolgreich gewesen, wenn sie nicht von verschiedenen Netzwerken aufgenommen, angenommen und weiterentwickelt worden wären. Die einstige Regionalmarke des BR ist eine solche typische Netzwerkarbeit. Als Beispielsvorhaben aus dem BMBF-DBU-Forschungsverbund entstanden, wurde sie in einer interdisziplinären Arbeitsgruppe in der BR-Verwaltung weiterentwickelt.

Der Regionale Partnerschaft Barnim-Uckermark e. V. entwickelte daraus im Rahmen des Bundeswettbewerbs »Regionen aktiv« das Prüfzeichen des BR, das heute gut 90 Unternehmen der Region nutzen. Von der Primärproduktion bis zur touristischen Dienstleistung arbeiten die durch dieses Label zertifizierten Betriebe in regionalen Wertschöpfungsketten zusammen und zeigen damit ihre Verbundenheit mit dem BR.

Ein ebenso wichtiger Partner des Schutzgebietes ist der Landschaftspflegeverband Uckermark-Schorfheide e.V. In seiner Drittel-paritätischen Vorstandsbesetzung garantiert er die enge Zusammenarbeit zwischen Landnutzern, Naturschutz und Kommunalpolitik.

Zwei Jahrzehnte sind nur ein erstes Wegstück in Richtung einer nachhaltig wirtschaftenden Modellregion, die umfassend die natürlichen Abläufe in ihre wirtschaftliche Tätigkeit integriert, ohne sie aus dem Gleichgewicht zu bringen. Die große Herausforderung unserer Epoche, Wege nachhaltiger Energienutzung zu finden, ohne fossile Stoffe und ohne Atomenergie, wird auch im Biosphärenreservat angenommen. Unesco-Biosphärenreservate sind wie kein anderes Schutzgebiet dazu geeignet und vorgesehen, modellhafte Wege in eine Zukunft zu erkunden und auszuprobieren, die Nachhaltigkeit und Naturverträglichkeit als eine Grundvoraussetzung ansehen. Und so sind die ersten Projekte bereits gestartet, die Alternativen suchen und in Gemeinden Modelle erproben. Die nachhaltige Entwicklung eines so großen Schutzgebietes braucht auch weiterhin Mitdenker und Mitstreiter. Dass wir die Zukunft meistern müssen, ist fast jedem bewusst – wie wir das leisten können, darüber muss weiter nachgedacht und gestritten werden.

Das Biosphärenreservat gibt Raum für individuelle Hofwirtschaft.
(Foto: E. Henne, 2006)

Literatur zum Weiterlesen

Flade, M.; Plachter H.; Henne, E.; Anders, K. (Hg.) (2003): Naturschutz in der Agrarlandschaft. Ergebnisse des Schorfheide-Chorin-Projektes, Wiebelsheim.

Flade, M.; Möller, G.; Schumacher, H.; Winter, S. (2004): Naturschutzstandards für die Bewirtschaftung von Buchenwäldern im nordostdeutschen Tiefland, in: Der Dauerwald, S. 15–28.

Flade, M.; Winter, S.; Möller, G.; Schumacher, H. (2007): Biologische Vielfalt und Alter von Tieflandbuchenwäldern, in: Natur & Landschaft (9/10) [Biodiversity and age of lowland beech forests], S. 410–415.

Fuchs, S.; Stein-Bachinger, K. (2008): Naturschutz im Ökolandbau. Praxishandbuch für den ökologischen Ackerbau im nordostdeutschen Raum, Mainz.

Heidt, E.; Flade, M. (1999): Ermittlung regionaltypischer Vogelarten. Analyse für Zwecke der Landschaftsplanung und -bewertung am Beispiel der Uckermark, in: Naturschutz und Landschaftsplanung (11): 329–337.

Lehmann, K.; Peters, J. (Red.) (2004): Regionaltypisches Bauen in der Region Barnim/Uckermark, Fachhochschule Eberwalde, Biosphärenreservat Schorfheide-Chorin und Kulturlandschaft Uckermark e.V. (Hg.), Eberswalde.

Luthardt, M. E.; Schulz, R.; Wulf, M. (2004): Ein Buchenwald im Wandel der Zeit. 300 Jahre Nutzungsgeschichte im Grumsiner Forst, Rangsdorf.

Luthardt, V. (2005): Lebensräume im Wandel. Bericht zur ökosystemaren Umweltbeobachtung (ÖUB) in den Biosphärenreservaten Brandenburgs. Fachbeiträge des Landesumweltamtes (94).

Mauersberger, H.; Mauersberger, R. (1996): Die Seen des Biosphärenreservats Schorfheide-Chorin. Eine ökologische Studie. Untersuchungen zur Struktur, Trophie, Hydrologie, Entwicklung, Nutzung, Vegetation und Libellenfauna, Diss. Univ. Greifswald.

MLUV Brandenburg (Hg.) (2007): 100 Jahre Naturschutzgebiet Plagefenn. Eberswalder Forstliche Schriftenreihe Bd. 31, Tagungsband zur Jubiläumsveranstaltung vom 11.–12. Mai 2007 in Chorin.

Schumacher, H. (2006): Zum Einfluss forstlicher Bewirtschaftung auf die Avifauna von Rotbuchenwäldern im nordostdeutschen Tiefland, Diss. Georg-August-Universität Göttingen, Göttingen.

Schwarz, J.; Flade, M. (2007): Bestandsentwicklung der Brutvögel in Brandenburger Großschutzgebieten im Vergleich mit Ostdeutschland 1995–2004, in: Otis, S. 37–60.

Stein-Bachinger K.; Fuchs, S.; Gottwald, F.; Helmecke, A.; Grimm, J.; Zander, P.; Schuler, J.; Bachinger, J.; Gottschall, R. (2010): Naturschutzfachliche Optimierung des ökologischen Landbaus. »Naturschutzhof Brodowin«, in: Bundesamt für Naturschutz Bonn (Hg.): Naturschutz u. Biologische Vielfalt (90).

Winter, S. (2005): Ermittlung von Struktur-Indikatoren zur Abschätzung des Einflusses forstlicher Bewirtschaftung auf die Biozönosen von Tiefland-Buchenwäldern. Diss. TU Dresden.

Das Biosphärenreservat Spreewald

Von Eugen Nowak

Die Landschaft und ihre Nutzung

Der Spreewald ist eine nacheiszeitlich vermoorte Niederungslandschaft. Das geringe Gefälle der Spree bedingte die Ausbildung eines Binnendeltas mit zahlreichen Flussarmen, so genannte Fließe. Im Verlauf der Besiedlung wurde die ursprüngliche Waldvegetation zurückgedrängt und der Wasserhaushalt verändert. Es entstand eine einzigartige, von den natürlichen Fließen und künstlich angelegten Kanälen geprägte Kulturlandschaft. Ein Mosaik von Feuchtwiesen, kleinen Äckern und Wäldern brachte einen parkartigen Charakter hervor. Typische Blockhäuser und eine dem Geländerelief angepasste Streusiedlungsstruktur haben sich bis in das 20. Jahrhundert erhalten. Der Tourismus hatte sich seit dem 18. Jahrhundert zu einer weiteren Einkommensquelle der örtlichen Bevölkerung entwickelt.

Beginnend im 19. und verstärkt im 20. Jahrhundert wurde das natürliche Überflutungsgebiet durch Eindeichung verringert, um Siedlungen zu schützen und die Landwirtschaft zu intensivieren. Ab den 1960er Jahren erfolgte die Einführung industriemäßiger Produktionsmethoden in der Land- und Forstwirtschaft, was zu einer nachhaltigen Veränderung großer Teile der traditionellen Spreewaldlandschaft hin zu großflächigen, ausgeräumten Bewirtschaftungseinheiten führte. Der massive Braunkohletagebau in der Lausitz bedingte eine Verdoppelung der Abflüsse der Spree und damit den Ausbau und die Begradigungen des Flussbettes. Nach jahrhundertelanger Diskriminierung lebten Sorben/Wenden mit heimischen und zugewanderten Deutschen im Spreewald zusammen und konnten ihre Tradition bewahren und pflegen.

Mit der Wende änderte sich die Situation grundlegend: Die verschlissenen Kraftwerke Lübbenau und Vetschau wurden abgeschaltet. Der wirtschaftliche Strukturwandel forderte Tausende Arbeitsplätze in der Energiewirtschaft, im Bergbau und in der Landwirtschaft. Mit der Stilllegung der meisten Tagebaue ging der Wasserzufluss der Spree auf beziehungsweise teilweise unter das vorbergbauliche Maß zurück. Die landwirtschaftlichen Betriebe mussten sich neu orientieren. Teilweise entstanden wieder Familienbetriebe – im Bereich um die Spreewalddörfer Lehde und Leipe hatten circa 40 individuelle Höfe die DDR überdauert. Der größte Teil der landwirtschaftlichen Fläche blieb jedoch bei größeren Agrarbetrieben, die das Land von den Eigentümern pachteten.

Im Tourismus boten sich Möglichkeiten der Existenzgründung und neue Arbeitsplätze. Die Gründung des Biosphärenreservates 1990 kam gerade rechtzeitig, um diese vielfältige, teilweise ungezügelte Dynamik im Sinne einer nachhaltigen Entwicklung zu steuern. Gleichzeitig waren Konflikte zwischen Schutz und Nutzung der historischen Kulturlandschaft vorprogrammiert.

Vorgeschichte des Naturschutzes

Zahlreiche mittelalterliche Forstordnungen der Standesherren und Städte dokumentieren die ältesten Bemühungen um den Schutz des Spreewaldes. Erste Naturschutzgebiete wurden 1938 beziehungsweise 1941 aus ornithologischen und botanischen Gründen im Kriegbusch, einem Waldgebiet im Unterspreewald, und am Luchsee ausgewiesen, ehe 1961 durch das Institut für Landschaftsforschung und Naturschutz (ILN) eine systematische Etablierung von sechs Naturschutzgebieten nach waldökologischen Kriterien erfolgte. Diese konnten jedoch mit einer Fläche von 822 ha, davon 18 ha Naturwaldzellen, keinen adäquaten Schutz des Spreewaldes vor zunehmend höheren Nutzungen sichern. In den 1980er Jahren engagierten sich immer mehr Menschen für einen umfassenden Schutz der Spreewaldlandschaft, die unter dem zunehmenden Druck der intensiven Landwirtschaft, speziell durch den Ausbau der Sommerpolder im inneren Spreewald, ihren traditionellen Charakter zu verlieren drohte. Ergebnis dessen war ein 1988 erarbeitetes »Landschaftspflegeprogramm Spreewald«, das vom damaligen Rat des Bezirkes Cottbus gemeinsam mit den Kreisen umgesetzt werden sollte. Dieses enthielt als Ziel die Ausweisung neuer Naturschutzgebiete und stellte eine wichtige Grundlage für die Abgrenzung und Zonierung des Biosphärenreservates in der Wendezeit dar.

Der Spreewald in Brandenburg. Mit der Ausweisung als Biosphärenreservat besteht die Hoffnung, seine Einmaligkeit auch in Zukunft zu bewahren – für die dort lebenden und wirtschaftenden Menschen, für die Touristen und für die Natur.
(Foto: E. Nowak)

Der alte Spreelauf an der Dubkower Wassermühle im Brandenburger Biosphärenreservat Spreewald. (Foto: M. Succow, 2011)

Rechts: Der Spreewald mit seinen Fließen ist eine einzigartige Kulturlandschaft. (Foto: M. Succow, 2003)

Die Etablierungs- und Konfliktphase des Biosphärenreservates

Die Gründung des Biosphärenreservates im Rahmen des Nationalparkprogramms erfolgte mit einem ganzheitlichen, interdisziplinären Schutzzweck. Dieser fokussiert auf ein naturnahes Wasserregime und den Schutz gefährdeter Arten ebenso wie auf die Erhaltung traditioneller Bewirtschaftungsformen, die Entwicklung zukunftsfähiger Landnutzungsmodelle und die Existenzsicherung der Spreewaldbauern als Pfleger und Gestalter dieser Landschaft, verbunden mit der Wiedergeburt traditionellen Handwerks. Erkenntnisgewinn aus Naturbeobachtung und ökologischer Forschung sind ebenso im Schutzzweck formuliert wie eine umweltfreundliche Tourismusentwicklung und die Vermittlung breiten Umweltbewusstseins.

Holzbrücken, die das Labyrinth der unzähligen Fließgewässer überqueren, ermöglichen dem Wanderer, diese stimmungsvolle Landschaft zu erleben.
(Foto: M. Baumgart, 2008)

Unter der Leitung von Manfred Werban, Ur-Spreewälder, Bodenkundler und Ökologe, nahm ein Team aus Biologen, Wasserwirtschaftlern, Landwirten, Förstern, aber auch Pädagogen und Journalisten von 1991 an die Arbeit auf. In der DDR ehrenamtlich tätige Naturschützer waren ebenso in die Biosphärenreservatsverwaltung integriert wie junge Absolventen. Im Hauptsitz, dem Haus für Mensch und Natur in Lübbenau, sowie in den Außenstellen in Burg und Schlepzig arbeiteten in den 1990er Jahren bis zu 17 Mitarbeiter. Sie wurden unterstützt durch die Naturwacht, die zunächst als ABM mit zeitweise über 50 Mitarbeitern begann. Ab Mitte der 1990er Jahre übernahm der Naturschutzfonds Brandenburg die Trägerschaft der Naturwacht. Einige Kollegen konnten in die Verwaltung wechseln, doch die großen ABM liefen Mitte der 1990er Jahre aus. Durch eine interdisziplinäre Arbeitsgruppe aus Landwirten, Botanikern, Forstwirten, Wasserwirtschaftlern und Landschaftsplanern begann 1993 die Erarbeitung eines Pflege- und Entwicklungsplanes im Maßstab 1:10 000. Dieser beinhaltete eine flächendeckende Biotoptypenkartierung. Das Planwerk ist noch heute eine wertvolle Arbeitsgrundlage.

Von Beginn an stand die Allianz-Umweltstiftung dem Biosphärenreservat finanziell, aber auch durch fachlichen Rat zur Seite. Neben Maßnahmen zum Schutz des Weißstorches und der Pflege der traditionellen Kulturlandschaft wurden die drei Besucher-Informationszentren des Biosphärenreservates von der Allianz-Umweltstiftung finanziert. Insgesamt investierte die Stiftung hier über drei Millionen Euro.

Zur Renaturierung des Spreewaldes wurde Anfang der 1990er Jahre durch den Förderverein für Naturschutz im Spreewald (FÖNAS) und mit Unterstützung der Biosphärenreservatsverwaltung ein Naturschutzgroßprojekt des Bundes beantragt. Zielvorstellungen des Antrages zu weitgehend ungeregelten natürlichen Entwicklungsprozessen in der Spreewaldniederung kollidierten mit den Ansprüchen der Bevölkerung und sollten bis über die Jahrtausendwende für heftige Auseinandersetzungen in der Region sorgen. Auch einzelne überdimensionierte Baumaßnahmen, Fragen der touristischen Nutzung der Spreewaldgewässer und der Waldbewirtschaftung führten zu heftigen Diskussionen. Doch auch von Seiten des Biosphärenreservates wurde es in den Anfangsjahren nicht immer verstanden, die Menschen vor Ort umfassend einzubeziehen und für die Idee einer nachhaltigen Entwicklung einzunehmen. Die teilweise gegenläufige Politik der damaligen Ministerien für Landwirtschaft und Forsten beziehungsweise Umwelt- und Naturschutz – im Spreewald vertreten durch den Spreewaldverein beziehungsweise das Biosphärenreservat – sorgte für eine Verschärfung der Konflikte.

Ein erster großer Erfolg für das Biosphärenreservat war, dass der größte Teil der Landwirte für eine extensive Landnutzung gewonnen werden konnte. Mit fast 70 Prozent der Landwirtschaftsfläche im ökologischen Landbau ist der Spreewald unter den deutschen Biosphärenreservaten führend. Die Grünlandbewirtschaftung erfolgt allerdings überwiegend als Mutterkuhhaltung, die zwar den Offenlandcharakter sichert, aber hinsichtlich der Artenvielfalt gegenüber der traditionellen Mähnutzung klare Nachteile hat. Hier konnte das Biosphärenreservat auch mit viel Geld – damals standen der Verwaltung im Rahmen des Vertragsnaturschutzes bis zu 800 000 € jährlich direkt zur Verfügung – nicht den von der EU-Agrarpolitik gesetzten Trend umkehren.

Die Konsolidierungsphase

Mitte der 1990er Jahre wurden die Arbeiten am Landschaftsrahmenplan als Rahmenkonzept und am Pflege- und Entwicklungsplan als Fachplan des Biosphärenreservates unter umfassender Einbeziehung der Region abgeschlossen. Nach langer Diskussion lagen nun in einem großen Konsens Leitlinien für eine naturnahe Waldwirtschaft, für eine dem ländlichen, traditionellen Gebietscharakter entsprechende Siedlungsentwicklung sowie für eine naturverträgliche Tourismusentwicklung vor. Weitere Meilensteine waren die Gründung des kommunalen Zweckverbandes für das Gewässerrandstreifenprojekt Spreewald und der erfolgreiche Abschluss des externen Moderationsverfahrens.

Im Jahr 2002 übernahm Eugen Nowak die Leitung der Biosphärenreservatsverwaltung. Die intensive Einbindung des Kuratoriums und die erfolgreiche Evaluierung des Biosphärenreservates durch das MAB-Nationalkomitee weckten den Stolz zahlreicher regionaler Akteure und stärkten die Akzeptanz des Biosphärenreservates. Mit der erfolgreichen Umsetzung erster wasserbaulicher Maßnahmen erlangte auch das Gewässerrandstreifenprojekt zunehmende Zustimmung. Bis zum Ende der Projektlaufzeit 2013 werden fast neun Millionen Euro in die Renaturierung von Fließgewässern und die Rückgewinnung von Überflutungsflächen investiert sein.

Mit der Integration der Verwaltung des Biosphärenreservates in das Landesumweltamt musste die Biosphärenreservatsverwaltung 40 Prozent ihrer Stellen aus den Bereichen Wasserwirtschaft, Öffentlichkeitsarbeit und Naturschutz abgeben. Dieser Verlust musste durch verstärkte Kooperation innerhalb der Behörde und mit den regionalen Akteuren kompensiert werden. Durch eine strategische Neuausrichtung hin zu einer kooperativen Arbeitsweise für eine nachhaltige Regionalentwicklung seit 2004 ist dies weitgehend gelungen. Mit der Übertragung der Agrarumweltprogramme an die Landkreise sank der direkte Einfluss bei den Landwirten, der jedoch durch fachlich qualifizierte Beratung durch das Biosphärenreservat weiter gesichert ist. Im 20. Jahr ihres Bestehens arbeitet die Biosphärenreservatsverwaltung nunmehr mit nur elf Planstellen und acht Rangern.

Gleichwohl wurden zahlreiche innovative Projekte verwirklicht: auf dem Sektor der Umweltbildung das Buchprojekt »Warum Fischotter schmatzen« unter Mitwirkung von zahlreichen Schülern von der Grundschule bis zum Gymnasium oder das Pilotprojekt »Abenteuer GPS«, das die Nutzung modernster Technik in Umweltbildungsprogrammen einführte. Mit dem Spreewaldverein und dem Tourismus ist eine kooperative Zusammenarbeit gewachsen, die sich beispielsweise im gemeinsam erarbeiteten »Masterplan naturverträglicher Wassertourismus« und zahlreichen qualifizierten naturtouristischen Angeboten niederschlägt. Die kommunale Entwicklung setzt zunehmend auf Nachhaltigkeit. Mit der Gründung der Stiftung Kulturlandschaft Spreewald ist es seit 2007 gelungen, etwa 20 kommunale und private Stifter für die Erhaltung der Kulturlandschaft zu gewinnen. Die Stiftung wird dort ergänzend tätig, wo die EU-Programme unter den speziellen Bedingungen des Spreewaldes nicht greifen. Die regionale Dachmarke Spreewald – Träger ist der Spreewaldverein – hat sich deutschlandweit als Herkunftszeichen etabliert. Künftig sollen noch mehr Bioprodukte unter diesem Label vermarktet werden.

Im Natur- und Artenschutz können stabile Populationen bei den Charakterarten wie Weißstorch und Otter ebenso als Erfolge verbucht werden wie die Rückwanderung des Bibers seit 2003 oder die Zunahme von Rotbauchunke, Kranich und Seeadler. Auch die Spechte, die Vogel-

Links: Spezielle Programme garantieren die Weiterführung historischer Wiesenbewirtschaftung mit den winterlichen Überflutungen. Die Biosphärenreservatsverwaltung organisiert den notwendigen Vertragsnaturschutz. (Foto: M. Succow, 1991)

Rechts: Dank des Biosphärenreservates ist es möglich, die traditionelle Landwirtschaft mit Produkten wie Gurke, Kürbis oder Meerrettich wenigstens auf einigen Flächen zu erhalten. (Foto: M. Succow, 1991)

arten der Röhrichte sowie Libellen und Muscheln finden hier geeigneten Lebensraum. Dagegen ist die Situation bei den Wiesenbrütern (zum Beispiel Braunkehlchen, Wiesenpieper, Kiebitz) wie fast überall kritisch. Auch der Schwarzstorch ist mit nur zwei Brutpaaren weiterhin stark gefährdet. Daneben bleibt auch die Situation der Fischfauna trotz der bisherigen Anstrengungen verbesserungsbedürftig. Dies ist sowohl den in Teilen weiterhin defizitären Gewässerstrukturen, fehlenden Überflutungsflächen wie auch den zunehmenden Kormoranpopulationen geschuldet. Die Erhaltung der Wiesenlandschaft ist eine permanente Gratwanderung zwischen ökonomischen Zwängen und dem Anspruch, botanisch wertvolle Feuchtwiesen zu erhalten. Auf etwa 600 ha konnten die typischen Mähwiesen des Spreewaldes bewahrt werden. Über 90 Prozent des Grünlandes, das sind circa 16 000 ha, werden extensiv ohne Kunstdünger und Pflanzenschutzmittel sowie mit einem Tierbesatz unter 1,4 Großvieheinheiten/ha bewirtschaftet.

Ganz im Sinne des MAB-Ansatzes ist es gelungen, einige interdiziplinäre Forschungsverbundprojekte in das Biosphärenreservat zu lenken – beispielhaft stehen dafür die BMBF-Projekte »Global Change and the Hydrological Cycle« und aktuell das »Innovationsnetzwerk Klimaanpassung Brandenburg Berlin«. Durch enge Kooperation mit den Wissenschaftlern profitieren auch das Biosphärenreservat und die Region, beispielsweise durch aktuelle Daten zum Wasserhaushalt, die wiederum dessen verbesserte Steuerung ermöglichen.

Die größten Anstrengungen müssen auch künftig zur Sicherung des Wasserhaushaltes des Spreewaldes unternommen werden. Dies ist umso wichtiger, als sich hier die Folgen des Bergbaus und des Klimawandels überlagern. Nur wenn die Stabilisierung des Wasserhaushaltes für das gesamte Flussgebiet gelingt, werden die Bemühungen zum Biotop- und Artenschutz im Spreewald langfristig von Erfolg gekrönt sein.

Rechte Seite oben: Die Heumieten gehören auch heute noch zum Bild des traditionell genutzten Wiesenspreewaldes. (Foto: M. Baumgart)

Rechte Seite unten: Zur Spreewaldlandschaft gehört auch die Architektur des Blockhauses, wie sie die Sorben hier seit Jahrhunderten bauen. Ein besonderes Programm der Biosphärenreservatsverwaltung dient deren Erfassung und Wiederherstellung. (Foto: Archiv Tourismusverband Spreewald)

Literatur zum Weiterlesen

Becker, Peter (2011): Die Spreewälder mit ihren ›geheimen‹ Tipps aus Küche, Garten und Fließ, Vetschau.

Landesumweltamt Brandenburg (Hg.) (2007): Warum Fischotter schmatzen. Ein Spreewald-Naturbuch von Kindern und Jugendlichen, Schlepzig.

Petrick, W. et al. (2011): Flora des Spreewaldes. Verzeichnis der wild wachsenden Farn- und Samenpflanzen sowie ausgewählter Kulturpflanzen im Biosphärenreservat Spreewald und einiger Randgebiete, Rangsdorf.

Das Biosphärenreservat Mittlere Elbe

Von Guido Puhlmann und Lutz Reichhoff

Die Landschaft und ihre Nutzung

Rechte Seite: Der Floratempel im Wörlitzer Park, ein landschaftlicher Höhepunkt des Biosphärenreservates Flusslandschaft Elbe. Er wurde 1797/98 vom Architekten des Parks entworfen. Der Wörlitzer Park ist das Herzstück des Dessau-Wörlitzer Gartenreichs, das 2000 von der Unesco als Weltkulturerbe anerkannt wurde.
(Foto: L. Jeschke, 2006)

Als Mittelelbe bezeichnet man den Abschnitt des Flusses vom Austritt der Elbe aus dem sächsischen Elbtalgraben bei Riesa bis zum Tidewassereinfluss am Wehr Geesthacht. Mit Erweiterung des bis dahin bestehenden Reservates Mittlere Elbe wurde 1997, abgesehen vom sächsischen Elbelauf, der gesamte Flussabschnitt von über 400 Flusskilometern in ein fünf Bundesländer überspannendes Biosphärenreservat eingebunden – Sachsen-Anhalt (BR Mittelelbe), Niedersachsen (BR Niedersächsische Elbtalaue), Mecklenburg-Vorpommern (BR Flusslandschaft Elbe – Mecklenburg-Vorpommern) und Brandenburg (BR Flusslandschaft Elbe – Brandenburg) sowie Schleswig-Holstein (weniger als 200 ha). Damit ist ein Verbund von nationalen Biosphärenreservaten unter einem gemeinsamen, international anerkannten Prädikat entstanden. Nachfolgend wird über das größte, sich nahezu über 300 Flusskilometer erstreckende BR Mittelelbe im Land Sachsen-Anhalt berichtet.

Die Elbe hat ihren holozänen Lauf in ein saalekaltzeitliches und ein weichselkaltzeitliches Urstromtal eingebettet, zwischen denen ein Durchbruchsbereich zwischen Ohremündung und Havelberg die beiden Urstromtäler verbindet. Mehrere Seitentäler verbinden die Elbaue mit der Havelniederung. Das Elbtal war Grenzland zwischen den deutschen und den slawischen Stämmen. Burgen, Klöster und Kirchen markieren diese Linie bis heute.

Bedeutende Nebenflüsse der Elbe im Gebiet sind die Schwarze Elster, die Mulde, die Saale, die Ohre und die Havel. Die mächtigen Auenlehmdecken im Elbtal sind Folgen der Bodenerosion im Einzugsgebiet. Bereits im Jungpleistozän, verstärkt aber in der Bronzezeit und im Mittelalter, erfolgten große Rodungen, die zum Abschwemmen des Bodens führten, der im Mittel- und Unterlauf des Flusses bei Hochwasser sedimentiert wurde. Mit den Auenlehmdecken entstanden die Standorte des Hartholzauenwaldes und der Auenwiesen.

Der Mittellauf der Elbe wird durch die weiten Mäanderbögen des Flusses bestimmt. Nur bei örtlich stärkerem Gefälle, wie beispielsweise am Domfelsen von Magdeburg, gabelte sich der Fluss in mehrere Arme auf. Erosion und Sedimentation in den Mäanderbögen führten zu deren Verlagerung und zur Abtrennung der Altwässer. Dieser Prozess ist heute durch den Ausbau des Flusses unterbunden, so dass keine neuen Altwässer mehr entstehen können.

Die Aue war durch stagnierendes Wasser, den Einfluss von Großtieren und das Wirken des Bibers niemals geschlossen bewaldet. Die Senkensysteme waren waldfrei und förderten das Vordringen des Menschen in diese Naturräume.

An den Rändern der Täler und auf hochwasserfreien Erhebungen im Tal siedelten frühzeitig Menschen. Waldweide, Holznutzung und Fischfang waren Vorzüge dieses Siedlungsraumes. Besiedlung und vor allem Waldweide führten zur Waldverlichtung und zur Ausbildung von Offenvegetation. Die Waldweide hatte den zweiten Effekt der Förderung von Lichtbaumarten, insbesondere der Stieleiche. Zudem wurde die Eiche vom Menschen gefördert, da sie vielfach nutzbar war und ihr Fruchtfall die Waldweide insbesondere mit Schweinen begünstigte. So entstanden die an Eichen reichen Hudewälder mit ihren heute vielhundertjährigen Bäumen. Hinzu trat seit dem ausgehenden Mittelalter die Mittelwaldwirtschaft, die ebenfalls die Stieleiche begünstigte.

Zunehmende Waldrodungen, nur unterbrochen von den Wüstungsprozessen während der Kleinen Eiszeit vom 15. bis zum 19. Jahrhundert und während des Dreißigjährigen Krieges, drängten die Auenwälder mehr und mehr zurück. Damit rückten die mächtigen Hudeeichen in den Freistand. Während dieser Eichenbestand seit der zweiten Hälfte des 18. Jahrhunderts durch die Einstallung der Nutztiere, die Entwicklung der Grünlandbewirtschaftung und die Separationen (darunter versteht der Landschaftskundler die durch die Stein/Hardenberg'schen Reformen ausgelöste Trennung von Wald und Offenland) größtenteils verlorenging, konnte er sich als ästhetisches Element in Anhalt-Dessau erhalten. Denn hier schufen in der zweiten Hälfte des 18. Jahrhunderts Fürst Leopold III. Friedrich Franz und der Architekt Friedrich Wilhelm von Erdmannsdorff, inspiriert von Ideen der Aufklärung und des Klassizismus, das Gartenreich Dessau-Wörlitz. Es entstand eine Parklandschaft mit zahlreichen Gärten, Bauten und Alleen. Neben der Gestaltung von Gärten und Landschaft wurde eine moderne Landnutzung entwickelt, um das Schöne mit dem Nützlichen zu verbinden. Dessau-Wörlitz gilt als frühes Beispiel von Landeskultur und Landespflege. Die im Park befindliche Inschrift »Wanderer achte Natur und Kunst und schone ihrer Werke« ist auch heute noch sein Leitgedanke.

Der Park am Luisium in Dessau. Eins der schönsten Beispiele eines Landschaftsparks mit alten Eichen und weidenden Haustieren. Wie auch im Dessau-Wörlitzer Gartenreich bilden hier Nützlichkeit und Schönheit eine Einheit.
(Foto: L. Jeschke, 2006)

Die Elbe, mit ihrem vom Menschen im Laufe der Jahrhunderte veränderten Lauf, prägt diese Region. Frühe Formen des Deichbaus, wie Ringdeiche um Ortschaften, aber auch die Anlage größerer Polder, sind mit der Ansiedlung der Flamen im Mittelelbegebiet verbunden. Zu Beginn des 18. Jahrhunderts erfolgte die flussparallele Eindeichung, die dann ab Mitte des 19. Jahrhunderts zum Ausbau der heutigen Winterdeichlinie führte. Etwa 80 Prozent der Flussaue wurden so eingedeicht und der Überflutung entzogen. Innerdeichs konnten sich nun Ackerflächen, Siedlungen und Infrastruktur ausdehnen. Auch in der verbliebenen Überschwemmungsaue wurden die Auenwälder weiter zurückgedrängt. Größere zusammenhängende Bestände blieben nur zwischen Wittenberg und der Saalemündung erhalten.

Die Elbe verblieb über lange Zeit ein natürlicher Fluss, wenngleich schon frühzeitig mit dem Durchstich von Mäandern, den Flussschleifen, begonnen wurde. Im Ergebnis des Wiener Kongresses erfolgte der Elbeausbau zu einer Schifffahrtsstraße, welcher in den 1930er Jahren abgeschlossen war. Seit der deutschen Einheit gibt es Bestrebungen, die Leistungsfähigkeit der Wasserstraße zu steigern, die vor allem durch sommerliche Niedrigwasser begrenzt ist. Gleichzeitig werden heute im Biosphärenreservat in bundesweit einmaligem Umfang Maßnahmen zur Verbesserung der ökologischen Verhältnisse im Rahmen der Wasserstraßenunterhaltung entwickelt und umgesetzt. Die Aktivitäten zur verkehrstechnischen Verbesserung der Wasserstraßen Elbe, Havel beziehungsweise Saale sind seit 1990 Inhalt einer breiten öffentlichen Diskussion.

Nach langen Jahren erheblicher Gewässerverschmutzung führten die Veränderungen der Wirtschaftsstruktur und der Umweltschutzinfrastruktur zu einer sprunghaften Verbesserung der Gewässergüte und damit zur erheblichen Verbesserung des Ökosystems.

Die Vorgeschichte des Naturschutzes

Um das Elbetal und seine reiche Naturausstattung bemühte sich der Naturschutz bereits in seinen Anfängen. Nach frühen Schutzbemühungen um den Elbebiber setzte der Gebietsschutz auf der Grundlage des Anhaltischen Naturschutzgesetzes mit der Ausweisung erster kleiner Naturschutzgebiete in den Jahren 1926 bis 1929 ein. 1961 wurde ein Grundgerüst von NSG ausgewiesen, für dessen Begründung weiterhin der Elbebiber eine große Rolle spielte. Im Gebiet um Dessau fanden sich nach 1945 die letzten deutschen Vorkommensgebiete. Nicht zuletzt durch den intensiven Schutz und die bis heute laufenden Wiederansiedlungsprojekte hat sich der Bestand des Wappentieres des Biosphärenreservates deutschlandweit gut entwickelt. Bis zu Beginn der 1980er Jahre und nach 1990 erfolgte die Unterschutzstellung weiterer Naturschutzgebiete und mehrerer Landschaftsschutzgebiete.

Links: Wiesenaue im Naturschutzgebiet Bucher Brack und Bölsdorfer Haken bei Jerichow, mit über 1000 ha eines der bedeutendsten Auewiesenschutzgebiete an der Elbe.
(Foto: W. Böhnert, 2009)

Mitte: Schnittlauchfluren an der Elbe bei Tangermünde. Sie treten besonders an der Stromelbe auf, wo die Ufererosion das Aufkommen einer dichten Vegetation verhindert. Die Elbe ist hier noch nicht kanalisiert, allerdings durch Buhnenbauwerke eingeengt.
(Foto: W. Böhnert, 2009)

Rechts: Der Echte Haarstrang in den Auenwiesen im Naturschutzgebiet Bucher Brack und Bölsdorfer Haken bei Jerichow ist eine botanische Kostbarkeit. Durch Grünlandintensivierung und Überführung in Ackerstandorte ist diese Pflanzengemeinschaft in Mitteleuropa vom Aussterben bedroht. Spezielle Pflegeprogramme sollen sie hier auch in Zukunft erhalten.
(Foto: W. Böhnert, 2009)

Links: Die natürliche Vegetation der Flussauen sind Auenwälder mit einer großen Fülle an Laubgehölzen. An der Mittleren Elbe blieb der größte naturnahe Auenwald Deutschlands erhalten, das heutige Naturschutzgebiet Steckby-Lödderitzer Forst. (Foto: M. Succow, 1985)

Rechts: Auch hier, wenn nicht als Kernzone des Biosphärenreservates ausgewiesen, findet in Naturschutzgebieten eine wirtschaftliche Nutzung statt. (Foto: L. Jeschke, 2006)

Für die Schutzbemühungen im Elbegebiet einschließlich der unteren Mulde stehen Namen wie Amtmann Bär (Steckby), Alfred Hinsche, Kurt Wuttky (Dessau), Eckart Schwarze (Dessau-Roßlau), Alfred Hilbrecht (Magdeburg) sowie Alfred Koch (Havelberg).

Der Steckby-Lödderitzer Forst im Mittelelbegebiet ist, neben dem Vessertal im Thüringer Wald, das älteste deutsche Biosphärenreservat. Es wurde im Jahr 1979 von der Unesco anerkannt. Dem folgten in den 1980er Jahren verschiedene Erweiterungen zum BR Mittelelbe, so im Bereich der Saalemündung und insbesondere um die Dessau-Wörlitzer Kulturlandschaft, dem heutigen Gartenreich Dessau-Wörlitz. Die wissenschaftliche Betreuung wurde bis 1990 von Max Dornbusch, Biologische Station Steckby, sowie Peter Hentschel und Lutz Reichhoff, Arbeitsgruppe Dessau des Instituts für Landschaftsforschung und Naturschutz Halle, wahrgenommen. Mit dem Nationalparkprogramm erfolgte die Verordnung des Biosphärenreservats Mittlere Elbe mit circa 43 000 ha. Im Jahr 2006 wurde das Biosphärenreservat »Mittelelbe« in Sachsen-Anhalt auf einer Fläche von ca. 126 000 ha durch Erklärung erweitert. Mehr als 40 Prozent der Natura-2000-Gebiete des Landes Sachsen-Anhalt ebenso wie zwei Unesco-Ramsar-Gebiete entfallen auf das Reservat. Hervorzuheben ist, dass im Jahr 2000 das Gartenreich Dessau-Wörlitz auf circa 14 300 ha als Weltkulturerbe von der Unesco anerkannt wurde. Die Kulturlandschaft ist beispielgebend für die historische Gestaltung und aktuelle Pflege des Kulturerbes und fügt sich als harmonische Kulturlandschaft mit großen Auenwäldern hervorragend in das Biosphärenreservat ein.

Die schrittweise Umsetzung der Biosphärenreservatsziele

1990 begann mit der Verordnung des Nationalparkprogramms und der Etablierung eines Aufbaustabes unter Leitung von Gerda Bräuer und der folgenden Biosphärenreservatsverwaltung ein neues Kapitel in der aufstrebenden Ausgestaltung des Reservates, welches mit zwei sehr erfolgreichen Evaluierungen durch die Unesco 2001 und 2009 honoriert wurde. Ab 1991 war Peter Hentschel erster Reservatsleiter. Seit 1998 ist Guido Puhlmann Leiter des Biosphärenreservates.

Ein früher Erfolg der Bemühungen des Umwelt- und Naturschutzes im Biosphärenreservat war die Stilllegung des Kohlekraftwerkes Vockerode, das in der Vergangenheit zu erheblichen

Immissionsschäden geführt hatte. In der Folge konnte die Infrastruktur dieses Kraftwerkes, beispielsweise ausgedehnte Heizleitungen und Nebennutzungen, wie Gewächshausanlagen und Warmwasser-Karpfenteiche bei Vockerode, rückgebaut werden. In Verbindung mit umfangreichen Landschaftspflege- und Naturschutzprojekten wurden so in bewährter enger Kooperation mit der Kulturstiftung Dessau-Wörlitz (KSDW) entscheidende Voraussetzungen für die Anerkennung und das regelmäßige Monitoring des Unesco-Weltkulturerbes Gartenreich Dessau-Wörlitz geschaffen. Eng verbunden mit der konzeptionellen Entwicklung des Biosphärenreservates ist die Auswahl, Meldung und Bestätigung der Flora-Fauna-Habitat- (FFH) und Vogelschutzgebiete, die das Elbegebiet vollflächig überdecken. Die Biosphärenreservatsverwaltung erfuhr mit der flächigen Ausweitung des Biosphärenreservates eine ständige personelle und strukturelle Entwicklung. Waren 1991 nur fünf Personen beschäftigt, erhöhte sich deren Anzahl einschließlich Naturwacht bis heute auf circa 60 Personen. Neben der zentralen Verwaltung am Standort Kapenmühle im ebenfalls zum Weltkulturerbe zählenden Kapenschlösschen bei Dessau-Roßlau bestehen Außenstellen in Steckby, Arneburg, Havelberg und Ferchels. Bei Oranienbaum wurde mit dem Auenhaus ein Informationszentrum aufgebaut, weitere Infostellen befinden sich in Havelberg, Buch (Nabu) und Arneburg.

Neben der erfreulichen und nachhaltigen Verbesserung der Gewässergüte aller Flüsse im Reservat sind die typischen dynamischen hydromorphologischen Prozesse in der rezenten Aue, die abschnittsweise nur noch 20 Prozent der ehemaligen Fläche besitzt, teilweise eingeschränkt. Wesentliche Teile der Schutz- und Entwicklungsstrategie sind die Erweiterung der rezenten Aue einschließlich der Verbesserung und Wiederherstellung typischer Strukturen, der Arten- und Biotopschutz, die Regionalentwicklung sowie das Gebietsmarketing. Da die hydrologischen Bedin-

Die alte Naturwaldzelle im Lödderitzer Forst. Das Hochwasser ist abgelaufen und hat seine Spuren hinterlassen: eine Auskolkung ist entstanden und eine Eiche ist umgestürzt. Die Flatterulmen im Hintergrund werden künftig den Auwald beherrschen. Das Foto vermittelt einen Eindruck von der Dynamik einer intakten Hartholzaue.
(Foto: L. Jeschke, 2006)

Die Oranienbaumer Heide war seit dem Mittelalter eine mehr oder weniger offene Weidelandschaft und wurde zu Beginn des 19. Jahrhunderts aufgeforstet. Nach dem Zweiten Weltkrieg wurde das Gelände als sowjetischer Truppenübungsplatz genutzt und blieb so großflächig waldfrei. Etwa 800 ha werden von der Deutschen Bundesstiftung Umwelt für den Naturschutz als halboffene Weidelandschaft gepflegt. (Foto: S. Osterloh, 2011)

gungen die typischen strukturbildenden Prozesse in einem Auengebiet dominieren, finden alle Fragen des fließenden und stehenden Grund- und Oberflächenwassers besondere Aufmerksamkeit. Die weitere Entwicklung der einzigen großflächigen deutschen Hartholzauenwälder und der Weichholzaue gehört zu den zentralen Aufgaben des Biosphärenreservates.

Ein Instrument zur Umsetzung dieser Vorhaben ist die rechtliche und fachliche Einbindung der Biosphärenreservatsverwaltung in Genehmigungsverfahren der sechs Landkreise, zwei kreisfreien Städte und staatlichen Verwaltungen. Schifffahrts- und Wasserbauinstitutionen sind enge Partner geworden. Die Öffentlichkeitsarbeit, die Umweltbildung – insbesondere mit Kindern und Jugendlichen – und die Regionalentwicklung schärfen das inhaltliche und regionale Profil. Seit einigen Jahren existiert eine Regionalmarke Mittelelbe, und es erfolgt die Beteiligung am Partnerprojekt der Nationalen Naturlandschaften. Weiterhin werden verschiedene regionale, nationale und internationale Forschungsprojekte durchgeführt und ein dauerhaftes Monitoring betrieben.

Vor allem seit 1990 werden im Biosphärenreservat Naturschutzgroßprojekte umgesetzt: zum Beispiel die Sanierung und Rekonstruktion des über 30 ha großen Altwassers Kühnauer See bei Dessau mit besonderer Unterstützung der Allianz-Umweltstiftung. Dem folgte ein EU-Life-Projekt zur Auenwaldentwicklung, zum Anschluss eines Altarmes an die Elbe und zur Sanierung eines Altwassers in der Klieken Aue. Gemeinsam mit dem WWF als Träger wird seit 2001 das zu 75 Prozent vom Bund geförderte Naturschutzgroßprojekt von gesamtstaatlich repräsentativer Bedeutung Mittlere Elbe zur Entwicklung eines Verbundes echter überfluteter Auenwälder, aber vor allem der Rückverlegung des Lödderitzer Deiches zur Schaffung von 600 ha neuen Retentionsraumes mit flächigen Auenwaldbeständen, auf mehr als 9000 ha betrieben. Seit 1994 besteht in bewährter enger Zusammenarbeit mit dem Landesbetrieb für Hochwasserschutz und Wasserwirtschaft Sachsen-Anhalt (LHW) für das Gesamtgebiet eine Konzeption für Deichrückverlegungen, die mittlerweile an mehreren Stellen, insbesondere nach dem verheerenden Hochwasser 2002, umgesetzt wurden und werden. An der unteren Havel wurde gemeinsam mit dem brandenburgischen Naturpark Westhavelland ein ebenfalls vom Bund gefördertes Naturschutzgroßprojekt zur Renaturierung der Havel erarbeitet und seit 2005 mit dem Nabu-Bundesverband als Träger auf mehr als 16 000 ha umgesetzt. Dort stehen flussökologische Aspekte im Mittelpunkt.

Ein seit 2002 entwickeltes und bis 2018 laufendes EU-Life-Projekt mit dem WWF beziehungsweise LHW als Träger und weiteren Partnern bei Vockerode zielt wiederum auf circa 220 ha Deichrückverlegung, Gewässer-, Auenwald- und Grünlandentwicklung hin. Seit bereits über 25 Jahren erfolgten im Biosphärenreservat mehr als 15 Altwassersanierungen teils erheblichen Umfangs. Die beiden Naturschutzgroßprojekte sind sowohl in fachlicher Hinsicht als auch im Umfang in Europa einzigartig. In der Oranienbaumer Heide initiierte und unterstützt die Biosphärenreservatsverwaltung auf 900 ha ein Projekt der Hochschule Anhalt zur Etablierung einer halboffenen Weidelandschaft mit Heckrindern und Konikpferden. Ähnliche Projekte kleineren Umfangs werden seit Jahren von den Nabu-Kreisverbänden Köthen und Stendal im Wulfener Bruch und bei Buch bzw. Jerichow betrieben.

Die Förderung des naturnahen Tourismus und die Regionalentwicklung sind weitere Schwerpunkte. Im Rahmen der Expo 2000 entstanden beispielsweise als Teil eines Informations- und Leitsystems zahlreiche Auenpfade, die den Besuchern des Gebietes den Reichtum der Landschaft erschließen. Jährlich werden entlang des Elberadweges umfangreiche Programme öffentlicher Veranstaltungen angeboten. Durch den für das Biosphärenreservat tätigen Förder- und Landschaftspflegeverein Mittelelbe e.V. (FÖLV) konnte außerdem die Vermarktung von Streuobst, die Entwicklung des »Elbeburger« – ein schmackhafter Hamburger aus der Region – oder jüngst die Kreation einer Biberpraline realisiert werden. Die Reservatsverwaltung organisiert darüber hinaus Regionalmärkte und Regionalvermarktungsinitiativen. Gemeinsam mit dem FÖLV und weiteren Partnern werden Wanderausstellungen entwickelt und in ganz Deutschland vorgestellt.

Zukünftige Entwicklung – das Leitbild

Das Management eines so ausgedehnten Schutzgebietes mit 300 km Länge, das außerdem von vielen unterschiedlichen Verwaltungsebenen betreut wird, ist eine in Deutschland bisher beispiellose Aufgabe. Hier kann, darf und muss in größeren Maßstäben als in den anderen Nationalen Naturlandschaften gedacht und gehandelt werden. Die zukünftige Entwicklung des Biosphärenreservates wird wesentlich von der rechtlichen Sicherung der großen FFH- und Vogelschutzgebiete und der Umsetzung der Managementpläne abhängen. Verbunden werden diese Ziele mit Beiträgen zur Sicherung und Entwicklung der Biodiversität und mit Anpassungsmaßnahmen an den Klimawandel. Hierzu sollen wiederum in bewährter Weise großräumige Projekte entwickelt und mit verschiedenen nationalen und internationalen Partnern umgesetzt werden.

Das Ziel, eine Kernzone, die wenigstens drei Prozent des BR einnimmt, wird in Kürze erreicht. Wir verfolgen die Übernahme von zahlreichen großen Flächen des Nationalen Naturerbes unter anderem mit den Partnern Deutsche Bundesstiftung Umwelt (DBU), Nabu-Stiftung, WWF, Stiftung Umwelt, Natur- und Klimaschutz (S.U.N.K.) und weiteren Institutionen. Unverzichtbar bei der Regionalentwicklung, der Öffentlichkeitsarbeit und der Landschaftspflege im Biosphärenreservat ist die Zusammenarbeit mit dem Förder- und Landschaftspflegeverein Mittelelbe e.V.

Außerdem wird die Reservatsverwaltung auf der Grundlage des bestehenden Kooperationsvertrages ihre enge Zusammenarbeit mit der Kulturstiftung Dessau-Wörlitz und im Gartenreich gestalten, Gleiches gilt für die international sehr beachtete Kooperation beider Institutionen mit den Stiftungen Bauhaus Dessau und Luthergedenkstätten in Sachsen-Anhalt.

Besonders wichtig sind die angestrebten Aktivitäten zur Regionalentwicklung, die Entwicklung und Vermarktung von Regionalprodukten, die Öffentlichkeitsarbeit und die Förderung der

Umweltbildung für Kinder und Jugendliche. Das Junior-Ranger- und Freiwilligenprogramm der Nationalen Naturlandschaften soll intensiv fortgeführt werden. Daneben soll das Mittelelbegebiet weiter für den sanften Tourismus erschlossen werden. Der Elberadweg erfreut sich schon heute als beliebtester deutscher Radfernwanderweg reger Frequentierung. Neue Entwicklungen sind notwendig für die Ausweisung von Naturerlebnisräumen, weiteren Auenpfaden und der Organisation des Naturtourismus. Gerade die naturnahen und der natürlichen Dynamik überlassenen Bereiche können bei rücksichtsvoller Erschließung bei der Bevölkerung tiefe Eindrücke von der Natur und Überzeugungen zum Schutz der Natur hervorrufen.

Eine Bevölkerungsbefragung 2011 ermittelte die hohe Akzeptanz des Reservates in der Bevölkerung und bei den kommunalen Entscheidungsträgern, was alle Akteure im Biosphärenreservat auch für die Aufgaben der Zukunft motivieren wird.

Literatur zum Weiterlesen

Eichhorn, A.; Puhlmann, G. (2000): 20 Jahre Anerkennung des Steckby-Lödderitzer Forstes als Biosphärenreservat der UNESCO. Ein Meilenstein zum Erhalt der Flusslandschaft Elbe, in: Naturschutz im Land Sachsen-Anhalt, Halle (1), S. 60–61.

Hirsch, E. (2006): Dessau-Wörlitz. Aufklärung und Frühklassik. Kulturreisen in Sachsen-Anhalt, Bd. 5, Dößel.

John, H.; Lorenz, A.; Osterloh, S. (2010): Die Farn- und Blütenpflanzen des ehemaligen Truppenübungsplatzes Oranienbaumer Heide, in: Mitteilungen zur floristischen Kartierung in Sachsen-Anhalt, Halle (15), S. 17–54.

Küster, H.; Hope, A. (2010): Das Gartenreich Dessau-Wörlitz. Landschaft und Geschichte, München.

Landesamt für Denkmalpflege und Archäologie und Kulturstiftung Dessau-Wörlitz (Hg.) (2009): Denkmalrahmenplan Gartenreich Dessau-Wörlitz. Historische Kulturlandschaften, Historische Siedlungen, Historische Gartenanlagen, Veröffentlichungen des Landesamtes für Denkmalpflege und Archäologie Sachsen-Anhalt, Halle, 210 S.

Landesamt für Umweltschutz Sachsen-Anhalt (Hg.) (2005): 25 Jahre Biosphärenreservat an der Mittleren Elbe, in: Naturschutz im Land Sachsen-Anhalt (Sonderheft).

Landesamt für Umweltschutz Sachsen-Anhalt (Hg.) (2009): 30 Jahre Biosphärenreservat Mittelelbe. Forschung und Management im Biosphärenreservat Mittelelbe, in: Naturschutz im Land Sachsen-Anhalt (Sonderheft).

Patzak, U.; Seelig, K.-J. (2006): Die Brutvögel des Mittelelbegebietes zwischen Mulde- und Saalemündung, in: Apus (Sonderheft).

Puhlmann, G. (2003): Ein extremes Jahr an Elbe und Mulde, in: Naturschutz im Land Sachsen-Anhalt, Halle (2), S. 42–48.

Reichhoff, L. (1991): Das Biosphärenreservat Mittlere Elbe. Steckby-Lödderitzer Forst und Dessau-Wörlitzer Kulturlandschaft, in: Naturschutz im Land Sachsen-Anhalt (1/2).

Reichhoff, L. (2003): 25 Jahre Sanierung und Restaurierung von Altwässern an der Mittleren Elbe, in: Naturschutz im Land Sachsen-Anhalt (1), S. 3–2.

Reichhoff, L.; Reichhoff, K. (Hg.) (2005): Standortkundliche, ökofaunistische und vegetationsdynamische Untersuchungen im Rahmen des Naturschutzgroßprojektes »Mittlere Elbe«, in: Veröffentlichungen der LPR Landschaftsplanung Dr. Reichhoff GmbH, Dessau (3).

Reichhoff, L.; Zuppke, U. (2009): Schutz und Revitalisierung von Auenaltwassern im Mittelelbegebiet. Zustandsbewertung der Fischvorkommen auf der Grundlage des Floodplain-Index und Handlungskonzeption, in: Natur und Landschaft Stuttgart (8), S. 366–371.

Reichhoff, L.; Schönbrodt, A.; Weichel, T. (2012): Vegetationsentwicklung im Vorland der Elbe in Sachsen-Anhalt. Probleme im Spannungsfeld Natur- und Hochwasserschutz, in: Artenschutzreport (28), S. 7–14.

Schwarze, E.; Kolbe, H. (Hg.) (2006): Die Vogelwelt der zentralen Mittelelbe-Region. Stadtkreis Dessau, Altkreis Roßlau, Wörlitzer Winkel, [Selbstverlag] Dessau, 360 S.

Tacke, S.; Peters E. W. (2010): Kulturlandschaft Elbe (Hg.: Landeshauptstadt Magdeburg, Stadtplanungsamt), Dößel.

Trenkner, D. et al. (2011): Schöne Wilde Welt. Das Unesco-Biosphärenreservat Mittelelbe. Naturreisen in Sachsen-Anhalt, Bd. 2, Dößel.

Das Biosphärenreservat Vessertal

Von Werner Westhus

Die Landschaft und ihre Nutzung

Das Biosphärenreservat erstreckt sich vom Buntsandsteinvorland und der Südabdachung des Mittleren Thüringer Waldes über seine höchsten Lagen bis hin zur Nordabdachung. Seine landschaftliche Schönheit und die Naturreichtümer verdankt es größtenteils der historischen Nutzung. Mit dem Bevölkerungsanstieg im Mittelalter wurde der Thüringer Wald vom Vorland aus bis in die Kammlagen besiedelt. Die Moore des Gebietes, Archive der Landschaftsgeschichte, zeigen, dass dabei vor allem von Buchen beherrschte Bergmischwälder gerodet wurden. Mit der Entwicklung des Bergbaus ab dem 14. Jahrhundert wuchs der Einfluss des Menschen auf die Natur beträchtlich. Es entstanden viele Orte, die sich zu Zentren der Eisenerzgewinnung entwickelten, wie Vesser, Schmiedefeld und Suhl. Die Siedler und Bergleute legten zur Eigenversorgung in Ortsnähe Felder an. An Hängen entstanden Ackerterrassen, die noch heute, wie etwa um Breitenbach, das Landschaftsbild prägen. Täler und flacher geneigte Hänge ortsfernerer Lagen wurden als Grünland genutzt und entwickelten sich allmählich zu artenreichen Bergwiesen und Borstgrasrasen. Durch ein ausgeklügeltes System der flächenhaften Berieselung von Hangwiesen, dessen hangparallele Stichgräben heute noch teilweise erkennbar sind, versuchte man später, den kargen Futterertrag zu steigern.

Als weiterer Wirtschaftszweig mit erheblichem Bedarf an Holz kam die Glasindustrie hinzu. Alte Meilerplatten zeugen noch heute von der verbreiteten Köhlerei, die eine Reduzierung der Buche und zeitweilige Förderung der Tanne zur Folge hatte. Viele Gebiete waren kahlgeschlagen, verbliebene Wälder übernutzt und von größeren verheideten Blößen geprägt. Hierdurch wurde die Fichte gefördert, die man später auch auf Waldlücken angebaut hat. Holzmangel führte sogar zur Nutzung der bescheidenen Torflager der Moore. Die größeren Bäche wurden für Mühlen, Hammerhütten und zum Flößen von Holz reguliert. Durch das dichte Netz von Schmelzhütten, Eisenhämmern, Schneide- und Mahlmühlen kam es in Siedlungen und vielen größeren Tälern zu Lärmbelastungen, Luft- und Gewässerverschmutzungen sowie zahlreichen Abraum- und Schlackehalden. Erst nach Erschöpfung der Lagerstätten, dem späteren Niedergang der Hämmer und Mühlen, der Abschaffung der Huterechte in den Wäldern sowie der Einführung einer geregelten Forstwirtschaft im 19. Jahrhundert konnten sich weite Bereiche wieder zu mehr Naturnähe entwickeln. Durch die verschiedenen Formen extensiver Landnutzung entstand ein ausgesprochen abwechslungsreiches Mosaik von Bergmischwäldern, buntblumigen Bergwiesen, Staudenfluren und Bergbächen, welches Naturforscher und erste Erholungssuchende zu Beginn des 20. Jahrhunderts vorfanden.

Vom Naturschutzgebiet zum Biosphärenreservat

Ernst Kaiser gab mit seiner Arbeit »Der Bergwald im oberen Vessertal – eine landschaftsbiologische Studie« den wichtigsten Anstoß für die 1939 erfolgte Unterschutzstellung als Naturschutzgebiet. Damit zählt das Vessertal zu den ältesten und mit 1384 ha damals größten Naturschutzgebieten Thüringens. Ab den 1960er Jahren erfolgten jedoch tiefgreifende Änderungen der Bewirtschaftung des Gebietes und seiner späteren Erweiterungsflächen. Die ackerbauliche Nutzung der Hangterrassen wurde aufgegeben. Hier erfolgte eine Zunahme des Grünlands, während man andernorts die Nutzung schwer zugänglicher Wiesen aufgab. Diese wurden aufgeforstet oder unterlagen der Sukzession. Andere Grünlandbereiche wurden mit Rindern beweidet, oft auch gedüngt, und auf manchen hat man sogar Herbizide benutzt und nachfolgend Gras neu eingesät. Erst 1973 konnte eine differenzierte Nutzung der meisten Wiesen mit den Bewirtschaftern vereinbart werden.

Wichtig für die Erklärung des Vessertals zum Biosphärenreservat waren auch die Forschungsarbeiten des Institutes für Landschaftsforschung und Naturschutz Halle (ILN), Zweigstelle Jena, ab Mitte der 1950er Jahre. Insbesondere durch die Aktivitäten von Eberhard Niemann und Walter

Blick über die Saalebergwiese auf den Stelzwiesengrund. Das Biosphärenreservat Vessertal-Thüringer Wald, zusammen mit dem Mittleren Elbtal 1978 von der Unesco anerkannt, gehört somit zu den ältesten deutschen Biosphärenreservaten. Im Rahmen des Nationalparkprogramms der Wendezeit konnte es wesentlich erweitert werden und umfasst heute einen typischen Ausschnitt des zentralen Thüringer Waldes. (Foto: M. Hellner)

Die Bärwurzwiesen in den Kammlagen des Thüringer Waldes sind größtenteils Opfer der Grünlandintensivierung geworden.
Nur in Schutzgebieten hatten sie eine Chance, zu überleben.
(Foto: L. Jeschke, 1975)

Hiekel gehörte das Vessertal bald zu den landschaftsökologisch, hydrologisch und vegetationskundlich am besten untersuchten Gebieten Thüringens. Am 24. November 1979 erfolgte dann die Bestätigung des Biosphärenreservates mit einer bewirtschaftungsfreien Fläche (Kernzone) von 40 ha durch die Unesco.

Die Entwicklung bis zum Nationalparkprogramm 1990

Anknüpfend an das Unesco-Forschungs- und -Schutzprogramm »Man and the Biosphere« (MAB) wurde für die Biosphärenreservate der DDR ein Forschungsprogramm aufgestellt und damit an die Tradition wissenschaftlicher Arbeit im Vessertal angeknüpft. Unter Koordinierung des ILN entwickelte sich das Gebiet zur Freilandforschungsstätte und wurde in die Umweltüberwachung einbezogen. So erfolgte beispielsweise ab den 1980er Jahren eine systematische Inventarisierung der Farn- und Blütenpflanzen, Moose, Pilze und verschiedener Tiergruppen. Es begannen weiterhin die europaweit beispielhaften Untersuchungen zu Phänologie und Artenspektrum von Insekten sowie zur Produktionsbiologie von Bergbächen des Museums der Natur Gotha.

In der »Ordnung zur Erhaltung und Entwicklung des Biosphärenreservates« des Rates des Bezirkes Suhl von 1982 wurden Maßnahmen zur Bewirtschaftung und wissenschaftlichen Erschließung des Reservates festgelegt. Die bereits mit der Unterschutzstellung geforderte Einsetzung eines Naturschutzwarts konnte erst 1984 realisiert werden. Vom Naturschutzstützpunkt Forsthaus Sensenhammer (Breitenbach) aus koordinierte Harald Lange die Bewirtschaftung, organisierte die Pflege und Öffentlichkeitsarbeit. So wurde das Gebiet zunehmend als Exkursionsziel für Gäste des In- und Auslandes sowie als Ort der Umweltbildung genutzt.

Vorschläge aus den 1950er Jahren zur Erweiterung des Gebiets, was auch 1979 im Bestätigungsschreiben der Unesco empfohlen worden war, konnten erst 1986 durch eine erste Gebietserweiterung auf eine Gesamtfläche von 7464 ha und eine Gliederung entsprechend der internationalen Richtlinien in Kern- (100 ha), Pflege- (1568 ha) und Entwicklungszone umgesetzt werden.

Der Aufbruch 1990

Die Umwälzungen der politischen Verhältnisse, die 1990 zur deutschen Wiedervereinigung führten, waren für das Biosphärenreservat mit großen Chancen und Herausforderungen verbunden. Mit dem Nationalparkprogramm gelang es, die Flächengröße auf circa 17 000 ha zu erweitern und mit der Einbeziehung von Siedlungsbereichen bessere Voraussetzungen für die Umsetzung des MAB-Programms zu schaffen. Die Verantwortung wurde in die Hände einer Biosphärenreservatsverwaltung gelegt. Sie untersteht dem für Naturschutz zuständigen Ministerium. Es galt damals, die kommunalen und wirtschaftlichen Akteure sowie die Zivilgesellschaft als Partner für eine nachhaltige Regionalentwicklung zu gewinnen. Dies war nicht konfliktfrei, mussten doch alle Beteiligten mit den neuen Gestaltungsmöglichkeiten erst Erfahrungen sammeln. Besonderer Schwerpunkt waren die Abstimmungen zu den kommunalen Bauleitplanungen, die vielerorts von einem großflächigen Bedarf an neuen Siedlungsflächen ausgingen. Rückblickend wird eingeschätzt, dass nach der anfänglichen Euphorie die Kommunen verantwortungsbewusste Entscheidungen zur Siedlungsentwicklung getroffen haben.

Aufbauend auf den Erfahrungen in der Pflege von Bergwiesen seit den 1970er Jahren sowie unter Nutzung der neuen Förderinstrumente unterstützte die Biosphärenreservatsverwaltung die sich neu entwickelnden landwirtschaftlichen Betriebe. Dadurch konnten die Bemühungen um die Erhaltung des wertvollen Berggrünlands auf eine nachhaltige Grundlage gestellt werden. So ist es gelungen, auf über 90 Prozent des Grünlandes eine Nutzung oder Pflege abzusichern. Über 780 ha werden im Rahmen des Vertragsnaturschutzes gefördert. Auf weiteren Flächen erfolgt eine Nutzung oder Pflege ohne Förderung. Knapp 60 Prozent der Grünlandfläche werden beweidet. Der Viehbesatz liegt dabei je nach Weideform (großflächige Standbeweidung beziehungsweise extensive Umtriebsweide) zwischen 0,5 und 1,0 Großvieheinheiten auf einem Hektar.

Mit den örtlichen Forstämtern konnte 1996 für wichtige Waldbereiche insbesondere in der Pflegezone einvernehmlich ein Pflege- und Entwicklungsplan vereinbart werden. Mit der Integration in die Forsteinrichtungswerke wurde eine wichtige Basis für deren Umsetzung geschaffen. Ebenfalls in Zusammenarbeit mit den Forstämtern erfolgten umfangreiche Maßnahmen zur Bestandsförderung der Weißtanne und zum Moorschutz. Zukünftig wird der Waldumbau ein wichtiger Schwerpunkt sein.

Nach der letzten Erweiterung im Jahr 2006 besitzt die Kernzone eine Gesamtfläche von

Dachsbachtal bei Gießübel. Durch Pflegeverträge garantiert das Biosphärenreservat die Fortsetzung der einst für unsere Mittelgebirge so charakteristischen extensiven Wiesenkultur. Ihr Blütenreichtum bedingt eine große Insektenfülle.
(Foto: Archiv BR Vessertal)

Die Arnika war einst weit verbreitet, dürfte hier aber in Zukunft den ihr zusagenden Lebensraum wieder erhalten – ein Beispiel für Pflegenaturschutz.
(Foto: Archiv BR Vessertal)

Das Schützenbergmoor im Kammbereich des Thüringer Waldes. Vom Regenwasser gespeist, entwickelten sich hier einst mehrere Hochmoore. In den vergangenen Jahrhunderten wurden sie generell entwässert, um sie aufzuforsten oder Torf zu gewinnen. Sie sind im letzten Jahrzehnt wieder vernässt worden.
(Foto: M. Hellner)

Ein Bild, das die Situation verdeutlicht. In den dichten Fichtenforsten kämpft die Buche um ihr Überleben.
(Foto: L. Jeschke, 2001)

Linke Seite: Vessertal, herbstlicher Bergmischwald zwischen Mittelbühl und Veitlesrod. Buchenwälder mit den Mischbaumarten Tanne und Fichte bildeten einst die vorherrschende Vegetation im Thüringer Wald. Gegenwärtig nehmen sie nur 15 Prozent der Waldfläche ein. Die Umwandlung der Fichtenforste in naturnähere Laubwälder hat begonnen.
(Foto: M. Hellner)

Das von den aufgeforsteten Fichten befreite und dann durch Grabenverschlüsse wiedervernässte Südliche Schneekopfmoor. Es besteht Hoffnung, dass es wieder zu einem Torf speichernden, waldfreien Regenmoor wird. (Foto: L. Jeschke, 2002)

562 ha und besteht aus acht Teilflächen. Allerdings stocken auf etwa einem Drittel der Fläche noch stark vom Förster geprägte Bestände, meist Fichtenforste, jedoch etliche bereits mit Beimischung der Buche. Bei etwa zwei Drittel der Fläche handelt es sich um sehr naturnahe Wälder, wie der Waldmeister-Buchenwald (circa 150 ha), der Hainsimsen-Buchenwald (140 ha), der Fichten-Moorwald (60 ha) und der Eschen-Ahorn-Schlucht- und Schatthangwald (2,5 ha). Wiederholungsaufnahmen von Dauerbeobachtungsflächen in der Kernzone dokumentieren die Entwicklung zu naturnäheren Waldbeständen.

Durch die kontinuierliche Grünlandpflege und -nutzung konnte der weitere Rückgang seltener Bergwiesenarten verzögert oder sogar verhindert werden. Die Bergwiesen des Biosphärenreservates zählen daher zu den wertvollsten Thüringens. Beispielsweise entdeckt man in der mit großem persönlichem Engagement betreuten Pflegezone Harzgrund neben seltenen Bergwiesenorchideen das letzte thüringische Vorkommen der Behaarten Fetthenne. Ein großes Hemmnis für die Erreichung der Schutzziele besteht allerdings in der zu hohen Wilddichte, die nicht nur zu Schäden an Bergwiesenorchideen führt, sondern auch die Verjüngung der Weißtanne und die Entwicklung naturnäherer Waldbestände verhindert beziehungsweise verzögert.

Weitere Schwerpunkte des Arten- und Biotopschutzes bilden Bergbäche und Torfmoosmoore. Für den Feuersalamander wurde die Durchgängigkeit vieler Fließgewässer wiederhergestellt, starkes Totholz in die Bäche eingebracht und die Naturnähe der Uferbestockung durch Entnahme von Fichten erhöht. Im Jahr 1998 begann das sehr erfolgreiche Projekt »Moorschutz im Thüringer Wald« in enger Zusammenarbeit von Forst- und Naturschutzverwaltung. Seither sind auf der Grundlage eines Fachkonzeptes allein im Biosphärenreservat Revitalisierungsmaßnahmen in neun Mooren durchgeführt worden (unter anderem 35 Querbauwerke, 48 ha Durchforstungen, Besucher lenkende Maßnahmen). Durch diese Regelungen konnte die Vitalität von Torfmoosen deutlich gesteigert werden.

Schließlich werden seit 1997 die technischen Mitarbeiter der Biosphärenreservatsverwaltung verstärkt für Veranstaltungen, spezielle Bildungsprogramme und Führungen qualifiziert und als Besucherservice eingesetzt. Dieser Einsatz erfolgt in enger Abstimmung mit den Kommunen sowie den touristischen Akteuren und ist nicht nur ein wichtiger Bestandteil der Umweltbildungsaktivitäten, sondern auch des Besucherangebots in der Region. Dies wird seit 1999 durch ein Informationszentrum des Fördervereins des Biosphärenreservats in Frauenwald ergänzt, welches den Ansprüchen an ein Biosphärenreservat jedoch nicht genügt. Deshalb sind hier weitere Bemühungen erforderlich.

Initiativen zum nachhaltigen Tourismus bilden inzwischen einen weiteren Schwerpunkt. Dazu gehört die Entwicklung gebietsspezifischer Angebote, der Ausbau des Marketings unter Verwendung der Dachmarke Nationale Naturlandschaften, Besucherlenkungsmaßnahmen sowie die Einrichtung eines Besuchermonitorings. Seit 2004 wird dies ergänzt um Mobilitätsinitiativen wie den »Rennsteigbus«, die »Rennsteigbahn« oder »Fahrtziel Natur«, die auch dem Klimaschutz dienen. Im Rahmen der einzelnen Projekte ist es gelungen, verschiedene Akteursgruppen zusammenzubringen, bei ihnen Verständnis zu wecken und mit ihnen gemeinsam tragfähige und nachhaltige Lösungen zu erarbeiten und umzusetzen, die dem Schutz der Natur dienen. Im Jahr 2006 wurde unter breiter Einbeziehung der lokalen Bevölkerung und einzelner Interessengruppen ein Rahmenkonzept für das Biosphärenreservat erstellt, welches die Zielvorgaben der Verordnung für das Gebiet konkretisiert.

Erweiterung in Diskussion

Um langfristig die Unesco-Anerkennung zu sichern, hat die Thüringer Landesregierung Anfang 2011 einen moderierten Diskussionsprozess eingeleitet. Im Ergebnis soll im Jahr 2012 die Region eine Empfehlung an die Landesregierung zur inhaltlichen und räumlichen Erweiterung des Biosphärenreservats formulieren. Mit der Gebietserweiterung soll auch die Vielfalt der Lebensräume im BR erhöht werden, zum Beispiel durch Erweiterungen im Bereich der Nordabdachung des Gebirges, der nordöstlich angrenzenden Talzüge sowie der östlichen und südöstlichen Bergwiesenkomplexe. Auch das europäische Schutzgebietssystem Natura 2000 soll besser integriert werden. Inhaltlich geht es um die Festlegung von Entwicklungsschwerpunkten sowie die Ausgestaltung einer novellierten Biosphärenreservatsverordnung.

Vorgesehen ist, die Ergebnisse des Diskussionsprozesses bei der Fortschreibung der Entwicklungsplanung für den Naturpark Thüringer Wald zu berücksichtigen, da sich beide Gebiete räumlich und inhaltlich überlagern. Mit einem integrierten Schutzkonzept soll eine abgestimmt nachhaltige Regionalentwicklung gesichert werden.

Literatur zum Weiterlesen

Jeschke, L.; Paulson, C. (2002): Moore in den Kammlagen des Thüringer Waldes und des westlichen Schiefergebirges, in: Naturschutzreport (19), S. 13–82.

Kaiser, E. (1937): Der Bergwald im oberen Vessertal. Eine landschaftsbiologische Studie. Schriften der besondern Stelle für Naturschutz in der Provinz Sachsen, Magdeburg.

Niemann, E. (1961): Vergleichende Untersuchungen zur Vegetationsdifferenzierung in Mittelgebirgstälern, dargestellt am Beispiel eines Querschnittes durch den mittleren Thüringer Wald. Unveröff. Diss. TU Dresden.

Samietz, R.; Zimmermann, W.; R. Bellstedt, R. (2010): Emergenzuntersuchungen des Museums der Natur Gotha im Biosphärenreservat Vessertal (1983 bis 1987), in: Biosphärenreservat Vessertal-Thüringer Wald (Hg.): Naturkundliche Forschung. Wegbereiter des Biosphärenreservats, Tagungsband 2009, S. 62–74.

Wenzel, H.; Westhus, W.; Fritzlar, F.; Haupt, R.; Hiekel, W. (2012): Die Naturschutzgebiete Thüringens, Jena.

Westhus, W.; Niemann, E. (1990): Veränderungen in der Wiesenvegetation des unteren Vessertales (Biosphärenreservat »Vessertal«), in: Archiv für Naturschutz u. Landschaftsforschung (30), S. 45–64.

Witticke, H. (2010): Die ersten Waldbeschreibungen im Mittleren Thüringer Wald. Beginn der Erfassung von Naturverhältnissen und Forstbeständen im Gebiet des heutigen Biosphärenreservats Vessertal, in: Biosphärenreservat Vessertal-Thüringer Wald (Hg.): Naturkundliche Forschung. Wegbereiter des Biosphärenreservats, Tagungsband 2009, S. 62–74.

Das Biosphärenreservat Rhön

Von Karl-Friedrich Abe

Die Rhön – das Land der offenen Fernen

Die Rhön ist ein Mittelgebirge mit rheinischer Streichrichtung, das die Wasserscheide zwischen Rhein und Weser bildet. Gelegen im Dreiländereck von Bayern, Hessen und Thüringen, erhebt sich die Rhön in Thüringen auf der Unterlage der Triasgesteine Buntsandstein und Muschelkalk zwischen 230 m und 816 m über dem Meeresspiegel. Sie gliedert sich in Kuppenrhön, Hohe oder Lange Rhön und Süd- oder Waldrhön. Auf einer Unterlage aus den Triasgesteinen Buntsandstein und Muschelkalk erheben sich nördlich und östlich des langgestreckten Basaltmassivs der Hohen Rhön einzelne, mit Buchenwald bestockte Basaltkegel (Kuppenrhön). Der höchste Berg der Rhön ist die in Hessen gelegene Wasserkuppe mit 950 m. Unsere Darstellung bezieht sich ausschließlich auf die thüringische Rhön, in der 1990 ein Biosphärenreservat eingerichtet wurde.

Kaum ein Mittelgebirge Deutschlands zeigt eine solche Vielfalt an Landschafts- und Lebensräumen wie die Rhön. Die ausgedehnten, blumenreichen Wiesen und Weiden auf den Basaltflächen der Hohen Rhön gehören dazu und die markanten, meist mit Laubbäumen (vorwiegend Buchen) bestandenen Bergkuppen ebenso wie die klaren Bäche in den Tälern, die mit den Wiesen, Äckern und Weiden ein buntes Mosaik bilden. Dazwischen leuchten die roten Dächer der Rhöndörfer, die oft durch alte Alleen miteinander verbunden sind. An den Kalksteinhängen haben sich durch die Jahrhunderte währende Schafbeweidung einzigartige, mit Wacholder bewachsene, Mager- und Trockenrasen entwickelt. Hier kann eine Fülle bedrohter Pflanzen- und Tierarten gedeihen. Im Buntsandsteinbereich der Triaslandschaft treten die Wasserflächen der Erdfälle wie Augen in der Landschaft hervor. Ein weiteres Charakteristikum der Rhön ist der relativ geringe Waldanteil. Die Berge und Hanglagen bieten daher eine überwältigende Fernsicht. So hat die Rhön den touristisch werbewirksamen Slogan »Land der offenen Fernen« erhalten – eine Region, die Weitblick ermöglicht.

Ganz anders berichten dagegen mittelalterliche lateinische Quellen über die Region: »Nix, nox, nux, nebulae sunt optima munera rhoenae.« (»Schnee, Nacht, Nuss und Nebel schenkt uns bestenfalls die Rhön.«) Und die ersten römischen Chronisten hatten das Gebiet so beschrieben: »Wenn man allein durch die schaurige und verlassene Gegend wandert, wird man nur wilde Tiere, den Flug der Vögel und gewaltige Bäume sehen.« Diese historischen Beschreibungen zeigen, dass die Rhön ihre Bewohner nie mit großen Reichtümern verwöhnt hat. Aber der Fleiß der hier siedelnden Menschen hat eine der bekanntesten deutschen Kulturlandschaften geschaffen. Die Anerkennung der Rhön als Unesco-Biosphärenreservat, als »Modellregion von

Die Rhön, eine alte Kulturlandschaft im Dreiländereck von Thüringen, Bayern und Hessen. Diese historische Kulturlandschaft konnte von ihrem Thüringer Teil ausgehend im wiedervereinigten Deutschland zu einem drei Bundesländer vereinenden Biosphärenreservat entwickelt werden – heute eine unbestrittene Erfolgsgeschichte. (Foto: K.-F. Abe, 2009)

Weltrang«, ist für die Bewohner der Rhön eine hohe Auszeichnung und zugleich auch eine große Verpflichtung.

Der Wert des Biosphärenreservats begründet sich vor allem in den vielen, selten vorkommenden Arten in Flora und Fauna. Allein 31 Orchideenarten wurden hier nachgewiesen. Die große Bedeutung und Verantwortung zum Erhalt dieser Vorkommen wird unter anderem daran deutlich, dass drei der fünf Standorte der Einknolligen Honigorchis Thüringens im thüringischen Teil des Biosphärenreservats liegen. Beim Ohnhorn liegt einer der beiden Standorte, und das Stattliche Knabenkraut ist auf allen Kalkmagerrasen, teilweise mit den individuenstärksten Beständen des Landes, zu finden. Der einzige Standort Thüringens der Sumpf-Weichwurz liegt ebenfalls im Biosphärenreservat Rhön.

Durch Beobachtungen konnten in den letzten 20 Jahren 201 Vogelarten (gesamt BR Rhön 213 Arten) nachgewiesen werden, davon sind 126 Brutvogelarten (gesamt BR Rhön 127). Eine erfreulich hohe Dichte ist mit mehr als 60 Revierpaaren beim Rotmilan zu verzeichnen. Außerdem ist seit 1980 der Uhu wieder heimisch und kann als flächendeckend in der Rhön angesehen werden. Der Schwarzstorch ist seit 1986 Brutvogel in den naturnahen Wäldern und hat inzwischen eine stabile Population aufgebaut. Die einzige endemische Art, die Rhönquellschnecke, hat für den Artenschutz in der Rhön und im Vogelsberg große Bedeutung. 17 von 19 Fledermausarten Thüringens wurden in der Region nachgewiesen und acht der neun in Thüringen beziehungsweise Deutschland bekannten Spitzmausarten kommen im thüringischen Teil des Biosphärenreservats vor (außer der Gartenspitzmaus).

Vorgeschichte des Naturschutzes

Es ist nur folgerichtig, dass in Anbetracht dieses Reichtums an verschiedenartigen Standorten und Lebensräumen der staatliche Naturschutz sich dieser Landschaft annahm. Als ältestes Naturschutzgebiet gilt der Ibengarten bei Dermbach, ein 58 ha großer Buchenwald mit einem prächtigen Eibenbestand, dessen Naturschutzverordnung von 1938 datiert. Während der Zeit der DDR wurde dann eine Reihe wertvoller Waldnaturschutzgebiete hinzugefügt, so 1961 die Basaltkuppe des Arzberges (122 ha) und das Naturschutzgebiet Sachsenburg (43 ha). 1967 wurden der Rhönwald (53 ha) auf der Nordabdachung der Langen Rhön und das Auewäldchen (26 ha) auf den Schotterterrassen der Ulster, das Kalktuffniedermoor bei Geblar (4,8 ha) und der Hembachwald (15 ha) in der Vorderrhön als Naturschutzgebiete festgesetzt. Außerdem wurden im Laufe der Jahre zahlreiche Naturdenkmäler ausgewiesen, die später in Naturschutzgebiete einbezogen wurden. Ein besonders interessanter Fall ist das Stedtlinger Moor im Naturschutzgebiet Bischofswaldung. Es handelt sich um ein typisches Kesselmoor, das sich in einem Erdfall gebildet hat.

Das Biosphärenreservat Thüringische Rhön entsteht

Unmittelbar nach der Grenzöffnung im November 1989 entwickelten sich schnell Kontakte zur westdeutschen Seite, vor allem zu hessischen Naturschützern. Eine kleine Gruppe engagierter Menschen erarbeitete noch vor Weihnachten des Jahres einen Abgrenzungsvorschlag für das zukünftige Biosphärenreservat Rhön. Im folgenden Jahr kam es zur Gründung der hessisch-thüringischen Naturschutzkommission. Deren Entwürfe wurden, unterstützt durch das Institut für Landschaftsforschung und Naturschutz in Jena, nach Berlin zum Ministerium weitergeleitet und in das entstehende Nationalparkprogramm eingearbeitet. Das vom Bezirkstag Suhl am 21. Dezember 1989 auf seiner letzten Sitzung beschlossene Landschaftsschutzgebiet Rhön bildete eine willkommene rechtliche Grundlage, war es doch in drei regionalen »Landschaftstagen Rhön« auf breiter ehrenamtlicher Basis langfristig vorbereitet worden.

Am 1. September 1990 begann ein Aufbaustab zur Umsetzung der Ziele des geplanten Biosphärenreservats Rhön seine Arbeit in einem Flachbau auf dem Hof der ehemaligen Landwirtschaftlichen Produktionsgenossenschaft in Kaltensundheim. Mitarbeiter wurden eingestellt und die Verwaltung aufgebaut. Mit dem Inkrafttreten der Verordnung zum Biosphärenreservat Rhön

Links: Natürlicherweise wäre die Rhön eine geschlossene Buchenwaldlandschaft, doch nur in ortsfernen Lagen konnten sich wüchsige Buchenwälder erhalten. Durch Jahrhunderte währende Weidewirtschaft auf den Hängen wurde der Waldhumus aufgebraucht und es entstanden karge Triften, auf denen es nur dem Wacholder gelingt, sich als Gehölz zu erhalten. (Foto: K.-F. Abe, 2010)

Rechts: Auf 1100 ha ist noch der heute selten gewordene Kalkmagerrasen vorhanden, dessen Blütenreichtum eine überraschende Insekten- und auch Vogelvielfalt zur Folge hat. (Foto: K.-F. Abe, 2010)

Rechte Seite oben: Für die Landschaftspflege zum Erhalt historischer, also degradierender Landnutzungsformen, wurde die Schafhaltung wiederbelebt. Von den hier einst herausgezüchteten Rhönschafen gibt es allein im thüringischen Teil wieder 1200 Tiere. Insgesamt weiden hier 12 000 Schafe in 21 Herden. (Foto: K.-F. Abe, 2009)

Rechte Seite unten: Unterbleibt die traditionelle Grünlandnutzung, entfalten sich hier zunächst Hochstaudenfluren. Das auffallende Weidenröschen gewinnt oft die Oberhand, bis schließlich Pioniergehölze, wie die Vogelbeere, die Waldentwicklung einleiten. (Foto: M. Succow, 2009)

in Thüringen am 1. Oktober 1990 begann für die Region eine neue Ära. Es galt eine intensive Öffentlichkeitsarbeit zu entwickeln, denn durch ihre Lage nahe der ehemaligen Grenze zur Bundesrepublik Deutschland war die Rhön in der DDR kaum bekannt. Die Vision, die Rhön mit einer internationalen Auszeichnung zu adeln, nahm mit der Arbeit an den Antragsunterlagen für die Anerkennung der Rhön als Biosphärenreservat der Unesco Gestalt an. Am 6. März 1991 wurde die Rhön mit bayerischen, hessischen und thüringischen Anteilen durch die Unesco als Biosphärenreservat anerkannt und damit in das internationale Netzwerk der Kulturlandschaften von Weltrang aufgenommen.

Die Jahre 1990 und 1991 brachten gravierende Veränderungen in der Landwirtschaft und damit Sorgen um den Erhalt der Kalkmagerrasen in der Rhön, deren heutige Existenz den Schäfern mit ihren Herden zu verdanken ist. Es drohte damals der Ausverkauf der Schafherden und damit die Verbuschung der Halbtrockenrasen. Auf Bitten der Naturschützer vor Ort wurde 1991 durch das Bundesumweltministerium eine Soforthilfe von 220 000 DM zur Unterstützung der Schäfereien gewährt. Durch diese und weitere Initiativen wurde eine Vision wahr: Das fast gänzlich verschwundene Rhönschaf kehrte wieder in seine angestammte Heimat zurück. Heute grasen wieder etwa 1200 so genannte Schwarzköpfe auf den Magerrasen.

Ein Meilenstein bei der Entwicklung des Biosphärenreservats war die Erarbeitung des Rahmenkonzeptes zu Schutz, Pflege und Entwicklung der Rhön. Seit 1995 liegt damit ein abgestimmtes, länderübergreifendes Entwicklungskonzept vor. Diese breite Abstimmung in der Region hat auch wesentlich dazu beigetragen, dass anfängliche Akzeptanzprobleme des Biosphärenreservats weitgehend überwunden werden konnten. Die Zusammenarbeit der drei Verwaltungsstellen wird seit 2002 durch ein Verwaltungsabkommen der Länder geregelt. Das betrifft die Federführung und Außenvertretung, die Geschäftsführung des Beirates und die Koordination länderübergreifender Projekte. Eine Verwaltungsstelle übernimmt für jeweils drei Jahre diese Aufgabe.

Ein Modellprojekt zur umweltfreundlichen Erzeugung landwirtschaftlicher Produkte wird mit dem größten ökologisch wirtschaftenden Betrieb, den Landschaftspflege-Agrarhöfen in Kaltensundheim, umgesetzt. Auf einer Fläche von über 2600 ha wird hier eine ausgewogene Nutzung von Ackerland, Wiesen und Weiden angestrebt. Mit den Hofläden einiger Landwirtschaftsbetriebe haben sich regionale Warenkreisläufe entwickelt. Sie sichern Arbeitsplätze, bieten den Landwirten eine bessere Wertschöpfung und den Verbrauchern frische und hochwertige lokale Produkte. Ein Frischmilch-Haustürservice versorgt mehr als 1400 Kunden der Region mit dieser Köstlichkeit. In den Gaststätten werden verstärkt Produkte von Landwirten aus der Region angeboten, so findet man zunehmend wieder Lammgerichte oder die Rhönforelle auf den Speisekarten. Gaststätten, die regionale Produkte in ihrer Küche verwenden, sind mit einer Plakette »Qualität des Biosphärenreservats Rhön« gekennzeichnet. Mit einer Zusatz-Zertifizierung werden in der Rhön »Silberdisteln« für den regionalen Wareneinsatz vergeben. Eine Silberdistel bedeutet 30 Prozent Wareneinsatz aus der Region, zwei Disteln zeigen 40 und drei Silberdisteln 60 Prozent an.

Um den Bewohnern die Ziele des Weltprogramms »Bildung für nachhaltige Entwicklung« näherzubringen, werden verschiedene Projekte umgesetzt und Veranstaltungen für Jung und Alt angeboten. Die Zusammenarbeit mit Schulen hat dazu geführt, dass mehrere Bildungseinrichtungen den Titel »Umweltschule in Europa« tragen. Dem Rhöngymnasium in Kaltensundheim konnte diese Auszeichnung nunmehr zum 16. Mal in Folge verliehen werden.

Seit 1996 wird die Öffentlichkeitsarbeit durch eine eigene Zeitschrift *Mitteilungen aus dem Biosphärenreservat Rhön* maßgeblich befördert und durch Veranstaltungsreihen wie die »Naturerlebnistage« in wirkungsvoller Weise unterstützt.

Die Verwaltung des Biosphärenreservats versteht sich nicht nur als eine Dienstleistungs- und Servicestelle, sondern auch als Schaufenster zur Welt. Gäste aus vielen Ländern gaben sich hier schon die Ehre. Außerdem hat die thüringische Verwaltung drei Partnerschaften mit kanadischen Biosphärenreservaten aufgebaut. Diese internationale Präsenz verlangte einen entsprechenden Rahmen. Mit dem Umzug der Verwaltung in die altehrwürdige Propstei nach Zella im Jahre 2009 wurde der Bedeutung des Biosphärenreservats durch den Freistaat Thüringen Rechnung getragen. Fast gleichzeitig mit dem Umzug wurde auch das lang ersehnte Informationszentrum in der Propstei in Zella eröffnet.

Schwerpunkte für die Zukunft

Als Schwerpunkte der Entwicklung des Biosphärenreservats Rhön gelten die Erhaltung der Biodiversität dieser historischen Kulturlandschaft und Maßnahmen zum Klimaschutz.

Ein weiterer Schwerpunkt ist die Entwicklung der Region, die sich an der nachhaltigen Nutzung ihrer Ressourcen orientiert und den Menschen eine lebens- und liebenswerte Heimat bietet. Anregungen dazu werden die Überarbeitung des Rahmenkonzeptes und die bevorstehende turnusmäßige Überprüfung durch die Unesco bieten.

Die Idee der Biosphärenreservate, der »Modellregionen von Weltrang«, muss auf viele Schultern verteilt und der Gedanke der nachhaltigen Entwicklung im Biosphärenreservat vorgelebt werden.

Literatur zum Weiterlesen

Biosphärenreservat Rhön/Verwaltung Thüringen (Hg.) (1996–2011): Mitteilungen aus dem Biosphärenreservat.

Biosphärenreservat Rhön/Verwaltung Thüringen (Hg.) (1998–2010): Mitteilungen aus dem Biosphärenreservat.

Grebe, R.; Bauernschmitt, G. (1995): Biosphärenreservat Rhön. Rahmenkonzept für Schutz, Pflege und Entwicklung, Radebeul.

Höhn, W. (2007): Die Thüringische Rhön, Fulda.

Pollock, R.; Abe, K.-F.; Braun, R.; Hawrysh, A.; Le Tarte, C. (2011): International Partnerships and Learning Platforms: The Cooperation between a German and several Canadian BRs, in: Österreichische Akademie der Wissenschaften und Österreichisches MAB-Nationalkomitee (Hg.): Biosphere Reserve in the Mountains of the World. Excellence in the clouds?, Wien.

Schnepf, C.; Holzhausen, J. (2008): Die Rhön erleben, Veichtshöchheim.

Verband Deutscher Naturparke e.V. Bonn (Hg.) (2011): Natur erleben. Erlebnisführer zu den Nationalen Naturlandschaften in Thüringen, Essen.

DIE DREI NATURPARKE

Der Naturpark Schaalsee – heute Biosphärenreservat

Von Klaus Jarmatz und Rainer Mönke

Die Landschaft und ihre Nutzung

Die Schaalseeregion, das Grenzland zwischen Holstein und Mecklenburg, wurde von den älteren Eisvorstößen der Weichseleiszeit geformt. Der Schaalsee, der tiefste See Norddeutschlands, verdankt den schmelzenden Gletschern seine Entstehung. Nach dem Abschmelzen der Gletscher vor etwa 20 000 Jahren bot sich den Rentierjägern eine kuppige bis flachwellige Moränenlandschaft dar, von Schmelzwasserrinnen durchzogen, in denen sich Moore entwickelten, mit den Kuppen der Endmoränen und langgestreckten Oszügen auf den Grundmoränen. Zahlreiche kleine, meist vermoorte Sölle sind im Verlaufe der Kulturlandschaftsentwicklung hinzugekommen. Vor wenigstens 5000 Jahren ließen sich erste Ackerbauern hier nieder und rodeten den Wald auf den fruchtbaren Böden. Schließlich wurde das bebaubare Land knapp. Es wurden Moore entwässert und Wiesen angelegt, und die verbliebenen Waldreste lieferten nicht mehr genug Feuerholz. Der Torf der Moore ersetzte das fehlende Holz. Als Letztes wurden die Regenmoore (Hochmoore) in die Nutzung einbezogen, sie lieferten die begehrten Kultursubstrate für den Gartenbau.

Nach dem Zweiten Weltkrieg und der daraus resultierenden Teilung in zwei deutsche Staaten wurden Teile der mecklenburgischen Schaalseelandschaft aufgrund ihrer Lage entlang der innerdeutschen Grenze ab 1952 zum Sperrgebiet erklärt. Umsiedlungsprojekte der DDR-Regierung führten zu sinkenden Bevölkerungszahlen. Als Folge dieser Politik entstand eine nur dünn besiedelte, überwiegend landwirtschaftlich geprägte Region mit nur sehr schwach entwickelter Infrastruktur. Neben der Landwirtschaft hatte sich seit den 1950er Jahren auf einigen Regenmooren ein industrieller Torfabbau entwickelt.

Geschichte des Naturschutzes

Erste Naturschutzaktivitäten gehen auf die 1950er Jahre zurück. Die ostholsteinische Heckenlandschaft, die bis ins heute Mecklenburgische reicht, war 1958 Anlass zur Ausweisung des Landschaftsschutzgebietes »Schaalsee mit Heckenlandschaft Techin«. Der Röggeliner See und das Kuhlrader Moor wurden 1956 einstweilig als Naturschutzgebiet sichergestellt und 1967 und 1972 erweitert. 1972 erfolgte die naturschutzrechtliche Sicherung des Schönwolder Moores, des einzigen nicht durch den industriellen Torfabbau beeinträchtigten Regenmoores in Mecklenburg-Vorpommern. In diesem Jahr wurden auch Teile des Schaale- und Schildetales unter Schutz gestellt.

Die mittelalterliche Fachwerkkirche von Lassahn im heutigen Biosphärenreservat Schaalsee. Mit dem Nationalparkprogramm wurde die Grenzregion zunächst als Naturpark ausgewiesen. Inzwischen ist das Gebiet als Unesco-Biosphärenreservat anerkannt. (Foto: L. Jeschke, 1990)

Im Rahmen der Sicherung von wertvollen Naturgebieten im Bereich der früheren Staatsgrenze wurden 1990 elf Gebiete einstweilig gesichert und 1992 endgültig als Naturschutzgebiete festgesetzt. Es sind dies das Campower Steilufer, der Ewige Teich, der Goldensee, das Kammerbruch, die Kieckbuschwiesen, der Lankower See, der Mechower See, das Gebiet Techin, der Strangen sowie der Niendorf-Bernstorfer Binnensee. Der Schaalelauf wurde 1993 einstweilig als Naturschutzgebiet gesichert, 1998 folgten das Weiße und das Schwarze Moor sowie der Boissower See und der Südteil des Neuenkirchener Sees. 2001 wurde die einstweilige Sicherung für die Moorrinne von Klein Salitz bis zum Neuenkirchener See verlängert, und 2002 erfolgte die einstweilige Sicherung des Neuendorfer Moores. Damit gehören heute 18 Naturschutzgebiete zum Biosphärenreservat Schaalsee. Sie nehmen etwa 25 Prozent der Fläche des Biosphärenreservates ein. Im Schatten der Grenze, zwischen Schwerin, Hamburg und Lübeck, hatte sich eine für mitteleuropäische Verhältnisse einmalige Seenlandschaft mit zahlreichen andernorts seltenen Tier- und Pflanzenarten erhalten und entlang des Grenzstreifens konnte sich eine weitgehend nutzungsfreie Naturlandschaft entwickeln.

Die Umsetzung der Ziele des Biosphärenreservates oder Vom Naturschutzpark zum Biosphärenreservat

Das heutige Biosphärenreservat Schaalsee wurde am 12. September 1990 gemeinsam mit weiteren Schutzgebieten Ostdeutschlands – damals noch als Naturpark – auf der letzten Sitzung des DDR-Ministerrates im Rahmen des Nationalparkprogramms per Verordnung festgesetzt. Doch der Weg vom Naturpark zum Biosphärenreservat war lang.

Der erste Antrag zur Anerkennung als Biosphärenreservat wurde bereits 1994 an das damalige Deutsche Nationalkomitee gerichtet. Es folgte darauf die Empfehlung, gemeinsam mit Schleswig-Holstein einen Antrag für ein länderübergreifendes Biosphärenreservat in der Schaalseeregion zu erarbeiten. Die Erweiterung des geplanten Biosphärenreservates Schaalsee auf angrenzende Bereiche im Kreis Herzogtum Lauenburg wurde besonders in den Jahren 1996 (Regierungserklärung der Ministerpräsidentin von Schleswig-Holstein) und 1997/1998 diskutiert. Ausgangspunkt war der Wille der damaligen Landesregierung, die Region auf der Basis des vom Bund geförderten Flächenankaufs für Naturschutzzwecke (Projekt von gesamtstaatlicher repräsentativer Bedeutung) als Modellregion der Nachhaltigkeit zu entwickeln. Fehlende Strukturen vor Ort, wie zum Beispiel eine Aufbauleitung, mangelnde Informationsvermittlung und ungenügende Einbindung von Meinungs- und Verantwortungsträgern ließen das Projekt im schleswig-holsteinischen Teil dann scheitern. Im mecklenburgischen Teil hingegen konnten Mehrheiten für ein Biosphärenreservat gewonnen werden. Mit der Verabschiedung des Landesnaturschutzgesetzes Mecklenburg-Vorpommern im Sommer 1998 wurde das Großschutzgebiet nach Landesrecht als Biosphärenreservat ausgewiesen.

Am 23. März 1999 fasste das Kabinett des Landes Mecklenburg-Vorpommern den Beschluss, allein für die mecklenburgische Schaalseeregion bei der Unesco den Antrag auf Anerkennung als Biosphärenreservat zu stellen. Im Januar 2000 wurde das Biosphärenreservat von der Unesco anerkannt. Ein ganz entscheidender Schritt, gerade auch für die öffentliche Wahrnehmung als Biosphärenreservat in der Schaalseeregion, war die Eröffnung des mit finanzieller Unterstützung der Deutschen Bundesstiftung Umwelt (DBU) errichteten Verwaltungs-, Informations- und Medien-

Im Zentrum des heutigen Biosphärenreservates liegt der Schaalsee, tiefster See des Norddeutschen Tieflandes und einer der letzten großen Klarwasserseen.
(Foto: C. Haferkamp, 2010)

Rechte Seite oben: Insel Möwenburg im Schaalsee. Die einst ausgegrenzte Landschaft erfreut sich heute eines wachsenden Naturtourismus. Die vielgestaltige Seenlandschaft bezaubert bei wechselnden Jahreszeiten mit immer neuen Stimmungen.
(Foto: W. Buchhorn, 2010)

Rechte Seite unten: Winter am Schaalsee. Der tiefe See bleibt länger eisfrei als die flachen Seen und wird deshalb von den Wasservögeln stark als Rastgebiet genutzt.
(Foto: Archiv BR Schaalsee, 2010)

zentrums, Pahlhuus genannt, im März 1998 in Zarrentin. Das Pahlhuus hat mittlerweile als Image-Faktor in Mecklenburg-Vorpommern eine landesweite Bedeutung, fungiert als Willkommenszentrum für den nordwestlichen Raum. Es ist der zentrale Anlaufpunkt für Gäste und Bewohner der Region.

Partner des Biosphärenreservates

Neben dem Erhalt der einzigartigen Naturausstattung des »Grünen Bandes«, entlang der ehemaligen Grenze, war es von Anfang an das Ziel, auch eine nachhaltige regionale Entwicklung zu fördern. Der im Herbst 1990 gegründete Förderverein Biosphäre Schaalsee e.V war und ist gemeinsam mit der Biosphärenreservatsverwaltung Initiator und Moderator für viele regionale Netzwerke und Projekte bei der Umsetzung des »Mensch und Biosphäre«-Programms der Unesco. Seit 1991 besteht eine enge Zusammenarbeit mit dem Zweckverband Schaalsee-Landschaft. Der Zweckverband, dem die Landkreise Ludwigslust und Nordwestmecklenburg in Mecklenburg-Vorpommern, der Kreis Herzogtum Lauenburg in Schleswig-Holstein und die Umweltstiftung WWF angehören, hat die Trägerschaft für das 1992 vom Bundesumweltministerium finanzierte Vorhaben zur »Errichtung und Sicherung schutzwürdiger Teile von Natur und Landschaft mit gesamtstaatlich repräsentativer Bedeutung« übernommen. Über dieses Projekt konnten mittlerweile über 4000 ha Fläche für Naturschutzzwecke insbesondere zur Sicherung der nutzungsfreien Kernzonen erworben und in ihren ökologischen Leistungen verbessert werden. Davon gehören etwa 3000 ha zum Biosphärenreservat Schaalsee. Die Kernzone des Biosphärenreservates konnte von 3,9 auf 6,4 Prozent erweitert werden. Inzwischen wurde die Biosphärenreservatsverwaltung als flächenverwaltende Behörde bestimmt.

Auf Anregung der Biosphärenreservatsverwaltung und der Landräte der Landkreise Nordwestmecklenburg und Ludwigslust wurde am 12. Januar 2000 das Kuratorium für das Biosphärenreservat Schaalsee gebildet. Den Vorsitz hat abwechselnd jeweils ein Landrat für ein Jahr inne. Zum Kuratorium gehören Vertreter der beiden Landkreise, die Vorsteher der Ämter Gadebusch, Rehna, Wittenburg und Zarrentin, Mitglieder des Fördervereins Biosphäre Schaalsee e.V., des Bauernverbandes, der Forstverwaltung, des Naturschutzbundes, der Wirtschaftsfördergesellschaft, der Arbeitsagenturen beider Landkreise, des Zweckverbandes Schaalsee-Landschaft, der Tourismusverband, Gäste des Umwelt- und des Landwirtschaftsministeriums sowie weitere Akteure der Region. Durch diese ausgewogene Zusammensetzung des Gremiums wird eine Beteiligung vieler Interessengruppen an den Entscheidungen des Biosphärenreservates gesichert.

Bereits 1998 wurde auf einer Ideenbörse in Roggendorf der Startschuss für eine nachhaltige Regionalentwicklung gegeben. Auf Initiative der Biosphärenreservatsverwaltung beschlossen die Mitglieder im November 2000 auf der Sitzung des Kuratoriums für das Biosphärenreservat Schaalsee die Erstellung des Rahmenkonzeptes (2001–2004). Die Erarbeitung des Rahmenkonzeptes in einem »Regionalen Agenda Prozess« hat wesentlich zur Entwicklung einer regionalen Identität beigetragen. Die Biosphärenreservatsregion begreift sich seitdem als Schaalseeregion, die es historisch bedingt bis dahin nie gab. Im Frühjahr 2001 konnte durch das Erbe eines Hamburger Kaufmanns an den Förderverein die Stiftung Biosphäre Schaalsee ins Leben gerufen werden. Hauptzweck der Stiftung ist die Förderung des ganzheitlichen Natur- und Umweltschutzes sowie der Umweltbildung im Biosphärenreservat. Über die Stiftung und den Förderverein engagieren sich mittlerweile viele Menschen ehrenamtlich für die Ziele des Biosphärenreservates. Es

Moränenlandschaft nördlich von Lassahn. Die fruchtbaren Böden wurden frühzeitig in Ackernutzung genommen. Heute geht es darum, nicht die Profitmaximierung obsiegen zu lassen, sondern eine nachhaltig nutzbare Agrarlandschaft zu erhalten. (Foto: Archiv BR Schaalsee, 2009)

wurden Managementpläne für den Schaalsee und den Röggeliner See erarbeitet, für die Schilde konnte ein Renaturierungsprojekt in Auftrag gegeben und die Umsetzung eingeleitet werden. Schließlich wurde auch für das Neuendorfer Moor, ein ausgetorftes Regenmoor, ein Pflege- und Entwicklungskonzept umgesetzt. Gegenwärtig wird für das Kalkflachmoor an der Schaale ein Pflegeplan erarbeitet. Die durch Entwässerung und Torfabbau geschädigten Moore bilden weiterhin einen Schwerpunkt der Arbeit der Biosphärenreservatsverwaltung und des Fördervereins.

Dieser Prozess initiierte aber vor allem auch praktische Beispiele im Sinne des MAB-Programms der Unesco. Dazu zählen die Regionalmarke »Biosphärenreservat Schaalsee – Für Leib und Seele« und der Biosphäre-Schaalsee-Markt.

Frühzeitig wurde die Entwicklung eines gemeinsamen regionalen Images angestrebt. Als sehr dienlich dafür erwies sich die Idee und Einführung der Regionalmarke im Jahr 1998. Seitdem vergibt die Biosphärenreservatsverwaltung als Markeninhaber bei Erfüllung bestimmter Voraussetzungen die rechtlich geschützte Regionalmarke »Biosphärenreservat Schaalsee – Für Leib und Seele« auf Antrag jeweils für ein Jahr. Sie ist ein bedeutendes Marketinginstrument und weist auf lokal und umweltgerecht erzeugte Produkte, Dienstleistungen oder Initiativen hin, die besonders empfehlenswert sind. Über die Zuerkennung entscheidet ein Vergabegremium. Die Regionalmarke wird von den Inhabern zu Zwecken der Öffentlichkeitsarbeit und der Werbung eingesetzt. Das einheitliche Auftreten der Akteure wird in der Öffentlichkeit besser wahrgenommen und es konnte in den letzten Jahren ein regionales Netzwerk und Kooperationsgeflecht in der Region entstehen. Es fördert das verträgliche Miteinander von Mensch und Natur und hilft, wirtschaftliche Existenzen auf der Basis von regionalen Kreisläufen zu sichern. Anfang 2011 gab es in der Biosphärenreservatsregion 77 Lizenznehmer der Regionalmarke.

Auf dem Biosphäre-Schaalsee-Markt sind die meisten dieser zertifizierten Produkte und Dienstleistungen zu finden. Als Gemeinschaftsinitiative der Biosphärenreservatsverwaltung und des Fördervereins wird der Markt gemeinsam mit der Arbeitsgruppe Direktvermarktung seit 1999 organisiert und dient der nachhaltigen Regionalentwicklung im Sinne der »Lokalen Agenda 21« im Biosphärenreservat Schaalsee. Unter dem Motto »regional, spezial, saisonal« bieten jeweils am ersten Sonntag im Monat von April bis November bis zu 34 Direktvermarkter aus der Region ökologisch produzierte Waren vor dem Pahlhuus an.

Der »Job-Motor-Biosphäre«

»Job-Motor-Biosphäre« ist die Bezeichnung einer gemeinsamen Initiative der Biosphärenreservatsverwaltung und des Fördervereins Biosphäre Schaalsee e.V. sowie der Bundesanstalt für Arbeit zur Förderung von Existenzgründungen und Nebenerwerben im Sinne der Schutzgebietsphilosophie, die Ende der 1990er Jahre entwickelt wurde.

Ausschlaggebend dafür war die erste Ideenbörse im Januar 1998 in Roggendorf, auf der gesellschaftlich aktive Kräfte der Region, Kommunalpolitiker, Unternehmer, Kunst- und Kulturschaffende sowie interessierte Bürger zusammenkamen. Daraus entstanden vielfältige Aktivitäten und Projekte für eine schutzgebietsbezogene Regionalentwicklung. Bis 2003 gingen aus dem »Job-Motor-Biosphäre« 29 Existenzgründungen mit etwa 50 Arbeitsplätzen hervor. Die bis dahin erfolgreichen Existenzgründungen zeigen beispielgebend, dass es möglich ist, Arbeitsplätze im Bereich des ökologischen Wirtschaftens zu schaffen.

Landwirtschaft im Biosphärenreservat

Zum Biosphärenreservat gehören 16 300 ha Ackerfläche. Es ist hervorzuheben, dass es sich bei diesen Flächen nicht um Grenzertragsstandorte, sondern durchweg um sehr gute Böden (40 – 60 Bodenpunkte, wobei 100 die fruchtbarsten Böden sind, die ärmsten werden mit 10 – 20 bezeichnet) handelt. Diese bilden die Grundlage einer hochproduktiven Landwirtschaft. Der Nutzungs- und auch der Pachtdruck auf diesen Flächen sind hoch, weshalb es für die Landwirte noch sehr unattraktiv ist, auf eine ökologische Landwirtschaft umzusteigen. Bisher bewirtschaften nur 13 landwirtschaftliche Betriebe im Biosphärenreservat 1032,7 ha (Ackerbau, Viehzucht) entsprechend der »Richtlinie zum Ökologischen Landbau in Mecklenburg-Vorpommern«. Dies entspricht 4,8 Prozent der landwirtschaftlichen Nutzfläche im Biosphärenreservat Schaalsee. Hervorzuheben ist, dass es trotz hohen Flächendrucks und intensiver Produktion der Biosphärenreservatsverwaltung gelungen ist, eine Vielzahl von kleinen und großen Projekten zur Verbesserung des

Der Schutzgebietsverwaltung ist es gemeinsam mit den Bewohnern gelungen, eine Erlebnislandschaft wieder entstehen zu lassen und eine zukunftsfähige Regionalentwicklung zu ermöglichen.
(Foto: Archiv BR Schaalsee, 2006)

Die westmecklenburgische bäuerliche Kulturlandschaft hat ihren Reiz zurückgewonnen, lädt Besucher zum Verweilen ein. (Foto: Archiv BR Schaalsee, 2005)

Landschafts- und Wasserhaushaltes umzusetzen. Das Aufgabenfeld der weiteren Ökologisierung der Landnutzung ist auch in Zukunft eine der großen Herausforderungen für die Biosphärenreservatsverwaltung.

Nachhaltiger Tourismus

Die östliche Schaalseeregion verfügt durch die jahrzehntelange Abgeschiedenheit von jeglicher Infrastrukturentwicklung über eine Unberührtheit, die in der Nähe der Städte Hamburg, Schwerin und Lübeck einen großen touristischen Marktwert darstellt. Die Etablierung eines Biosphärenreservates in der mecklenburgischen Schaalseeregion hat deshalb die Möglichkeit geboten, mit den Akteuren vor Ort einen nachhaltigen regionalen Tourismus mit eigener Gastronomie zu entwickeln. Im 2003 verabschiedeten Rahmenkonzept für das Biosphärenreservat Schaalsee bekennt sich deshalb die Region für den Bereich Fremdenverkehr und Erholung unter anderem zu einer touristischen Erschließung und Erlebbarkeit in Anlehnung an das Zonierungskonzept des Biosphärenreservates; dem Schutz und Erhalt der einzigartigen Naturräume durch Besucherlenkung, Schaffung spezieller Angebote zur störungsarmen Naturerfahrung; zur Förderung der extensiven und ökologischen Landwirtschaft und Direktvermarktung. Darüber hinaus verpflichtet sich die Region, die besonderen Naturräume durch ein gezieltes Vorgehen bei der Siedlungsentwicklung und der Gewerbeansiedlung zu schützen und zu bewahren.

Um in der Biosphärenreservatsregion jedoch den Tourismus zu einer tragenden wirtschaftlichen Säule zu entwickeln, ist noch großes Potenzial vorhanden. Die Nutzung dieses Potenzials wird derzeit durch Defizite im Bereich der touristischen Infrastruktur und des Marketings behindert. Eine im Jahr 2007 durchgeführte Besucher- und Wertschöpfungsanalyse beweist allerdings, dass das Biosphärenreservat auf dem richtigen Weg ist.

Bildung für nachhaltige Entwicklung

Die Förderung von Wissen in den jüngeren Generationen über nachhaltige Entwicklung hat von Beginn an für die Biosphärenreservatsverwaltung eine zentrale Aufgabe dargestellt, denn Kinder und Jugendliche sind die Akteure und Entscheidungsträger von morgen. Deshalb ist der enge Kontakt zu Schulen und zu anderen Bildungseinrichtungen in der Region eine der wichtigsten Aufgaben im Bereich Öffentlichkeitsarbeit. Seit 1991 wurden bei Führungen, Exkursionen, Projekttagen und weiteren Veranstaltungen bereits über 50 000 Kinder und Jugendliche erreicht.

Aktuelle Herausforderungen

Die Aktivitäten und Projekte im Biosphärenreservat widmen sich zunehmend den aktuellen Herausforderungen wie dem Klimaschutz, dem Erhalt der biologischen Vielfalt sowie den sozioökonomischen Belangen eines zukunftsfähigen ländlichen Raumes. In diesen Bereichen liegen zurzeit sowohl die Forschungsschwerpunkte als auch die Bildungs- und Modellprojekte.

Die beschriebenen Prozesse laufen allerdings auch in der Schaalseeregion nicht konfliktfrei ab. Dass alle Akteure, Verantwortungsträger und Bürger sich dauerhaft nur dem Nachhaltigkeitsprinzip verschreiben, wird wohl noch für lange Zeit eine Vision bleiben. Der Weg dahin scheint aber, das wird im Biosphärenreservat schon erlebbar, erfolgreich zu sein.

Literatur zum Weiterlesen

Jarmatz, K.; Mönke, R. (1994): Errichtung und Sicherung schutzwürdiger Teile von Natur und Landschaft mit gesamtstaatlich repräsentativer Bedeutung. Projekt: Schaalsee-Landschaft, Schleswig-Holstein und Mecklenburg-Vorpommern, in: Natur und Landschaft (69), S. 315 – 322.

Jarmatz, K.; Mönke, R. (2000a): Nachhaltige Regionalentwicklung am Beispiel der Schaalseeregion, in: Natur und Landschaft (75), S. 107 – 109.

Jarmatz, K.; Mönke, R. (2000b): Biosphärenreservat Schaalsee. Bestandteil eines länderübergreifenden Projektes von gesamtstaatlich repräsentativer Bedeutung, in: Naturschutzarbeit in Mecklenburg-Vorpommern (43), S. 54 – 59.

Jarmatz, K.; Mönke, R. (2011): Großschutzgebiete in Deutschland, III-3.9 Biosphärenreservat Schaalsee, in: Konold, W.; Böcker, R.; Hampicke, U. (Hg.): Handbuch Naturschutz und Landschaftspflege III-3.9, S. 1 – 15.

Mönke, R. (2005): Erfolgskontrolle im Gewässerrandstreifenprojekt »Schaalsee-Landschaft« unter besonderer Berücksichtigung der Avifauna und der Rotbauchunke, in: Erfolgskontrollen in Naturschutzgroßvorhaben des Bundes Teil 1: Ökologische Bewertung. in: Naturschutz und Biologische Vielfalt (22), S. 69 – 82.

Mönke, R. (2007a): Naturschutz schafft Arbeitsplätze. »Job-Motor-Biosphäre« im Unesco-Biosphärenreservat Schaalsee, in: Unesoheute (2).

Mönke, R. (2007b): Untouched nature in the former border zone between East and West Germany, in: Europarc Bulletin (159).

Mönke, R. (2011): Anpassung an den Klimawandel. Erfahrungen aus dem Uneso-Biosphärenreservat Schaalsee, in: Schriftenreihe des Deutschen Rates für Landespflege (83), S. 108 – 112.

Scheller, W.; Gebhard, B.; Mordhorst, H.; Mordhorst, J.; Ode, T.; Teppke, M.; Voigtländer, U. (2005): Veränderungen des biotischen Potenzials im Biosphärenreservat Schaalsee unter besonderer Berücksichtigung veränderter landwirtschaftlicher Bewirtschaftungsweisen, in: Naturschutzarbeit in Mecklenburg-Vorpommern (48), S. 30 – 43.

Schriefer, G.; Mönke, R. (1996): Naturpark Schaalsee. Eine Chance für Mensch und Natur, in: Naturschutzarbeit in Mecklenburg-Vorpommern (39).

Der Naturpark Märkische Schweiz

Von Hartmut Kretschmer

Das bereits 1957 ausgewiesene Landschaftsschutzgebiet Märkische Schweiz, nur circa 60 km östlich von Berlin gelegen, wurde 1990 Ausgangspunkt für den ersten Brandenburger Naturpark. Angespornt durch die Zielvorstellungen des Nationalparkprogramms, begann im April 1990 in einer Dachkammer des kleinen, malerisch gelegenen Städtchens Buckow die Arbeit zu seinem Aufbau. Die Zeit des Umbruchs ermöglichte es, dass sich Naturschutzaktivisten aus der Region um Gerhard Grützmacher sowie Mitarbeiter des in Umwandlung befindlichen Zentrums für Bodenfruchtbarkeit der Akademie der Landwirtschaftwissenschaften der DDR in Müncheberg zu einem engagierten Aufbaustab zusammenfanden. Die Idee zu einem Naturpark in der Region fiel schnell auf fruchtbaren Boden, da Naturschützer vor Ort um den Geologen Harro Hess bereits in den 1980er Jahren Vorstellungen für einen Naturschutzpark Märkische Schweiz nach dem Vorbild der Lüneburger Heide entwickelt hatten. Ohne die über viele Jahre zurückreichende ehrenamtliche Tätigkeit zur Dokumentation der sehr reichen Naturausstattung des Gebietes sowie die hoch motivierte Tag- und auch Nachtarbeit aller Beteiligten wäre es aber nicht möglich gewesen, innerhalb von nur vier Monaten alle notwendigen Unterlagen zusammenzustellen, durch die der Naturpark Märkische Schweiz mit einer guten Verordnung noch Teil des im September 1990 verabschiedeten Nationalparkprogramms werden konnte. Im Gegensatz zu den später ausgewiesenen Brandenburger Naturparken erhielt die gesamte Fläche der Märkischen Schweiz (205 km²) mindestens den Status eines Landschaftsschutzgebietes, außerdem wurden ungefähr neun Prozent der Fläche zum Naturschutzgebiet erklärt. Aufgrund der besonders reichhaltigen Avifauna, der Vogelbestände in der Region, wurde fast der gesamte Naturpark 2005 als Europäisches Vogelschutzgebiet an die EU gemeldet, und durch den hohen Anteil an Flora-Fauna-Habitat-Lebensraumtypen sind inzwischen circa 25 Prozent als FFH-Gebiete festgesetzt.

Der Naturpark besitzt eine besonders reiche Naturausstattung, da sich hier auf engstem Raum fast alle eiszeitlichen Bildungen und Formen einer typischen jungpleistozänen Landschaft mit stark bewegtem Relief finden. Die sehr abwechslungsreiche Oberflächengestalt wurde wesentlich durch die Hauptrandlage des Frankfurter Stadiums der letzten Eiszeit geformt, die sich quer durch das Gebiet zieht. Die Erhebungen der End- und Stauchmoränen fallen insbesondere ins Zentrum der Märkischen Schweiz, im Buckower Kessel, steil zum Stobbertal beziehungsweise den darin liegenden Seen ab. Die Höhendifferenz zwischen der höchsten Erhebung, dem Krugberg (129 m), und dem Seegrund des nahe liegenden Schermützelsees (19 m unter dem Meeresspiegel) ist mit circa 150 m für das norddeutsche Tiefland außergewöhnlich. Viele Bereiche der hügeligen Landschaft mit ihren vielen quellreichen Schluchten und Kehlen erinnern an Mittelgebirgsverhältnisse.

Das Naturschutzgebiet Ruhlsdorfer Bruch mit seiner Orchideenwiese. Die Beweidung durch eine gemischte Herde von Pferden, Rindern und Schafen dient dem Erhalt dieser Halbkulturformation. (Foto: J. Hoffmann, 2010)

Die nach Südwesten zum Berliner Urstromtal abfließenden eiszeitlichen Schmelzwässer führten zur Ausprägung des heutigen Stobbertals sowie zur Bildung mehrerer gebietsprägender Seen in den mehr oder weniger abflusslosen Senken. Hierzu gehören insbesondere der Schermützelsee (mit 146 ha größter See im Naturpark), der Große Däbernsee und der Große Klobichsee, als ursprünglich charakteristische Klarwasserseen, sowie eine Reihe eutropher (nährstoffreicher) Flachwasserseen mit breiten Röhrichtzonen. Der Stobber als wichtigstes Fließgewässer entspringt im Niedermoorgebiet des Roten Luchs und bildet dort das seltene Phänomen einer Talwasserscheide aus. Während das Wasser seines südwestlichen Teils über Spree, Havel und Elbe in die Nordsee gelangt, fließt sein nordöstlicher Teil durch die Buckower Rinne und dann über die Oder in die Ostsee. Der sauerstoffreiche nordöstliche Teil des Stobber ist ab Buckow mit seinen vielen Mäandern, Steilabbrüchen und weiteren Kleinstrukturen sowie durch den vom Naturpark initiierten Einbau von acht Fischtreppen an den alten Mühlenstauen heute wieder eines der strukturreichsten und artenreichsten Fließgewässer im nordostdeutschen Tiefland. Vor dem Eintritt in das Odertal speist der Stobber das Gebiet der Altfriedländer Teiche, in dem der Kietzer See liegt, der mit 200 ha als größter ablassbarer Fischteich Deutschlands gilt. Das gesamte Teichgebiet erhielt bereits in den 1980er Jahren aufgrund seiner Funktion als Zugvogelrastgebiet den Schutzstatus eines »Feuchtgebietes von internationaler Bedeutung«.

Entlang der eiszeitlichen Hauptabflussrinne des Stobbertals bildeten die ausgewaschenen Sedimente mehrere kleine und einige große Sanderflächen aus, die heute beispielsweise bei Müncheberg zur Kiesgewinnung für Berliner Großbaustellen und für ein Dachziegelwerk genutzt

Blick in den Buckower Kessel mit dem Schermützelsee und weiteren Kleinseen. (Foto: F. Plücken, 2006)

werden. In den flachen Senken der Tallagen kam es oft, unterstützt durch lateral zuströmendes Drängewasser, zu nacheiszeitlichen Niedermoorbildungen. Das am südwestlichen Rand des Naturparks gelegene Rote Luch ist mit circa 1250 ha das größte Niedermoorgebiet östlich Berlins. Dieser große Moorkomplex hat allerdings durch intensive Entwässerung in den 1930er und 1960er Jahren einen erheblichen Teil seiner Funktionsfähigkeit und Lebensraumqualität eingebüßt. Neben einer Reihe weiterer kleiner, meist nur schwach entwässerter Niedermoore verfügt das Gebiet im Randbereich des Buckower Kessels auch über kleine Torfmoosmoore in ehemaligen Toteislöchern, deren spezielle und sehr seltene Hochmoorvegetation jedoch durch die niedrigen Grundwasserstände der letzten Jahrzehnte stark beeinträchtigt wurde (wie zum Beispiel der Kleine Barschpfuhl oder der Gartzsee). Der nördliche und östliche Teil des Naturparks wird im Anschluss an die Endmoränenzüge durch die Barnimer und Lebuser Grundmoränenplatten geprägt. Diese flachwelligen Grundmoränen befinden sich überwiegend in ackerbaulicher Nutzung.

Die stark gegliederte Geomorphologie und die Vielfalt der hydrologischen Verhältnisse sowie die in Teilbereichen bis heute noch vorhandene extensive und kleinräumige Landnutzung des Gebietes bedingen den außergewöhnlichen Biotop- und Artenreichtum auf kleinstem Raum in oft enger Verzahnung miteinander. Die Mehrzahl der in Brandenburg gesetzlich geschützten Biotope sowie circa 38 Prozent der in Brandenburg gefährdeten Pflanzenarten kommen im Naturpark vor (Landesanstalt für Großschutzgebiete 2000). Die Märkische Schweiz war deshalb schon ab Mitte des 19. Jahrhunderts ein beliebtes Exkursionsziel insbesondere für Botaniker (Ascherson 1864, Hueck 1929). Aktuell hat Hoffmann (2006) die Flora des Naturparks akribisch aufgearbeitet und aktualisiert. Die von ihm nachgewiesenen 1146 Farn- und Blütenpflanzenarten in dem mit 205 km² kleinsten Naturpark Brandenburgs belegen eine herausragende floristische Artenvielfalt zu vergleichbaren Gebieten Nordostdeutschlands.

Der Naturpark Märkische Schweiz, eine schon vor über 100 Jahren von den Berlinern entdeckte und seitdem viel besuchte Erholungslandschaft vor den Toren Berlins. Im Bild ein Feldweg bei Dahmsdorf mit blühenden Schlehen und verwilderten Birnen.
(Foto: J. Hoffmann, 2010)

Gegenwärtig nehmen Wald- und Forstflächen circa 43 Prozent der gesamten Naturparkfläche ein. Dabei dominieren immer noch Kiefernforste, insbesondere auf den großen Sanderflächen. Auf reicheren Standorten wurden in den letzten Jahrzehnten zunehmend Kiefernaltbestände mit Traubeneichen, Winterlinden, Rot- und Hainbuchen unterbaut, um eine Entwicklung zu naturnahen Mischwäldern einzuleiten. In den Landschaftsteilen mit starkem Relief haben sich alte Laubwälder der potenziell natürlichen Vegetation erhalten (Kiefern-Traubeneichen-Wälder, Traubeneichen-Winterlinden-Hainbuchen-Wälder, Traubeneichen-Buchen-Wälder). Besonders die alten und strukturreichen Laubwälder beherbergen eine Vielzahl stark gefährdeter Tierarten, wie beispielsweise Schwarzstorch, Mittelspecht, Zwergschnäpper, Mopsfledermaus, Bechsteinfledermaus und Große Bartfledermaus. Auf grundwassernahen Standorten und Fließgewässer begleitend finden sich noch relativ ursprüngliche Quellmoor-Erlen-Eschen-Wälder und Reste von Stieleichen-Hainbuchen-Wäldern. Eine große Besonderheit stellen in den Schluchten und Kehlen die moos- und farnreichen Hangwälder mit anspruchsvollen Edellaubhölzern sowie die wenigen Eichentrockenwälder mit Elsbeere an einigen Südhängen dar. Die angestrebte Ausweisung nutzungsfreier Waldflächen durch Verordnungen gelang bisher nicht, allerdings hat der Naturschutzbund im Stobbertal eine Reihe von Laubwaldflächen erworben, die inzwischen der Wildnisentwicklung überlassen worden sind.

Nach den Wäldern kommt auf die Ackerflächen im Naturpark mit circa 34 Prozent der zweithöchste Flächenanteil. Charakteristisch für die meisten Ackerflächen ist ihr relativ hoher Anteil an Kleinstrukturen mit Söllen, Weihern, Nassstellen, Feldholzinseln, Hecken und Obstbaumalleen. Diese strukturreichen Ackerflächen sind Lebensraum für viele gefährdete Arten der offenen Agrarlandschaft. Große Anteile wurden deshalb als FFH-Gebiete mit den Leitarten Rotbauchunke, Laubfrosch und Kammmolch ausgewiesen. Um einige Sölle konnten in den vergangenen

Oben: In alten Erosionsrinnen am Rande des Buckower Kessels blieben Buchenrestwälder erhalten. Blick in die Junker Hansen Kehle. (Foto J. Hoffmann, 2010)

Unten: Das Stobber-Fließ östlich von Buckow. Seit Gründung des Naturparks vor über 20 Jahren findet im Fließ keine Unterhaltung des Gewässers mehr statt. (Foto: H. Kretschmer, 2011)

Jahren breite Grünlandgürtel zum Schutz vor Schadstoffeinträgen und zur Habitatverbesserung für die Amphibien angelegt werden. Auch das lückige Biotopverbundsystem der Hecken im Ackerland konnte auf Initiative der Naturparkverwaltung um mehr als 15 km erweitert werden.

Die Grünlandflächen im Naturpark (ungefähr zwölf Prozent der Gesamtfläche) zeichnen sich durch eine große Standort- und Nutzungsvielfalt aus. Neben dem teilweise immer noch intensiv genutzten Niedermoorgrünland im Roten Luch gibt es noch eine Vielzahl artenreicher Feucht- und Nasswiesen in verschiedenster Ausprägung der historischen bäuerlichen Landnutzung (Pfeifengraswiesen, Kohldistelwiesen, Kleinseggenrasen). Durch systematischen Einsatz von Mitteln des Vertragsnaturschutzes konnte in enger Zusammenarbeit mit kleinen landwirtschaftlichen Betrieben nach 1990 das charakteristische Artenspektrum dieser artenreichen Feuchtwiesen stabilisiert und zum Teil deutlich verbessert werden. So hat beispielsweise die Zahl der Wiesenorchideen (insbesondere Dactylorhiza majalis und Dactyloriza incarnata) wieder stark zugenommen und ist auf einigen Flächen bereits auf mehrere Tausend angewachsen.

Ähnliche Erfolge gelangen der Naturparkverwaltung auch bei den artenreichen Trocken- und Halbtrockenrasen im Gebiet. Durch gezielte Förderung mehrerer Schäfereibetriebe für eine biotopspezifische Pflege konnten viele der regionaltypischen und mitunter kleinteiligen Kalk- und Sandtrockenrasen in den vergangenen Jahren in einen guten Pflegezustand zurückgeführt und in einigen Naturschutzgebieten sogar erweitert werden (wie beispielsweise Hänge im Ruhlsdorfer Bruch, am Sophienfließ und am Klobichsee).

Die Schönheit der abwechslungsreichen Landschaft direkt vor den Toren Berlins führte schon in der zweiten Hälfte des 19. Jahrhunderts zu einem aufblühenden Fremdenverkehr. Vermögende Familien bauten an den Ufern des Schermützelsees in Buckow Villen. In dieser Zeit entstand auch der Beiname Schweiz, der für Idylle, Vielfalt und unverwechselbare Schönheit steht und Bezug auf das Schweizer Mittelland nimmt. Fontane schwärmte in seinen »Wanderungen durch die Mark Brandenburg« von den Naturschönheiten der Märkischen Schweiz, und andere Prominente wie Bertolt Brecht und Helene Weigel, Egon Erwin Kisch und Max Schmeling nutzten in der schönen Landschaft gelegene Häuser als Sommersitze.

Nach 1990 gab es für das Gebiet einen starken Einbruch im Fremdenverkehr, da nach der Wende zunächst fernere Reiseziele für die meisten Touristen im Vordergrund standen. In den letzten Jahren hat sich der Naturpark Märkische Schweiz jedoch wieder zu einem Geheimtipp für Naturtouristen entwickelt. Daran hat auch die Naturparkverwaltung einen erheblichen Anteil, da der Schutz der wertvollen Naturausstattung geschickt mit einer behutsamen Erschließung der Landschaft vor allem für Wanderer, Fahrradfahrer und Reiter verbunden wurde.

Heute besitzt der Naturpark auf rund 150 km Länge eines der am besten ausgeschilderten Wanderwegenetze in Brandenburg, welches gleichzeitig hohen Umweltbildungsanforderungen gerecht wird. Die interessantesten Wanderwege führen als so genannte Nature Trails durch Naturschutz- und FFH- Gebiete, wie das wildromantische Stobbertal, um die Besucher durch Infotafeln beziehungsweise Führungen von der Naturwacht oder den Heimatvereinen über die Schutzziele, regionalen Besonderheiten und durchgeführten Renaturierungsmaßnahmen zu informieren. Für Fahrradfahrer wurde der Ausbau des Radwegenetzes, zum Beispiel beim Europaradweg R1, gut mit der Sanierung historischer Pflasterstraßen und damit dem Erhalt regionalen Kulturerbes verbunden. Auch für den Pferdesport bietet der Naturpark heute vielfältige Angebote über neue Reiterhöfe, Pensionen und Betriebe des ökologischen Landbaus.

Ebenso wie für den Naturtourismus ist der Naturpark inzwischen auch überregional eine bekannte Adresse für kreative Umweltbildungsangebote. Neben dem Besucherzentrum der Naturparkverwaltung in Buckow hat sich ein breites Spektrum von Umweltbildungseinrichtungen, wie zum Beispiel das Zentrum für Natur- und Umweltbildung Drei Eichen, das Ökolea-Bildungswerk in Klosterdorf, der Ökohof Garzau, das Fledermausmuseum in Julianenhof, entwickelt. Eine Besonderheit stellt das vom Nabu-Regionalverband betriebene Fledermausmuseum dar, weil hier die Erhaltung von bedeutsamen Wochenstuben (besonders der Großen Bartfledermaus) und Fledermauswinterquartieren in einem historischen Eiskeller mit einer Erlebnis-, Bildungs- und Forschungsstätte für den Fledermausschutz in Brandenburg verbunden wird.

Insgesamt ist die Entwicklung des Naturparks Märkische Schweiz heute ein gutes Beispiel für die gelungene Verknüpfung umfangreicher Maßnahmen zum Erhalt beziehungsweise der Renaturierung des wertvollen regionalen Naturkapitals mit vielfältigen Angeboten für Naturtourismus und Umweltbildung im Sinne der nachhaltigen Regionalentwicklung einer historischen Kulturlandschaft.

Literatur zum Weiterlesen

Hoffmann, J.; Koszinski, A.; Mittelstädt, H.; Köhn, K.-H.; Fiddicke, M.; Leue, J.; Leue, M.; Türschmann, H.; Büxler, O.; Lange, K.; Haase, G.; Kage, J. (2000): Die Vogelwelt des Naturparks Märkische Schweiz mit Artenliste, Beobachtungspunkten und Vogelkalender, Eggersdorf.

Hoffmann, J. (2006): Flora des Naturparks Märkische Schweiz, Göttingen.

Der Naturpark Drömling

Von Fred Braumann

Die Landschaft und ihre Nutzung

Die heutige Drömlingslandschaft, bekannt als »Land der 1000 Gräben«, liegt östlich von Wolfsburg zu vier Fünfteln in Sachsen-Anhalt und zu einem einem Fünftel in Niedersachsen. Sie entstand erst in der historisch kurzen Zeitspanne von 225 Jahren. Bis dahin stockte im Drömling ein Niedermoor-Erlenbruchwald, der eine Passage des Gebietes und die Nutzung durch den Menschen weitgehend ausschloss. Das 320 km² große Drömlingsbecken bildet eine Talwasserscheide zwischen dem Elbe- und Wesereinzugsgebiet, das von den Hochwässern der Aller und Ohre regelmäßig lang andauernd überflutet wurde. In fünf großen Entwässerungsetappen wurde ab 1786 die heutige stark gegliederte Kulturlandschaft geschaffen, die von Grünland und Äckern mit einem feingliedrigen Netz an Gräben und Kanälen geprägt ist.

Naturschutz im Drömling

Schon vor 1990 waren Bemühungen ehrenamtlicher Naturschützer zum Schutz des durch immer stärkere Entwässerung bedrohten Gebietes (formal) erfolgreich. 1967 wurde das Landschaftsschutzgebiet Südlicher Drömling und 1979 ein Fischotterschongebiet ausgewiesen. In den 1980er Jahren entstanden zwei Brachvogel-Schongebiete. Die staatlich vorgegebene immer stärkere Intensivierung der Grünlandwirtschaft, verbunden mit einer weitgehenden Artenverarmung, konnte jedoch nicht verhindert werden. Auch die Durchsetzung der Schutzgebietsbestimmungen, allein begründet auf ehrenamtlichem Engagement, blieb oftmals ohne positives Ergebnis für den Naturschutz. Ab 1984 wirkte die Kulturbund-Fördergemeinschaft Drömling im Gebiet, deren letzter Leiter Helmut Müller 1990 mit dem Aufbau einer Schutzgebietsverwaltung betraut wurde.

Erster Sitz der Naturparkverwaltung war die vormals vom Rat des Kreises genutzte ehemalige Grabenmeisterei Kämkerhorst. Hier zogen bis Ende 1990 fünf fest angestellte Mitarbeiter, unterstützt von ABM-Kräften und Zivildienstleistenden, ein. Nach der einstweiligen Sicherstellung des Drömlings als Naturschutzpark im März 1990 wurde oftmals bis spät in die Nacht mit hinzukommenden Wissenschaftlern an Konzepten gearbeitet. Da das Gebäude zu DDR-Zeiten von der Stasi genutzt worden war, erregte diese Arbeit mitunter Verdächtigungen bei den Anwohnern und sogar die Scheiben einiger Fenster wurden von Unbekannten eingeschmissen. Nach dem Inkrafttreten der Naturpark-Verordnung im Oktober 1990 stellte die Ausweisung der Kernzone

Der Drömling ist eine ausgedehnte Niederungslandschaft zwischen Sachsen-Anhalt und Niedersachsen. Moordammkulturen aus der Vogelperspektive, die der Gutsbesitzer Hermann von Rimpau Ende des 19. Jahrhunderts anlegen ließ. Um die Flächen besser nutzen zu können, wurden auf den flachgründigen Moorböden in engem Abstand breite Gräben ausgehoben, aus denen der darunterliegende Sand auf das Moor aufgetragen wurde. Diese historische Nutzungsform konnte durch die Naturpark-Verordnung von 1990 großflächig erhalten werden. (Foto: S. Ellermann, 1996)

Brücke über die Ohre bei Taterberg. Hier trafen sich im Mai 1989 die beiden deutschen Umweltminister, um ein erstes gemeinsames Renaturierungsprojekt für die zusammengehörende Landschaft zu vereinbaren. Das bildete die Grundlage für die Ausweisung als Naturpark neuer Prägung – zumindest auf der ostdeutschen Seite. (Foto: H.-D. Westphal, 2006)

auf nur drei Prozent der Naturparkfläche den Arbeisschwerpunkt dar, worüber auch die Medien intensiv berichteten. Das Betretungsverbot im Totalreservat direkt im ehemaligen Grenzgebiet zu Niedersachsen konnte nur mit einem ganztägigen Wachdienst durchgesetzt werden, zu groß waren die Neugier auf das bisher Gesperrte und das Unverständnis über die »neue grüne Grenze«. Der Wachdienst konnte dank der guten Zusammenarbeit mit dem Wasserstraßen-Neubauamt Helmstedt stark reduziert werden, nachdem ein vorzeitiger Abbau von zwei Brücken über den Mittellandkanal erreicht worden war. Diese bildeten den Zugang in die Kernzone und wurden in dem später folgenden Planfeststellungsverfahren endgültig außer Betrieb gesetzt. Sowohl die angestrebte Rückkehr zum Urwald auf einer gerade erst mittels Kleinschöpfwerk meliorierten Fläche als auch die Extensivierung von in den 1980er Jahren intensivierten Grünlandflächen musste und muss gegenüber der landwirtschaftlich geprägten Bevölkerung vermittelt werden.

Schwerpunkt der Tätigkeit in den 1990er Jahren war die kritische Begleitung der Verkehrsprojekte Deutsche Einheit. Das Gebiet war durch den Neubau der Hochgeschwindigkeitsstrecke Hannover-Berlin (auf vorhandener Trasse) und die Verbreiterung des Mittellandkanals betroffen. Beide Projekte banden erhebliche Kapazitäten für die Bearbeitung der sehr umfangreichen Planfeststellungsunterlagen jeweils mehrerer Bauabschnitte. Letztlich hat dieser Aufwand zwar nicht die Baumaßnahmen verhindern können, da die Verkehrsprojekte vom Nationalparkprogramm ausgenommen waren. Jedoch wurde unter anderem erreicht, dass entlang der Schnellbahn Erdwälle als so genannte Überflughilfen angelegt wurden. Außerdem wurden alle Gewässerbrücken stark verbreitert, so dass der Mittellandkanal ohne Spundwände und mit nur einseitigem Betriebsweg ausgebaut wurde. Für beide Projekte wurden außerdem auf über 1000 ha Ausgleichs- und Ersatzmaßnahmen durchgeführt.

Ohne das im Jahre 1992 gestartete Naturschutzgroßprojekt (NGP) Drömling/Sachsen-Anhalt und die Unterstützung des Bundesministeriums für Umweltschutz (BMU) wären diese Ergebnisse allerdings nicht erreicht worden. Dies gilt gleichermaßen für den bereits 1991 vom BMU und ab 1992 über das NGP finanzierten Grunderwerb hinsichtlich der Schutzziele des Naturparks. Durch die Kontakte nach Niedersachsen wurde 1990 schnell klar, dass die Realisierung einer großflächigen Wiedervernässung ohne Flächenkauf in dem zu 95 Prozent Privateigentum beinhaltenden Naturpark nicht möglich sein würde. So wurde bereits im Dezember 1990 der erste Antrag auf Anerkennung als gesamtstaatlich repräsentatives Gebiet der Bundesrepublik Deutschland gestellt. Der heute vom Altmarkkreis Salzwedel, dem Landkreis Börde und dem WWF Deutschland getragene Zweckverband erhielt 1992 eine Projektförderung vom BMU über 17 Millionen Euro bis 2003. Eine zweite Förderphase wurde 2008 über 4 Millionen Euro bis 2012 bewilligt. Während in der ersten Förderphase der Schwerpunkt auf dem Grunderwerb lag, werden nunmehr die wasserbaulichen Maßnahmen zur Wiedervernässung und zum Moorerhalt realisiert.

An dem Zeitraum von 20 Jahren zwischen der Formulierung der Schutzziele in der Naturpark-Verordnung (VO) und dem tatsächlichen Beginn der Wiedervernässung lässt sich das enorme Konfliktpotenzial bei derartigen großflächigen Vorhaben in Deutschland erkennen. Eine Bewältigung kann nur gelingen, wenn die wissenschaftlichen Grundlagen geschaffen werden und ein breiter Konsens zur Umsetzung in der Region erreicht wird. Hierin lag die wohl schwierigste Herausforderung für die Naturparkverwaltung, an deren Bewältigung sich die gesamte Wirksamkeit und Sinnhaftigkeit der Tätigkeit messen lassen musste. Wichtigste Grundlagen waren der ab 1992 erfolgte Aufbau eines hydrologischen Messnetzes mit heute circa 200 Grund- und Oberflächenwassermessstellen, eine 1998 durchgeführte Laserscan-Höhenbefliegung und die darauf basierende Entwicklung eines digitalen Wasserbewirtschaftungsmodells für den Dröm-

Am Dolchaugraben. Sommerliche Moordammkultur im Steimker Drömling.
(Foto: H.-D. Westphal, 2005)

ling. Erst mit der hierdurch möglichen Simulation verschiedener Stauhöhen wurde es möglich, die tatsächlich vernässbaren Gebiete und die zu erwartenden Auswirkungen verlässlich zu ermitteln. Mit der Darstellungsform der Grundwasserflurabstände konnten dezimetergenaue Karten der monatlichen Verhältnisse für mittlere, trockene und nasse Jahre für jeden interessierten Eigentümer und Nutzer bereitgestellt werden. Für das am Ende des Naturschutzgroßprojektes auszuweisende Naturschutzgebiet wurde so ein Zonierungskonzept erarbeitet, das unterschiedlich hohe Grundwasserstände mit daran gekoppelten Nutzungsformen in vier Schutzzonen des Naturschutzgebiets Ohre-Drömling beinhaltet. In einem zweijährigen Moderationsverfahren konnte 2003 bis 2005 die notwendige Akzeptanz bei Anwohnern, Bewirtschaftern und Kommunen für die Ausweisung des größten Naturschutgebiets im Land Sachsen-Anhalt erreicht werden. Die damals gebildeten drei Arbeitsgruppen Naturschutz, Landwirtschaft und Wasserwirtschaft arbeiten heute in der Arbeitsgruppe Drömling weiter.

Eine sehr intensive Zusammenarbeit findet außerdem auf der direkten bilateralen Ebene zwischen der Gebietsverwaltung und den Kommunen und Nutzern statt. Diese ist nur möglich, weil die Naturparkverwaltung mit Sitz in Oebisfelde als Ansprechpartner vor Ort zur Verfügung steht. Als Novum über Sachsen-Anhalt hinaus nimmt sie die Aufgaben der oberen Naturschutzbehörde

Im Winter bis in den Frühling werden die weiten Wiesenflächen wieder überstaut. Ein Bild, das in unserer heutigen Nutzungslandschaft nur noch sehr selten anzutreffen ist. (Foto: W. Sender, 2008)

Kopfweiden im Rätzlinger Drömling. Die einst übliche Nutzung der Kopfweiden im Naturpark wird heute zumindest entlang der Rad- und Wanderwege beispielhaft betrieben, um diese aus der Holznot geborene Nutzungsform zu erhalten. Auf regionalen Märkten werden die aus Weidenruten geflochtenen Körbe wieder angeboten. (Foto: H.-D. Westphal, 2005)

Blick über den Ohre-Hochwasserentlaster in die Kernzone des Naturschutzgebietes Ohre-Drömling, in der seit 1990 keine Nutzung mehr stattfindet. Die mistelbestandenen Pappeln markieren die Grenze zu Niedersachsen. (Foto: F. Braumann, 2011)

wahr, verbunden vor allem mit der Erlaubniserteilung im landwirtschaftlichen Bereich. Nur hierdurch ist eine intensive Abstimmung mit den 120 dort wirtschaftenden Landwirtschaftsbetrieben möglich, in deren Ergebnis meist gemeinsam getragene Lösungen zur Sicherung der Schutzziele gefunden werden.

Eine wichtige Vermittlerrolle kommt dabei auch den Mitarbeitern der Naturwacht zu, die durch die Präsenz im Naturschutzgebiet regelmäßig Kontakt sowohl mit den Besuchern als auch mit den Nutzern im Gebiet pflegen. Das anspruchsvolle Programm der Öffentlichkeitsarbeit und die Veranstaltungsangebote fordern jedes Jahr aufs Neue erhebliche Anstrengungen, werden aber inzwischen durch Anerkennung und Wertschätzung bei Besuchern und Anwohnern belohnt. Bis zu 10 500 Besucher werden mit circa 130 Veranstaltungen und Führungen der Naturwacht erreicht. Jährlich werden etwa 150 Projekttage mit über 3000 Schülern und Kindergartenkindern ausgerichtet. Das beliebte Junior-Ranger-Projekt hat seit 2003 im Naturpark Drömling über 120 Kinder zu kleinen Naturwächtern ausgebildet. Wichtige Mitstreiter in Sachen Naturschutz sind auch die sieben ehrenamtlichen Naturschutzbeauftragten, die 22 »Freiwilligen in Parks«, die Mitglieder des regionalen Vereins zur Förderung der Umweltbildung im Naturpark Drömling e.V. und die Mitglieder des Naturschutzvereins Aktion Drömling Schutz. Mit der Stiftung The Stork-Foundation – Störche für unsere Kinder konnte ein Partner aus der Wirtschaft für die Umsetzung eines Weißstorch-Schutzprogrammes gewonnen werden, der seit 1992 Grund erwirbt und die Flächen speziell für den Weißstorchschutz aufwertet.

Wissenschaftliche Erkundungsarbeiten

Seit 1990 wurden im Naturpark Drömling über 200 Forschungsthemen bearbeitet, davon 118 im Rahmen von Diplom- und Praktikumsarbeiten sowie fünf Dissertationen. Die Forschungsschwerpunkte lagen zunächst in der Grundlagenforschung zum gebietsspezifischen Wasserhaushalt beziehungsweise für die Erarbeitung des Pflege- und Entwicklungsplans in umfangreichen Erfassungen zahlreicher Artengruppen. Angesichts der Verpflichtungen des Landes im Rahmen des Natura-2000-Gebietsnetzes sowie des Naturschutzgroßprojektes wird sich die Forschungstätigkeit künftig auf das Monitoring zur langfristigen Sicherung der Schutz- und Entwicklungsziele gemäß des Pflege- und Entwicklungsplans konzentrieren. Hierzu wurde 2010 ein Monitoringkonzept mit dem Bundesamt für Naturschutz abgestimmt, auf dessen Grundlage alle Erfolgskontrollen erfolgen. Eine wichtige Komponente bilden hierbei die Mitarbeiter der Naturwacht, die beispielsweise die Fischotter-, Biber- und Greifvogelerfassung durchführen. Zwar konnten Personalreduzierungen im Naturpark Drömling bisher noch aus anderen Bereichen der Landesverwaltung kompensiert werden, jedoch macht sich der hohe Altersdurchschnitt der Beschäftigten bereits negativ bemerkbar. Ohne die künftige Einstellung jüngerer Mitarbeiter sind die auch körperlich anspruchsvollen Monitoringaufgaben nicht zu gewährleisten.

Die rechtliche Situation

Die umfangreichsten aktuellen Aufgaben sind mit dem Abschluss der vom Land Sachsen-Anhalt durchgeführten elf Wasserrechts- und vier Flurneuordnungsverfahren verbunden. Die Naturparkverwaltung ist Staurechtsinhaber für etwa 80 Stauanlagen, die für den Wasserhaushalt im

Naturschutzgebiet Bedeutung haben. Nach Umsetzung der Baumaßnahmen über das Naturschutzgroßprojekt werden höhere Stauziele dann realisiert, wenn neben dem wasserrechtlichen Genehmigungsbescheid auch die Besitzeinweisung innerhalb des Flurbereinigungsverfahrens erfolgt ist. Diese geschieht so, dass alle Flurstücke innerhalb der Kern- und Nässezonen des Gebietes grundsätzlich in öffentliches Eigentum überführt werden. Das insgesamt circa 6000 ha umfassende Grundeigentum des Zweckverbandes, des Landes Sachsen-Anhalt, der Stork-Foundation und der Ausgleichs- und Ersatzmaßnahmen wird hierzu entsprechend arrondiert. Die neuen Stauziele konnten 2011 in zwei Teilgebieten realisiert werden und werden bis etwa 2015 für alle Teilgebiete erfolgen.

Der Pflege- und Entwicklungsplan für das Naturschutzgebiet Ohre-Drömling als Grundlage für die Aufstellung von Managementplänen (MAP) für die FFH- und Vogelschutzgebiete im Naturpark Drömling wurde im Dezember 2007 aus dem PEP von 1996 fortgeschrieben. Die Umsetzung als MAP wird seitens der Naturparkverwaltung über einzelbetriebliche Gespräche mit den Nutzern in Zusammenarbeit mit dem Zweckverband und dem Amt für Landwirtschaft, Flurneuordnung und Forsten Altmark abgestimmt. Für die langfristige Sicherung der Schutzziele wird dabei vor allem die Aufwuchsverwertung in den circa 3000 ha sehr spät zu nutzenden Nässezonen als problematisch angesehen. Obgleich es hierzu im Drömling einige Projektplanungen gibt (zum Beispiel ein Heuheizwerk oder die Pelletproduktion), fehlt es an anwendbaren Lösungen. Die weitere Entwicklung bleibt hier spannend.

Aufgrund des beispielhaften Managements der Landnutzung im Naturpark Drömling wird seitens der Landesregierung und des Landtages von Sachsen-Anhalt die Entwicklung des Gebietes zum Biosphärenreservat angestrebt. Der Koalitionsvertrag CDU-SPD vom März 2011 sieht die Ausweisung als Biosphärenreservat nach Landesrecht und die Vorbereitung der Unesco-Anerkennung innerhalb der Legislaturperiode bis 2016 vor. Die wesentlichen Kriterien hierfür werden bereits erfüllt.

Literatur zum Weiterlesen

Braumann, F.; Benecke, H.-G.; Müller, H. et al. (1993): Der Naturpark Drömling, in: Naturschutz im Land Sachsen-Anhalt.

Kausche, M. (2008): Die Umsetzung des Naturschutzgroßprojektes Drömling/Sachsen-Anhalt, in: Natur und Landschaft (7), S. 305–310.

Langheinrich, U.; Senst, M.; Braumann, F.; Lüderitz, V. (1998): Probleme der Niedermoorregeneration im Naturpark Drömling, in: Natur und Landschaft (3), S. 450–455.

Langheinrich, U.; Braumann, F.; Lüderitz, V. (2010): Niedermoor- und Gewässerrenaturierung im Naturpark Drömling, in: Waldökologie, Landschaftsforschung und Naturschutz (10), S. 23–29.

Seelig, K.-J.; Benecke, H.-G.; Braumann, F.; Nicolai, B. (1996): Die Vögel im Naturpark Drömling. Abhandlungen und Berichte aus dem Museum Heineanum, Halberstadt.

In den Berchtesgadener Alpen wurde 1978 der zweite deutsche Nationalpark eingerichtet. Das Gebiet um den Königssee zählt mit dem 1910 begründeten Pflanzenschonbezirk zu den ältesten Schutzgebieten in Deutschland. Es hat auch eine lange touristische Tradition. Blick über den Königssee zum Watzmann. (Foto: H. D. Knapp, 2009)

ENTWICKLUNGEN IM VEREINTEN DEUTSCHLAND

GROSSSCHUTZGEBIETE

Nationalparke

Von Hans Dieter Knapp und Lebrecht Jeschke

Die Nationalparkidee hat ihren Ursprung im Nordamerika des 19. Jahrhunderts, wie Walther Schoenichen ausführlich geschildert hat (Schoenichen 1954). Hier verdienen einige Männer genannt zu werden, die dem aufgeklärten amerikanischen Bildungsbürgertum angehörten und mit ihren Schriften das geistige Klima schufen, in dem diese heute weltumspannende Idee reifen konnte. Doch vor allen ist der Maler George Catlin (1796 – 1872) anzuführen, der zu jenen weißen Amerikanern gehörte, denen bewusst war, dass Nordamerika kein »in besitzzunehmendes Niemandsland« war, sondern ein von Indianerstämmen bevölkertes Land. Schoenichen zitiert aus einem Bericht Catlins von 1832 über eine Reise in die Indianergebiete am Missouri; angesichts der »feierlichen Urwälder«, schreibt Schoenichen, sei Catlin der Gedanke gekommen, dass dieses Land »in Zukunft (durch eine großzügige Schutzpolitik der Regierung) in seiner ursprünglichen Schönheit und Wildheit erhalten werden sollte in Gestalt eines großartigen Parkes, wo die Welt in künftiger Zeit die eingeborenen Indianer, in ihrem klassischen Schmuck, auf ihren wilden Pferden galoppierend [...] inmitten der flutenden Herden der Hirsche und Büffel noch sehen könnte«.

Und er fährt fort:

»Welch eine schöne und erhabene Aufgabe für Amerika: dies für alle Zukunft zu schützen und zu erhalten für seine überfeinerten Bürger und für die Welt. Ein Park der Nation (Nation's Park) enthaltend Mensch und Tier in der ganzen Wildheit und Frische ihrer natürlichen Schönheit.«

Das waren wirkungsmächtige Argumente, denen sich immer mehr der weißen Amerikaner anschlossen. Manche glaubten, wie Catlin, dass es notwendig und wohl auch möglich wäre, »Nationale Schutzgebiete« im Sinne von Nationalparks zu schaffen und die in ihnen lebende indigene Bevölkerung als »unzivilisierte Wilde« von jeder zivilisatorischen Entwicklung fernzuhalten. Schoenichen verweist auch auf Henry Thoreau, der 1885 schrieb:

»Warum sollten wir zu unserer Erbauung und wahren Erholung nicht [...] unsere nationalen Schutzgebiete haben, in denen Bär und Panther sowie auch Angehörige der Jägerrasse weiter leben können und wo das ursprüngliche Antlitz der Erde nicht fortzivilisiert wird? Oder sollen wir sie wie Wilddiebe ausrotten und uns dabei um unsere eigenen nationalen Güter bestehlen.« (Schoenichen 1954, S. 89 f.)

Dabei hatte der Ausrottungsfeldzug gegen die Indianer längst begonnen – trotz der, in der Verfassung der Vereinigten Staaten von Amerika beschworenen, Menschenrechte. Die Vorstellungen von Catlin und Thoreau stellten sich bald in mehrfacher Hinsicht als grandioser Irrtum heraus. Denn in der Folge wurde die indigene Bevölkerung, größtenteils Jägernomaden, aus ihren angestammten Lebensräumen vertrieben, und sie wurden in der Tat als Wilddiebe betrachtet. Die-

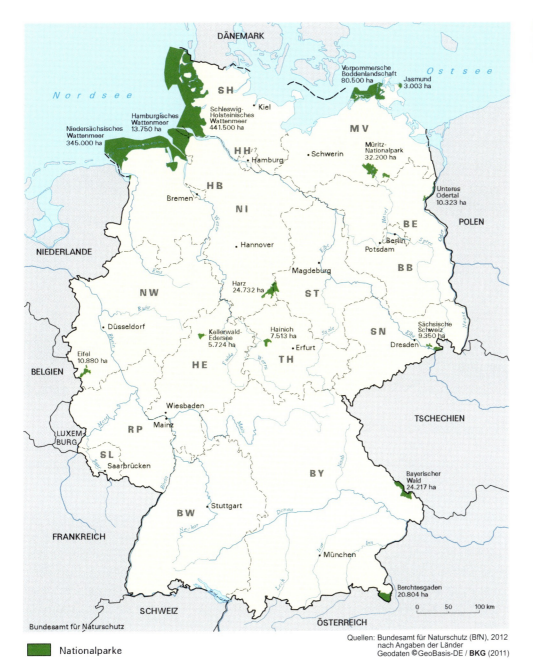

Das System der Nationalparke in Deutschland.
(Archiv Michael Succow Stiftung)

Der erste deutsche Nationalpark – der Bayerische Wald – wurde 1970 gegründet. Blick vom Lusen auf den sich erneuernden Bergwald. Massenvermehrung von Borkenkäfern lösten dramatische Veränderungen der Waldstruktur in den Hochlagen des Bayerischen Waldes aus. Nach den ihm eigenen Gesetzen entwickelt sich hier ein neuer Wald von ungewöhnlicher Vitalität.
(Foto: H. D. Knapp, 2009)

ser Geburtsfehler ist allen Nationalparks, die von den weißen Siedlern in den von ihnen eroberten Ländern errichtet wurden, eigen. Nur selten hört man heute, dass die von Weißen dominierten Regierungen sich inzwischen bei den Nachkommen der einstigen Ureinwohner entschuldigt hätten, und noch seltener hört man, dass die Regierungen den damals geschehenen Landraub (wie man es heute bezeichnen muss) finanziell entschädigt hätten.

Die Erklärung des Yellowstone 1872 zum ersten Nationalpark der USA war dennoch der Beginn einer heute weltweiten Bewegung. Seitdem wurden Nationalparke als erfolgreichste, bekannteste und wohl auch wirksamste Schutzgebietskategorie entwickelt. Sie verbinden konsequenten Schutz der Natur, das beinhaltet den Verzicht auf jedwede wirtschaftliche Ausbeutung der natürlichen Ressourcen, mit Wohlfahrt und praktischem Nutzen für den Menschen. Das unter maßgeblicher Mitwirkung des aus Deutschland stammenden Forstmanns Bernhard Eduard von Fernow (1851–1923) entworfene Bundesgesetz von 1891 ermächtigte den Präsidenten der USA, Teile des öffentlichen Grundbesitzes zu Forstreservationen zu erklären. Dieses Gesetz bildete eine entscheidende rechtliche Grundlage für die Einrichtung von Nationalparken in den Vereinigten Staaten (Mammen 1964). Von Zivilisation unberührte Natur vor wirtschaftlicher Ausbeutung zu bewahren und zur Freude und Erbauung der Menschen zu erhalten, das ist der konzeptionelle Ansatz. Nationalparke werden inzwischen nicht nur im Grundsatz akzeptiert, sondern

Die untere Buchenstufe bei Bad Harzburg im 1994 begründeten Nationalpark Westharz in Niedersachsen, der 2006 mit dem Nationalpark Hochharz in Sachsen-Anhalt zum Nationalpark Harz vereinigt wurde.
(Foto: L. Jeschke, 2011)

von Hunderten von Millionen Menschen weltweit geschätzt und geliebt. In einer Welt fortschreitender Naturzerstörung sowie zunehmender Urbanisierung und Naturentfremdung sind Nationalparke heute die wichtigsten Orte für das Naturerleben, die Natur- und Selbsterfahrung des Menschen.

In Europa tat man sich anfangs jedoch schwer mit der Nationalparkidee aus Amerika. Sie wurde zunächst nur in Schweden (1909) und in der Schweiz (1914), nach dem Ersten Weltkrieg auch in Spanien (1918), Italien (1922) und Polen (1932) aufgegriffen. 1939 gab es 31 Nationalparke in zwölf Ländern Europas. Deutschland war nicht darunter. In dicht besiedelten Ländern mit flächendeckend genutzter Kulturlandschaft wurde das Konzept großer, nutzungsfreier Schutzgebiete verständlicherweise für nicht geeignet gehalten, denn das wäre mit einem Nutzungsverzicht auf diesen Flächen verbunden gewesen – und den glaubte man sich nicht leisten zu können. So verging in Deutschland fast ein ganzes Jahrhundert, bis im Bayerischen Wald 1970 ein erster Nationalpark Realität wurde. Es bedurfte dazu mutiger Menschen mit Visionen, die davon überzeugt waren, dass die Zeit nun reif sei, für das westliche Deutschland ein neues Naturschutzparadigma zu fordern, nämlich den konsequenten Verzicht darauf, der Natur vorschreiben zu wollen, wie sie zu sein habe.

Dieser erste deutsche Nationalpark wurde so zum Vorreiter der Nationalparkidee in Deutsch-

Links: Der Nationalpark Schleswig-Holsteinisches Wattenmeer ist nach langen Kämpfen 1985 aus der Taufe gehoben worden. Seit 2009 gehört er zusammen mit dem Nationalpark Niedersächsisches Wattenmeer und Teilen des niederländischen Wattenmeeres zum Weltnaturerbe der Menschheit. 2011 wurde auch das Hamburgische Wattenmeer einbezogen. Watt vor der Hallig Hooge. (Foto: L. Jeschke, 1992)

Rechts: Der Nationalpark Niedersächsisches Wattenmeer wurde 1986 begründet. Hier konnten die Ostfriesischen Inseln größtenteils in den Nationalpark einbezogen werden. Salzwiesen am Jadebusen. (Foto: L. Jeschke, 1994)

land. Er eröffnete dem deutschen Naturschutz eine neue Dimension, er erhob das Zulassen der natürlichen Dynamik zu einem eigenständigen Naturschutzziel, setzte Maßstäbe und wurde zum Vorbild für weitere Nationalparke in Deutschland. »Wildnis« als Naturschutzziel gelangte erst mit dem Nationalpark Bayerischer Wald wirklich auf die Tagesordnung. »Natur – Natur sein lassen«, wie Hans Bibelriether es einfach und einprägsam formulierte, wurde am praktizierten Beispiel zu einem neuen Leitbild für den hiesigen Naturschutz.

20 Jahre nach seiner Gründung schien der Nationalpark Bayerischer Wald auf eine Katastrophe zuzusteuern, ausgelöst durch Windwürfe und eine massenhafte Vermehrung des Fichten-Borkenkäfers, der in den Bergwäldern an den umgeworfenen Fichten optimale Lebensbedingungen fand. Der Bergwald des Bayerischen Waldes wird von Natur aus mehr oder weniger von drei Baumarten gebildet: Buche, Tanne und Fichte. Im Verlaufe der letzten 200 Jahre wurde dieser Bergwald auf den überwiegenden Flächen auch des Nationalparks in Fichtenforste umgewandelt, ein gefundenes Fressen für den winzigen Käfer. Zum Schluss wurden auch die noch lebenden stehenden Fichten auf großer Fläche ein Opfer des Borkenkäfers. Das sollte zur größten Herausforderung für den Nationalparkleiter und gelernten Forstmann Hans Bibelriether werden, denn das forstliche Reglement sieht für einen solchen Fall eigentlich das Fällen und Entrinden der vom Käfer befallenen Stämme vor. So wurde es auch außerhalb der Grenzen des Nationalparks unverzüglich praktiziert. Würde der Nationalparkleiter Hans Bibelriether sich gegenüber der Forstverwaltung durchsetzen oder kapitulieren? Er hatte das Glück, mutige Landespolitiker an seiner Seite zu haben, die seinen Argumenten folgten: Ein neuer Wald würde auf den Borkenkäferflächen schöner und vielfältiger wachsen als der dem Borkenkäfer geopferte!

Die Regierung des Freistaates Bayern beschloss 1997 sogar eine Erweiterung des Nationalparks um 10 000 ha auf nunmehr 24 000. Der zweite deutsche Nationalpark wurde 1978 in den bayerischen Alpen gegründet. Die Hochgebirgslandschaft der Berchtesgadener Alpen mit dem Königssee zählt zu den grandiosen Naturlandschaften Europas. Seit Beginn des 19. Jahrhunderts

Links: Uralter Buchenbestand an Felsklippen oberhalb des Ederstausees im Nationalpark Kellerwald-Edersee in Hessen, der 2004 eingerichtet wurde und seit 2011 in Teilen zum Weltnaturerbe der Unesco gehört. (Foto: H. D. Knapp, 2010)

Rechts: Der Nationalpark Eifel in Nordrhein-Westfalen ist jüngstes Glied in der Reihe neuer Nationalparkgründungen im Westen Deutschlands (begründet 2004). In seinem größeren Teil ist er aus dem belgischen Truppenübungsplatz Vogelsang hervorgegangen und wird dementsprechend durch Sukzessionsflächen geprägt. Das Bild zeigt die Dreiborner Hochfläche. Hier sollen etwa 1000 ha Grasland durch Schafbeweidung offen gehalten werden. (Foto: L. Jeschke, 2006)

hat diese Landschaft Millionen von Menschen fasziniert. Mit dem 1910 eingerichteten Pflanzenschonbezirk und späteren Naturschutzgebiet weisen die Berchtesgadener Alpen heute eine mehr als hundertjährige Naturschutzgeschichte auf. Dabei richtete sich der Schutz in erster Linie gegen die Besucher, die, wie in Deutschland damals ganz allgemein üblich, die Wege nicht verlassen, keine Pflanzen abreißen und Tiere nicht beunruhigen sollten. Die Land- und Forstwirtschaft unterlag hingegen keinen Beschränkungen. Eine völlig neue Qualität des Naturschutzes war nunmehr mit der Nationalparkgründung verbunden. Es galt, das Prinzip »Natur – Natur sein lassen« auf möglichst großer Fläche durchzusetzen. Zu dieser Zeit waren Wälder noch in Privatbesitz und nicht deutlich, ob es gelingen würde, die Eigentümer vom Nutzungsverzicht zu überzeugen. Würden sie bereit sein, dem Freistaat ihre Flächen zu veräußern? Sowohl für die ausgedehnten Almen unterhalb der Waldgrenze als auch für die bewirtschafteten Almen oberhalb der Waldgrenze musste eine Lösung gefunden werden. Das war für den ersten Leiter des Nationalparks, Hubert Zierl, keine leichte Aufgabe, immerhin umfasst der Nationalpark eine Fläche von 21 000 ha. 1990 wurde dem Nationalpark eine Kulturlandschaftszone vorgelagert, so dass das Gesamtschutzgebiet als Biosphärenreservat heute 46 000 ha umfasst.

Es war nur eine Frage der Zeit, bis das Wattenmeer, dieser großartige Naturraum, von ungebändigten Naturkräften geprägt, in den Fokus der Wildnisenthusiasten geriet, denn hier herrscht wirkliche Wildnis. Vorreiter wurde 1985 Schleswig-Holstein mit dem Nationalpark Schleswig-Holsteinisches Wattenmeer. Man hatte sich die Sache relativ einfach gemacht, indem die Halligen nicht in den Nationalpark einbezogen wurden. Dennoch gab es beispielsweise mit den Jägern Probleme. Die Enten- und Gänsejagd, seit vielen Jahrhunderten im Wattenmeer betrieben, musste nun eingestellt werden. Ähnlich problematisch verhält es sich mit der Muschel- und Krabbenfischerei, wofür nach wie vor keine Lösung gefunden werden konnte. Außerdem betreibt die Bundeswehr im Nationalparkgebiet ein militärisches Übungsgelände. Auch mit der vor Ort bereits existierenden privaten Schutzstation Wattenmeer musste sich der Nationalpark arrangieren. Heddis Andreesen hat diese wahrlich nicht leichten Anfangsjahre des Nationalparks vorbildlich gemeistert.

Niedersachsen folgte 1986 mit der Gründung des Nationalparks Niedersächsisches Wattenmeer. Das Schutzgebiet bezog nicht nur das Wattenmeer vom Festlandssaum an ein, sondern ebenso die Gesamtheit der Ostfriesischen Inseln außerhalb der im Zusammenhang bebauten Orts-

Der Nationalpark Unteres Odertal, einziger Nationalpark Brandenburgs, wurde im Jahre 1995 eröffnet. Frühjahrshochwasser im Flutungspolder Schwedt. (Foto: L. Jeschke, 2007)

lagen. Dort waren nun neben der Vogeljagd die Probleme der Beweidung der Salzwiesen im Sinne des Nationalparks zu lösen beziehungsweise die Grenzen für die touristischen Aktivitäten festzulegen.

1990 beschloss die Hansestadt Hamburg, dem ihr gehörenden Teil des Wattenmeeres auch den Status eines Nationalparks zu verleihen. Damit wurde die vergleichsweise kleine Lücke zwischen den Nationalparken Niedersächsisches und Schleswig-Holsteinisches Wattenmeer geschlossen.

Die Küsten der Nordsee und die dem Festland vorgelagerten Inseln erfreuen sich seit alters einer großen Beliebtheit. Dass mit der Erhebung dieser Landschaften in den Rang von Nationalparken die Hunderttausende an Besuchern nunmehr die Chance haben, mit der Natur und Geschichte dieser Landschaft vertraut zu werden, ist ein Gewinn. Mit der Eintragung des deutschen und niederländischen Wattenmeeres in die Welterbeliste der Unesco im Jahre 2009 wurde der außerordentliche universelle Wert dieses in der Welt einzigartigen Ökosystems anerkannt und gewürdigt. Mit insgesamt fast 700 000 ha Fläche (zu 97 Prozent Wasserfläche) haben die drei deutschen Wattenmeer-Nationalparke eine Größe, die keinen internationalen Vergleich zu scheuen braucht.

Der Nationalpark Hainich, bisher einziger Nationalpark in Thüringen, wurde im Jahre 1997 beschlossen. Sein Baumkronenpfad erschließt jährlich Tausenden von Besuchern Einblick in alt gewordenen Laubwald, der als äußere Schutzzone eines ehemaligen sowjetischen Truppenübungsplatzes überlebt hat. (Foto: M. Succow, 2008)

Seit 1990 sind mehrere neue Nationalparke gegründet worden. Niedersachsen richtete 1994 nach dem Vorbild des Nationalparks Hochharz den Nationalpark Harz ein, der 2006 mit dem Nationalpark Hochharz in Sachsen-Anhalt zu einem Bundesländer übergreifenden Nationalpark zusammengefasst wurde und seither gemeinsam verwaltet wird. Dabei ist offensichtlich, dass unterschiedliche Auffassungen, zum Beispiel was die Waldbehandlung betrifft, noch nicht überwunden werden konnten. Der Nationalpark Harz umfasst nunmehr 24 700 ha. Die größte Herausforderung stellt der Umgang mit den Fichtenforsten auf dem überwiegenden Teil der Flächen dar. Der Borkenkäfer könnte sich auch hier als willkommener Helfer der Nationalparkverwaltung erweisen.

Brandenburg eröffnete 1995 den Nationalpark Unteres Odertal in der Absicht, einen grenzübergreifenden Internationalpark mit Polen zu entwickeln. Das ist bisher nicht gelungen. Auf polnischer Seite ist zwar die Oderaue weitestgehend nutzungsfrei, genießt offiziell jedoch nur den Status eines Landschaftsschutzparkes. Auf deutscher Seite streiten immer noch Förderverein und Verwaltung um den richtigen Weg zu einem Nationalpark. Insgesamt zeigt der Oder-Nationalpark, wie schwer es Naturschützern manchmal fällt, eine unreglementierte Natur zu akzeptieren. Es wird diskutiert, ob beispielsweise Vögel um jeden Preis geschützt werden müssen - auch

Links: Das Murnauer Moos (Bayern) gehört zusammen mit den Mooren an der Loisach zu den letzten unzerstörten, natürlichen Moorlandschaften Deutschlands, würdig, zum ersten Moornationalpark unseres Landes erhoben zu werden. (Foto: M. Succow, 1997)

Rechts: Das Pfrühlmoos, Teil der Loisachmoore am Rande der Allgäuer Kalkalpen, ein über Jahrtausende unabhängig von menschlichen Nutzungsabsichten gewachsener Naturraum – ein Wunder der Evolution. (Foto: L. Jeschke, 1997)

vor einer Überflutung – oder ob das übergeordnete Schutzziel nicht vielmehr die natürliche Flussdynamik sein sollte. Hinzu kommt, dass die Oder kein wilder Fluss mehr ist, sondern seit 200 Jahren begradigt und bedeicht. Durch die (gegebenenfalls) auch im Sommer mögliche Flutung der Hochwasserentlastungspolder entstehen dennoch einzigartige Bilder einer Stromlandschaft.

Mit dem Hainich in Thüringen wurde 1997 ein Waldnationalpark auf der Nordwestseite des Thüringer Beckens eingerichtet. Das Gebiet des Hainich war nach dem Zweiten Weltkrieg von der sowjetischen Armee als Übungsgebiet genutzt worden, so dass die Waldflächen einen weitgehenden Schutz genossen und sich ohne die »pflegende« Hand des Forstmannes entfalten konnten. Die alten Buchenwälder des Hainich wurden 2011 als Teil des Weltnaturerbes der Unesco anerkannt. Die ursprünglich waldfrei gehaltenen Flächen des ehemaligen Truppenübungsplatzes werden größtenteils der spontanen Sukzession überlassen.

Der Nationalpark Kellerwald-Edersee in Hessen, 2004 gegründet, liegt im Herzen Deutschlands. Auch der Kellerwald hat eine besondere Geschichte: Er war ein ehemaliges Wildforschungs- und Staatsjagdgebiet mit einer gegatterten Waldfläche von 5000 ha, und die waldbauliche Behandlung war offensichtlich nicht auf die Erzielung von Höchsterträgen aus dem Holzverkauf ausgerichtet. In wenigen Jahren gelang es, die viele Jahrzehnte nicht genutzten alten Buchenwälder zu einem international anerkannten Schutzgebiet zu entwickeln. Die wertvollsten alten Waldteile sind Teil der »Alten Buchenwälder Deutschlands«, die 2011 in die Welterbeliste der Unesco aufgenommen wurden. Der Nationalpark Kellerwald-Edersee ist zudem mit einem regulären Verfahren durch IUCN als Kategorie II zertifiziert worden. (Die Kategorie II bedeutet, dass deren Fläche zu mindestens 75 Prozent nutzungsfrei sein muss.)

Nordrhein-Westfalen hat 2004 den ehemaligen belgischen Truppenübungsplatz Vogelsang auf der Dreiborner Hochfläche und angrenzende Waldgebiete in der Eifel zum ersten Nationalpark des Landes mit einer Gesamtfläche von 11 000 ha erklärt. Davon werden etwa 2000 ha vom Offenland der ehemaligen Gemeinde Wollseifen eingenommen. Die Vorstellung, dass es möglich sein könnte, diese Fläche als offenes Grasland zu erhalten, scheint jedoch wenig realistisch. Es wird am Ende darauf hinauslaufen, dass auch hier die spontane Wiederbewaldung, jedenfalls auf dem größten Teil der Fläche, zugelassen wird, wie es auch in anderen Nationalparks mit ehemals miltärisch genutzten Flächen gehandhabt wird. Die urigen Buchenwälder des Höhenzugs Kermeter in der Eifel stellen eine Ausnahme dar.

Bereits Mitte der 1990er Jahre wurden im Auftrag des Bundesamtes für Naturschutz Leitlinien für die Nationalparke in Deutschland diskutiert und die bereits bestehenden einer vergleichenden Bestandsaufnahme unterzogen. Analysiert und ausgewertet wurden Schutzstatus, Naturraum und Ökosysteme, Eigentumsverhältnisse, rechtliche Grundlagen, übergeordnete Planungen, Zuständigkeiten, Abgrenzung und Zonierung, Nationalparkplan, Personal- und Finanzausstattung, Besucherlenkung, Wildbestandsregulierung, Forschungsarbeit, Nutzungen und Beeinträchtigungen und Erreichbarkeit. Vorschläge zur weiteren Sicherung und Entwicklung wurden unterbreitet, ein Nationalparksystem für Deutschland erörtert und als künftige Nationalparke diskutierte Gebiete bewertet. Man konstatierte teils erhebliche Defizite in der Personal- und Finanzausstattung, der Besucherbetreuung, dem Management und im zu geringen Flächenanteil nutzungsfreier Naturzonen. Seither konnte manches deutlich verbessert werden, allerdings sind die Defizite in der personellen Ausstattung eher größer geworden. Aufgabenumfang und Anforderungen einerseits und personelle Kapazitäten andererseits klaffen zunehmend auseinander. Auch der Anteil nutzungsfreier Kernzonen ist insgesamt noch zu niedrig, wenngleich hier in den letzten Jahren deutliche Fortschritte erzielt werden konnten.

Der Nationalpark Bayerischer Wald wurde 1990 zum »Geburtshelfer und Pate« des ostdeutschen Nationalparkprogramms. Die dortige Einrichtung von fünf Nationalparken hat der weiteren Entwicklung von Schutzgebieten in Deutschland zweifellos einen kräftigen Schub verliehen und zur Gründung weiterer Nationalparke angeregt. Zunächst aber hatte das Nationalparkprogramm, unter anderem durch Einbeziehung vormaliger Staatsjagdgebiete, Truppenübungsplätze und Grenzsperrzonen, einen deutlichen Zuwachs an relativ großen, unzerschnittenen und unbesiedelten Schutzgebietsflächen gebracht.

Heute, nach über 20 Jahren, können wir zusammenfassend feststellen, dass alle mit dem Nationalparkprogramm 1990 geschaffenen Schutzgebiete fest etabliert und in ihrer Existenz gesichert sind. Die damals noch nicht existierenden Landesregierungen stehen zu ihren Großschutzgebieten. Versuche einzelner Gegner, Verordnungen auf gerichtlichem Wege außer Kraft zu setzen, sind in keinem einzigen Fall erfolgreich gewesen. Die damals beschlossenen Verordnungen sind ins Länderrecht überführt noch immer gültig und haben im Rechtssystem der Bundesrepublik Deutschland Bestand. Mit dem zwischenzeitig mehrfach novellierten Bundesnaturschutzgesetz besteht ein Rechtsrahmen, der dem ungestörten Ablauf von Naturprozessen Priorität einräumt und ermöglicht, auch in bisher vom Menschen genutzten Landschaften unter Verzicht auf weitere Nutzungen Nationalparke zu entwickeln.

Nationalparke nehmen heute eine zentrale Stellung unter den Schutzgebieten in Deutschland ein. Sie haben einen hohen Grad an Bekanntheit und Beliebtheit, werden jedes Jahr von mehreren Millionen Menschen besucht. Sie haben wesentlich zur Entwicklung eines Bewusstseins beigetragen, das über die Landesgrenzen des föderalen Systems hinaus auch nationale Verantwortung für den Schutz bedeutenden Naturerbes wahrzunehmen ist. Mit Forschungsprojekten und Naturschutzgroßvorhaben des Bundes, mit Europaparc Deutschland und dem gemeinsamem Erscheinungsbild deutscher Großschutzgebiete als Nationale Naturlandschaften, mit dem Nationalen Naturerbe und mit der noch laufenden Evaluierung des Managements der deutschen Nationalparke hat sich die Wahrnehmung bundesweiter Verantwortung für nationales Naturerbe im öffentlichen Bewusstsein und auch in der praktischen Arbeit vor Ort etabliert.

Darüber hinaus gibt es ernsthafte Bemühungen von lokalen Initiativen, kommunalen Körperschaften und Naturschutzverbänden zur Errichtung neuer Nationalparke in verschiedenen deutschen Ländern. In Bayern wird um die Ausweisung eines fränkischen Nationalparks im Steigerwald gerungen. Er wurde jedoch bisher durch Nutzungsinteressen der Forstverwaltung, durch organisierte Protestveranstaltungen und hinhaltende Landespolitik blockiert. Die Initiative der

Landesregierung in Nordrhein-Westfalen, das Siebengebirge zum Nationalpark zu entwickeln, konnte wegen kontroverser Diskussionen innerhalb der Naturschutzszene um Flächengröße, Wegenetzdichte und Besuchermassen und wegen des ablehnenden Votums der Stadt Bad Honnef nicht realisiert werden. Auch über die Entwicklung der, ehemals von britischen Truppen als Übungsplatz genutzten, Senne und einiger Teile des anschließenden Teutoburger Waldes zu einem Nationalpark wird kontrovers diskutiert. Eine bereits 1991 vom Nabu-Landesverband Baden-Württemberg vorgelegte Konzeption für einen Nationalpark im Nordschwarzwald war jahrelang zu den Akten gelegt, ist unter der im Jahr 2011 gewählten grün-roten Landesregierung aber wieder aufgegriffen worden. Im Zusammenhang mit dem stärker vermoorten Nordschwarzwald (zum Beispiel das Wildsee-Moor und Hornmisse) wurde inzwischen auch ein Vorschlag des Nabu diskutiert, das Murnauer Moos als ersten deutschen Moornationalpark auszuweisen, jedoch gibt es keine Reaktion der Landesregierung. In Rheinland-Pfalz werden gegenwärtig im Auftrag der Landesregierung fünf Suchräume auf ihre Eignung als Nationalpark untersucht, darunter der Soonwald und der Pfälzer Wald. Jüngsten Pressemeldungen zufolge wird inzwischen die Einrichtung eines Nationalparks im Hunsrück beschlossen.

Relativ neu in der Diskussion ist auch die Schaffung eines Nationalparks Ammergebirge in den Bayerischen Alpen, der große unzerschnittene Gebirgswälder unterschiedlicher Höhenstufen und Waldtypen sowie bedeutende Moore umfassen könnte. Und weiterhin erscheint das Stechlinseegebiet in Brandenburg, an der Grenze zu Mecklenburg-Vorpommern, als ein potenzieller Nationalpark, der mit großen, unzerschnittenen, bereits jetzt nutzungsfreien (Buchen-)Wäldern und großen Klarwasserseen in bestehenden Naturschutzgebieten gute Voraussetzungen aufweist und eine Charakterlandschaft des norddeutschen Tieflandes repräsentieren könnte.

Das Konzept des Nationalparks hat sich in Deutschland trotz noch bestehender Defizite und bislang ungelöster Probleme während der vergangenen 20 Jahre als ein Erfolgsmodell des Flächenschutzes erwiesen. Es ist die geglückte Symbiose einer vom Nutzungsdruck befreiten Natur und einer bisher in Deutschland so nicht gekannten Besucherbetreuung mit vielfältigen Angeboten. Die Entwicklung eines naturverbundenen Tourismus wurde durch die Nationalparke erheblich gefördert. Die dort bestehenden Möglichkeiten der Naturerfahrung und des Naturerlebnisses können als beispielhaft gelten. Nationalparke sind somit auch zu einem Faktor der regionalen Wirtschaftsentwicklung geworden. Wenngleich bis heute im Durchschnitt aller 14 deutschen Nationalparke nur etwas mehr als die Hälfte der Flächen frei von Nutzungen ist, stellen diese Kernzonen gleichwohl das bedeutendste Flächenpotenzial für ungesteuerte Naturprozesse dar. Das erfordert eine entsprechende Personaldecke in den Nationalparkverwaltungen, worin ein derzeitiges Hauptproblem liegt. Unter dem allgemeinen Sparzwang öffentlicher Haushalte erfolgt eine schleichende Ausdünnung des Personalbestandes bei gleichzeitig wachsendem Besucherandrang. Ein zweites Kernproblem, ein den Zielen des Nationalparks untergeordnetes Wildtiermanagement, ist erst in wenigen Parken befriedigend gelöst. Die Ausübung der Verkehrssicherungspflicht wird oft noch unsensibel ausgeführt und stört den Eindruck wilder Natur erheblich.

Wir Menschen werden uns allerdings, wenn auch mitunter schmerzlich, von festgeschriebenen Bildern und Zielvorstellungen lösen müssen. Wir können weder bestimmte historische Zustände fixieren noch eine potenziell natürliche Vegetation herstellen. Die Natur findet ihre eigenen Wege, auf Veränderungen des Klimas, der Standorte zu reagieren. Natur kann nicht »gemacht« werden. Maßstab für den Natürlichkeitsgrad ist die Zeit der Nichtnutzung. Die Natürlichkeit nimmt mit der Zeit der Nutzungsfreiheit kontinuierlich zu. Jeder nutzende, pflegende oder steuernde Eingriff durch den Menschen wirft den Prozess der Regeneration zurück. Die Zeit der

Der sagenhafte Stechlin in Brandenburg, der letzte große Klarwassersee Norddeutschlands, mit Sichttiefen von mehr als 10 m bei einer Maximaltiefe von 64 m. Er ist eingebettet in alte Buchenwälder und wäre es wert, Deutschlands Seennationalpark zu werden.
(Foto: L. Jeschke, 1994)

Teile des nördlichen Schwarzwaldes erfüllen alle Voraussetzungen für einen ersten Nationalpark im Bundesland Baden-Württemberg. Naturnaher Tannen-, Fichten-, Buchen-Bergmischwald am Rande des Ellbach-Kars.
(Foto: L. Jeschke, 2004)

Regeneration lässt sich weder beschleunigen noch ist sie durch irgendetwas anderes zu ersetzen. Unsere Aufgabe als Menschen ist es aber, ihr den nötigen Freiraum zu lassen.

Die im öffentlichem Eigentum befindlichen, also noch nicht privatisierten Flächen sind das Pfund, mit dem es zu wuchern gilt - hier müssen keine Ureinwohner vertrieben werden wie seinerzeit in den USA. Allein dem demokratisch organisierten Staat mit seinen Volksvertretungen obliegt die Entscheidung, welchen Zwecken das öffentliche Eigentum zugeführt werden soll. Nationalparke dienen, wie es jene weißen Amerikaner vor mehr als 150 Jahren formuliert haben, der Erbauung und dem Wohlergehen, und sie werden zur Freude der zur Mehrheit in Städten lebenden Menschen geschaffen.

Literatur zum Weiterlesen

Bayerische Akademie für Naturschutz und Landschaftspflege (ANL) (1997): Wildnis – ein neues Leitbild!? Möglichkeiten und Grenzen ungestörter Naturentwicklung für Mitteleuropa, Laufener Seminarbeiträge (1).

BfN (2008): Nationalparke. Daten zur Natur, Bonn, S. 148–151.

Bibelriether, H. (1985): Zur Vereinbarkeit von natürlicher Entwicklung und wirtschaftlicher Nutzung in Nationalparken, in: Jahrbuch für Naturschutz u. Landschaftspflege 37, S. 24–30.

Bibelriether, H. (1990): Natur im Nationalpark schützen? Welche? Für wen? Wozu?, in: Nationalpark (3), S. 29–31.

Bibelriether, H. (1993): Klare Ziele für europäische Naturlandschaften, in: Nationalpark (1), S. 37–39.

Bibelriether, H.; Diepolder, U.; Wimmer, B. (1997): Studie über bestehende und potentielle Nationalparke in Deutschland, in: Angewandte Landschaftsökologie (10), Bonn.

Blab, J.; Pflug, W.; Succow, M. (Hg.) (1993): Truppenübungsplätze und Naturschutz, Schriftenreihe des Deutschen Rates für Landespflege Naturschutz und Umweltpolitik (62), in: Umwelterziehung – Bilanz und Perspektiven, Kiel.

Borrmann, K. (1996): Vierzig Jahre Naturwaldforschung im Heiligen Hallen-Bestand, in: AFZ/Der Wald, S. 1292–1296.

Broggi, M. F. (1996): Die Bedeutung von Nationalparken für die Bewahrung des Naturerbes in Europa. Dokumentation Int. Nationalpark-Symposium. Waldnationalpark Bayerischer Wald. Chancen u. Verpflichtungen für nachfolgende Generationen: 16–21 Bayerisches Staatsministerium für Ernährung, Landwirtschaft u. Forsten (Hg.): Bericht über das Symposium am 1. März 1996 im Europäischen Patentamt München.

Europarc Deutschland e.V. (Hg.) (2008): Qualitätskriterien und -standards für deutsche Nationalparke, Berlin.

Europarc Deutschland e.V. (Hg.) (2010): Fortschrittsbericht 2009/2010. Nationale Naturlandschaften, Berlin.

Föderation der Natur- und Nationalparke Europas, Sektion Deutschland (1995): Großschutzgebiete als strukturpolitische Chance und kulturelle Verpflichtung, Tagungsbericht der Veranstaltung vom 2.–4. Nov. 1994 in Sellin/Rügen.

Hampicke, U. (1996): Volkswirtschaftliche Beurteilung und Bewertung von Großschutzgebieten, in: Großschutzgebiete, ökonomische und politische Aspekte. Forstliche Forschungsberichte München (156), Schriftenreihe der Forstwissenschaftlichen Fakultät der Universität München und der Bayerischen Landesanstalt für Wald und Forstwirtschaft, S. 19–43.

Haupt, R. (1997): Wildnisgebiete. Eine neue Perspektive für den Naturschutz?, Laufener Seminarbeiträge 1, S. 57–66.

IUCN (1992): Parks for Life. Report of the IVth World Congress on National Parks and Protected Areas.

IUCN (1994): Parke für das Leben. Aktionsplan für Schutzgebiete in Europa. Gland und Cambridge, FÖNAD, Grafenau.

Jeschke, L.; Knapp H. D.; Succow, M.; Wegener, U. (2010): Mehr Wildnis wagen! 20 Jahre Nationalparks in Ostdeutschland. Ein Erfolgsmodell, in: Nationalpark (3), S. 10–16.

Jeschke, L.; Knapp, H.-D.; Succow, M.; Wegener, U. (2010): Von der Ostsee bis zur Elbe. Der aktuelle Stand in sieben deutschen Nationalparks, in: Nationalpark (3), S. 16–20.

Keienburg, T.; Prüter, J. (2006): Naturschutzgebiet Lüneburger Heide. Erhaltung und Entwicklung einer alten Kulturlandschaft. Mitteilungen aus der NNA, Sonderheft (1).

Klaus, S.; Reisinger, E. (1994): Der Hainich in Thüringen. Vergessenes Laubwaldgebiet mitten in Deutschland, in: Nationalpark (2), S. 30–34.

Knapp, H. D. (1993): Neue Nationalparke an der deutschen Ostseeküste. Mehr Natur am Meer. Helfen Nationalparke? WWF-Tagungsbericht 7, Husum, S. 135–162.

Knapp, H. D. (1996a): Die Rolle des Nationalparks Bayerischer Wald für die deutschen Nationalparke. Bayerisches Staatsministerium für Ernährung, Landwirtschaft und Forsten, Dokumentation. Internationales Nationalpark-Symposium am 1. März 1996 im Europäischen Patentamt München, S. 22–31.

Knapp, H. D. (1998b): Freiraum für natürliche Dynamik. »Prozeßschutz« als Naturschutzziel. Schriftenreihe für Landschaftspflege u. Naturschutz (56), S. 401–412.

Knapp, H. D.; Kleinn, E.; Güthler, A. (1998): Nachholbedarf in Europa. Weltweites Gütesiegel »Nationalpark«, in: Nationalpark (2), S. 8–15.

Knapp, H. D.; Kleinn, E.; Güthler, A. (1998): The Management and Protection of Category II-Sites in Europe. Proc. of the IUCN/WCPA

European Regional Working Session on Protecting Europe's Natural Heritage, Island of Rügen, S. 47–74.

Knapp, H. D. (2000): »Wildnis«. Feindbild, Heiligtum und Herausforderung, in: Nationalpark, Sonderheft WNPC, S. 12–16.

Knapp, H. D. (2007): Waldnationalparke in Deutschland. Ziele und Visionen, in: Nationalparkverwaltung Harz, Walddynamik und Waldumbau in den Entwicklungszonen von Nationalparks. Tagungsbericht zum Wald-Workshop des Nationalparks Harz, S. 6–10, Wernigerode.

Landesanstalt für Großschutzgebiete im Geschäftsbereich des Ministeriums für Landwirtschaft, Umweltschutz und Raumordnung des Landes Brandenburg (Hg.) (2002): Die Großschutzgebiete Brandenburgs, Eberswalde, 188 S.

Leopold, A. (1992): Am Anfang war die Erde. Plädoyer zur Umweltethik, München.

Mammen, E. (1964): Wirken deutscher Forstwirte in Übersee vor 1914. Ein geschichtlicher Beitrag zur forstlichen Entwicklungshilfe, in: Forstarchiv 35 (6), S. 117–153.

Ministerium für Landwirtschaft, Umwelt und Verbraucherschutz Mecklenburg-Vorpommern (Hg.) (2006): Redebeiträge der Festveranstaltung 15 Jahre Großschutzgebiete in Mecklenburg-Vorpommern, Schwerin, 36 S.

Olbrich, V. (1997): Die amerikanischen Wildnisgebiete. Freiheit der Natur als Schutzgut, in: Natur und Recht (8), S. 381–389.

Scherfose, V. (Bearb.) (2007): Bundesweit bedeutsame Gebiete für den Naturschutz, in: Naturschutz und Biologische Vielfalt (43), Bundesamt für Naturschutz, Bonn.

Scherzinger, W. (1990): Das Dynamik-Konzept im flächenhaften Naturschutz, Zieldiskussion am Beispiel der Nationalpark-Idee. Natur und Landschaft (6), S. 292–298.

Succow, M. (1999): Lebenszeit von Ökosystemen am Beispiel mitteleuropäischer Seen und Moore. Nova Acta Leopoldina Halle NF 81 (314), S. 1–16.

Trommer, G. (1992): Wildnis, die pädagogische Herausforderung, Weinheim.

Trommer, G. (1992): Wilderness. Ein weittragendes Leitbild amerikanischen Naturverständnisses, in: Verhandlungen der Gesellschaft für Ökologie (25), S. 309–319.

Wichtmann, W.; Succow, M. (2005): Sind in Mecklenburg-Vorpommern Nationalparke möglich, die durch Stiftungen getragen werden?, in: Brickwedde, F.; Fuellhaas, U.; Stock, R.; Wachenhöfer, V.; Wahmhoff, W. (Hg.): Landnutzung im Wandel. Chance oder Risiko für den Naturschutz. 10. Internationale Sommerakademie St. Marienthal, Berlin, S. 153–157.

WWF Deutschland (1992): Ungestörte Natur. Was haben wir davon? Fachtagung anläßlich des 11. Internationalen Wattenmeertages in Husum 1991, Tagungsbericht (6) und Tagungsführer.

Biosphärenreservate

Von Michael Succow

Von den Anfängen

1970, vor nunmehr über 40 Jahren, hatte die 16. Unesco-Generalkonferenz das interdisziplinär ausgerichtete Programm »Der Mensch und die Biosphäre« (»Man and the Biosphere« kurz MAB) ins Leben gerufen. Es war zunächst ein reines Wissenschaftsprogramm, geboren aus der Erkenntnis, dass der Mensch die Erde zunehmend verändert, ihre Naturressourcen aufbraucht und diese Veränderungen die gesamte Biosphäre erfassen. In dieser Zeit begann sich auch ein globales Umweltbewusstsein herauszubilden und man begriff die Verletzlichkeit unseres Planeten Erde. Die aus dem Verständnis resultierende Sorge erfasste nicht nur Wissenschaftler, sondern zunehmend auch Teile der Bevölkerung und einzelne Politiker. In vielen Ländern wurden MAB-Nationalkomitees gegründet. 1974 wurde das Konzept der Biosphärenreservate im Rahmen des MAB-Programms entwickelt. Die ersten Biosphärenreservate Europas entstanden 1976 in Großbritannien, Polen und Montenegro, 1977 folgten Reservate in Bulgarien, Österreich, Frankreich und Kroatien. In der Regel wurden bestehende Schutzgebiete wie Nationalparke, Naturschutzgebiete, in der Sowjetunion die als Zapovedniki klassierten Gebiete, mit der Bezeichnung Unesco Biosphere Reserve zertifiziert und damit herausgehoben. Dieses weltweite Netzwerk von Schutzgebieten sollte ab 1976 in möglichst vielen Ländern vergleichbare Daten über die Auswirkungen des menschlichen Wirtschaftens auf die Natur liefern. Folglich sollten Biosphärenreservate sowohl Nutzungslandschaften (kultivierte Landschaften) wie auch bislang durch den wirtschaftenden Menschen wenig oder nicht beeinträchtigte Ökosysteme umfassen.

In ihrem politischen Streben um internationale Anerkennung, speziell um Mitgliedschaft in der Unesco, war die DDR bemüht, diesem Netzwerk frühzeitig beizutreten. Im Gegensatz zur strikten Ablehnung der Nationalparkidee (siehe Unterkapitel *Unsere ostdeutschen Vordenker und Wegbereiter* und *Der Kulturbund der DDR als Freiraum*) wurde die Landwirtschaftsakademie der DDR, und insbesondere die ihr angehörenden Institute für Forstwissenschaften in Eberswalde sowie für Landschaftsforschung und Naturschutz in Halle, beauftragt, entsprechende Naturräume vorzuschlagen. Das 1974 gegründete DDR-Nationalkomitee war rein politisch zusammengesetzt. Die Gesellschaft für Natur und Umwelt (im Kulturbund der DDR) war anfänglich miteinbezogen. So erinnere ich mich (es war etwa 1977) an intensive Diskussionen, die großen Waldgebiete im Choriner Endmoränenbogen mit dem ältesten (wirklichen) Naturschutzgebiet Deutschlands, dem Plagefenn, in die Vorschlagsliste einzuschließen. Das wurde wegen zu großer Nähe zu den Staatsjagdgebieten der Schorfheide (Erich Honecker) beziehungsweise der Uckermark (Erich Mielke)

Das System der Biosphärenreservate in Deutschland.
(Archiv Michael Succow Stiftung)

Rhön, innerdeutsche Grenze im August 1990, ostdeutsche Besucher wandern nach Bayern, die Grenze ist offen! Mit der Wiedervereinigung entstand hier 1991 ein die Rhön vereinigendes und Flächen der drei Bundesländer Thüringen, Hessen und Bayern umfassendes Biosphärenreservat.
(Foto: L. Jeschke)

Biosphärenreservat Rhön, bayerischer Teil. Das Dorf Hausen ist noch heute eingebettet in eine weitgehend historische Kulturlandschaft – ein Streuobstgürtel mit blütenreichen Wiesen. Förderprogramme unterstützen eine ökologisch orientierte Regionalentwicklung.
(Foto: M. Succow, 2003)

abgelehnt. Nach intensiver Suche blieben schließlich nur noch das Naturschutzgebiet Vessertal im zentralen Thüringer Wald sowie Teile der Elbtalaue bei Dessau mit dem alten Naturschutzgebiet Steckby-Lödderitzer Forst übrig. Die offizielle Anerkennung dieser Gebiete durch die Unesco erfolgte bereits 1979. Die Bundesrepublik Deutschland schloss sich zwar diesem Programm seinerzeit nicht an, hatte aber schon 1972 ein MAB-Nationalkomitee einberufen.

Links: Biosphärenreservat Rhön, hessischer Teil. Das Biosphärenreservat versucht mithilfe von Förderprogrammen, »das Land der offenen Fernen« zu bewahren. Gleichzeitig sind naturnahe Landeswaldflächen zu den notwendigen Kernzonen erklärt worden. (Foto: M. Succow, 2003)

Eine Idee gewinnt im Osten Deutschlands Raum

In der novellierten Naturschutzverordnung der DDR vom Mai 1989 wurde das Biosphärenreservat als Schutzgebietskategorie von nationaler Bedeutung ins Gesetz aufgenommen. Im Zuge des Nationalparkprogramms in der Endphase der DDR konnte neben dem Nationalpark das Biosphärenreservat als bedeutsame Schutzkategorie eine besondere Berücksichtigung finden (siehe Unterkapitel *Das Nationalparkprogramm der DDR*). Im Bewusstsein, dass harmonische, historisch gewachsene Kulturlandschaften in Mitteleuropa ein heute ebenfalls bedrohtes, immer knapper werdendes Gut darstellen, wurde in der Endphase der DDR der Schutz der vier neuen Biosphärenreservate Schorfheide-Chorin und Spreewald im späteren Land Brandenburg, SO-Rügen in Vorpommern sowie die Thüringische Rhön in Thüringen gesetzlich verankert. Die bereits bestehenden Biosphärenreservate Vessertal und Elbtalaue konnten in ihrer Flächenausdehnung wesentlich erweitert werden. Im neuen Bundesland Sachsen gelang es mit Unterstützung des deutschen Nationalkomitees, die Oberlausitzer Heide- und Teichlandschaft als Biosphärenreservat zu nominieren. Sie wurde 1996 durch die Unesco anerkannt. Damit besaßen alle ostdeutschen Bundesländer wenigstens ein Biosphärenreservat. Das im Nationalparkprogramm der DDR als Naturpark ausgewiesene Schaalseegebiet (Mecklenburg-Vorpommern) konnte 2000 die verdiente Anerkennung als Biosphärenreservat der Unesco erhalten. Zuvor (1997) hatten die Bundesländer Brandenburg und Mecklenburg-Vorpommern erreicht, dass ihre Naturparke in der Elbtalaue in das mit Sachsen-Anhalt länderübergreifende Biosphärenreservat Flusstallandschaft Elbe integriert wurden.

Mitte: Landschaftsgebundene Rinderrassen, hier das Fleckvieh, werden in artgerechter Haltung weiter gezüchtet. Darauf aufbauend wurde ein regionaler Wirtschaftskreislauf entwickelt. (Foto: M. Succow, 2003)

Rechts: Der in Frankenheim an der einst innerdeutschen Grenze neu angesiedelte Betrieb Kurhessische Fleischwaren Fulda erzeugt (in Kooperation mit Teegut) luftgetrocknete Bio-Fleischwaren. Im Biosphärenreservat haben sich inzwischen mehr als 200 Betriebe der Dachmarke »Rhön« angeschlossen. (Foto: M. Succow, 2003)

Entwicklungen in Westdeutschland

Die offenbar in den alten Bundesländern nicht nur unter Naturschützern zündende Idee der Biosphärenreservate führte zunächst dazu, dass einzelne Landesregierungen bestehende Nationalparke wie den Bayerischen Wald und Berchtesgaden in Bayern sowie das Niedersächsische, Ham-

Links: Das Biosphärenreservat Pfälzer Wald-Nordvogesen (Rheinland-Pfalz) wurde – ausgehend von einem Naturpark – 1992 von der Unesco offiziell anerkannt. Als grenzüberschreitendes Biosphärenreservat findet es seine Fortsetzung in den Nordvogesen (Frankreich). Es umfasst eines der größten geschlossenen Waldgebiete Deutschlands.
(Foto: M. Succow, 2009)

Rechts: Im Saarland wurde nach Landesrecht bereits 2007 das Biosphärenreservat Bliesgau geschaffen und zwei Jahre später von der Unesco anerkannt. Es handelt sich dabei um eine reich strukturierte Kulturlandschaft unter Einschluss aufgelassener Industriestandorte.
(Foto: M. Succow, 1999)

burger und Schleswig-Holsteinische Wattenmeer im Zeitraum von 1990 bis 1992 neben dem Nationalparkstatus noch mit der Biosphärenreservats-Anerkennung durch die Unesco schmückten. Im Taumel der Wiedervereinigung und in Überzeugung der historisch verbürgten Zusammengehörigkeit der Rhönlandschaft erreichten naturschutzbewegte Bürger und Kommunalpolitiker, dass hier ein länderübergreifendes Biosphärenreservat Rhön eingerichtet wurde, das neben dem thüringischen auch einen hessischen und einen bayerischen Anteil hat. Letztere sind aus Naturparken hervorgegangen. Das geschah gleich nach der Wiedervereinigung bereits 1991. Damit gab es in Ländern der alten Bundesrepublik gleich nach der Wende die ersten zwei Biosphärenreservate, die nicht auf Nationalparks aufgesetzt waren.

Verstärkte Naturschutzbemühungen gab es auch im Elbtal in Niedersachsen (das Anfang der 1990er Jahre zunächst als Nationalpark konzipiert worden war) einschließlich eines kleinen Zipfels der Elbaue auf dem Hoheitsgebiet von Schleswig-Holstein. Die Anerkennung des Biosphärenreservates Niedersächsische Elbtalaue durch die Unesco erfolgte 2002. Damit ist dies fünf Bundesländer einschließende, mit dem gemeinsamen Namen Flusslandschaft Elbe bezeichnete Biosphärenreservat heute das flächenmäßig größte Deutschlands. Es umfasst Landflächen von circa 343 000 ha.

Das Biosphärenreservat Pfälzer Wald in Rheinland-Pfalz wurde auf der Basis eines alten Naturparkes früh aus der Taufe gehoben und bereits 1992 von der Unesco anerkannt. Als grenzüberschreitendes Biosphärenreservat wurde es mit dem Namen Pfälzer Wald/Nordvogesen 1998 anerkannt. Allerdings ist dieses Biosphärenreservat nicht in die Verwaltungsstrukturen der Landesregierung eingebunden, sondern wird von einem Fremdenverkehrsverband geführt.

Das Konzept erhält eine solide Basis

Die neuen Bundesländer durften laut Einigungsvertrag ihre Schutzgebietskategorie Biosphärenreservat, gewissermaßen als Vorgriff auf zukünftige Entwicklungen, beibehalten. Hier bahnte sich an, Sinnvolles vom Osten auf den Westen zu übertragen! Diese notwendige Weiterentwicklung fand schließlich in der Neufassung des Bundesnaturschutzgesetzes (1998) mit der Einführung einer eigenen Schutzgebietskategorie Biosphärenreservat gebührende Berücksichtigung.

Vorausgegangen war die Erarbeitung von »Kriterien für die Anerkennung und Überprüfung von Biosphärenreservaten in Deutschland«, die in mühseliger, in großen Teilen ehrenamtlicher Tätigkeit durch das deutsche MAB-Nationalkomitee seit 1991 mit Vertretern aus Ost und West erarbeitet und schließlich 1996 beschlossen worden war. Mithilfe dieser Kriterien wurden und werden durch das deutsche MAB-Nationalkomitee sowohl Anträge und Anerkennungen neuer Biosphärenreservate geprüft als auch in zehnjährigem Abstand die Entwicklung bestehender Biosphärenreservate evaluiert.

Die Länderarbeitsgemeinschaft Naturschutz (LANA) als Organ der obersten Naturschutzverwaltungen der einzelnen Bundesländer sowie die ständige Arbeitsgruppe der Biosphärenreservate in Deutschland (AGBR), die sich aus den Leitern aller bestehenden deutschen Biosphärenreservate zusammensetzt, haben nach intensiver Diskussion die Kriterien akzeptiert. Damit wurde eine wesentliche Voraussetzung geschaffen, die es ermöglicht, trotz der föderalen Strukturen des deutschen Naturschutzes, Biosphärenreservate nach einheitlichen Kriterien zu begründen und zu entwickeln. Neben Spanien, Australien und Mexiko ist Deutschland führend in der Entwicklung und Umsetzung von Biosphärenreservaten. Ausweisung und Umsetzung von Biosphärenreservaten haben sich als ein wichtiges Instrument einer überzweiglichen (über einzelne Ressorts hinausgehend), internationalen Entwicklungszusammenarbeit bewährt. Besondere Förderung wird dabei der Schaffung ländergrenzenüberschreitender Biosphärenreservate zuteil.

Nach der Wiedervereinigung war es notwendig, einige Korrekturen am Biosphärenreservatsnetz der alten Bundesländer vorzunehmen beziehungsweise die Entwicklungen in National-

Das Biosphärenreservat Schwäbische Alb in Baden-Württemberg wurde 2009 gegründet. Ausgangspunkt für die Ausweisung war der nicht mehr benötigte Truppenübungsplatz Münsingen. Unser Bild zeigt den Albtrauf mit seinen alten Buchenwäldern (nutzungsfreie Kernzone), umrahmt von Streuobstwiesen. (Foto: M. Succow, 1996)

Oben: Auf der Schwäbischen Alb gibt es dank umfangreicher Kulturlandschaftsprogramme auch heute noch ungedüngte, blüten- und insektenreiche Wiesen, auf dem Bild blühen Bocksbart, Teufelskralle und Margeriten. (Foto: M. Succow, 1996) | Unten links: Das Biosphärenreservat Flusslandschaft Elbe, Blick über die Elbe auf den niedersächsischen Teil bei Laase. Dies ist das größte Biosphärenreservat Deutschlands (343 000 ha) und umfasst Teile von fünf Bundesländern. (Foto: M. Succow, 2005) | Unten rechts: Das Biosphärenreservat Oberlausitzer Heide- und Teichlandschaft in Sachsen wurde 1996 durch die Unesco anerkannt. Das Schutzgebiet widmet sich unter anderem dem Erhalt der ausgedehnten, einst von Mönchen geschaffenen Teichanlagen, die heute überwiegend genossenschaftlich ökologisch bewirtschaftet werden. (Foto: M. Succow, 2006)

parken – die seinerzeit den Status Biosphärenreservat erhalten hatten – zu überprüfen. Diese Arbeit des MAB-Nationalkomitees führte einerseits zur Aberkennung des Biosphärenreservat-Status des Bayerischen Waldes, denn hier war es nicht gelungen, den Nationalpark mit einer Kulturlandschaftszone zu umgeben. Andererseits erfolgte eine deutliche Aufwertung des Nationalparks Schleswig-Holsteinisches Wattenmeer, wo erreicht werden konnte, einige der Halligen als Biosphärenreservatsterritorien in den Nationalpark zu integrieren (2004). Ähnlich dürfte es gelingen, den Nationalpark Niedersächsisches Wattenmeer beziehungsweise Berchtesgaden mit einer Kulturlandschaftszone (Entwicklungszone) als Pufferzone dem eigentlichen Nationalpark anzugliedern und damit so genannte Nationalparkregionen zu schaffen. Es handelt sich bei diesem Konzept um eine Weiterentwicklung des klassischen Nationalpark-Modells, das auch international immer mehr Beachtung und Umsetzung findet (siehe Kapitel *Schlussbetrachtung – Naturschutz in einer sich dramatisch ändernden Welt*).

Von großer Tragweite für die weitere Entfaltung der Biosphärenreservatsidee auf nationaler wie internationaler Ebene war 1995 die Verabschiedung der Sevilla-Strategie der Unesco: Nach zähen Verhandlungen wurden die Biosphärenreservate aus der wissenschaftlichen Umklammerung und vorherrschenden Einbindung in strenge Schutzgebiete gelöst. Im Mittelpunkt der Aufgabe der Biosphärenreservate steht nun ihre Rolle als Modellregion einer nachhaltigen, das heißt dauerhaft umweltgerechten und damit zukunftsfähigen Regionalentwicklung.

Das Biosphärenreservat Karstlandschaft Südharz in Sachsen-Anhalt ist das jüngste der deutschen Biosphärenreservate. Bereits im Rahmen des DDR-Nationalparkprogramms 1990 konzipiert, konnte 2009 der Widerstand der deutschen Gipsindustrie überwunden werden. Das Gebiet wurde nach Landesrecht als Biosphärenreservat festgesetzt, die Anerkennung durch die Unesco wird erwartet. Das Bild zeigt die Ginsterbach-Schwinde, einen jungen Einsturztrichter (Doline) in der Gipskarstlandschaft.
(Foto: M. Succow, 2010)

Die Erfolgsgeschichte in Deutschland geht weiter

Erfreulich ist die Entwicklung in Baden-Württemberg, das seit 2009 im Bereich der Schwäbischen Alb auch ein Biosphärenreservat besitzt. Dieses neue Biosphärenreservat entspricht hinsichtlich seiner natürlichen Verhältnisse ganz den Kriterien für deutsche Biosphärenreservate. Ausgangspunkt für die Gründung war der nicht mehr benötigte Truppenübungsplatz Münsingen. Im Saarland wurde zur gleichen Zeit das Biosphärenreservat Bliesgau geschaffen, das nach Landesrecht bereits 2007 ausgewiesen wurde. Es handelt sich dabei um eine reich strukturierte Kulturlandschaft mit alten aufgelassenen Industriestandorten. Jüngstes Glied in der Reihe der deutschen Biosphärenreservate, das 16., ist die Karstlandschaft im Südharz, im Bundesland Sachsen-Anhalt. Dieses Schutzgebiet wurde bereits im Rahmen des DDR-Nationalparkprogramms 1990 konzipiert. Eine Realisierung scheiterte aber an den Interessen der deutschen Gipsindustrie. Beherzte Naturschützer und Kommunalpolitiker gaben aber nicht auf. In langen Verhandlungen gelang es letztlich, alle Landnutzer für das Vorhaben zu gewinnen, so dass 2009 nach Landesrecht die Ausweisung erfolgen konnte und die Nominierungsunterlagen zur Anerkennung als Unesco-Biosphärenreservat nunmehr eingereicht sind. Die Landschafts- und Verwaltungsstrukturen entsprechen den nationalen und internationalen Anforderungen. Im Bundesland Sachsen-Anhalt sind die Bestrebungen, den 1990 ins Leben gerufenen, seinerzeit mit einer bemerkenswert guten Verordnung ausgestatteten Naturpark Drömling (ähnlich wie schon beim Schaalsee geschehen) in ein Biosphärenreservat umzuwandeln, sehr weit gediehen (siehe Unterkapitel *Die drei Naturparke*).

Damit besitzt als einziges der Flächenbundesländer Nordrhein-Westfalen bislang noch kein Biosphärenreservat. Aktuell gibt es hoffnungsvolle Ansätze, im Raum des Teutoburger Waldes

Der Südharzrand gehört zu den bereits zu ottonischer Zeit besiedelten Landschaften in Deutschland. Hier entwickelte sich im Frühmittelalter ein bäuerlicher Kupferschieferabbau. Die durch kleine Halden geprägte Landschaft wird heute extensiv als Weideland genutzt.
(Foto: M. Succow, 2010)

Ein Lehrpfad führt durch die mit künstlerisch gestalteten Informationstafeln ausgestattete Teichlandschaft.
(Foto: M. Succow, 2006)

(Kernzone) und der Senne (wo ein britischer Truppenübungsplatz aufzugeben ist) ein Biosphärenreservat einzurichten. Wie bereits geschildert, wäre hier auch einen Nationalpark vorstellbar. Die weiten Offenlandschaften könnten wenigstens teilweise der natürlichen Sukzession überlassen werden (siehe Unterkapitel *Nationalparke*).

Sicher werden in den nächsten Jahren noch einige weitere Biosphärenreservate in Deutschland entstehen. Geeignete Landschaftsräume sind durchaus noch vorhanden. Die Einrichtung eines ganzen Netzwerkes von Biosphärenreservaten in Deutschland innerhalb der letzten 20 Jahre ist ein gelungenes Kapitel deutscher Naturschutzgeschichte, angestoßen durch den Prozess des Zusammenwachsens von Ost- und Westdeutschland.

Mit Stand 2012 sind auf unserer Erde 580 Biosphärenreservate in 109 Staaten durch die Unesco international anerkannt, weitere dieser dringend benötigten Modellregionen auf dem Weg in eine nachhaltige Zukunft werden folgen!

Literatur zum Weiterlesen

Deutsches MAB-Nationalkomitee beim Bundesministerium für Umwelt, Naturschutz und Reaktorsicherheit (Hg.) (2004): Voller Leben. Unesco-Biosphärenreservate. Modellregionen für eine nachhaltige Entwicklung, Berlin, Heidelberg.

Deutsches Nationalkomitee für das Unesco-Programm »Der Mensch und die Biosphäre« (MAB) (2007): Kriterien für die Anerkennung und Überprüfung von Biosphärenreservaten der UNESCO in Deutschland, Bonn.

Deutscher Rat für Landespflege (DRL) (2010): Biosphärenreservate sind mehr als Schutzgebiete. Wege in eine nachhaltige Zukunft, in: Schriftenreihe des Deutschen Rats für Landespflege (83).

Erdmann, K.-H.; Frommberger, J. (1999): Neue Naturschutzkonzepte für Mensch und Umwelt. Biosphärenreservate in Deutschland; Berlin, Heidelberg, New York.

Miller, G. J. (2009): Von der Schnitzel-Wirtschaft zum Rhönschaf-Hotel. So gelingt Erfolg, Thalhofen.

Potsdam-Institut für Klimafolgenforschung e.V. (2006): Was können Unesco Biosphärenreservate für den Klimaschutz tun? Potsdamer Klimakonferenz 2006.

Ständige Arbeitsgruppe der Biosphärenreservate in Deutschland (Hg.) (1995): Biosphärenreservate in Deutschland. Leitlinien für Schutz, Pflege und Entwicklung, Berlin, Heidelberg.

Unesco Heute (2007): Unesco-Biosphärenreservate. Modellregionen von Weltrang, in: Zeitschrift der deutschen UNESCO-Kommission (2).

Naturparke

Von Lebrecht Jeschke und Hartmut Kretschmer

Ein Blick auf die Geschichte der Naturparkidee

Das Reichsnaturschutzgesetz von 1935 kannte weder Nationalparke noch Naturparke. Erst das Bundesnaturschutzgesetz von 1976 führt den Naturpark als Planungskategorie auf. Der Naturpark sollte keine Flächenschutzkategorie im Sinne des Naturschutzes sein – das sind Naturschutzgebiete und Landschaftsschutzgebiete –, sondern er war in Bezug auf originäre Naturschutzanliegen nur mit relativ unverbindlichen Absichtserklärungen ausgestattet. Es sollten schöne Kulturlandschaften sein, mit besonderer Eignung für die Erholung der Bevölkerung.

Diese Form der Naturparke hatte der Hamburger Großkaufmann Alfred Toepfer in den 1950er Jahren entwickelt, er trug sie 1956 auf der Jahresversammlung des Vereins Naturschutzpark in Bonn vor. Es scheint damals den führenden Köpfen des Vereins Naturschutzpark nicht klar gewesen zu sein, was sie mit dem Begriff Naturpark eigentlich wollten. Der Vorsitzende des Vereins Naturschutzpark führte 1957 auf der Hauptversammlung aus:

»Der Verein Naturschutzpark hat auf seiner letztjährigen Hauptversammlung in Bonn in Gegenwart des Herrn Bundespräsidenten, mehrerer Bundesminister und zahlreicher Abgeordneter sein Programm zur Schaffung deutscher Naturschutzparke oder, wie wir in Anlehnung an die internationale Begriffsbestimmung jetzt sagen, Nationalparke vorgelegt.« (Naturschutzparke 10, 1957)

Es mutet heute merkwürdig an, dass keine oberste Fachbehörde des Bundes in dieser Sache überhaupt eine Rolle spielte.

Alfred Toepfers Programm zielte auf die Ausstattung des öffentlichen Raumes mit Parkplätzen, Wander- und Reitwegen, Biwak- und Zeltplätzen, sanitären Anlagen, Brunnen und Jugendherbergen, aber auch mit Rasthäusern für Wanderer und mit Feriendörfern. Für die Wissenschaft sollten »Forschungsstationen« eingerichtet werden (Toepfer 1957). Etwa fünf Prozent der alten BRD sollten von Naturparken eingenommen werden – doch von Nutzungseinschränkungen war da keine Rede mehr.

Die Idee ist jedoch viel älter. Schon 1909 gründete sich in München der Verein Naturschutzpark e.V. (Seyfert 1960). Der Verein wollte damals »Naturschutzparke« schaffen, im Sinne von großräumigen Naturschutzgebieten. Das heutige Naturschutzgebiet Lüneburger Heide wurde 1921 der erste und einzige Naturschutzpark in Deutschland. Aus dem Naturschutzpark wurde später das Naturschutzgebiet Lüneburger Heide. Die Gründer dieses Naturschutzkonzeptes sahen ihre Vorbilder ebenfalls in den amerikanischen Nationalparken, vermutlich auch angeregt durch die Rede von Wilhelm Wetekamp von 1898 im Preußischen Landtag.

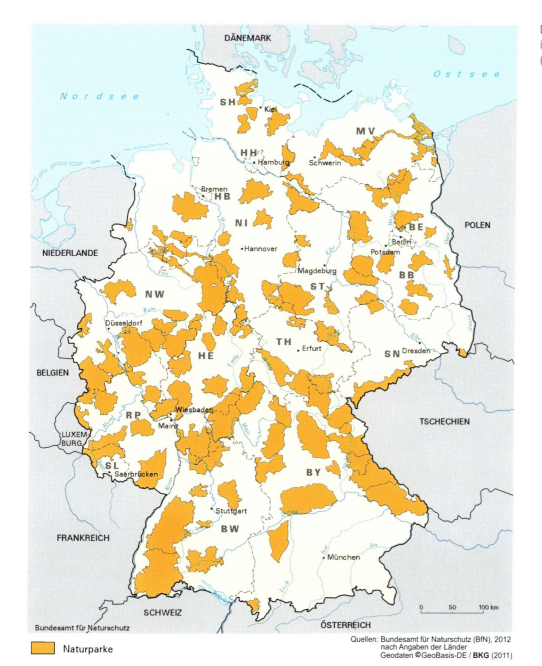

Das System der Naturparke in Deutschland.
(Archiv Michael Succow Stiftung)

NATURPARKE | 227

Natur(schutz)parke im Nationalparkprogramm der DDR

Wir definierten 1990 zunächst Naturschutzparke als großräumige Kulturlandschaften von besonderem landschaftlichem Reiz, der vor allem auf traditionellen Nutzungsformen beruht. Als nachahmenswertes Beispiel sahen wir die Lüneburger Heide, in der Alfred Toepfer in den 1960er und 1970er Jahren die traditionelle Schafhaltung wieder zum Leben erweckt hatte. Die Lüneburger Heide war für uns das Modell eines Naturschutzparks, großräumig, und bei erholungsuchenden Menschen sehr beliebt. Wir dachten an die Rhön mit ihren alten Hutungslandschaften, an Südostrügen mit den wundervollen Trockenrasen, an die Muschelkalkberge in Thüringen oder an die Moorheiden im Kammbereich des Erzgebirges. Wir wollten im Rahmen des Nationalparkprogramms mit dem Naturschutzpark eben diesen bislang fehlenden Reservatstyp für Schutz, Pflege und Entwicklung unverwechselbarer Kulturlandschaften mit reicher Naturausstattung schaffen. Dazu wurde für die Flächen außerhalb zusammenhängend bebauter Ortschaften der Schutzstatus eines Landschaftsschutzgebietes vorgesehen. Neben dem Landschaftsschutzgebiet, das sich vor allem durch historisch geprägte harmonische Nutzungsformen auszeichnet, sollte es in jedem Naturschutzpark in kleineren Naturschutzgebieten auch nutzungsfreie Stammlebensräume geben, entsprechend den Kernzonen in Biosphärenreservaten.

In der DDR gab es seit den 1960er Jahren ein Netz von großen Landschaftsschutzgebieten. Sie hatten sich als Steuerungsinstrumente der Landnutzung jedoch nur bedingt als brauchbar erwiesen. Nach unserer Überzeugung hätte ein Naturpark nach damaligem westlichen Muster, der

Die Lüneburger Heide, eine stark degradierte und nicht mehr nutzbare Landschaft, wurde vom Natur- und Heimatschutz entdeckt. Bereits 1911 wurden etwa 20 000 ha unter Naturschutz gestellt, so entstand der erste Naturschutzpark Deutschlands. Diese eigenwillige Heidelandschaft begeistert nach wie vor viele Besucher.
(Foto: M. Succow, 2006)

ausschließlich der Erholung diente, die Probleme einer immer intensiveren Landnutzung kaum lösen können. So suchten wir nach einem anderen Modell des Flächenschutzes für die Kulturlandschaft und wurden bei den Plänen und Diskussionen des Vereins Naturschutzparke e.V. fündig. Das Konzept des Naturschutzparkes, von uns überarbeitet und neu definiert, erschien uns geeignet, um die behutsame Weiterentwicklung historischer Kulturlandschaften mit einer an diese Lebensräume gebundenen vielfältigen Pflanzen- und Tierwelt zu ermöglichen. Wir waren der Überzeugung, eine zeitgemäße Flächenschutzkategorie für historisch gewachsene Kulturlandschaften gefunden zu haben. Der Naturschutzpark war neben dem Biosphärenreservat wichtiger Bestandteil des Nationalparkprogramms, aber eher von regionaler Bedeutung.

Man erkennt unschwer, dass eine Grundlage für das von uns entworfene Netz der Naturschutzparke die alten großen Landschaftsschutzgebiete der DDR waren, jetzt ergänzt durch die frei werdenden militärischen Sperrgebiete, Grenzsicherungsräume und Staatsjagdgebiete. Insgesamt umfasste unser Nationalparkprogramm im März 1990 17 Naturschutzparke, was etwa zehn Prozent des DDR-Gebietes entsprach.

Aus zeitlichen Gründen konnten bis September 1990 nur für drei, nunmehr Naturpark genannte Gebiete noch Verordnungen auf den Weg gebracht werden (siehe Unterkapitel *Das Nationalparkprogramm der DDR*). Der Begriff Naturschutzpark wurde letztlich auch von uns wieder aufgegeben, da neben der gesetzlich fixierten Kategorie Naturpark kein ähnlicher Begriff bundesweit vermittelbar und durchsetzbar gewesen wäre.

Entwicklung der Naturparke in den neuen Bundesländern

Von den 17 mit dem Nationalparkprogramm einstweilig gesicherten Naturschutzparken konnten nach der Wiedervereinigung bis auf Rügen alle Gebiete nach Landesrecht als Naturparke ausgewiesen werden. Der Naturpark Schaalsee wurde zehn Jahre später zu einem von der Unesco anerkannten Biosphärenreservat erweitert und umgestaltet, was inzwischen durch die Länder Sachsen-Anhalt und Mecklenburg-Vorpommern auch für die Naturparke Drömling und Mecklenburgisches Elbtal vorgesehen ist.

Die Erfolge des Nationalparkprogramms führten nach 1990 zu vielen Initiativen für die Gründung weiterer Naturparke insbesondere im Osten Deutschlands. Bis Ende des Jahres 2011 konnten insgesamt 32 großräumige Kulturlandschaften mit reicher Naturausstattung als Naturparke in den fünf neuen Bundesländern ausgewiesen werden. Aufgrund unterschiedlicher Rahmenbedingungen in den einzelnen Bundesländern wurden jedoch verschiedene Wege für die Trägerschaft und die Ausstattung der Naturparke beschritten.

Links: In den 1950ern versuchte der Vorsitzende des Vereins Naturschutzparke Deutschland, Alfred Toepfer, unter großem persönlichen und finanziellen Einsatz die historische Heidewirtschaft wiederzubeleben. Wie die seinerzeit errichteten und heute aufgelassenen Schafställe und Bienenstöcke zeigen, ist das Experiment weitgehend gescheitert. (Foto: M. Succow, 2006)

Mitte: Um das gewohnte Bild der Calluna-Heide zu bewahren, wird heute unter Einsatz moderner Technik der sich immer wieder neu bildende Heidehumus mitsamt dem Heidekraut entfernt und dadurch die Selbstheilungskraft der Natur eliminiert. Da erscheint es paradox, dass Besucher die Wege nicht verlassen dürfen und das Pflücken eines Heidestraußes verwehrt wird. (Foto: L. Jeschke, 2006)

Rechts: Großflächig maschinell abgeplaggte Heide, ein letztes Mittel, um in Mitteleuropa diese einstige, aus der Not geborene Nutzungsform zu imitieren. (Foto: L. Jeschke, 2006)

Rechte Seite oben: Wacholder-Heide im deutsch-belgischen Naturpark Hohes Venn-Eifel in Nordrhein-Westfalen. Ähnlich wie in der Lüneburger Heide waren auch in den deutschen Bergländern durch Jahrhunderte während Weidewirtschaft degradierte Standorte die Folge. Anstelle des Heidekrautes hat sich hier ein Kalkmagerrasen ausgebreitet. Der Erhalt dieser Huteweiden ist an die Fortführung der Beweidung gebunden. (Foto: L. Jeschke, 2006)

In Mecklenburg-Vorpommern, Brandenburg und mit Einschränkung in Thüringen wurden die Naturparke von Beginn an als dritte Großschutzgebietskategorie im Sinne des Nationalparkprogramms begriffen und Landeskonzepte zur Einrichtung von Naturparken in Landesträgerschaft entwickelt. Die Bundesländer Sachsen und Sachsen-Anhalt setzten hingegen, mit Ausnahme des noch 1990 durch die De-Maizière-Regierung über eine Verordnung gesicherten Naturparks Drömling, auf die Entwicklung von Naturparken in freier Trägerschaft durch Naturparkvereine, vergleichbar zu der mehrheitlichen Situation in den alten Bundesländern.

Aufgrund günstiger politischer Rahmenbedingungen und besonders ehrgeiziger Landeskonzepte wurden in Brandenburg bis 2012 elf und in Mecklenburg-Vorpommern acht Naturparke nach Landesrecht verordnet und einer zentralen Landesverwaltung unterstellt. In Brandenburg wurde hierzu 1993 die Landesanstalt für Großschutzgebiete (LAGS) gegründet, in der die Verwaltungen der elf Naturparke wie auch der drei Biosphärenreservate und des Nationalparks Unteres Odertal gebündelt wurden. Zehn Jahre später wurde die LAGS als eigenständige Abteilung für Großschutzgebiete in das heutige Landesamt für Umwelt, Gesundheit und Verbraucherschutz (LUGV) integriert. In Mecklenburg-Vorpommern wechselte die zentrale Verwaltung der Naturparke mehrfach und erfolgt heute über die zuständige oberste Fachbehörde für Naturschutz. In Thüringen sind die drei Naturparke in Landesträgerschaft direkt an das zuständige Ministerium angebunden, über welches auch die beiden in Vereinsträgerschaft befindlichen Naturparke weitgehend koordiniert und finanziell gefördert werden.

Die Festsetzung der Naturparke erfolgt durch Bekanntmachung der obersten Naturschutzbehörde beziehungsweise in Mecklenburg-Vorpommern und Thüringen durch eigenständige Naturparkverordnungen auf der Grundlage der Naturparkparagraphen in den jeweiligen Landesnaturschutzgesetzen. Die Zweckbestimmung der Naturparke wurde dabei wesentlich über die bis 1990 in den alten Bundesländern geltenden Regelungen hinaus erweitert. Wichtig dabei ist, dass die Erhaltung, Entwicklung sowie Wiederherstellung einer durch vielfältige Nutzung geprägten Kulturlandschaft mit reicher Naturausstattung als wesentliche Voraussetzung für die Förderung eines nachhaltigen Tourismus und einer nachhaltigen Regionalentwicklung betrachtet wird. Die Naturparke in den neuen Bundesländern bestehen daher zum überwiegenden Flächenanteil aus Landschaftsschutzgebieten und einem meist sehr hohen Anteil an Naturschutzgebieten (zehn bis 25 Prozent). Insbesondere auf diesen Flächen werden traditionelle sowie umweltverträgliche Formen der Landnutzung gefördert. So liegt der Anteil des ökologischen Landbaus in den Naturparks und Biosphärenreservaten Brandenburgs inzwischen bei 18 Prozent der landwirtschaftlichen Nutzfläche und damit etwa doppelt so hoch wie außerhalb dieser Großschutzgebiete.

Das Aufgabenspektrum der Naturparke ist breit angelegt und konzentriert sich im Wesentlichen auf vier Säulen:
- Schutz und Pflege sowie Wiederherstellung der regionaltypischen Biotop- und Artenausstattung
- Förderung einer nachhaltigen Regionalentwicklung, insbesondere durch umweltgerechte Landnutzung
- Förderung des Naturtourismus und der Erholung
- Öffentlichkeitsarbeit und Bildung für nachhaltige Entwicklung.

Hoheitliche Aufgaben wurden den Naturparken, abgesehen von wenigen Ausnahmen (zum Beispiel für die Durchsetzung der NSG-VO im Naturpark Drömling), nicht zugewiesen. Zur Erfüllung der sehr umfangreichen Ziele und Aufgaben finanzieren die Länder Mecklenburg-Vorpommern,

Unsere Großväter glaubten, die Heide sei eine natürliche Vegetationsform. Noch vor fünfzig Jahren meinten Vegetationskundler, dass auf diesen armen Sand-Standorten natürlicherweise ein Birken-Eichen-Wald wachsen würde. Die Natur lehrt uns heute, dass auch hier die Buche die herrschende Baumart wäre – wenn wir es denn zuließen.
(Foto: M. Succow, 2006)

Der Naturpark Altmühltal am Rande der Fränkischen Alb in Bayern ist einer der vorbildlich für den Tourismus erschlossenen großen Naturparke in der alten Bundesrepublik. Die intensiv genutzte Talaue der Altmühl wird von teils noch geschlossenen Buchenwäldern, die auf Muschelkalk stehen, eingerahmt. (Foto: M. Succow, 1993)

Brandenburg und Thüringen zwei bis fünf Personalstellen pro Naturpark. Nur in Mecklenburg-Vorpommern beteiligen sich die Landkreise an der Finanzierung der Naturparke.

Alle drei Länder sichern darüber hinaus die Zuordnung von drei bis sechs Naturwächtern (Ranger) pro Gebiet ab, die überwiegend aus den Forstverwaltungen rekrutiert werden. Die Naturwächter sind dabei hauptsächlich für Landschaftspflegemaßnahmen und Gebietskontrolle/Monitoring sowie für Angebote in den Bereichen Naturtourismus und Bildung für nachhaltige Entwicklung zuständig.

In den Bundesländern Sachsen-Anhalt und Sachsen, in denen die Naturparke ausschließlich über Vereine organisiert sind, erfolgt eine Anteilsfinanzierung für Personal und wichtige Projekte durch das Land. Der Aufbau einer weitgehend stabilen Naturwacht gelang in diesen beiden Ländern bisher ebenso wenig wie in den Naturparken der alten Bundesländer. Von dem oben dargestellten umfangreichen Aufgabenspektrum können deshalb in diesen Naturparken nur einzelne Teilbereiche wahrgenommen werden.

Charakteristisch für alle Naturparke ist, dass die Vielzahl der Aufgaben nur mit einem funktionsfähigen Netzwerk verschiedener Partner aus Vereinen, Verbänden, Stiftungen und Unternehmen erfüllt werden können. Die Naturparkverwaltung initiert, moderiert und stimmt die Zusammenarbeit zwischen den Partnern ab. Über diesen Weg konnten in den letzten Jahren in vielen Naturparken umfangreiche Projektmittel der EU, des Bundes und der Länder eingeworben werden, die geschickt die Erhaltung und Verbesserung des regionalen Naturkapitals mit einer umweltgerechten Landnutzung sowie der Entwicklung des Naturtourismus in der Region verbin-

Das Ochsenmoor am Dümmer. Ein Niedermoor, das seit Jahrhunderten bewirtschaftet wurde und nun für den Naturschutz zur Verfügung steht.
(Foto: L. Jeschke, 2002)

den. Herausragende Beispiele hierfür sind die Umsetzung mehrerer Naturschutzgroßprojekte und EU-Life-Projekte in Naturparken der Länder Brandenburg, Mecklenburg-Vorpommern und Sachsen-Anhalt. Die meisten Naturparke in den neuen Bundesländern haben sich dadurch als Instrumente nachhaltiger Entwicklung ländlicher Räume bewährt.

Impulse des Nationalparkprogramms für die Neuausrichtung der Naturparke im wiedervereinten Deutschland

In den alten Bundesländern waren die Naturparke vor 1990 vorrangig eine Planungskategorie für landschaftlich reizvolle Kulturlandschaften mit den Hauptzielen der Erholung und der Entwicklung des Fremdenverkehrs. Sie waren und sind in der Regel bis heute über Vereine, Tourismusverbände oder Zweckverbände der Landkreise organisiert und verfügten vor 1990 meist nur über ein bis zwei Personalstellen. Mit der Wiedervereinigung brachte das Nationalparkprogramm sowohl neue Impulse für zahlreiche Neugründungen von Naturparken, insbesondere in Ostdeutschland, als auch für die inhaltliche Neuausrichtung der bisher bestehenden Naturparke in den alten Bundesländern. Ihre Anzahl stieg von 64 vor der Wiedervereinigung auf inzwischen 104 zum Jahresende 2011 (Verband deutscher Naturparke (VDN). Das deutlich über Erholungsvorsorge und Tourismus hinausgehende Aufgabenspektrum in den Naturparken der neuen Bundesländer stellte den VDN vor neue Herausforderungen für die Naturparkentwicklung in ganz Deutschland.

Entsprechend begann nach 1990 über den VDN und Europarc ein Prozess der schrittweisen Veränderung und Erweiterung der Aufgaben und Ziele aller deutschen Naturparke in starker Anlehnung an die Vorbilder aus den neuen Bundesländern. Bereits 1995 wurden durch den VDN die Aufgaben und Ziele für die deutschen Naturparke grundlegend überarbeitet und 2001 erneut präzisiert.

Diesem Aufgabenwandel wurde auch bei der Neuausgestaltung des Naturparkparagraphen im Bundesnaturschutzgesetz von 2002 (§ 27) Rechnung getragen. Neben den bisherigen Regelungen zur Erholungsvorsorge und zum Tourismus wurden unter den Ziffern 5 und 6 »die Erhaltung oder Wiederherstellung einer durch vielfältige Nutzung geprägten Landschaft und ihrer Arten- und Biotopvielfalt« sowie die Förderung »einer dauerhaft umweltgerechten Landnutzung und nachhaltigen Regionalentwicklung« als Zweckbestimmung aufgeführt. Darüber hinaus regelt Absatz 2 des § 27, dass Naturparke »unter Beachtung der Ziele und Grundsätze des Naturschutzes und der Landschaftspflege geplant, gegliedert, erschlossen und weiterentwickelt werden«. Damit konnten wesentliche Vorstellungen aus dem Nationalparkprogramm entsprechenden Eingang in das Bundesnaturschutzgesetz finden. Durch die letzte Novellierung im Zuge der Föderalismusreform von 2009 gibt das Bundesgesetz nicht mehr nur den Rahmen für die Landesnaturschutzgesetze vor, sondern gilt nun unmittelbar.

Ein weiterer wichtiger Schritt zur Neuorientierung insbesondere der Naturparke alter Prägung stellt das 2006 vom VDN verabschiedete »Petersberger Programm der Naturparke in Deutschland« dar (VDN 2009). Der dort enthaltene 10-Punkte-Katalog gibt die strategische Ausrichtung für die weitere Entwicklung der Naturparke vor. Dabei werden die Schwerpunkte auf den Erhalt der biologischen Vielfalt, auf eine nachhaltige Regionalentwicklung mit umweltverträglichem Tourismus sowie auf eine verstärkte Umweltbildung und Kommunikation gelegt. Zur Erreichung dieser Ziele wurde gleichzeitig eine »Qualitätsoffensive der Deutschen Naturparke« beschlossen (VDN 2010 a). Im Mittelpunkt steht dabei ein Kriterienkatalog, der Stärken und Schwächen des jeweiligen Naturparks, vergleichbar zu den MAB-Kriterien für Biosphärenreservate, aufzeigen kann und Impulse für eine zielgerichtete Weiterentwicklung geben soll.

Die vielfältigen Initiativen, welche sich neben dem Erhalt und der Föderung der biologischen Vielfalt den regional erzeugten Produkten und deren Vermarktung widmen, zeigen, dass sich viele »alte« Naturparke in Westdeutschland bereits erfolgreich auf das deutlich erweiterte Aufgabenspektrum eingestellt haben und der Schutz beziehungsweise die Wiederherstellung des regionalen Naturkapitals zu einem weiteren Schwerpunkt der Naturparkarbeit geworden ist (Forst/Scherfose 2010; VDN 2010 b).

Literatur zum Weiterlesen

Forst, R., Scherfose, V. (2010): Naturschutzmaßnahmen und -aktivitäten in den deutschen Naturparken, in: BfN (Hg.): Naturschutz und Biologische Vielfalt (104), Bonn.

VDN (Verband Deutscher Naturparke) (2009): Naturparke in Deutschland. Aufgaben und Ziele, Bonn.

VDN (Verband Deutscher Naturparke) (2010a): Qualitätsoffensive Naturparke, Bonn.

VDN (Verband Deutscher Naturparke) (2010b): Naturparke in Deutschland. Starke Partner für biologische Vielfalt, Bonn.

Die Nationalen Naturlandschaften als neue Dachmarke

Von Eberhard Henne, Guido Puhlmann, Peter Schneider und Elke Baranek (für Europarc Deutschland)

Wildnis, biologische Vielfalt, Modellregionen für nachhaltige Entwicklung der Unesco, die schönsten Landschaften und Erholungsgebiete – dafür stehen die Nationalparke, Biosphärenreservate und Naturparke in Deutschland. Seit 2005 werden diese unter der gemeinsamen Dachmarke Nationale Naturlandschaften präsentiert. Warum und wie kam es zu dieser Dachmarke? Der Wandel im öffentlichen Bewusstsein hat in den zurückliegenden Jahren das gesellschaftliche Interesse an der Natur als Kulturgut verstärkt. Die Schutzgebiete in ihrer Gesamtheit sollen sich in der Öffentlichkeit als Orte erkennbar machen, wo dieses Kulturgut gepflegt, entwickelt und nutzbar gemacht wird. Diese Überlegung führte zu einer Marketingstrategie, die schon in vielen kommerziellen Bereichen erfolgreich war – der Markenstrategie.

Bereits im Jahr 2000 präsentierten sich die Nationalparke und Biosphärenreservate Deutschlands anlässlich der Festveranstaltung zum zehnten Jahrestag des Nationalparkprogramms in Waren an der Müritz unter dem Dach von Europarc Deutschland erstmals mit einem einheitlichen Erscheinungsbild. Doch weder das gemeinsame Logo der Nationalparke noch das Unesco-Label (die schematische Darstellung eines Tempels) der Biosphärenreservate konnten den Bekanntheitsgrad dieser bedeutenden Großschutzgebiete in Deutschland wesentlich steigern.

Ein Arbeitsgespräch mit der Deutschen Bundesstiftung Umwelt (DBU) am Rande der Mitgliederversammlung von Europarc Deutschland im Naturpark Terra Vita gab den Auftakt für ein Projekt, das die deutschen Großschutzgebiete in ihrer Gesamtheit mehr in den Mittelpunkt des gesellschaftlichen Interesses rücken sollte. Zum Projektbeginn wurden die Erfahrungen vom Nationalparkservice in den USA in Workshops präsentiert, diskutiert und an die Verhältnisse in Deutschland angepasst. Auf dieser Grundlage wurde ein umfassender Antrag zur Schaffung einer Dachmarke für die deutschen Großschutzgebiete gestellt. Das Prinzip der Dachmarke bedeutet, dass ein einheitliches Markenbild lanciert wird, dabei aber jedem Park möglich bleibt, innerhalb des Markenbildes einen individuellen Akzent zu setzen. Die DBU signalisierte ihre Bereitschaft, ein solches Vorhaben zu unterstützen, und so konnte 2003 ein Antrag bei dem Kuratorium der Stiftung eingereicht werden. Zuvor gelang es dem Vorstand und der Geschäftsstelle von Europarc Deutschland, bestehende Irritationen bei den großen Naturschutzverbänden auszuräumen. Dieses und ein Folgeprojekt wurden vom Bundesamt für Naturschutz und der DBU sowie den Bundesländern finanziell ermöglicht und inhaltlich intensiv bis 2011 begleitet.

Eine Kooperation mit dem Verband deutscher Naturparke (VDN) stellte sicher, dass Naturparke, die nicht Mitglied bei Europarc Deutschland waren, dieses Dachmarkenprinzip ebenfalls nutzen konnten. Im Jahr 2004 begann mit einem neuen Projektteam in der Geschäftsstelle von Europarc Deutschland die Arbeit.

Die Philosophie der Marke, ein Farbgebungssystem für das Erscheinungsbild und eine einprägsame Funktionsbeschreibung für ihre Präsentation wurden entwickelt. Das so geschaffene Markenbild hat eine dynamische Farbgebung und lädt mit einem symbolisch ins Bild geschwungenen Weg zum Besuch der Natur ein. Ein dreifarbiger Punkt, gewissermaßen der Zielpunkt dieser Einladung, ist als Markendach das Symbol der Familie der Nationalen Naturlandschaften. Für jedes Gebiet gibt es zudem einen eigenen Punkt mit festgelegter Farbkombination. Schwieriger war die Wahl der Bezeichnung für die Marke, die alle fachlichen Ansprüche erfüllen und mit der sich sowohl die Nationalparke und Biosphärenreservate als auch die Naturparke vertreten fühlen würden. Das führte zu einer vertrauten und zugleich einzigartigen Lösung: »Naturlandschaft« wurde zum Eigennamen für das Engagement, das sich auf einzelne Flächen der Bundesrepublik bezieht – »Nationale Naturlandschaften« wurde zur übergreifenden Bezeichnung. Der neue Name fand dann auch mit überzeugender Mehrheit das Votum der Mitgliederversammlung 2005.

In speziellen Workshops wurde die genaue inhaltliche Ausgestaltung mit den Mitarbeitern in den Großschutzgebieten abgestimmt. Die Marke ist markenrechtlich gesichert und wird

Um die Großschutzgebiete Deutschlands in ihrer Gesamtheit im öffentlichen Bewusstsein zu verankern, wurde 2005 die Dachmarke Nationale Naturlandschaften von Europarc Deutschland geschaffen. Dazu gehören alle Nationalparke und Biosphärenreservate sowie 35 Naturparke. Eine der beliebtesten Landschaften innerhalb des Fahrtziels Natur ist der Nationalpark Jasmund. (Foto: M. Succow, 2008)

Das Schwarze Moor in der bayerischen Rhön (Biosphärenreservat) ist eines der letzten unangetasteten Hochmoore der deutschen Mittelgebirge und durch einen Rundweg für die Touristen erschlossen.
(Foto: M. Succow, 2009)

durch einen Lizenzvertrag an das jeweilige Schutzgebiet beziehungsweise ein Bundesland vergeben.

Interessant war im ersten Projektjahr eine Emnid-Umfrage zu den Großschutzgebieten in Deutschland. 83 Prozent der Befragten hielten diese Regionen für sehr wichtig und bedeutend für unser Land. Aber nur sechs Prozent kannten die drei Kategorien oder konnten sagen, wo die einzelnen Gebiete liegen. Im November 2005 wurde die neue Dachmarke »Nationale Naturlandschaften« auf einer hochrangig besetzten Pressekonferenz im Bundespresseamt in Berlin vorgestellt. Eine breite mediale Berichterstattung trug dazu bei, dass die Marke schnell bekannt wurde, und viele weitere Veranstaltungen führten zur stetigen Verbreitung der Nationalen Naturlandschaften.

Der Lizenzvertrag mit dem VDN musste wegen Verletzung des Vertragsrechts leider gerichtlich gekündigt werden, aber die Naturparke können unabhängig von der Verbandsmitgliedschaft auch einen direkten Vertrag von Europarc Deutschland erhalten. Mittlerweile arbeiten beide Verbände wieder konstruktiv und im Sinne der positiven Entwicklung der Nationalen Naturlandschaften zusammen.

Heute sind neben allen Nationalparken und Biosphärenreservaten auch 35 Naturparke Nutzer der Dachmarke und kommunizieren mit Büchern, Broschüren, Flyern, Briefpapieren und andern Medien das gemeinsame Erscheinungsbild. Auch auf Dienstwagen, kommunalen Bussen, Regionalbahnen kommt die Werbung für die Nationalen Naturlandschaften in Form von großen Aufklebern zur Geltung. Einige Millionen Druckerzeugnisse sind inzwischen im entsprechenden Design im Umlauf, und viele Prominente sind Unterstützer der Dachmarke. Mit dem renommierten Wissenschaftsmagazin *National Geographic Deutschland* besteht eine Medienpartnerschaft, und in lockerer Folge erscheinen dort Beiträge zu Wissenswertem aus den Nationalen Naturlandschaften.

Im Resultat zeigte eine Folgeumfrage des Forschungsinstitutes Emnid schon zwei Jahre nach der Einführung der Dachmarke, dass über 35 Prozent der Deutschen mit ihr etwas anfangen können und über 90 Prozent die Nationalen Naturlandschaften für einen wichtigen Bestandteil unseres Landes halten. Auch der Deutsche Bundestag fasste über alle Parteien hinweg einen ein-

| 238 | GROSSSCHUTZGEBIETE

stimmigen Beschluss zur Unterstützung der Nationalen Naturlandschaften und empfiehlt die Marke zur touristischen Außenwerbung der Bundesrepublik bei internationalen Messen.

2009 wurde das Jahr der Unesco-Biosphärenreservate unter der Schirmherrschaft der Bundeskanzlerin Angela Merkel und des Bundesumweltministers Norbert Röttgen unter anderem mit einer Ausstellung auf der Bundesgartenschau in Schwerin ganz im Zeichen der Dachmarke begangen. Gleiches geschah auch 2010 mit dem 20. Geburtstag des Nationalparkprogramms und den Veranstaltungen zum vierzigjährigen Bestehen von Nationalparken in Deutschland.

Neuere Informationszentren wie das im Nationalpark Kellerwald-Edersee wurden bereits durchgehend im Design der Dachmarke gestaltet. Außerdem hat sich die Marke in den Abläufen des Alltags etabliert: Von der Krawatte bis zur Kaffeetasse und vom Teddy bis zum T-Shirt, welche in den Shops der Nationalen Naturlandschaften angeboten werden – der dreifarbige Punkt macht auf einen nationalen Wert aufmerksam.

Wir leben in einer Mediengesellschaft und werden täglich tausendfach mit Produktbotschaften konfrontiert und beeinflusst. Also war es nur folgerichtig, unser Anliegen über eine markante Marke zu verbreiten und sie in die beeindruckenden Bilder aus geschützten Landschaften Deutschlands einzubetten. Diese Dachmarkenstrategie ist einzigartig in Europa und stellt eine wichtige Grundlage dar, um angemessen für diesen großen nationalen Schatz zu werben. Dass erstmalig die Geschlossenheit aller deutschen Großschutzgebiete über Kategorien, Verbände und Ländergrenzen hinweg erreicht werden konnte, ist ein großes, von vielen lange nicht für erreichbar gehaltenes Ergebnis. Dafür ist allen Mitwirkenden und Unterstützern wie insbesondere den Schutzgebieten, der Deutschen Bundesstiftung Umwelt, dem Bundesministerium für Umwelt, Reaktorsicherheit und Naturschutz, dem Bundesamt für Naturschutz, den Bundesländern, den großen Umweltverbänden und weiteren Förderern sehr zu danken.

Linke Seite oben: Der Naturpark Dümmer mit dem Dümmer-See und der Diepholzer Moorniederung umfasst einen charakteristischen Ausschnitt der südlichen niedersächsischen Geestlandschaft. Der Dümmer ist als Folge intensivster agrarischer Landnutzung hochgradig geschädigt und in rasanter Verlandung begriffen, mit fatalen Folgen für den Tourismus. (Foto: M. Succow, 2011)

Linke Seite unten: Auch das ist der Naturpark Dümmer. Auf Wasserscheiden der Niedermoore sind großflächig Regenmoore aufgewachsen, sie wurden tiefgreifend entwässert und unterliegen bis auf verschwindend kleine Randbereiche der Abtorfung. Gegenwärtig laufen auf allen abgetorften Flächen im Rahmen von Naturschutzprogrammen Wiedervernässungsmaßnahmen. (Foto: M. Succow, 2011)

Literatur zum Weiterlesen

Scherfose, V.; Riecken, U. (2011): Der Beitrag der Nationalen Naturlandschaften zur Umsetzung der nationalen Biodiversitätsstrategie, in: Jahrbuch für Naturschutz und Landschaftspflege (2), S. 34–44.

FÖRDERUNG DURCH BUND UND BUNDESSTIFTUNG

Naturschutzgroßprojekte – chance.natur

Von Hans Dieter Knapp

»Naturschutz ist Ländersache«, diesen Satz bekamen wir seit dem Beitritt der DDR zur Bundesrepublik Deutschland 1990 immer wieder zu hören. Wir meinten, das Nationalparkprogramm als Geschenk in das wiedervereinigte Deutschland eingebracht zu haben, als Baustein zugleich für ein gemeinsames europäisches Haus. In der allgemeinen Euphorie jener Zeit, mit den Regeln und Strukturen des föderalen Systems noch nicht wirklich vertraut, glaubten wir, dass es für Nationalparke nationale Verantwortung geben müsse. Wir brauchten einige Zeit, um zu begreifen, was der Satz »Naturschutz ist Ländersache« bedeutet. So steht es im Grundgesetz, in Artikel 75. Dem Bund wurde immerhin die Rahmengesetzgebung eingeräumt, und 1976 wurde mit dem Bundesnaturschutzgesetz das bis dahin geltende Reichsnaturschutzgesetz von 1935 abgelöst, nachdem in der DDR bereits 1954 ein eigenes Naturschutzgesetz erlassen worden war und 1973 und 1975 mehrere Bundesländer Landesgesetze für Naturschutz und Landschaftspflege in Kraft gesetzt hatten.

Nach dem Zweiten Weltkrieg wäre Naturschutz auf Bundesebene fast ganz abgewickelt worden. Die Reichsstelle für Naturschutz wurde im März 1945 von Berlin nach Egestorf in der Lüneburger Heide verlegt, wo Hans Klose mit der Zentralstelle für Naturschutz eine bruchlose Reorganisation zentral gelenkter Naturschutzarbeit versuchte und damit in Widerspruch zu der Entwicklung föderaler Strukturen geriet. Die 1953 nach Bonn und schließlich 1956 nach Bad Godesberg verlegte Zentralstelle für Naturschutz wurde als Bundesanstalt für Naturschutz und Landschaftspflege (BANL) in die Verwaltung des Bundes übernommen, sollte jedoch wenig später geschlossen werden. Das Bundesministerium für Gesamtdeutsche Fragen hatte Kenntnis von der Gründung des Instituts für Landschaftsforschung und Naturschutz (ILN) in Halle an der Saale erhalten und befürchtete, die DDR könnte damit die fachliche Hoheit für den deutschen Naturschutz erringen. Eine Annahme, die wohl nicht unbegründet war. Deshalb wurde die Bundesanstalt nicht geschlossen, sondern im Geschäftsbereich zunächst des Bundeslandwirtschaftsministeriums und seit dessen Gründung 1986 im Geschäftsbereich des Bundesumweltministeriums weitergeführt und entwickelt.

Länderzuständigkeit bedeutet auch, dass personelle und finanzielle Aufwendungen durch die Länder zu tragen sind und der Bund sich hier nicht engagieren darf. Die Länder haben ihre Hoheit immer gehütet und darauf geachtet, dass der Bund ihnen diese nicht streitig machte, Bundesfinanzministerium und Haushaltsausschuss wachten darüber, dass der Bund keine Steuergelder für Aufgaben der Länder ausgab, so auch im Naturschutz.

Mit dem Förderprogramm zur »Errichtung und Sicherung schutzwürdiger Teile von Natur und Landschaft von gesamtstaatlich repräsentativer Bedeutung« trat 1979 ein Instrument in Kraft, das

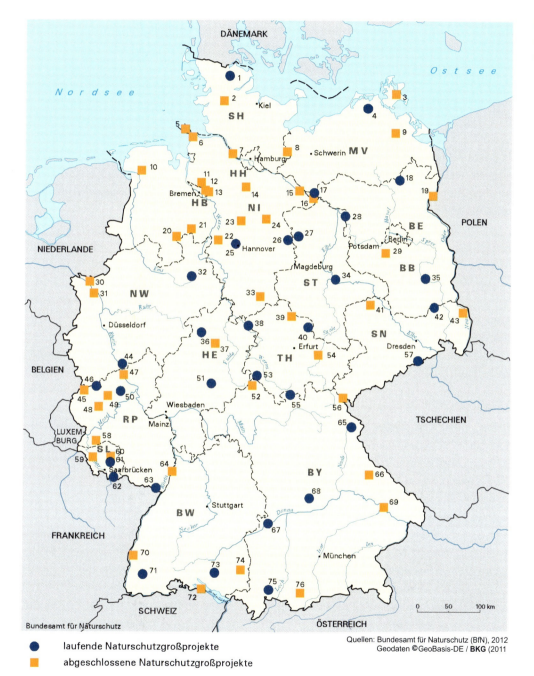

Naturschutzgroßprojekte des Bundes.
(Archiv Michael Succow Stiftung)

NATURSCHUTZGROSSPROJEKTE – CHANCE.NATUR | 241 |

unter voller Wahrung der Länderzuständigkeit für Naturschutz die Möglichkeit eröffnete, Naturschutzvorhaben in den Ländern finanziell auch durch den Bund zu unterstützen. Der Schlüssel dazu ist das Kriterium »von gesamtstaatlich repräsentativer Bedeutung«. Damit wurde es dem Bund möglich, substanzielle Beiträge zum Schutz des Naturerbes in Deutschland und zur Erfüllung internationaler Verpflichtungen zu leisten und Länder und Kommunen bei »Naturschutzgroßvorhaben von gesamtstaatlich repräsentativer Bedeutung« erheblich zu unterstützen. Immerhin werden vom Bund 65, in manchen Fällen bis zu 75 Prozent der Gesamtkosten übernommen. Das jeweilige Land beteiligt sich in der Regel mit 25, der Vorhabensträger mit zehn Prozent. Vorhabensträger sind normalerweise eigens zu diesem Zweck gegründete kommunale Zweckverbände aus beteiligten Kommunen und Naturschutzverbänden. Auswahlkriterien für die Förderung sind Repräsentanz, Großflächigkeit, Naturnähe, Gefährdung und Beispielhaftigkeit. Mit dem Programm »können nur Gebiete gefördert werden, die im nationalen und internationalen Interesse für den Naturschutz außerordentlich wertvoll und für den betreffenden Lebensraumtyp in Deutschland besonders charakteristisch und repräsentativ sind. Das Förderprogramm soll zum dauerhaften Erhalt von Naturlandschaften sowie zur Sicherung und Entwicklung von Kulturlandschaften mit herausragenden Lebensräumen zu schützender Tier- und Pflanzenarten beitragen«, wie das Bundesamt für Naturschutz auf seiner Homepage schreibt.

Förderfähig sind die Erarbeitung von Pflege- und Entwicklungsplänen, der Ankauf beziehungsweise die langfristige Pachtung von Flächen, biotopersteinrichtende und biotoplenkende Maßnahmen sowie Personal- und Sachkosten.

Das Programm wurde sogleich von mehreren Bundesländern aufgegriffen, und noch 1979 wurden sechs Vorhaben in Niedersachsen (drei von sechs), Schleswig-Holstein, Nordrhein-Westfalen und Rheinland-Pfalz bewilligt. Die Laufzeit dieser ersten Vorhaben betrug zwei bis 13 Jahre (durchschnittlich 5,6 Jahre), die Flächengröße 54 bis 2200 ha (durchschnittlich 889 ha).

Insgesamt wurden bis einschließlich 1990 29 Vorhaben in allen zehn Ländern der alten Bundesrepublik begonnen und elf davon abgeschlossen. Ein gewisser Schwerpunkt lag dabei in Niedersachsen mit acht Vorhaben. In Nordrhein-Westfalen, Rheinland-Pfalz und Bayern wurden im ersten Jahrzehnt des Programms je vier Vorhaben begonnen. 1989 wurde das Bundesprogramm um das Gewässerrandstreifenprogramm zur Verbesserung der Qualität hochwertiger Gewässer erweitert. »Außerdem soll die Eigendynamik von Gewässern gefördert und auf diese Weise ein Beitrag zum Hochwasserschutz geleistet werden.« (BfN.de)

Insgesamt wurden in dieser ersten Phase Naturschutzmaßnahmen auf 26 131 ha gefördert, wobei die Flächengröße der einzelnen Vorhaben sehr unterschiedlich war und von 6 ha (Zinnbach in Bayern) bis 3165 ha (Hohe Rhön/Lange Rhön in Bayern) reichte. Die durchschnittliche Flächengröße von 901 ha blieb in diesem Zeitraum nahezu wie bei den 1979 begonnenen Vorhaben bestehen. Während der Titel in den ersten acht Jahren durchschnittlich mit umgerechnet 2,4 Millionen Euro im Jahr ausgestattet war, wurde er 1987 auf 5,1 Millionen aufgestockt und 1989 nochmals mehr als verdoppelt. Das inhaltliche Spektrum der geförderten Projekte war relativ breit und reichte von der Sicherung eines Fließgewässers und dem Schutz von Mooren und Feuchtwiesen bis zur Aufspülung der neuen Insel Nigehörn im Hamburger Wattenmeer als Ersatzlebensraum für Seeschwalbenkolonien.

Nach 1990 erfuhr das Förderprogramm einen erheblichen Bedeutungszuwachs. Mit den neuen Bundesländern waren nicht nur die neuen Nationalparke, Biosphärenreservate und Naturparke sondern auch weitere Landschaftsteile von nationaler Bedeutung in das vereinte Deutschland eingebracht worden. Der jährliche Titelansatz im Bundeshaushalt wurde 1991 auf umgerechnet

Seit 1991 wurden 50 neue Naturschutzgroßprojekte des Bundes auf den Weg gebracht und vom Bundesamt betreut. Eines der größten Vorhaben ist das Peenetal-Haffmoor in Mecklenburg-Vorpommern mit 20 090 ha inzwischen gesicherter Naturschutzflächen. Es hatte eine Laufzeit von 1992 bis 2010 bei einem Finanzierungsumfang von 28 Millionen Euro. Drei Viertel der Flächen wurden wiedervernässt, wie uns das Luftbild zeigt. (Foto L. Jeschke, 2007)

Das seit 1996 wieder vernässte einstige Saatgrasland am Rande des Anklamer Stadtbuches (Haffmoor). Die aufwachsenden Röhrichte und Großseggenriede bilden wieder Torf und sind Lebensraum einer ungewöhnlichen Fülle von Vogelarten, mit denen vordem niemand gerechnet hatte: Kolonien von Schwarzhalstauchern, Weißflügel- und Weißbartseeschwalben sowie Brutvorkommen von Kleinem und Zwergsumpfhuhn. (Foto: M. Succow, 2011)

17,5 Millionen Euro deutlich erhöht und lag bis 2004 bei durchschnittlich 19,5 Millionen Euro im Jahr. Seit 2005 liegt er bei 14 Millionen Euro.

Seit 1991 wurden 50 neue Naturschutzgroßprojekte auf den Weg gebracht und vom Bundesamt für Naturschutz (BfN) betreut. Die durchschnittliche Laufzeit der 1991–2007 begonnenen Projekte wurde auf circa elf Jahre erhöht. Ab 2003 wurden die Projekte in eine meist dreijährige Planungsphase und anschließende Umsetzungsphase unterteilt. Seit 2007 erfolgt die Vergabe im Rahmen des bundesweiten Wettbewerbs »Idee Natur«. Von 1991 bis 2010 wurden beziehungsweise werden in den 50 Projekten Naturschutzmaßnahmen auf 329 342 ha vom Bund gefördert. Die durchschnittliche Kernfläche der Projekte hat sich auf nahezu 6600 ha erhöht. Die deutliche Vergrößerung der Projektgebietsflächen gegenüber dem Zeitraum vor 1990 ist zwar ein bundesweiter Trend, doch ist der Trend zu großen Flächen in den neuen Bundesländern deutlicher ausgeprägt als in den alten. Während von 1991 bis 2007 in 22 Projekten im Westen 71 786 ha (durchschnittlich 3263 ha) gefördert wurden, waren es im selben Zeitraum in 18 Projekten im Osten 128 811 ha Fläche (durchschnittlich 7156 ha). Hinzu kommt mit der Schaalseeregion in Mecklenburg-Vorpommern und Schleswig-Holstein ein länderübergreifendes Projekt mit 14 695 ha Kernflächen. Die größeren Projektflächen sind vor allem durch die geringere Bevölkerungsdichte und noch vorhandene großflächige, unzerschnittene Räume im Osten bedingt. Von zehn Projekten mit über 10 000 ha Fläche liegen drei in Mecklenburg-Vorpommern und zwei in Brandenburg, drei weitere grenzübergreifend in Mecklenburg-Vorpommern und Schleswig-Holstein, in Thüringen, Hessen, Niedersachsen sowie in Thüringen und Bayern. Mit 24 500 ha Projektgebietsfläche ist das Naturschutzgroßprojekt Uckermärkische Seen in Brandenburg das größte Vorhaben, gefolgt von Peenetal-Haffmoor in Mecklenburg-Vorpommern mit 20 090 ha. Seit 2008 wurden fünf neue Projekte im Westen, zwei neue im Osten und zwei weitere West-Ost-übergreifend begonnen, wobei der Trend zu größeren Gebieten noch deutlich zunahm und sich in Ost und West weitgehend anglich (durchschnittliche Kerngebietsgröße der neun neuen Projekte 11 042 ha). Durch die seit 1991 geförderten Projekte erfuhren auch einige Gebiete des Nationalparkprogramms von 1990 Unterstützung bei der Umsetzung der Schutzziele (Schaalsee-Landschaft, Drömling, Unteres Odertal, Ostrügensche Boddenlandschaft, Spreewald, Mittlere Elbe, Thüringer Rhönhutungen).

Während in den Anfangsjahren des Programms der Schwerpunkt auf Elementen historischer Kulturlandschaften (Magerrasen, Streuwiesen, Weiderasen, Heiden) und Resten ursprünglicher Natur (Moore, Auen, Fließgewässer) lag, laufen derzeit auch zwei Projekte in Bergbaufolgelandschaften, eines davon in Sachsen. Das Lausitzer Seenland ist das extreme Gegenteil von einer Kulturlandschaft, die hier durch den Braunkohletagebau total zerstört worden war. Die einst geplante »Rekultivierung« wurde zurückgestellt, und so bietet das jetzige stark reliefierte Gelände mit Rohböden und nährstoffarmen Gewässern in den gefluteten Tagebaulöchern einzigartige Möglichkeiten für die spontane Ansiedlung von Pflanzen nährstoffarmer Standorte und den Ablauf primärer Sukzessionen. Ein ähnliches Projekt wurde mit der »Landschaft der Industriekultur Nord« 2009 auch im Saarland begonnen, dort allerdings in einer Folgelandschaft des Steinkohlenbergbaus.

Hohen Anteil am Gesamtprogramm haben nach wie vor Niederungs- und Auenbiotope. Stärker als bei früheren Projekten werden sie in die Komplexität der Gesamtlandschaften eingebunden. Der Spreewald in Brandenburg wird als großflächiger, zusammenhängender Naturraum durch ein weit verzweigtes Fließgewässernetz charakterisiert und ganz wesentlich vom Wasserhaushalt bestimmt.

Die Untere Havelniederung in Brandenburg stellt das größte zusammenhängende, unzer-

Eines der ersten Projekte des Förderprogrammes des Bundes »Errichtung und Sicherung schutzwürdiger Teile von Natur und Landschaft von gesamtstaatlich repräsentativer Bedeutung«, das 1979 in Kraft trat, war der Rettung des Federsee-Riedes in Baden-Württemberg gewidmet. Dieses alte Naturschutzgebiet, mit seinem nährstoffarm-kalkreichen See und umgebenden nährstoffarm-basenreichen Niedermooren war durch Abwassereinleitung hochgradig geschädigt. Wie unser Bild zeigt, konnte auch nach Abschluss des Projektes der Zustand eines Klarwassersees nicht wieder erreicht werden. (Foto: M. Succow, 1992)

schnittene binnenländische Feuchtgebiet im westlichen Mitteleuropa dar, das durch jährlich auftretende, großflächige Überschwemmungen im Winter und Frühjahr geprägt wird. Durch wasserbauliche Rückbaumaßnahmen sollen Renaturierung und naturnahe Entwicklung ermöglicht werden. Eine Bundeswasserstraße wieder in die natürliche Landschaft zu integrieren, ist in dieser Dimension ohne vergleichbare Vorbilder und deshalb von beispielhafter und überregionaler Bedeutung. Die unterschiedlichen Ansprüche von Seiten des Naturschutzes, des Verkehrs und des Wasserbaus müssen abgestimmt und erstmalig in großem Stil umgesetzt werden.

Das Naturschutzgroßvorhaben Mittlere Elbe umfasst den größten zusammenhängenden Auenwaldkomplex im westlichen Mitteleuropa. »Ziel des Vorhabens ist der Schutz und die Wiederherstellung einer weitestgehend intakten, naturnahen und waldreichen Überflutungsaue als Lebensraum auentypischer Tier- und Pflanzenarten, wobei der Sicherung der flusstypischen Dynamik, der Erhaltung und Erweiterung der Überschwemmungsflächen sowie der Sicherung des Auenwaldkomplexes eine besondere Bedeutung zukommt.« (BfN.de) Das Vorhaben schließt auch die Reaktivierung von Flutrinnen und die Deichrückverlegung mit ein. Mit dem Unteren Odertal wurde ebenfalls eine bedeutende Auenlandschaft und mit dem Drömling und der Nuthe-Nieplitz-Niederung wurden zwei weitere Niederungslandschaften in Ostdeutschland im Rahmen dieses Programms gefördert.

Das Projekt Peenetal/Peene-Haffmoor in Mecklenburg-Vorpommern verfolgt das Ziel, die Peene und die von ihr geprägten Niederungsbereiche als weitgehend unverbauten, nicht stauregulierten Tieflandfluss zu sichern, durch Melioration und landwirtschaftliche Nutzung degradiertes Feuchtgrünland zu renaturieren und das natürliche Wasserregime auf entwässerten und gepolderten Flächen wiederherzustellen sowie die Tourismus- und Freizeitaktivitäten zu lenken. Die Entwicklung zu einem privat geführten Nationalpark wurde seitens des Landes jedoch nicht weiter verfolgt.

Drei Vorhaben sind dem Schutz von Naturräumen mit trockenwarmen Standorten und entsprechenden Vegetationskomplexen im mitteldeutschen Kalkhügelland gewidmet. Die Muschelkalkhänge im Mittleren Saaletal (Thüringen) umfassen neben teils ausgedehnten Kalkbuchenwäldern artenreiche natürliche Vegetationskomplexe trockenwarmer Standorte aus Trockenwäldern, Säumen und Felsrasen sowie aus früheren Weinbergen hervorgegangene Kalkmagerrasen mit gehäuftem Vorkommen südmitteleuropäischer Pflanzenarten, darunter eine Vielzahl von Orchideen. Das Naturschutzgroßprojekt Kyffhäuser schließt die bedeutendsten Vorkommen kontinentaler Trockenrasen auf Gipsstandorten in Mitteleuropa ein, und die Thüringer Rhönhutungen sind der Pflege traditioneller Weidelandschaften mit artenreichen Kalkmagerrasen gewidmet. Die Bergwiesen des Osterzgebirges in Sachsen werden als ein Charakterbiotop historischer Kulturlandschaften der Mittelgebirge erhalten.

Im Jahre 2008 wurde das frühere Bundesprogramm in Chance Natur – Bundesförderung Naturschutz umbenannt. Eines der jüngsten Projekte des neuen Programms ist die »Allgäuer-Moorallianz« in Bayern. Es dient dem Erhalt der verschiedenartigsten Moorbildungen am Rande der Kalkalpen. Hier ein nährstoffarmkalkreiches Durchströmungsmoor. (Foto: M. Succow, 2007)

Die Vorpommersche Waldlandschaft ist ein zweites Projekt der neuen Serie. Es dient vor allem der Optimierung des Lebensraumes des Schreiadlers, von dem es gegenwärtig in Deutschland noch 60 Brutpaare gibt. Das Bild zeigt einen artenreichen Laubmischwald auf vernässter Grundmoränenplatte im Naturschutzgebiet Abshagen. (Foto: M. Succow, 2004)

Mit der Schaalseelandschaft in Mecklenburg-Vorpommern und Schleswig-Holstein, den Uckermärkischen Seen in Brandenburg und der Ostrügenschen Boddenlandschaft (Mecklenburg-Vorpommern) werden drei herausragende und komplexe Kulturlandschaften mit hohem Anteil naturnaher Biotope im nordostdeutschen jungpleistozänen Tiefland gefördert. Es handelt sich um Endmoränenlandschaften mit ausgeprägtem Relief, mit Wäldern, Seen und Mooren, mit Feuchtwiesen und Trockenrasen. Mit dem Projekt Ostrügensche Boddenlandschaft wurden u. a. auch militärische und touristische Altlasten beseitigt, Moore renaturiert und ein verschlammter See saniert. Das ehemalige militärische Übungsgelände Prora wurde im Rahmen des Nationalen Naturerbes an die Deutsche Bundesstiftung Umwelt (DBU) übertragen und entsprechend dem Pflege- und Entwicklungsplan gemanaged. Die Ausweisung von Naturschutzgebieten durch das Land Mecklenburg-Vorpommern steht allerdings noch aus.

Jüngst wurden mit der Vorpommerschen Waldlandschaft (Mecklenburg-Vorpommern) und mit der Hohen Schrecke in Thüringen zwei Projekte begonnen, die vorrangig dem Schutz von Wäldern gewidmet sind. Mit der Vorpommerschen Waldlandschaft soll der besondere Lebensraum des Schreiadlers geschützt werden. Mit der Hohen Schrecke soll altem Wald Zukunft gegeben werden, wie die Projektbeschreibung im Untertitel lautet. Hier werden mehrere tausend Hektar alten Waldes unter Verzicht auf forstliche Nutzung der natürlichen Waldentwicklung überlassen.

Schließlich seien noch zwei Projekte des Grünen Bandes erwähnt. Das Naturpotenzial entlang der früheren innerdeutschen Grenze hatten wir schon 1989/90 während der Wendezeit erkannt und die Ausweisung von Schutzgebieten empfohlen. Die Idee, den ehemaligen Grenzstreifen zu einem grünen Band aus unberührter Natur werden zu lassen, wurde vom BUND weiterverfolgt, vom BfN mit einem mehrjährigen Forschungsprojekt europaweit entwickelt und wird in den Abschnitten Eichsfeld-Werratal und Rodachtal-Lange Berge-Steinachtal im Rahmen des Bundesprogramms gefördert.

Seit 1979 wurden 44 Projekte abgeschlossen, 30 befinden sich noch in der Förderung. Das Bundesprogramm zur »Errichtung und Sicherung schutzwürdiger Teile von Natur und Landschaft von gesamtstaatlich repräsentativer Bedeutung/Gewässerrandstreifenprogramm« wurde 2008 umbenannt in »chance.natur – Bundesförderung Naturschutz«. Es ist heute das wohl bedeutendste Instrument des praktischen Naturschutzes in Deutschland, mit dem Projekte auf insgesamt mehr als 355 000 ha durch den Bund gefördert wurden und werden. Die Länder sind mit einbezogen und in ihrer Zuständigkeit nicht beschnitten. Naturschutzgroßvorhaben sind ein gelungenes Beispiel dafür, wie im föderalen System gemeinsame Verantwortung von Bund und Ländern für national bedeutsames Naturerbe wahrgenommen werden kann.

Literatur zum Weiterlesen

BfN (2008): Naturschutzgroßprojekte mit Gewässerrandstreifenprogramm, in:. Daten zur Natur 2008, S. 231–234.

BMU/BfN (2010): Chance.Natur. Naturschutzgroßprojekte in Deutschland.

Frohn, H.-W.; Schmoll, F. (2006): Natur und Staat. Staatlicher Naturschutz in Deutschland 1906–2006, in: Naturschutz u. Biologische Vielfalt (1).

Natur u. Landschaft (1994), 69 (7/8).

Natur u. Landschaft (1996), 71 (7/8).

Natur u. Landschaft (2001), 76 (9/10), S. 432–441.

Natur u. Landschaft (2009), 84 (12).

Plachter, H. (1992): Naturschutz in der Bundesrepublik Deutschland. Versuch einer Bilanz, in: NNA-Berichte (1), S. 67–75.

Naturschutzprojekte der Deutschen Bundesstiftung Umwelt

Von Fritz Brickwedde

Etwa die Hälfte der Tier- und Pflanzenarten in Deutschland gilt als gefährdet. Hauptursache ist die Veränderung ihrer Lebensräume – durch die intensive Landnutzung, den Flächenverlust und das Zerschneiden von Lebensräumen mit Siedlungen und Verkehr. Naturschutzziele gelten nicht nur in Schutzgebieten, sondern müssen auch in die Land- und Forstwirtschaft sowie in die Siedlungs- und Verkehrsentwicklung integriert werden. Die Deutsche Bundesstiftung Umwelt (DBU) fördert daher Projekte im Naturschutz und der Umweltbildung, um die vielfältig genutzten Kulturlandschaften wieder als Rückzugs- und Regenerationsraum für viele Arten zu öffnen und auch den Menschen eine emotionale Bindung zur Natur und ein Naturerleben zu ermöglichen.

Seit Beginn ihrer Fördertätigkeit unterstützte die DBU mehr als 460 Naturschutzprojekte mit einer Gesamtsumme von rund 100 Millionen Euro. Die Naturschutzförderung erstreckt sich in verschiedene Bereiche, die eine große thematische und inhaltliche Bandbreite abdecken: Revitalisierung und Biotopvernetzung, Landnutzung, Regionalentwicklung und Planung, Umweltbildung, Wettbewerbe und Ausstellungen, Umwelt und Kulturgüter. Außerdem werden im Rahmen des DBU-Promotionsstipendienprogramms Naturschutzthemen wissenschaftlich untersucht. Auch hat die DBU in fast allen deutschen Großschutzgebieten die Errichtung von Zentren zur Umweltbildung unterstützt. In fast 40 Projekte flossen so Fördermittel von rund 31 Millionen Euro.

Schwerpunkt der Förderung im Naturschutz sind die genutzten Landschaften. Sie stellen den größten Flächenanteil Deutschlands dar und besitzen gleichzeitig den höchsten Naturschutzbedarf. So unterstützt die DBU beispielsweise ein Projekt, in dem gezielte Artenschutzmaßnahmen für Wiesenvögel in der Agrarlandschaft in Neuenkirchen, Niedersachsen, durchgeführt wurden. Das Vorhaben basiert auf einer engen Kooperation zwischen Naturschützern und Landwirten sowie einer effektiven Koordination durch ein Planungsbüro. Während der dreijährigen Laufzeit wurden unterschiedliche Konzepte der Honorierung ökologischer Leistungen umgesetzt. Die Anzahl der beteiligten Landwirte nahm während des Projekts ständig zu, ebenso die Anzahl geschützter Gelege. Für alle Arten, deren Schutz geplant worden war (Kiebitz, Großer Brachvogel, Uferschnepfe), konnten deutlich höhere Schlupfraten erzielt werden, was dazu führte, dass die Bestände nun als stabil eingestuft sind – dies hebt sich deutlich von landes- und bundesweiten Trends ab.

Von besonderer Bedeutung für die DBU-Förderung sind auch Naturschutzflächen aus zweiter Hand wie Bergbaufolgeflächen oder ehemalige Militärflächen. Beispielsweise bestehen für die mageren Offenlandschaften auf ehemaligen Truppenübungsplätzen in Brandenburg, die einen hohen Anteil seltener und bedrohter Arten und Lebensraumtypen beherbergen, bisher keine ausreichen-

Das Haus der Nachhaltigkeit in Johanniskreuz im Biosphärenreservat Pfälzer Wald-Nordvogesen. Es gehört zu einem Netzwerk der Landesforsten Rheinland-Pfalz zur Vermittlung nachhaltiger Lebensstile. (Foto: Deutsche Bundesstiftung Umwelt, 2005)

den Konzepte zu ihrer Erhaltung. Dies liegt zum einen an der Munitionsbelastung, zum anderen an den begrenzten finanziellen Ressourcen für Landschaftspflegemaßnahmen. Im Naturschutzgebiet Forsthaus Prösa müssen daher neue Methoden entwickelt werden, wie noch vorhandene Munition umfassend und sicher vom Gelände entfernt werden kann. Mit Schafbeweidung, Heidemahd und Energieholznutzung von Vorwäldern könnte das Gebiet danach gepflegt werden. Ein Vorgang, der von ökologischen Unterschungen sowie der Evaluation der erreichten Naturschutzziele und der entstandenen Kosten begleitet werden kann. Die gemachten Erfahrungen sollen in Brandenburg auf andere ehemalige Truppenübungsplätze übertragen werden.

Ein weiteres Vorhaben ist das von der Nabu-Stiftung Nationales Naturerbe durchgeführte Projekt mit dem Titel »Spendenfinanziertes Flächenmanagement im Naturschutz – ein Geschäftsmodell? Erprobung an einem Beispiel aus der Bergbaufolgelandschaft Brandenburgs«. Ziel war die naturschutzgerechte Sanierung, Sicherung und Entwicklung einer circa 2000 ha großen Fläche (Naturparadies Grünhaus) innerhalb der Tagebaufelder Lauchhammer in Südbrandenburg, wofür das Gebiet käuflich erworben wurde. Ein Lösung, die natürlich enorme (Folge-)Kosten produzierte, denen mit einem unternehmerischen Ansatz beigekommen werden sollte. Dafür wurde ein eigenständiger Geschäftsbereich der Nabu-Stiftung aufgebaut, der bundesweit um Spenden und Patenschaften warb. Auf diese Weise wird voraussichtlich die volle Kostendeckung erreicht werden können.

Ein zweites naturschutzfachliches Thema, welches mit der Übertragung großer Flächen an Bedeutung gewinnt, ist die Ausweisung von so genannten Wildnisgebieten. »Natur – Natur sein lassen« ist die Devise auf diesen Flächen. Diese gilt für das Naturparadies Grünhaus der Nabu-Stiftung, sie gilt aber auch für den ehemaligen Braunkohletagebau Goitzsche in Sachsen-Anhalt. Dieses Gebiet wird vom BUND betreut. In der Goitzsche geht es darum, die Naturschutzziele mit den umgebenden Bewohnern und regionalen Planungen abzustimmen und um Verständnis für die geplante Wildnisentwicklung zu werben.

Im grenzüberschreitenden Biosphärenreservat Pfälzer-Wald-Nordvogesen sind die Landesforsten Rheinland-Pfalz Initiatoren eines Netzwerks der Nachhaltigkeit und bemühen sich um eine zukunftsweisende Regionalentwicklung. Zentral ist hier, dass die ortsansässigen Forstämter aktiv werden. Das Haus der Nachhaltigkeit in Johanniskreuz ist die Anlaufstelle des Netzwerkes und gibt der Idee einen festen Raum. Einer Verbraucherzentrale gleich, liefert es durch eine Dauerausstellung und ein umfassendes Veranstaltungsprogramm Informationen. Zunächst abstrakte Begriffe wie »Nachhaltigkeit« oder »Biosphärenreservat« werden hier erfahrbar.

Das Urwald-Life-Camp am Rande des Nationalparks Hainich in Thüringen. Dieses Camp wurde in Verbindung mit einer Jugendherberge und der Nationalparkverwaltung errichtet.
(Foto: Deutsche Bundesstiftung Umwelt, 2010)

Einen Schwerpunkt der Fördertätigkeit der Deutschen Bundesstiftung Umwelt beinhaltet die Errichtung von Informationszentren für nachhaltige Bildung in Schutzgebieten von nationaler Bedeutung. Im Bild das Wildnis-Camp am Falkenstein im Nationalpark Bayerischer Wald.
(Foto: Deutsche Bundesstiftung Umwelt)

Im Urwald-Life-Camp der Jugendherberge Lauterbach, ein Projekt für den Nationalpark Hainich.
(Foto: Deutsche Bundesstiftung Umwelt, 2007)

Der Baumkronenpfad im Nationalpark Hainich ermöglicht das Erleben des Waldes aus einer anderen Perspektive.
(Foto: R. Fronczek, 2006)

Naturschutz bedeutet eben auch, die Menschen für die Natur zu begeistern. Oft wissen die Bewohner von Städten gar nicht, wie faszinierend das Erleben von ursprünglichen Landschaften sein kann. Mit den Umweltbildungszentren fördert die DBU die Vermittlung von Umweltthemen, denn bei der Lösung von Umweltproblemen spielen Information, Wissen, Bildung und Management eine entscheidende Rolle. Ziel der DBU ist es, das Umweltbewusstsein zu stärken und die Handlungsbereitschaft für den Umweltschutz zu fördern. Doch geht Umweltkommunikation weit über die bloße Wissensvermittlung hinaus: Umweltbildung ist als ein ständiger, lebenslanger Lern- und Sozialisationsprozess zu verstehen, der alle Menschen mit einschließt. Jede nachhaltige Entwicklung fußt auf einer sorgfältigen Umweltbildung und braucht Menschen, die sich im Einklang mit der Natur zu verhalten wissen.

So sind viele Bildungseinrichtungen in den Großschutzgebieten Deutschlands mit der Unterstützung der DBU entstanden. Unter anderem beispielgebend ist das Multimar Wattforum in Tönning. Was die Wissenschaft im Wattenmeer beobachtet und als komplexe Forschungsergebnisse aufzeichnet, wird hier erlebnisorientiert vermittelt. Elf Großaquarien und eine Unterwasserkamera laden jährlich viele Besucher ein, die faszinierende Unterwasserwelt der Nordsee kennenzulernen.

Im Nationalpark Bayerischer Wald förderte die DBU die Errichtung des Wildniscamps am Falkenstein, das unter dem Motto »Wald erleben, Natur verstehen und Wildnis spüren« stand. Durch Übernachtungen in der unberührten Natur sollten Jugendliche aus der Nationalparkregion Bayerischer Wald sowie aus der benachbarten Nationalparkregion Šumava (Tschechische Republik) Wildnis unmittelbar erfahren. Um das Camp zu errichten, wurden nur heimische Materialien wie Holz, Granit, Glas und Lehm verwendet, außerdem kamen einzig ressourcenschonende Techniken wie Photovoltaik oder Schilfkläranlagen zum Einsatz. In einem Folgeprojekt wurden acht verschiedene Unterkünfte (Hütten und Zelte) indigener und anderer traditioneller Bewohner von Nationalparken verschiedener Erdteile errichtet. In diesen können Gruppen jeden Alters, vor allem jedoch junge Menschen übernachten. Die Unterkünfte bieten Anknüpfungspunkte für die Bildungsarbeit. Dadurch sind Partnerschaften aus der Region Bayerischer Wald/Šumava mit den Schutzgebieten anderer Erdteile entstanden. Darüber hinaus wurden innerhalb des Projektes ein regionales deutsch-tschechisches Jugendforum ins Leben gerufen, grenzüberschreitende mehrtägige Wildniswanderungen erprobt sowie weitere gemeinsame Maßnahmen der beiden Nationalparkverwaltungen Bayerischer Wald und Šumava durchgeführt.

Als abschließendes Beispiel für Umweltbildung und Naturschutz soll der Hainich dienen, der mit etwa 16 000 ha das größte zusammenhängende Laubwaldgebiet Deutschlands ist. Die Besucher dieses Nationalparks können hier auf einem Baumkronenpfad wandern und den Wald zwischen und über seinen Wipfeln erkunden. Die DBU förderte dort ebenso die Errichtung einer Jugendherberge, um Freizeit, Bildung und Wohnen als Einheit erlebbar zu machen. Das Knüpfen eines »Rettungsnetzes für die Wildkatze« durch die Landesverbände Hessen, Bayern und Thüringen des BUND wurde hier außerdem von der DBU unterstützt. Mit einer Kooperation vom Nationalpark Hainich und dem Naturpark Thüringer Wald sollen die seltene Raubkatze und viele andere Arten wieder in ihren ursprünglichen Lebensräumen heimisch werden.

Im Laufe dieser Projektarbeiten wurde deutlich, wie wichtig es ist, mit den Bildungsangeboten auf die Vorstellungen der unterschiedlichen Zielgruppen einzugehen. Dadurch können immer mehr Menschen erreicht werden. Gefragt wird also nicht, wie man nachhaltige Konzepte zielgruppengerecht aufbereiten kann, sondern wie Bedürfnisse und Interessen der Zielgruppe mit nachhaltigen Konzepten befriedigt werden können.

DAS NATIONALE NATURERBE

Die Sicherung des Nationalen Naturerbes

Von Adrian Johst und Christian Unselt

Ausgangssituation

Viele wertvolle Naturschutzflächen Deutschlands befanden und befinden sich in Bundeseigentum. Bei den Bundesflächen handelt es sich vor allem um genutzte und ungenutzte Militärflächen, Flächen an der ehemaligen innerdeutschen Grenze (Grünes Band), sanierte Flächen des DDR-Braunkohlebergbaus und ehemals volkseigene Flächen (»BVVG-Flächen«). Grundsätzlich ist die Bundesregierung angehalten, alle Flächen, die nicht für Bundesaufgaben notwendig sind, zu verwerten – also zu privatisieren. Da der Naturschutz verfassungsrechtlich keine Bundesaufgabe ist, wurden in der Vergangenheit auch naturschutzfachlich wertvolle Bundesflächen verkauft. Beschränkte sich dies vor 1990 auf wenige Einzelfälle, setzte mit der deutschen Wiedervereinigung eine wahre Privatisierungswelle ein. Der Bundesrepublik als Rechtsnachfolgerin der DDR fiel über Nacht umfangreiches staatliches Flächeneigentum zu, das für Bundesaufgaben nicht benötigt wurde. Bereits seit Mitte der 1990er Jahre haben die Umweltverbände auf diese Problematik hingewiesen. Einzelfälle raubbauartiger Forstnutzung und der jagddominierten Umgestaltung von Schutzgebieten durch neue Flächeneigentümer wurden über die Medien an den Pranger gestellt und so der Weg für erfolgreiche Lobbyarbeit gegen die Naturschutzflächenprivatisierung geebnet. Durch die gute verbandsübergreifende Arbeit konnte 1998 ein erster großer Erfolg erzielt werden: Die erste rot-grüne Bundesregierung fasste den Beschluss, bis zu 50 000 ha BVVG-Waldflächen in Nationalparken und Naturschutzgebieten aus der Privatisierung auszunehmen und diese unentgeltlich an die Länder beziehungsweise an Umweltorganisationen zu übertragen. Für weitere 50 000 ha Offenlandflächen wurde ein Erwerbsvorrang zum Verkehrswert vereinbart. Von den seinerzeit in Aussicht gestellten 50 000 ha Waldflächen wurden bis zum Jahr 2006 rund 36 000 ha tatsächlich übertragen. Offenlandflächen zum Verkehrswert wurden nur kleinflächig und in wenigen Ausnahmen erworben.

Die DNR-Strategiegruppe Naturschutzflächen

Seit dem Jahr 1999 arbeiten die Umweltverbände Nabu, BUND, WWF, Grüne Liga sowie die Heinz-Sielmann-Stiftung, die Stiftung Euronatur und die Naturstiftung David unter dem Dach des Deutschen Naturschutzring (DNR) in einer gemeinsamen Strategiegruppe »Naturschutzflächen« zusammen. Seit dem Jahr 2002 wirkt auch Europarc Deutschland in der Gruppe mit – später kamen

Blick aus dem Heißluftballon auf die Moorlandschaft des Ahlbecker Seegrundes in der Ueckermünder Heide, Teil des Naturparks Am Stettiner Haff. Die kaum besiedelte Landschaft im Grenzraum zu Polen war mit über 7000 ha Staatsjagdgebiet am Rande eines Truppenübungsplatzes der Nationalen Volksarmee. Er gehörte nach der Wiedervereinigung zu den Bundesflächen, die zur Privatisierung vorgesehen waren. Heute ist es im Besitz der Naturerbe gGmbH der Deutschen Bundesstiftung Umwelt. (Foto: S. Schwill, 2004)

noch die Michael Succow Stiftung, die Zoologische Gesellschaft Frankfurt und das Vogelschutzkomitee hinzu. Ziel der DNR-Strategiegruppe war und ist es, über die BVVG-Waldflächen hinaus alle naturschutzfachlich wertvollen Flächen der öffentlichen Hand (Bund, Länder, Kommunen) langfristig zu sichern.

Im März 2005 erarbeitete die DNR-Strategiegruppe gemeinsam mit dem Wirtschaftsberatungsunternehmen Ernst & Young einen Bericht, der den Handlungsbedarf skizziert und Lösungsmöglichkeiten aufzeigt. Der Begriff »Nationales Naturerbe« wurde als politisch einprägsame Wortmarke entwickelt und entsprechend kommuniziert. Ein wichtiger Schlüssel für den späteren Erfolg war die enge Zusammenarbeit mit der Deutschen Bundesstiftung Umwelt (DBU) und dem Bundesumweltministerium – auch wenn dies anfänglich kein Selbstläufer war. Sowohl DBU als auch Bundesumweltministerium standen den Forderungen der Umweltverbände lange Zeit ablehnend gegenüber: Das BMU verwies auf die Aussichtslosigkeit, in dieser Angelegenheit einen Kompromiss mit dem Bundesfinanzministerium zu finden. Die Bundesstiftung Umwelt wiederum schloss die Übernahme von Flächen anfänglich kategorisch aus. Als hilfreich erwies sich, dass im Bundestagswahlkampf 2005 die konservativen Parteien eine Profilierungsmöglichkeit gegenüber der rot-grünen Bundesregierung suchten und das Thema »Nationales Naturerbe« deshalb dort auf großes Interesse stieß. Da gleichzeitig die Forderung der Umweltverbände nach einer eigenen »Bundesstiftung Natur« zunehmend Resonanz fand, entschloss sich auch die DBU zu einem Meinungswechsel und setzte sich ab Mai 2005 gemeinsam mit den Naturschutzorganisationen für die Sicherung des Nationalen Naturerbes ein.

Links: Der ehemalige sowjetische Truppenübungsplatz Tangersdorfer Heide im Naturpark Uckermärkische Seen im Land Brandenburg wurde nach Abzug der Truppen in das Nationale Naturerbe übernommen und steht heute im Eigentum der Stiftung Naturlandschaften Brandenburgs – Wildnisstiftung.
(Foto: M. Succow, 1991)

Rechts: Teilergebnis der Munitionsberäumung in der Tangersdorfer Heide.
(Foto: M. Succow, 1995)

Hand in Hand agierten Umweltorganisationen, DBU, Ministerialverwaltung und Politik im Rahmen der Koalitionsverhandlungen im Herbst 2005. In der Verhandlungsgruppe »Umwelt« wurde durch entsprechendes Briefing der Verhandlungsdelegationen sehr schnell eine Einigung erzielt. Die Schwierigkeit bestand darin, dass dieser Passus nicht wieder durch die Haushälter gestrichen würde. Hier halfen verschiedene Aktivitäten: Alle Umweltstiftungen Deutschlands verabschiedeten vor der abschließenden Beratung des Koalitionsausschusses die »Duderstädter Erklärung«, in der die Sicherung des Nationalen Naturerbes gefordert und zugleich die Bereitschaft zum Stiftungsengagement auf den Naturerbeflächen verdeutlicht wurde. DBU-Generalsekretär Brickwedde nutzte die Verleihung des DBU-Umweltpreises zu einem eindringlichen Appell an die Politik, die Chance des Nationalen Naturerbes zu nutzen.

Das gemeinsame Handeln hatte Erfolg: Im Koalitionsvertrag vom November 2005 war zu lesen: »Wir werden [...] gesamtstaatlich repräsentative Naturschutzflächen des Bundes [...] in einer Größenordnung von 80 000 bis 125 000 ha unentgeltlich in eine Bundesstiftung (vorzugsweise DBU) einbringen oder an die Länder übertragen. Zur kurzfristigen Sicherung des Naturerbes ist ein sofortiger Verkaufsstopp vorzusehen.« Dies war ein Meilenstein im deutschen Naturschutz.

Im Herbst 2006 einigten sich Bund und Länder auf eine Übertragungsliste von 100 000 ha. Die DNR-Strategiegruppe hatte im Vorfeld eine eigene Referenzliste erstellt und konnte abschließend bilanzieren, dass die verabschiedete Übertragungsliste die wichtigsten und bedeutendsten Flächen aus dem Verkauf ausgenommen hatte. Als eine große Herausforderung erwies sich die Vorgabe des Haushaltsausschusses des Deutschen Bundestages, dass bei den Militärflächen und den Flächen des Grünen Bandes die auf den Flächen liegenden Personalkosten des Bundesforstes von den Empfängern getragen werden müssen – eine jährliche Summe von rund neun Millionen Euro. Hier engagierte sich dankenswerterweise die DBU – für alle anderen Akteure wäre die Übernahme der entsprechenden Kosten nicht denkbar gewesen.

Im Sommer 2007 legte das Bundesumweltministerium einen ersten sehr weitreichenden Entwurf zu den naturschutzfachlichen Übertragungskriterien vor. Dieser griff wesentliche Anforderungen der Umweltverbände auf. So war unter anderem vorgesehen, dass spätestens nach 20 Jahren alle Waldflächen komplett aus der Nutzung genommen werden sollten. Die Länder und die DBU zeigten sich damit jedoch nicht einverstanden. Die DBU verwies darauf, dass sie einen Großteil der mit Personalkosten verbundenen ehemaligen Militärflächen übernommen hätte und über die Waldbewirtschaftung eine anteilige Refinanzierung dieser Kosten erwirtschaften müsste. Die DBU schlug statt des rein zeitlichen einen qualitativen Ansatz vor: Alle bereits naturnah

Die Hohe Schrecke – Blick in einen zweihundertjährigen Buchenbestand in der Pufferzone eines ehemaligen sowjetischen Truppenübungsplatzes. Hier konnte inzwischen das größte Naturschutzgebiet Thüringens mit 3437 ha ausgewiesen werden. Das Waldgebiet wurde zunächst aber privatisiert und wird gegenwärtig mit Mitteln der öffentlichen Hand im Rahmen des Wettbewerbes Idee.Natur zurückerworben. Etwa 1540 ha werden dann aus der forstlichen Nutzung genommen.
(Foto: M. Succow, 2012)

strukturierten Wälder, also insbesondere die Laubwälder, sollten sofort aus der Nutzung gehen, bei allen anderen Wäldern sollte ein Waldumbau auch nach mehr als 20 Jahren möglich sein. Eine Nutzungseinstellung würde jeweils nach dem Erreichen des gebietsbezogen definierten »Ziel-Waldbildes« erfolgen. Die Umweltstiftungen und Verbände stimmten diesem Ansatz aufgrund der finanziellen Zwänge auf Seiten der DBU zu. Die Naturschutzorganisationen verpflichteten sich für die von ihnen selbst übernommenen Flächen aber zu einem konsequenteren Vorgehen und wollten den Waldumbau auf mindestens 80 Prozent der Fläche spätestens 20 Jahre nach der Übertragung beenden. Am Ende stimmten auch die Bundesländer dem Vorschlag der DBU grundsätzlich zu. Damit wurden ab diesem Zeitpunkt bundesweit rund 10 000 ha Laubwald als Wildnisflächen aus der Nutzung genommen.

Die DBU unterzeichnete im Mai 2008 einen Rahmenvertrag mit der Bundesrepublik Deutschland zur Übernahme von 47 000 ha Naturschutzflächen. Zur Verwaltung dieser Flächen wurde die DBU-Naturerbe GmbH gegründet. Das auf den 33 Flächen tätige Bundesforst-Personal ist dort aufgrund eines im Dezember 2008 geschlossenen Dienstleistungsvertrages nun im Auftrag der DBU unterwegs. Die eigentliche Übertragung der Flächen erfolgt schrittweise bis zum Jahr 2012. Ab dem 1. April 2009 hat die DBU-Naturerbe GmbH auch bei noch nicht erfolgter Übertragung alle formalen Eigentümerrechte und -pflichten übernommen.

Insbesondere Naturschutzverbände und kleinere Stiftungen haben aus dem Vermögen der BVVG Flächen übernommen, um hier nicht gewinnorientiert Naturschutzziele zu verwirklichen. In diesem Rahmen hat die Michael Succow Stiftung das Waldgebiet der Goor auf Rügen übernommen, eine werdende Waldwildnis ist unser Ziel.
(Foto: L. Jeschke, 2006)

Ein weiteres Waldgebiet, für das die Michael Succow Stiftung die Verantwortung hat, sind die Lanken am Greifswalder Bodden. Ein spannender Lehrpfad, das »Drachenreich Lanken«, unterrichtet die Besucher über das Werden und die zukünftige Entwicklung dieses über fünfzigjährigen Naturschutzgebietes. (Foto: M. Succow, 2011)

Ein weiterer Meilenstein wurde im Sommer 2008 erreicht. Nach zähen Verhandlungen zwischen dem Freistaat Thüringen und dem Bundesfinanzministerium konnte ein Lösungsansatz für die Übertragung von knapp 3900 ha Flächen am Grünen Band in Thüringen erzielt werden. Die entsprechende Vereinbarung zwischen dem Freistaat und der Bundesrepublik wurde am 9. November 2008 unterzeichnet. Bis Ende 2010 folgten Vereinbarungen zu den Flächen des Grünen Bandes mit allen neuen Bundesländern.

Im Frühjahr 2009 wurde mit der Verabschiedung des Flächenerwerbsänderungsgesetzes dann auch endlich der Weg freigemacht für die Übertragung von BVVG-Flächen. Ergänzend zu den bereits Ende der 1990er Jahre übertragenen BVVG-Flächen werden nunmehr weitere 29 000 ha wertvolle Fläche gesichert – darunter nicht wie 1999 nur Wälder, sondern nunmehr auch wertvolle Offenlandbereiche, Feuchtgebiete und Gewässer. Rund 13 000 ha der BVVG-Flächen werden an die Länder übertragen, circa 16 000 ha an Stiftungen und Verbände. Voraussetzung für die Übertragung der Flächen ist ein ganzer Berg an Vereinbarungen; denn neben Rahmenvereinbarungen zwischen dem Bundesumweltministerium, der BVVG und jedem betroffenen Bundesland bedarf es noch je einer Vereinbarung zwischen dem Flächenempfänger, der BVVG und dem Bundesumweltministerium.

Auf Seiten der Naturschutzorganisationen engagiert sich ein breites Bündnis bei der konkreten Flächenübernahme. Den größten Einzelbrocken übernimmt mit rund 7000 ha die Nabu-Stiftung Nationales Naturerbe, gefolgt vom WWF, dem Vogelschutzkomitee, der Heinz-Sielmann-Stiftung, der Michael Succow Stiftung, der Naturstiftung David, der Stiftung Euronatur und zahlreichen anderen Organisationen.

Am 1. Juli 2009 stimmte der Haushaltsausschuss des Deutschen Bundestages schließlich auch noch der Sicherung der Militärflächen zu, die nicht an die DBU, die Länder oder die Natur-

Im Nationalen Naturerbe werden neben Militärflächen, der innerdeutschen Grenzzone und BVVG-Flächen auch sanierte Flächen des DDR-Braunkohle-Bergbaus gesichert. Hier ein Blick in die wiedervernässte Bergbaufolgelandschaft bei Grünhaus in der Lausitz, die heute der Nabu-Stiftung Nationales Naturerbe gehört. (Foto: M. Succow, 2007)

schutzorganisationen übertragen wurden. Hierbei handelte es sich vor allem um Flächen in Großschutzgebieten in Mecklenburg-Vorpommern, Thüringen und Rheinland-Pfalz. Da diese Länder die Personalkosten oder die mit den Flächen verbundenen Altlastenrisiken nicht übernehmen wollten, verblieben die Flächen dauerhaft in Bundeseigentum – wurden und werden aber weiterhin nach den Kriterien des Nationalen Naturerbes betreut. Die dabei entstehenden Kosten begleicht das Bundesumweltministerium.

Bis zur Bundestagswahl im September 2009 waren die gesetzlichen Grundlagen für die dauerhafte eigentumsrechtliche Sicherung von 100 000 ha naturschutzfachlich besonders wertvoller Flächen gelegt. Die im Jahr 2009 gewählte christlich-liberale Bundesregierung hat sich im Koalitionsvertrag dazu bekannt, die verbleibenden 25 000 ha Naturschutzflächen zu sichern. Die DNR-Strategiegruppe hat hierzu Anfang 2010 eine eigene Referenzliste veröffentlicht. Auch das Bundesamt für Naturschutz hat in Abstimmung mit den Ländern eine Liste der aus naturschutzfachlicher Sicht dringend zu übertragenden Flächen erstellt. Die BfN-Liste und die Referenzliste der Umweltverbände weisen eine große Übereinstimmung auf.

Im November 2010 hat der Haushaltsausschuss des Deutschen Bundestages empfohlen, die 13 000 ha große Kyritz-Ruppiner Heide als Teil der noch zu sichernden 25 000 ha anzurechnen. Die Umweltverbände haben dies von Anfang an strikt ausgeschlossen und setzen sich für eine Lösung »25 000 plus Kyritz-Ruppin« ein. Ein weiterer Diskussionspunkt sind die BVVG-Flächen: Hier sind bei der Festlegung der Übertragungsflächen im Rahmen der 100 000-ha-Liste wichtige Naturschutzflächen als »nicht verfügbar« deklariert worden. Inzwischen wurden jedoch genau diese Flächen – teilweise auch im Bereich des Grünen Bandes liegend – verfügbar und werden zum Verkauf angeboten. Damit wurde deutlich, dass der Umfang der naturschutzfachlich höchst wertvollen Flächen weitaus größer ist, als bei Festlegung des Übertragungsumfangs absehbar.

Bilanz und Ausblick

Die unter dem Begriff Nationales Naturerbe zusammengefasste eigentumsrechtliche Sicherung von Naturschutzflächen ist nach dem Nationalparkprogramm der DDR ein weiterer wichtiger Meilenstein im deutschen Naturschutz. Der Erfolg der Flächensicherung beruht auf einer engen und beispielhaften Zusammenarbeit zwischen Naturschutzorganisationen, Politik, Ministerialverwaltung und den mit der Privatisierung beauftragten Bundesinstitutionen. Die Sicherung des Nationalen Naturerbes zeigt, welche großen Erfolge im Naturschutz durch eine enge und abgestimmte Zusammenarbeit der Verbände und Stiftungen von der Lobbyarbeit bis zur konkreten Übernahme von (nicht zuletzt auch finanzieller) Verantwortung bei der Sicherung von Naturschutzflächen möglich ist: Die professionelle Zusammenarbeit der Naturschutzorganisationen in der DNR-Strategiegruppe war und ist mit Sicherheit ein wesentlicher Schlüssel zum Erfolg. Ein weiteres Engagement ist notwendig: Einerseits muss sichergestellt werden, dass die anspruchsvollen Übertragungskriterien auf den Flächen durch die neuen Eigentümer auch tatsächlich umgesetzt werden. Andererseits müssen weitere Flächen eigentumsrechtlich gesichert werden – nicht nur die Kyritz-Ruppiner Heide und die fehlenden BVVG-Flächen: Es ist absehbar, dass durch die in Kürze anstehende Bundeswehrreform weitere wichtige Militärflächen aus der Nutzung gehen und langfristig für den Naturschutz gesichert werden müssen. Darüber hinaus muss erreicht werden, dass auch die Länder dauerhaft auf eine Privatisierung von Naturschutzflächen verzichten.

Literatur zum Weiterlesen

Beutler, H. (2000): Landschaft in neuer Bestimmung. Russische Truppenübungsplätze, Neuenhagen.

Brickwedde, F.; Stock, R.; Wahmhoff, W. (Hg.) (2012): Das Nationale Naturerbe in der Praxis. Impulse, Herausforderungen, Perspektiven, Berlin.

Deutscher Rat für Landespflege (Hg.) (1993): Truppenübungsplätze und Naturschutz, in: Schriftenreihe Deutscher Rat für Landespflege (62).

Gorissen, I. (1998): Die großen Hochmoore und Heidelandschaften in Mitteleuropa, [Selbstverlag] Siegburg.

Kubasch, H. (1998): Rückkehr des Lebens. Naturschutzgebiet Königsbrücker Heide, in: Nationalpark (4), S. 12–15.

Strunz, H. (1994): Mehr genutzt als geschützt. Truppenübungsplätze in Deutschland, in: Nationalpark (2), S. 9–12.

Van Hengel, U.; Westhus, W. (1993): Militärische Liegenschaften in Thüringen und ihre Bedeutung für den Naturschutz, in: Landschaftspflege und Naturschutz in Thüringen (1), S. 3–8.

Die Naturerbe GmbH der Deutschen Bundesstiftung Umwelt

Von Reinhard Stock und Werner Wahmhoff

Die Deutsche Bundesstiftung Umwelt wurde 1990 mit dem Ziel gegründet, Vorhaben zum Schutz der Umwelt unter besonderer Berücksichtigung der mittelständischen Wirtschaft zu fördern. Im Mittelpunkt stehen technologische Innovationen mit dem Ziel der Umweltentlastung sowohl in industriellen Produktionsprozessen als auch bei der Erzeugung landwirtschaftlicher Güter und in der Waldbewirtschaftung. Weitere Schwerpunkte bilden die Umweltforschung und die Umweltkommunikation sowie der Kulturgüterschutz.

Im Jahr 2000 wurde die »Bewahrung und Wiederherstellung des Nationalen Naturerbes« durch die Förderung von Projekten mit herausragender gesamtstaatlicher Bedeutung in die Satzung der DBU aufgenommen. Ein neuer Förderbereich »Naturschutz« wurde etabliert. Er umfasst heute alle Deutschland prägenden Landschaftstypen – von besiedelten Räumen bis hin zu Naturlandschaften –, allerdings mit einem deutlichen Schwerpunkt im Bereich der Agrarlandschaften, weil in diesen Gebieten durch Nutzungsintensivierung besondere Lebensraumverluste und Artenrückgänge festzustellen sind.

Das DBU Naturerbe umfasst über 46 000 ha, verteilt auf 33 Liegenschaften in neun Bundesländern (siehe Karte). Die Flächengrößen sind sehr unterschiedlich. Nur wenige Gebiete sind kleiner als 200 ha. Dies trifft besonders für bayerische Flächen, für den Ebenberg in Rheinland-Pfalz und die Borkumer Dünen zu. Die Mehrzahl ist über 1000 ha groß, wobei die Ueckermünder Heide an der polnischen Grenze mit ca. 7600 ha die deutlich größte Flächenausdehnung hat. Gerade die Unzerschnittenheit und Störungsarmut ehemaliger großer Truppenübungsplätze sowie deren Standortheterogenität führten zu einer herausragenden Lebensraum- und Artenausstattung.

Mehr als 36 000 ha der DBU-Naturerbeflächen sind mit Wald bestockt. Dabei überwiegen insbesondere in Sachsen-Anhalt und Brandenburg vierzig- bis sechzigjährige monotone, dicht bestockte und strukturarme Kiefernbestände. Auf circa 8000 ha finden sich aber laubholzdominierte, totholz- und strukturreiche Waldflächen. Während solche Gebiete umgehend einer natürlichen Entwicklung ohne weitere Eingriffe überlassen werden, wird in den Kiefernwäldern sukzessive unter Ausnutzung der Naturverjüngung und durch allmähliche Auflichtung der Bestände der Strukturreichtum erhöht. Neben zwei Grünlandkomplexen an der Mittel- und Unterelbe, wenigen, aber ausgedehnten Mooren wie dem Ahlbecker Seegrund, dem mit über 800 ha größten wachsenden Kalkschwingmoor in Deutschland in der Ueckermünder Heide und einer Braunkohlefolgelandschaft ist das insgesamt 8000 ha umfassende Offenland durch die militärische Vornutzung entstanden. Bodenverwundungen und -verdichtungen durch Panzerfahrzeuge oder Brände,

Übersicht der Flächen, die von der Bundesrepublik Deutschland an die Deutsche Bundesstiftung Umwelt übertragen werden. (Stand 2012, Archiv Michael Succow Stiftung)

ausgelöst bei Schießübungen, führten zu einem Mosaik an Rohböden, temporären Gewässern und vielfältigen Sukzessionsstadien. Deshalb fanden Arten, die immer wieder Störungen benötigen, ebenso ideale Lebensraumbedingungen wie störungsempfindliche Tiergruppen, da bei der militärischen Nutzung auch große Flächen unberührt blieben und natürliche Prozesse ohne menschliche Störung ablaufen konnten. Dieses kleinräumige Nebeneinander von Teilflächen mit intensiven Eingriffen und ungestörter Entwicklung ist der Grund für den großen Artenreichtum auf Truppenübungsplätzen. Die vielfältigen Aufgaben, die mit der Flächenübernahme verbunden sind, und die Herausforderungen, die sich aus der Verteilung der Gebiete über neun Bundesländer ergeben, können nur in einem Kooperationsverbund bewältigt werden. Der bedeutendste Partner in diesem Verbund für die DBU Naturerbe GmbH ist die Sparte Bundesforst der Bundesanstalt für Immobilienaufgaben. Während die DBU Naturerbe GmbH die fachlichen Ziele vorgibt und deren Umsetzung kontrolliert, sind die Förster der BImA im Rahmen eines Dienstleistungsvertrags in die konkrete Planung eingebunden und mit der Umsetzung von Maßnahmen in allen Bereichen des Flächenmanagements betraut. Hinzu kommen die Oberen und Unteren Naturschutzbehörden der Bundesländer, die Oberen Forst- und Ordnungsbehörden sowie das Bundesamt für Natur-

Das alte Naturschutzgebiet Feuersteinfelder auf der Insel Rügen gehörte zur Pufferzone des Panzerübungsplatzes Prora der Nationalen Volksarmee. Im Rahmen des Nationalen Naturerbes wurde diese eigenwillige Landschaft der Deutschen Bundesstiftung Umwelt übertragen. (Foto: M. Succow, 2009)

schutz, mit denen Planungen abzustimmen sind. In die konkrete Arbeit vor Ort werden teilweise Naturschutzverbände und Landwirte, die nach naturschutzfachlichen Vorgaben Offenlandpflege betreiben, eingebunden.

Unterschiedliche Naturschutzziele

Übergeordnetes Ziel der DBU Naturerbe GmbH ist es, auf allen Liegenschaften die Gesamtheit der vorhandenen und der zukünftig entstehenden Naturelemente auf allen Ebenen der Biodiversität zu bewahren und zu entwickeln. Dazu sind unterschiedliche Naturschutzstrategien notwendig. Die sich frei von Nutzungen durch den Menschen vollziehende Naturentwicklung, auch als Prozessschutz bezeichnete Form des Naturschutzes, ist die vom Flächenumfang her dominierende Naturschutzstrategie auf den DBU-Naturerbeflächen. Sie wird seit 2008 auf allen Flächen mit naturnahen Laubwäldern und in den Sukzessionswäldern verfolgt, die in den letzten Jahren auf vielen ehemaligen Offenlandflächen entstanden sind.

Ergänzend zur Sicherung der Naturentwicklungsflächen werden aber auch konservierende Naturschutzstrategien verfolgt, um die vergleichsweise hohe Biodiversität der durch militärische

Zum ehemaligen Truppenübungsplatz Prora auf Rügen gehören auch alte Buchenwaldbestände auf Moränenhügeln am Rande des Kleinen Jasmunder Boddens. Hier hat die Urwaldentwicklung bereits eingesetzt.
(Foto: H. D. Knapp, 2008)

Der Goitzsche See, ein Tagebaurestloch, das 1998 geflutet wurde, befindet sich südöstlich von Bitterfeld an der Grenze von Sachsen-Anhalt zu Sachsen. Größere Teile des Sees sind als Naturschutzgebiet gesichert. (Foto: F. Heidecke, 2007)

Nutzung entstandenen Offenlandstandorte zu erhalten. Hierbei handelt es sich vor allem um Sandtrockenrasen, Calluna-Heiden und magere Flachland-Mähwiesen. Da diese Lebensräume größtenteils als FFH-Gebiete ausgewiesen sind, besteht für die DBU die rechtliche Verpflichtung, alle schützenswerten Lebensraumtypen in dem zum Zeitpunkt der Unterschutzstellung vorhandenen Zustand zu bewahren, das heißt das Verschlechterungsverbot zu beachten.

Statt der lebensraumprägenden Eingriffe durch das Militär wird der Offenlandcharakter durch großflächige extensive Beweidung erhalten. Dabei ist von weitreichenden, jedoch schwer vorhersagbaren Veränderungen der jetzt anzutreffenden Lebensräume und Lebensgemeinschaften auszugehen. Anders als bei den gezielten Pflegemaßnahmen mit klarer Festlegung der angestrebten Ziele ist die großflächige Beweidung ergebnisoffen und damit eine Form des prozessorientierten Naturschutzes, allerdings unter dem Einfluss großer Herbivoren (Pflanzenfresser).

Die praktische Umsetzung dieser Schutzstrategien verläuft schrittweise. Zunächst wurden vor der Flächenübertragung in einem Abstimmungsprozess zwischen dem Bundesamt für Naturschutz, den Naturschutzbehörden der jeweiligen Bundesländer und der DBU die allgemeinen Ziele in Form verbindlicher Leitbilder formuliert. Die flächenscharfe Konkretisierung der Ziele, Strategien und Maßnahmen erfolgt derzeit mithilfe zehnjähriger Naturerbe-Entwicklungspläne. Sie

Rechte Seite oben: Heidschnuckenherde auf dem ehemaligen Schießplatz Naturschutzgebiet Forsthaus Prösa im südlichen Brandenburg. Die Offenhaltung ausgewählter Teile von Truppenübungsplätzen gehört zu den Zielen der Bundesstiftung. (Foto: B. Conrad, 2009)

Rechte Seiten unten: Auf basenreichen Sandrasen der Oranienbaumer Heide weiden Pferdeherden. Die Heide ist Teil des Biosphärenreservates Flusslandschaft Elbe in Sachsen-Anhalt. (Foto: A. Lorenz, 2009)

basieren auf einer vollständigen, alle zehn Jahre zu wiederholenden Biotoptypen- und Lebensraumtypenkartierung sowie deren Bewertung. Zusammenhängende Flächen, die einem Biotoptyp zugeordnet werden können, stellen die kleinste Behandlungseinheit dar, der entsprechend ein konkretes Naturschutzziel sowie dazu notwendige Maßnahmen zugeordnet werden. Dabei ist allen Beteiligten bewusst, dass bei einem derart komplexen Planungsgegenstand, den vielfältigen Zielen und der hohen Dynamik der Schutzgüter das Erreichen der anfangs gesetzten Ziele mit erheblichen Unwägbarkeiten verbunden ist. Deshalb wird nicht nur die Wirksamkeit der Maßnahmen periodisch überprüft, sondern auch die Zielsetzung selbst und gegebenenfalls auch korrigiert. Die in den Naturerbe-Entwicklungsplänen vorgesehenen Maßnahmen werden schließlich in die jährlichen Maßnahmenpläne eingestellt und umgesetzt.

Flächendeckende, in Intensität und Stichprobendichte abgestufte Erhebungen der Lebensräume und ihres Arteninventars dienen als zentrales Steuerungselement zur Prüfung der Wirkung von Managementstrategien und -maßnahmen, sowohl der durchgeführten als auch der unterlassenen. Erst eine konsequente Erfolgskontrolle ermöglicht gezielte Folgeaktivitäten und ist damit ein wichtiger Faktor für erfolgreichen und kosteneffizienten Naturschutz.

Naturentwicklung/Wildnis

Naturnahe Laubwaldbestände werden sofort sich selbst überlassen. Naturferne, nadelholzdominierte Altersklassenwälder werden mittelfristig umgebaut, bevor sie der Naturentwicklung überlassen werden. Zentrales Element des Waldumbaus ist die Naturverjüngung standortheimischer Baumarten durch Lichtstellung und angepasste Schalenwilddichten. Standortfremde Baumarten werden schrittweise entnommen. In geringem Umfang werden bestehende und ehemalige Nieder- und Mittelwälder erhalten.

Es wird erwartet, dass es auf den Waldumbauflächen – bedingt durch die sehr heterogenen Ausgangssituationen – zu nicht vorhersehbaren vielfältigen Übergangssituationen, Stagnationsphasen und auch zyklischen Entwicklungen kommen wird und auch Extremereignisse wie Windwürfe oder Schneebruch den Verlauf stark prägen werden. Derartige Ereignisse werden als sukzessionssteuernde Elemente einer natürlichen Entwicklung angesehen und zugelassen. Damit werden die sich eigendynamisch entwickelnden Wälder des DBU-Naturerbes neben den Waldnationalparken und dem Netz vieler kleinerer Naturwaldparzellen zum festen Bestandteil des Waldnaturschutzes in Deutschland.

Um den Fortbestand der Offenlandlebensräume zu gewährleisten, sind Störungseingriffe unverzichtbar. In Abhängigkeit unterschiedlicher standörtlicher Bedingungen und Naturschutzziele werden verschiedene Offenhaltungsstrategien verfolgt. Auf dem größten Teil des Offenlandes ist die großflächige Beweidung durch verschiedene Haustierarten und nicht domestizierte Großherbivoren geplant. Ziel ist es, ein Mosaik unterschiedlicher Sukzessionsstadien von offenen, nahezu vegetationsfreien Flächen mit Pioniergesellschaften bis zu halboffenen, mit Gebüschen und Bäumen bestandenen Landschaften zu schaffen.

Auf kleineren Flächen werden zur Offenhaltung Schafe und Ziegen in Form von Hüteschafhaltung und Koppelbeweidung eingesetzt. Für den Erhalt von artenreichem Feuchtgrünland ist Mahd als geeignete Maßnahme vorgesehen. Manuelle Offenlandpflege kann aus ökonomischen Gründen nur auf ausgewählten Kleinflächen das Mittel der Wahl sein. Da Brandereignisse beim militärischen Übungsbetrieb immer eine große Rolle spielten, ist gezieltes, kleinflächig gestaffel-

DIE NATURERBE GMBH DER DEUTSCHEN BUNDESSTIFTUNG UMWELT | 269

tes Brennen von Heideflächen ebenfalls eine Pflegeoption. Auch mechanische Eingriffe in den Oberboden sind in Einzelfällen vorgesehen.

Für die Flächen des DBU-Naturerbes verspricht unter Abwägung aller Handlungsoptionen letztlich die Kombination verschiedener Naturschutzstrategien den größten Erfolg. Eine Vielfalt an Naturschutzstrategien in Raum und Zeit führt zu einer Vielfalt von dynamischen Lebensräumen und die wiederum zu einer hohen Biodiversität auf allen Betrachtungsebenen.

Literatur zum Weiterlesen

Bürgi, M. (2009): Ist Biodiversität planbar?, in: Denkanstöße: Biodiversität, Stiftung Natur und Umwelt Rheinland-Pfalz (7), S. 47–57.

Eischeid, I.; Putferken, D.; Sandkühler, J.; Mierwald, U.; Härdtle, W. (2006): Entwicklung einer halboffenen Weidelandschaft im Großraum Hamburg, in: Natur und Landschaft (81), S. 122–129.

Goldammer, J.; Page, H. (1998): Überlegungen zum Einsatz von kontrolliertem Brennen bei der Reetablierung dynamischer Prozesse in der Landschaft, in: Schriftenreihe Landschaftspflege Naturschutz (56), S. 283–299.

Haber, W. (2006): Kulturlandschaften und die Paradigmen des Naturschutzes. Schriftliche Fassung Vortrag: Veranstaltung »Landscape Matters – Zur Zukunft der Kulturlandschaft« Bund Deutscher Landschaftsarchitekten (BDLA) am 19.10.2006, Berlin.

Haber, W. (2009): Biologische Vielfalt zwischen Mythos und Wirklichkeit, in: Denkanstöße: Biodiversität, Stiftung Natur und Umwelt Rheinland-Pfalz (7), S. 16–33.

Kowarik, I. (2005): Welche Natur wollen wir schützen und welche sind wir bereit zuzulassen?, in: Denkanstöße: Die Erfindung von Natur und Landschaft, Stiftung Natur und Umwelt Rheinland-Pfalz (3), S. 46–55.

Phillips, A. (1998): The nature of cultural landscapes – a nature conservation perspective, in: Landscape Research (1), S. 21–38.

Plachter, H.; Heidt, E.; Korbun, T.; Schulz, R.; Tackenberg, O. (2003): Methoden zur Festlegung von Naturschutzzielen in Agrarlandschaften, in: Flade, M.; Plachter, H.; Henne, E.; Anders, K. (Hg.): Naturschutz in der Agrarlandschaft, Wiebelsheim.

Warren, S. D.; Büttner, R. (2008): Aktive militärische Übungsplätze als Oasen der Artenvielfalt, in: Natur und Landschaft (83), S. 267–272.

Die Nabu-Stiftung Nationales Naturerbe

Von Christian Unselt

Bereits 1899 als Bund für Vogelschutz gegründet, hat der heutige Naturschutzbund Deutschland - kurz Nabu - die Geschichte des deutschen Naturschutzes geprägt wie kaum ein anderer Verband. Jedoch haben sich seine Ziele immer wieder verändern müssen. Die deutsche Wiedervereinigung ist eines dieser Ereignisse. Der Zusammenschluss des Verbandes mit den fachkundigen Aktiven des nur wenige Monate zuvor gegründeten Naturschutzbundes der DDR, die emotionalen Eindrücke der ausgedehnten naturnahen Landschaften der neuen Bundesländer, der Optimismus der Wendezeit und nicht zuletzt das Nationalparkprogramm der untergehenden DDR haben dem Nabu wichtige Impulse gegeben. Der Schutz von Flächen nicht nur auf dem Verordnungswege durch staatliche Stellen, sondern durch aktives Anpacken hat im Nabu zumindest auf Landes- und Bundesebene neuen Auftrieb bekommen - und knüpfte gleichzeitig an die Anfangsjahre des Verbandes an. Großes war plötzlich wieder denkbar geworden.

Der Erwerb der 230 ha großen Blumberger Teiche bei Angermünde (Brandenburg) zu Beginn der 1990er Jahre war erster Ausdruck dieser Impulse. Schon 1993 begann der Nabu in einer Auseinandersetzung mit der Bodenverwertungs- und -verwaltungs GmbH - kurz BVVG - die anlaufende, nahezu bedingungslose Privatisierung des volkseigenen Vermögens in Ostdeutschland zu kritisieren. Der Kaufantrag des Nabu für das Naturschutzgebiet Zichower Wald (Brandenburg) wurde von der BVVG mit dem Argument abgelehnt, der Erwerb von Forstflächen durch Naturschützer sollte auf das wirklich Notwendige beschränkt und späteren Zeitpunkten vorbehalten bleiben. Sprich: Man müsse nun erst einmal das wirtschaftliche Potenzial des Waldes nutzen - bevor man dann am Ende den Verkauf der Reste an Naturschützer in Betracht ziehen könne.

Angestachelt durch solcher Art Ignoranz wurde schnell deutlich: Es nutzt nichts, um einzelne Krümel zu betteln. Der Ausverkauf des ostdeutschen Tafelsilbers muss von Beginn an gestoppt werden. So hat der Nabu, in Person von Jochen Flasbarth als Präsident, dem Autor als Vizepräsident und Christoph Heinrich als Abteilungsleiter der Bundesgeschäftsstelle, ab 1994 in Lobbygesprächen und Presseveranstaltungen darauf gedrängt, Nationalparke, Naturschutzgebiete und Biosphärenreservate als Gebiete mit besonderem Gemeinwohlbelang von der Privatisierung auszunehmen. In einer Pressekonferenz im April 1994 forderte ich einen sofortigen Verkaufsstopp für naturschutzrelevante Flächen. Das ostdeutsche Tafelsilber sollte nicht verscherbelt, sondern im Besitz der öffentlichen Hand bleiben. Es sollten vier Jahre penetranter Lobbyarbeit vergehen, bevor Bundeskanzler Helmut Kohl erstmals den Verkaufsstopp für diese Flächen ankündigte.

In Konsequenz dieser Forderung wurde 1998 die Nabu-Stiftung Nationales Naturerbe gegründet. Der Nabu stellte damit sein Engagement zur Bewahrung wertvoller Naturparadiese auf neue

Die Alte Elbe bei Bösewig in Sachsen-Anhalt, ein Naturschutzgebiet, das im Rahmen der BVVG-Flächenübertragung der Nabu-Stiftung übergeben wurde. (Foto: D. Dietrich, 2009)

Rechts: Die »Steppenhänge« bei Carzig-Mallnow am Rande des Odertales südlich von Seelow, im Frühlingsschmuck des Adonisröschens. Mehrere 100 ha hochwertiger Naturschutzflächen wurden im Rahmen der BVVG-Flächenübertragung der Nabu-Stiftung übergeben, die hier die notwendige Flächenbetreuung leistet. (Foto: F. Hennek, 2007)

Die Untere Havelniederung bei Rathenow, ein Teil des Naturparkes Westhavelland, wird zurzeit im Rahmen eines Naturschutzgroßprojektes des Bundes, dessen Träger der Nabu ist, renaturiert. Eine wesentliche Grundlage dafür war die Übertragung von BVVG-Flächen an die Nabu-Stiftung.
(Foto: M. Succow, 2010)

Beine. Er ging mit gutem Beispiel voran und wollte den konkreten Schutz von Naturschutzflächen nicht mehr den Verordnungsgebern und dem eklatanten Vollzugsdefizit in Schutzgebieten überlassen, sondern selbst als Eigentümer solcher Flächen die Verantwortung übernehmen. So heißt es in der Gründungspressemitteilung mit Bezug auf das ehemals volkseigene Vermögen der DDR: »Die Nabu-Stiftung Nationales Naturerbe steht bereit, die Sicherung und Betreuung bedeutsamer Landschaften zu übernehmen, wenn die Bundesregierung diese Flächen und die zur Unterhaltung erforderlichen Mittel einbringt.«

Der Zeitpunkt war günstig getroffen. Denn mit der ersten rot-grünen Bundesregierung wurde dank der im politischen Raum inzwischen auch sehr guten Zusammenarbeit aller relevanten Naturschutzorganisationen eine Wende beim Verkauf von Naturschutzflächen eingeleitet. Völlig unklar war zu diesem Zeitpunkt aber, wie die Sicherung dieser Flächen organisatorisch und finanziell ablaufen sollte. Die schon damals klammen Bundesländer signalisierten bald, dass sie an der vollständigen Übernahme der Naturschutzflächen nicht interessiert seien. Der Nabu hatte mit seiner Stiftung ein Instrument zur Übernahme solcher Flächen geschaffen und schloss als wichtigen Baustein der Lobbyarbeit mit seinem Angebot zur Übernahme der Flächen das Vakuum zwischen dem Bund, der die Flächen abgeben musste, und den Ländern, die diese nicht haben wollten.

Finanzielle Mittel wurden seitens des Bundes freilich nicht bereitgestellt – das war schon damals nicht ernsthaft zu erwarten. Und so muss festgestellt werden, dass die Stiftung angesichts

Das Naturparadies Grünhaus umfasst 2000 ha ehemalige Braunkohletagebaue, die im Rahmen des Nationalen Naturerbes der Nabu-Stiftung übergeben wurden, mit der Zweckbestimmung »Wildnisentwicklung«. (Foto: B. Michaelis, 2009)

der Größe der Aufgabe zunächst heillos unterfinanziert war. Doch der Weg war vorgezeichnet: Mit der breit angelegten Einwerbung von Zustiftungen und Spenden musste die Basis dafür geschaffen werden, dass die jetzt durch den Erfolg der politischen Arbeit erst einmal von der Privatisierung ausgenommenen Flächen auch wirklich gesichert werden konnten.

Dreizehn Jahre nach Gründung der Nabu-Stiftung zeigt sich der Erfolg dieser Arbeit. Aus der ersten Naturschutzflächenübertragung der rot-grünen Bundesregierungen hat die Nabu-Stiftung, verteilt auf 95 Gebiete, 3735 ha übernommen. Beim Nationalen Naturerbe der nachfolgenden unionsgeführten Regierungen ist die Stiftung mit weiteren rund 7000 ha dabei. Parallel hierzu hat sie mit dem Naturparadies Grünhaus 2000 ha ehemaliger Braunkohletagebaue erworben und überwiegend zu Wildnisflächen erklärt. Und ganz nebenbei hat sie weitere rund 1890 ha von Privat erworben, um Naturparadiese aus den vorgenannten Flächenübertragungen zu arrondieren oder aber neue zu begründen.

Die besondere Stärke der Nabu-Stiftung liegt dabei in der breiten Verankerung des Nabu in der Gesellschaft. Hier wurden die Finanzmittel eingeworben, die zum Erwerb und zur dauerhaften Absicherung der Flächen nötig sind. Hier finden sich aber auch zahlreiche ehrenamtlich aktive Schutzgebietsbetreuer, die sich für ein Naturparadies vor ihrer Haustür verantwortlich fühlen und engagieren. Gerade der Schutz von Flächen – und seien sie noch so klein – kann ein wichtiger Kristallisationspunkt für Menschen sein, die sich konkret für die Natur einsetzen wollen.

Viele Umweltthemen werden heute auf einem Abstraktionsniveau diskutiert, das den Einzelnen hilflos resignieren lässt. Die Arbeit für ein konkretes Schutzgebiet kann der Einstieg in persönliches Engagement für die Bewahrung unserer Umwelt im Großen sein. Die Nabu-Stiftung sieht ihre Naturparadiese daher nicht nur als wichtige Lebensräume für gefährdete Tiere und Pflanzen. Sie schaffen darüber hinaus auch eine Basis für den direkten Umgang engagierter Bürger mit der

Das 2000 ha große Naturparadies Grünhaus – auf diesen »sanierten« Flächen des Braunkohletagebaus hat eine Sukzession eingesetzt, die der nacheiszeitlichen Vegetationsentwicklung in Mitteleuropa entspricht.
(Foto: F. Hennek, 2008)

Natur, für das Beobachten und Erleben und schließlich für aktives Handeln. So entsteht ehrenamtlicher Einsatz und gesellschaftliches Engagement für die Bewahrung der Natur.

Vor diesem Hintergrund, der viel mit der Tradition des Nabu zu tun hat, zielt die Nabu-Stiftung auch nicht darauf ab, nur wenige große Schutzgebiete in ihre Obhut zu nehmen. Diese sind als Knotenpunkte eines europaweiten Schutzgebietsnetzes unverzichtbar, und so ist insbesondere die Rolle der Deutschen Bundesstiftung Umwelt bei der Sicherung der großen Liegenschaften des Nationalen Naturerbes nicht hoch genug zu bewerten. Aber ein Netz von Schutzgebieten kann nicht nur aus den Knoten bestehen. Es bedarf auch der Trittsteine und Verbindungslinien dazwischen. Um unter naturschutzfachlichen Gesichtspunkten ein Netz der Schutzgebiete zu knüpfen und gleichzeitig ein Netz engagierter Bürger aufzubauen, sieht die Nabu-Stiftung für sich eine wichtige Aufgabe in der Bewahrung vieler über die ganze Republik verteilter Flächen.

Betrachtet man die aktuelle Lage der rund 200 Naturparadiese der Nabu-Stiftung, so ist dieses Netz ein ostdeutsches Netz. Die Wurzeln der Nabu-Stiftung in der Neubesinnung auf »Naturschutz durch Eigentum« und das Aufbegehren gegen den Ausverkauf der wertvollsten Flächen im Zuge der Wiedervereinigung haben die Gründe für diesen Schwerpunkt im Osten bereits verdeutlicht. Er spiegelt die wichtigen Impulse wider, die von der deutschen Vereinigung und von den neuen Bundesländern auf den Naturschutz ausgegangen sind. Die Öffnung der Sicherung wertvoller Naturschutzflächen, wie sie 1998 mit den BVVG-Flächen der neuen Bundesländer begonnen wurde, hin zum gesamtdeutschen Nationalen Naturerbe unter Einbeziehung ehemaliger Militärflächen im Jahr 2005 werden diese Ostlastigkeit des Flächenbesitzes ebenso abbauen, wie laufende und geplante Flächenkäufe der Nabu-Stiftung in den westlichen Bundesländern.

Bei der fachlichen Betreuung ihrer Naturparadiese folgt die Nabu-Stiftung den Linien, die spätestens mit dem Nationalparkprogramm der DDR eine große Bedeutung im deutschen Naturschutz erlangt haben. Im Vordergrund steht die spontane Entwicklung all der Lebensräume, die zur natürlichen Ausstattung unserer Landschaft gehören. Dass diese durch veränderte Standorte und zahlreiche mit dem Menschen eingewanderte Pflanzen- und Tierarten nicht der Urlandschaft entsprechen, versteht sich von selbst. Urwälder von morgen sind nicht die Urwälder von einst. Und trotzdem ist es richtig, die Lebensgemeinschaften der Zukunft auf dem gegebenen Standort mit dem gegebenen Arteninventar evolutiv entstehen zu lassen. Gleichwohl wird in den stark durch forstliche Bewirtschaftung verarmten Reinbeständen von Nadelbaumarten zunächst aktiv ein Waldumbau eingeleitet, indem durch Kronenauflichtung und die Kontrolle des Wildbestandes erst einmal die Voraussetzung für die natürliche Verjüngung standortheimischer Baumarten geschaffen wird. Aber wenn diese in Gang kommt, dann soll die Natur selbst über die Mischungsverhältnisse und damit das künftige Waldbild entscheiden.

Aktive Biotoppflege wird auf den Flächen der Nabu-Stiftung auf ein Minimum reduziert. Wenn Lebensräume der Kulturlandschaft erhalten werden sollen, dann primär in der Zusammenarbeit mit Landnutzern. Orchideenreiche Trockenrasen wie im ehemaligen Truppenübungsplatz Rothenstein in Thüringen bedürfen zu ihrem Erhalt der Pflege. Es wäre nicht vermittelbar, wenn die berühmte Frühlingsadonisblüte an den Oderhängen bei Mallnow künftig ausfiele und sich auf den Flächen der potenziell natürliche Mischwald einstellen würde. Es ist auf Dauer aber gesellschaftlich auch kaum vermittelbar, wenn der Erhalt solcher Lebensräume durch kostenintensive und unproduktive Pflege gesichert werden müsste.

Die Nabu-Stiftung setzt daher auf deren Einbeziehung aller Kulturlandschaftslebensräume in die Bewirtschaftungssysteme möglichst ortsansässiger Landwirte. In teilweise mühsam verhandelten Pacht- oder Landschaftspflegeverträgen wird ein Ausgleich zwischen den naturschutzfachlichen Zielen und Anforderungen der Nabu-Stiftung und den Erfordernissen des wirtschaftlich agierenden Betriebes gesucht und in aller Regel auch gefunden. Kulturlandschaften sind durch den wirtschaftenden Menschen entstanden. Auf Dauer sind sie nur zu erhalten, wenn ihre Pflege durch eine produktive Nutzung erfolgen kann. Die Nabu-Stiftung lehnt es daher ab, Biotope arbeits- und energieintensiv zu pflegen und die gewonnene Biomasse zu entsorgen, denn das mag vorübergehend oder für kleine Sonderstandorte machbar sein. Sinn macht dieses Verfahren auf Dauer jedoch nicht!

Vor diesem Hintergrund wundert es nicht, dass von den Flächen im Besitz der Nabu-Stiftung 56 Prozent dem Prozessschutz (Wildnis) unterliegen, auf 13 Prozent noch vorbereitender Waldumbau betrieben wird – perspektivisch also 70 Prozent ohne Nutzung und Pflege sind. Auf 22 Prozent werden Kulturlandschaftsbiotope durch landwirtschaftliche Nutzung erhalten, acht Prozent sind Gewässer mit Fischereinutzung und nur ganze 0,5 Prozent noch mit klassischer Biotoppflege erhalten. Welche neuen Chancen die energetische Nutzung von Biomasse für die Erhaltung artenreicher Lebensräume hier ergänzend bringen wird, werden die nächsten 20 Jahre zeigen müssen.

Bewahren wir uns mit dem Blick auf die Erfolge der vergangenen 20 Jahre etwas von dem Optimismus, mit dem der Naturschutz in die deutsche Einheit gestartet ist. Nur so wird es uns auch künftig gelingen, neue Chancen, die neben den gelegentlich überbetonten Gefahren einer jeden Veränderung innewohnen, beim Schopf zu packen.

Sielmanns Naturlandschaft Döberitzer Heide

Von Ulrich Simmat und Peter Nitschke

Heinz Sielmann hat in seinem letzten Film »Tiere im Schatten der Grenze« dokumentiert, wie reich unsere einheimische Fauna sein kann, wenn sie die Chance zur Entfaltung erhält. In diesem Film, den er im Jahr 1988 beendete, schloss er mit seiner viel zitierten Vision eines Nationalparks von der Ostsee bis zum Thüringer Wald in einem wiedervereinigten Deutschland. Als Heinz Sielmann zusammen mit seiner Frau Inge im Jahr 1994 die Heinz Sielmann Stiftung gründete, wurde der Stiftungssitz mit Bedacht in unmittelbarer Nähe zur ehemaligen Grenze gewählt.

Die Wende hatte Deutschland fünf neue Nationalparke beschert. Für den Naturschutz begann ein neues Kapitel. Eine der ersten umweltpolitischen Entscheidungen betraf die weitgehende Einstellung der Braunkohleverstromung und -förderung. Riesige Kraterlandschaften der ehemaligen Tagebauflächen blieben zurück, ohne dass zunächst eine konkrete Nachnutzung absehbar war. Von vielen als Problem erachtet, entfalteten sich hier schnell Wiederbesiedlungsprozesse. Diese Entwicklung dauert bis heute an und ist immer noch für die eine oder andere Überraschung gut.

Die Heinz Sielmann Stiftung hat, wie auch andere Naturschutzorganisationen, die Flächenpolitik des wiedervereinten Deutschlands aufmerksam verfolgt. Als absehbar wurde, dass die öffentliche Hand nicht in der Lage sein würde, den Naturreichtum zu erhalten, entschloss sich die Stiftung, aktiv zu werden und durch den Erwerb der heutigen Sielmanns Naturlandschaften herausragende Naturflächen dauerhaft für Naturschutzzwecke zu sichern. Bereits im Jahr 2000 wurden die ersten 700 ha des ehemaligen Tagebaus um das ehemalige Dorf Wanninchen erworben und in den folgenden Jahren sukzessive auf rund 3400 ha erweitert. Im Jahr 2001 folgte die Sielmanns Naturlandschaft Groß Schauener Seen mit einer Fläche von zunächst knapp 1000 ha. 2004 wurde nach langen Verhandlungen der Vertrag zum Kauf des ehemaligen Truppenübungsplatzes Döberitz abgeschlossen und ein Vertrag über den Erwerb von rund 3450 ha gezeichnet. Auch im Grünen Band wurde die Stiftung aktiv. Sie beantragte erfolgreich Mittel zur Durchführung des Naturschutzgroßprojekts Grünes Band Eichsfeld-Werratal. Ziel des Projekts ist die dauerhafte Sicherung von 130 km ehemaliger Grenze durch die Entwicklung eines überregionalen Biotopverbunds, den Schutz und die Entwicklung herausragender Waldlebensräume, die Sicherung und Pflege großflächig erhaltener Kulturlandschaft sowie Schutz, Pflege und Entwicklung bedeutender Fließgewässersysteme. Das Maßnahmengebiet umfasst mit Grenzstreifen und wertvollen angrenzenden Lebensräumen ca. 18 500 ha.

Die heutige Arbeit der Heinz Sielmann Stiftung ist eng mit den politischen Entwicklungen der jüngeren deutschen Geschichte verbunden. Beispielhaft ist hier die Sielmann Naturlandschaft

Rechte Seite: Die Döberitzer Heide, einer der ältesten, kontinuierlich genutzten Truppenübungsplätze Deutschlands, wurde nach Abzug der sowjetischen Armee, nach langwierigen Verhandlungen durch die Heinz Sielmann Stiftung von der Brandenburgischen Bodengesellschaft (BBG) 2004 erworben. Die Munitionsbelastung des Gebietes lässt eine öffentliche Nutzung nicht zu. Ein Areal von 1860 ha wurde umzäunt und mit großen Wildtieren besetzt. Auf dem Foto eine Gruppe von Przewalski-Pferden. (Foto: M. Succow, 2009)

Döberitzer Heide, die, unmittelbar an der Westgrenze der Hauptstadt Berlin gelegen, eine ausgesprochen vielfältige und artenreiche Landschaft umfasst. Sie weist eine fast dreihundertjährige militärische Nutzungsgeschichte auf, die erst mit dem Abzug der russischen Streitkräfte im Jahr 1991 endete.

Noch in den letzten Tagen der Anwesenheit der russischen Truppen begannen Naturschützer mit der Erfassung des Arten- und Lebensrauminventars der Döberitzer Heide. Bis heute wurden über 5000 Tier- und Pflanzenarten nachgewiesen, darunter viele seltene Arten und sogar Neunachweise für Brandenburg. Der Bedeutung für den Naturschutz wurde durch die Ausweisung der Naturschutzgebiete Ferbitzer Bruch und Döberitzer Heide sowie der Meldung als SPA- und FFH-Gebiet Rechnung getragen. Es war von Anfang an klar, dass nach Aufgabe der militärischen Nutzung die Sukzession einsetzen und das aktuelle biologische Inventar des Gebiets in Frage stellen würde: Die Entwicklung des bislang eng verzahnten Mosaiks offener, halboffener und hudewaldähnlicher Landschaftsstrukturen zu großflächigen Waldbeständen war nur eine Frage der Zeit.

In dieser Situation bewarb sich die Heinz Sielmann Stiftung bei der Brandenburgischen Bodengesellschaft für Grundstücksverwaltung und -verwertung mbH (BBG) um den Kauf der Flächen. Sie trat mit einem Konzept an, das den Erhalt weiter Teile der Döberitzer Heide mit großen Weidegängern vorsah. Sie sollten als schon lange ausgerottete Bestandteile mitteleuropäischer Ökosysteme Dynamik in die Fläche bringen. Verbiss und Rindenschälen sollte die flächige Waldentwicklung vielerorts verhindern, Komfortverhalten, wie das Wälzen im Sand, sollte Offenflächen und andere Mikrohabitate schaffen. Nicht zuletzt stellen ihre Kotmassen Nährstoffkonzentrationen dar, die von vielen Organismen gern genutzt werden. Nur dieses Konzept erschien realistisch, denn auf herkömmliche Art dauerhaft Landschaftspflege auf Flächen mit militärischen Altlasten betreiben zu wollen, würde unter anderem sowohl an den hohen Kosten, der veterinärmedizinischen Betreuung, wie auch stellenweise an der Gefahrenlage scheitern.

Im Jahr 2004 erhielt die Heinz Sielmann Stiftung den Zuschlag. Damit waren die Voraussetzungen für die Umsetzung des Projekts geschaffen. Zunächst wurde eine Betreibergesellschaft gegründet, die Sielmanns Naturlandschaft Döberitzer Heide gGmbH, und das Konzept verfeinert. Es sah folgende wesentlichen Maßnahmen vor:
- Steuerung der Landschaftsentwicklung mit den Wildtierarten Wisent, Przewalski-Pferd und Rothirsch in den zentralen Bereichen der Döberitzer Heide, der so genannten Wildniskernzone
- Landschaftspflege durch Haustiere in der umgebenden Naturerlebnisringzone
- Umweltbildung und Naturerfahrung durch die Einrichtung eines Schaugeheges, die Anlage von Wanderwegen und das Angebot naturkundlicher Führungen sowie spezieller Seminare.

Bereits im Mai 2006 wurde das großzügig dimensionierte Schaugehege eingeweiht, wo bereits die ersten Tiere zu besichtigen waren. Hier wurden schnell die ersten Jungtiere geboren, die mit weiteren Zugängen aus anderen Einrichtungen den Bestand vergrößerten. So konnten im März 2008 die ersten Tiere in eine 50 ha große Eingewöhnungszone verbracht werden und sich dort auf ihre endgültige Bestimmung in der Wildniskernzone vorbereiten. Das begleitende Monitoring belegte erstmals den Einfluss der Tiere auf ihren Lebensraum. Bereits verfilzte ältere Grasdecken wurden aufgearbeitet, Gehölze durch Verbiss, Forkeln und Rindenschälen zurückgedrängt. Durch Tritt und Staubbaden entstanden vegetationsfreie Flächen, die umfangreichen Kothaufen waren

Sukzessionsflächen im Zentrum der Döberitzer Heide, auf denen sich gegenwärtig insbesondere der Ginster ausbreitet. Die Großtiere werden die Entwicklung zum Wald möglicherweise nicht aufhalten können.
(Foto: M. Succow, 2009)

Zerstörte Bunker werden nicht entsorgt, denn sie sind Lebensraum für zahlreiche Tierarten wie Fledermäuse, Amphibien, Vögel. Irgendwann werden sie in den großen Kreislauf der Natur eingehen. (Foto: M. Succow, 2009) | Zurzeit leben in der Wildniskernzone circa 20 Wisente zusammen mit Rot- und Damhirschen sowie Przewalski-Pferden. (Foto: S. Thomas, 2008 | Przewalski-Pferde im Schaugatter. Das Schaugatter am Eingang der Döberitzer Heide zählte bereits 30 000 Besucher. (Foto: M. Succow, 2009)

der Ausgangspunkt für eine starke Populationsentwicklung koprophager Insekten, die schon bald eine Nahrungsquelle für den Wiedehopf darstellten.

Mit der Fertigstellung und Eröffnung der Wildniskernzone Anfang Mai 2010 konnten die ersten Tiere in das 1860 ha große Gebiet entlassen werden. Ein Jahr später umfasste der Besatz über 20 Wisente, 14 Przewalski-Pferde, acht Rot- und sieben Damhirsche. Schon jetzt ist ihr Einfluss auf ihren Lebensraum sichtbar und wird mit zusätzlichem Besatz und Zugang durch Geburten weiter ansteigen. Das begleitende Monitoring wird aufzeigen, welche ökologischen Beziehungsgefüge zwischen großen Pflanzenfressern, anderen Tier- und Pflanzenarten sowie den Lebensräumen entstehen.

Die Döberitzer Heide ist bereits jetzt ein attraktives Naherholungsgebiet im Ballungsgebiet Berlin/Potsdam. Über 30 000 Besucher können jährlich im Schaugatter gezählt werden. Mit der Fertigstellung von rund 60 km Wanderwegen ist auch die Döberitzer Heide für Interessierte und Erholungsuchende gut erschlossen. Aussichtstürme, Rast- und Informationspunkte ergänzen die Infrastruktur. Die Döberitzer Heide kann schon heute als ein gelungenes Beispiel dafür gelten, dass es möglich ist, neue Wege im deutschen Naturschutz zu gehen. Als Naherholungsgebiet, das einzigartige Naturbeobachtungen ermöglicht, trägt es dazu bei, vielen Menschen ein Anliegen des Naturschutzes nahezubringen.

Literatur zum Weiterlesen

Biermann, K.; Cielewitz, E. (2005): Flugplatz Döberitz. Geburtsort der militärischen Luftfahrt in Deutschland, Berlin.

Fürstenow, J. (2010): Das Wildnisgroßprojekt Döberitzer Heide, in: Hoffmann, J.; Krawczynski, R.; Wagner, H.-G. (Hg.): Wasserbüffel in der Landschaftspflege. Berlin, S. 151–164.

Fürstenow, J.; Kummer, V. (2011): Exkursion 3. Vegetation und Landschaftspflege in der Döberitzer Heide, in: Tuexenia, Beiheft 4 (Flora und Vegetation in Brandenburg), S. 103–126.

Nitschke, P. (2009): Das Wildnisgroßprojekt Döberitzer Heide. Offenlandmanagement mit Przewalskipferden und Wisenten in der Döberitzer Heide, in: Finck, P.; Riecken, U.; Schroder E. (Hg.): Offenlandmanagement außerhalb landwirtschaftlicher Nutzflächen: Referate und Ergebnisse der gleichnamigen Fachtagung an der Internationalen Naturschutzakademie Insel Vilm vom 23. bis 26. Juni 2008. Naturschutz und biologische Vielfalt (73), S. 35–49.

Schoknecht, T. (1993): Die Naturschutzgebiete Ferbitzer Bruch und Döberitzer Heide auf dem Truppenübungsplatz Döberitz, in: Naturschutz und Landschaftspflege in Brandenburg (1), S. 23–25.

Schoknecht, T.; Zerning, M. (2005): Das Europäische Vogelschutzgebiet (SPA) Döberitzer Heide, in: Naturschutz und Landschaftspflege in Brandenburg (3/4), S. 107–109.

Stix, E. et. al. (1999–2011): Die Geschichte der Döberitzer Heide, Bd. 1–9, Berlin.

Die Wildnisstiftung – Naturlandschaften Brandenburgs

Von Hans-Joachim Mader

Und jedem Anfang wohnt ein Zauber inne

Bei jeder Zauberwirkung kommt es auf die richtige Mischung der Zutaten an. Man nehme eine historische Chance, starke Partner und eine klare Vision. Diese Mixtur bereite man mit langem Atem und viel Kraft zu. So oder ähnlich muss die Formel geklungen haben, die am 16. Mai 2000 die Stiftung Naturlandschaften Brandenburg hervorbrachte. Große Naturschutzverbände (Frankfurter Zoologische Gesellschaft, Nabu, WWF), ein regionaler Verein (Landschafts-Förderverein Nuthe-Nieplitz-Niederung), das Land Brandenburg und eine Privatperson taten sich als Stifter zusammen. Das Ergebnis kann sich sehen lassen: Mittlerweile besitzt und verwaltet die Stiftung insgesamt rund 12 700 ha Flächen auf den ehemaligen Truppenübungsplätzen Jüterbog (7100 ha), Heidehof (1800 ha), Lieberose (3200 ha) und seit kurzem auch Tangersdorf (700 ha). Die Gebiete wurden von der Stiftung zwischen 2002 und 2011 durch Kauf erworben und gehörten nicht zur Flächenkulisse des Nationalen Naturerbes.

Als einer der ersten Akteure wagte sich die Stiftung an die Umsetzung des Naturschutzziels »Wildnis« – ein noch relativ junges Konzept, das im deutschen Naturschutz erst seit Anfang der 1970er Jahre diskutiert und in den Nationalparken umgesetzt wird. Der Wille der Akteure zur Wildnis war stark und tragfähig; so kann sich bereits heute auf dem größten Teil der Stiftungsflächen die Natur frei von jeder Pflege und Nutzung nach ihren eigenen Gesetzen entwickeln. Deutschlandweit wird der Natur dieser Freiraum viel zu selten gewährt. Die jungen Wildnisgebiete wecken Skepsis und Faszination zugleich – und werden mehr und mehr zu einem Markenzeichen für den Naturschutz in Brandenburg.

Historische Chance

Mit circa 230 000 ha (ungefähr acht Prozent der Landesfläche) ist Brandenburg das deutsche Bundesland mit dem höchsten Anteil an ehemaligen militärischen Liegenschaften. Die historische Chance tat sich Anfang der 1990er Jahre auf, als Truppenübungsplätze in Brandenburg für eine friedliche Nutzung frei wurden. Zwischen 1992 und 1994 verließ die Westgruppe der Roten Armee Übungsplätze, deren Größenordnung jeweils von einigen 100 bis mehreren 1000 ha reichte. Als »Kanzlergeschenk« gingen sie 1994 in Landeseigentum über. Naturschutzvisionäre erkannten das große Potenzial dieser weiten Flächen ohne Straßen, Siedlungen und wirtschaftliche Nutzung.

Feuchtgebiet auf den
Stiftungsflächen Lieberose.
(Foto: Stiftung
Naturlandschaften, 2006)

Flächenbesitz der Stiftung
Naturlandschaften Brandenburg.
(Abbildung: Stiftung Naturlandschaften Brandenburg, 2006)

Im Bundesland Brandenburg hat die Wildnisstiftung vier große ehemalige sowjetische Truppenübungsplätze übernommen. Hier darf sich nun in freier Sukzession eine werdende Wildnis entfalten. Auf den Stiftungsflächen entsteht ein Mosaik aus Sandflächen, Heide, Naturwäldern, Seen und Mooren mit vielfältigen Lebensräumen, die sich der natürlichen Dynamik entsprechend verändern und entwickeln. Hier ein Einblick in die Sukzession auf der Stiftungsfläche Jüterbog. (Foto: D. Kolöchter, 2011)

Schnelles Handeln war nötig, denn die Privatisierung der Flächen stand bevor. Wie sollte man die Gebiete als Ganzes bewahren und dauerhaft für den Naturschutz sichern? Die Idee eines »trust fund« (die Finanzmittel werden nicht verbraucht, ihre Erlöse dienen ausschließlich dem Stiftungszweck) mit privaten und öffentlichen Partnern kam ins Gespräch. International hatte man mit diesem Konzept schon gute Erfahrungen gemacht, doch für Deutschland war ein Vorhaben dieser Art und Größenordnung ein absolutes Novum. Entsprechend schwierig und arbeitsintensiv gestaltete sich die Umsetzung der Idee. Doch schließlich ging das Gemeinschaftswerk auf: Gründungsmitglieder der Stiftung Naturlandschaften Brandenburg wurden 1999 der Landschafts-Förderverein Nuthe-Nieplitz-Niederung als regionaler Partner, das Land Brandenburg als öffentliche Institution, der national tätige Naturschutzbund Deutschland, eine Privatperson und die beiden internationalen Größen: Umweltstiftung WWF und Zoologische Gesellschaft Frankfurt. Die Gregor Louisoder Umweltstiftung kam 2006 als Zustifter hinzu.

Die ehemaligen Truppenübungsplätze boten in ihrer Größe und Unzerschnittenheit die einmalige Voraussetzung für die Umsetzung des in Deutschland noch recht jungen Naturschutzziels Wildnis. Die Stiftung Naturlandschaften Brandenburg machte es sich zur Aufgabe, auf den Stiftungsflächen auf jede Steuerung der landschaftlichen Entwicklung weitestgehend zu verzichten, das heißt, dynamische Prozesse auf größtmöglicher Fläche zuzulassen. Eine weitere Aufgabe der Stiftung ist, diese spannende Entwicklung zu beobachten und für Menschen erlebbar zu machen. Wörtlich lautet ihre Vision heute folgendermaßen: »Wir, die Stiftung Naturlandschaften Brandenburg, sichern große Wildnisgebiete, damit sich dort die Natur frei entfalten kann. Das ist unser Beitrag zum Erhalt der biologischen Vielfalt. Mit unserer Arbeit bringen wir den Menschen die Bedeutung und Schönheit ungestörter Natur nahe.« (Beschluss des Stiftungsrates vom Oktober 2007)

Flächen

Die Stiftungsflächen sind überwiegend ausgewiesene Naturschutzgebiete mit hoher Biotopvielfalt und besitzen teilweise darüber hinaus auch FFH/SPA-Status. Über 100 Vogelarten leben hier, darunter seltene Arten wie Seeadler, Schwarzstorch, Fischadler, Kranich, Wiedehopf, Eisvogel, Baumfalke und Ziegenmelker. Auch Fischotter, Biber und Wolf sowie seltene Amphibien-, Heuschrecken- und Libellenarten haben hier ein Zuhause gefunden. Nicht weniger atemberaubend ist die Vielfalt der Pflanzen: Auf sehr trockenen Standorten gedeihen Zwergstrauchheiden, Borstgrasrasen, Silbergrasfluren und Besenginsterheiden. Feuchtwiesen und Moore unterschiedlicher Genese und Trophie beherbergen Rundblättrigen Sonnentau sowie verschiedene Arten von Bärlapp und Orchideen. In den Moorgewässern ist die typische Makrophytenvegetation dystropher Moorseen (das meint die Pflanzen in Braunwasserseen), teilweise mit ausgeprägtem Grundrasen und Vorkommen spezialisierter Arten wie dem Wasserschlauch, erhalten geblieben. Es finden sich hier Wälder aller Entwicklungsstadien, das Artenspektrum reicht von Kiefern- und Birkenwäldern über Erlenbruchwälder bis hin zu Eichenmischwäldern und kleineren Buchenwaldflächen. Auch geologisch bieten die Stiftungsflächen einige Besonderheiten: Die ehemaligen Truppenübungsplätze Jüterbog und Heidehof liegen im Grenzbereich der Altmoränenlandschaft des Niederen Flämings und dem grundwassernahen Talsandgebiet des Baruther Urstromtals. Der ehemalige Truppenübungsplatz Lieberose stellt einen charakteristischen Ausschnitt der Jungmoränenlandschaft der Norddeutschen Tiefebene dar. Komplette eiszeitliche Serien mit Grund- und Endmoränen sowie Sandern findet man auf engstem Raum. Gletschereis, Wasser- und Winderosion haben kleinräumige Mosaike aus Mooren, Sümpfen, Kleingewässern und Seen geschaffen, aber auch große trockene Sandflächen hinterlassen. Auch wenn klar ist, dass sich alles verändern wird, die

Das Bild vermittelt einen Eindruck von der Weite und Einsamkeit der Landschaft des ehemaligen Übungsplatzes Jüterbog West mit seinem noch offenen Dünenfeld. (Foto: M. Succow, 1996)

Langsam kehren Wölfe nach Deutschland zurück, nach wie vor gehören sie hierzulande zu den seltensten Säugetierarten. Auf den Stiftungsflächen Jüterbog und Lieberose sind sie bereits heimisch. (Foto: J. Beil, 2010)

Lebensräume und die Arten – einige werden verschwinden, manche dazukommen –, die Stifter sind von der Notwendigkeit und Zukunftsfähigkeit ihres Konzeptes überzeugt.

Dass Wildnisschutz und Naturerlebnis vereinbar sind, ist eine alte Erfahrungstatsache. Die Stiftung hat es in der Vergangenheit bewiesen, so sind auf den Stiftungsflächen Jüterbog mittlerweile rund 30 km Wanderwegenetz realisiert. Darüber hinaus werden in allen Gebieten geführte Exkursionen angeboten. Als Partner vor Ort wirken Revierförster, Naturwächter, Botaniker, Zoologen, Geologen und ehrenamtliche Naturschutzaktive mit.

Brandenburg ist mit seiner Nähe zu Polen und mit seinen vielen naturnahen Gewässern und Waldgebieten eine besonders wichtige Wanderstation für Wildtiere. Die weiträumigen Stiftungsflächen sind wertvolle Rückzugsräume für störungsempfindliche Arten. Damit diese Trittsteinbiotope nicht wie Inseln in der intensiv genutzten und zersiedelten, von Straßen und Bahntrassen zerschnittenen Kulturlandschaft isoliert bleiben, setzt die Stiftung sich für ökologische Vernetzung ein. Mit dem 2007 initiierten Projekt »Ökologischer Korridor Südbrandenburg« vernetzt sie wertvolle naturnahe Wald- und Gewässerlebensräume für wandernde Tierarten wie Rothirsch, Fischotter, Wolf und Biber. Der Ökologische Korridor reicht von Polen kommend bis zur Elbe nach Sachsen-Anhalt und wird entsprechend langfristig über einen Gesamtzeitraum von 20 Jahren in mehreren Teilabschnitten entwickelt und optimiert. Gefördert wird das Projekt aktuell von der Deutschen Bundesstiftung Umwelt, dem Brandenburgischen Umweltministerium, der Stiftung NaturSchutzFonds Brandenburg und der Umweltstiftung WWF Deutschland. Ein erster

Frischer Wolfskot auf einem Sandweg im ehemaligen sowjetischen Truppenübungsplatz Königsbrücker Heide in Sachsen. Die hier seit einigen Jahren zugewanderten Wölfe markieren damit ihre Reviere. Der Kot stellt für viele Großschmetterlinge, hier der Kleine Schillerfalter, eine wichtige Mineralquelle dar.
(Foto: M. Succow, 2011)

wichtiger Erfolg im Ökologischen Korridor Südbrandenburg ist der Bau von drei Grünbrücken, die seitens des Projektes empfohlen wurden und mithilfe des Konjunkturpaketes II realisiert werden. Auch eine Kooperation mit dem Nachbarland Polen zur Sicherung der Wanderkorridore wurde ins Leben gerufen.

Perspektiven

Auch auf der politischen Agenda gewinnt das Thema Wildnis in Deutschland an Aufmerksamkeit. Ein entscheidender Schritt war die Aufnahme von Wildnis als Zielstellung für zwei Prozent der Landfläche Deutschlands bis zum Jahr 2020 in die Nationale Strategie zur Biologischen Vielfalt. Um diesem Anliegen Gewicht zu verleihen, veranstaltete die Stiftung Naturlandschaften Brandenburg 2010 erstmals eine Wildniskonferenz in Brandenburg. Im Rahmen der Konferenz wurde eine Resolution für Wildnis in Deutschland verabschiedet und an einen Schirmherrn, den damaligen Bundesumweltminister Norbert Röttgen, übermittelt. Wesentliche Forderungen darin sind die Sicherung einer Flächenkulisse und Finanzgrundlage für Wildnisentwicklung auf zwei Prozent der Landesfläche bis 2015 sowie eine langfristige Verankerung des Themas im deutschen Bildungssystem. 21 Naturschutzorganisationen und zahlreiche Privatpersonen unterzeichneten die Resolution mit. Die Stiftung wird sich weiterhin für das Thema Wildnis starkmachen und an die Verantwortung der Bundespolitik appellieren; eine Fortführung der Wildniskonferenz ist geplant.

Auch die Entwicklung auf den Stiftungsflächen Lieberose bleibt spannend: Das Land Brandenburg hat 2010 einen Masterplan für die Entwicklung der Region vorgestellt, der die Wildnisflächen der Stiftung als Kernelement einer Internationalen Naturausstellung vorsieht.

Eine gute Perspektive ist der jüngste Erwerb von Flächen auf dem ehemaligen Truppenübungsplatz Tangersdorf. Mit finanzieller Förderung durch den WWF Deutschland konnte die Stiftung hier 2011 im Naturschutzgebiet Kleine Schorfheide rund 700 ha dauerhaft sichern. Das Gebiet liegt im Bereich des ehemaligen Truppenübungsplatzes Tangersdorf. Seit 1992 fand keine Nutzung der ehemaligen Militärflächen mehr statt. Das Gesamtgebiet ist in seiner Größe und Unzerschnittenheit ein seltenes Kleinod in der fast flächendeckend genutzten Kulturlandschaft der Region. Eine Besonderheit des ehemaligen Truppenübungsplatzes ist die hohe Aktivität von Biberfamilien, die hier im Bereich der Miltenrinne eine rund 150 ha große Wasser- und Moorlandschaft geschaffen haben. Die 665 ha Stiftungsflächen sind zentraler Baustein eines großflächigen Naturschutzkonzeptes. Eingebunden in den Naturpark Uckermärkische Seen liegen sie in Nachbarschaft zu Flächen der Umweltstiftung WWF Deutschland und des Fördervereins Feldberg-Uckermärkische Seenlandschaft e.V. Mit dem Kauf vergrößert sich das Gebiet für freie Naturentwicklung im Naturschutzgebiet Kleine Schorfheide nun auf 1352 ha. Damit ist eines der größten Naturentwicklungsgebiete in Brandenburg realisiert.

Wenn möglich, möchte die Stiftung Naturlandschaften Brandenburg weitere Flächen für den Wildnisschutz sichern. Für den Kauf größerer (mehr als 1000 ha) zusammenhängender Gebiete, prioritär in Brandenburg, aber auch darüber hinaus, steht sie nach wie vor zur Verfügung. Auch kleinere Flächen kommen in Frage, soweit sie in Wildnisprojekte eingebunden sind, Arrondierungsflächen darstellen beziehungsweise an Flächen anderer Naturschutzorganisationen mit gleicher Zielstellung anschließen. Um den Kauf und die dauerhafte Unterhaltung solcher Flächen zu ermöglichen, ist die Stiftung auch zukünftig auf Hilfe und Unterstützung angewiesen.

Literatur zum Weiterlesen

Bundesamt für Naturschutz (2011): Tagungsband Wildniskonferenz 2010, BfN-Skripten (288), Bonn.

Bundesministerium für Umwelt, Naturschutz und Reaktorsicherheit (2007): Nationale Strategie zur biologischen Vielfalt, Berlin.

Naturstiftung David (2004): Bericht zum Projekt »Konversion von Militärflächen in Naturschutzgebiete«, Erfurt.

»Alte Buchenwälder Deutschlands« – Unesco-Weltnaturerbe

Von Hans Dieter Knapp

Am Sonnabend, dem 25. Juni 2011 um 10:30 Uhr verkündete die Vorsitzende der 35. Sitzung des Welterbekomitees in Paris die Einschreibung der »Alten Buchenwälder Deutschlands« in die Welterbeliste. Wenig später wurde diese Nachricht über Funk und Fernsehen deutschlandweit verbreitet, und am Montag war es in allen Zeitungen zu lesen. Seit dem Nationalparkprogramm 1990 hat es kaum ein Naturschutzereignis gegeben, das solch eine umfassende und positive Resonanz in den deutschen Medien gefunden hat.

Fünf Buchenwälder in Deutschland bilden nun mit den bereits 2007 eingeschriebenen Buchenurwäldern der Karpaten die gemeinsame serielle transnationale Weltnaturerbestätte »Primeval Beech Forests of the Carpathians and Ancient Beech Forests of Germany«. Sie besteht aus sechs Gebieten in der Ukraine, vier Gebieten in der Slowakei und fünf Gebieten in Deutschland (siehe Tabelle). Die Entscheidung ist nicht vom Himmel gefallen, und es hat einiger Anstrengungen bedurft, den außerordentlich hohen Maßstäben und Anforderungen der Welterbekonvention genügen zu können. Es war ein stufenweiser Prozess über mehrere Jahre mit zahlreichen Beteiligten, ein gutes Beispiel einer sehr konstruktiven und zielführenden Zusammenarbeit von Wissenschaft, Politik, Verwaltung und Diplomatie auf verschiedenen Ebenen, insbesondere trilateral mit Ukraine und Slowakei sowie von Bund und den beteiligten Bundesländern. Lange Zeit gab es nur eine Weltnaturerbestätte in Deutschland, die Grube Messel bei Darmstadt als paläontologische Fundstätte mit ausgestorbener tertiärer Wirbeltierfauna, jedoch keine Stätte mit lebender Natur.

Naturstätten von weltweiter Bedeutung sind in Europa insgesamt selten und gegenüber den zahlreichen Kulturerbestätten deutlich unterrepräsentiert. Von den derzeit 29 Weltnaturerbestätten in Europa sind neun Wälder: drei davon betreffen Lorbeerwälder auf Madeira und den Kanaren, drei Gebirgslandschaften mit Wäldern auf dem Balkan und im Westkaukasus und drei Stätten umfassen herausragende Beispiele von Resten großflächiger Klimaxvegetation. Die Virgin Komi Forests (3,28 Millionen ha, 1995 erste Weltnaturerbestätte in Russland) repräsentieren als ausgedehntes Urwaldgebiet mit einer Fläche fast so groß wie Nordrhein-Westfalen den Landschaftskomplex borealer Nadelwälder, Moore, Flüsse und Gebirge. Der Urwald von Białowieża (92669 ha, 1979, Polen/Weißrußland) dokumentiert den östlichen Typ nemoraler Klimaxwälder in Europa, geprägt von Eiche, Hainbuche, Spitzahorn, Ulme und dominierender Winterlinde mit Beimischung von Kiefer und Fichte.

Die Alten Buchenwälder Deutschlands schließlich dokumentieren in Ergänzung zu den Buchenurwäldern der Karpaten die Evolution und Entwicklung der Buchenwälder als terrestrisches

Fünf anhand strenger Kriterien ausgewählte »Alte Buchenwälder Deutschlands« sind 2011 als Erweiterung der »Buchen-Urwälder der Karpaten« in die Welterbeliste der Unesco aufgenommen worden. An der Kreideküste des Nationalparks Jasmund reicht der Buchenwald bis an seine natürliche Grenze am Meeresstrand. (Foto: H. D. Knapp, 2008)

Ökosystem, das im Verlauf der nacheiszeitlichen Waldentwicklung in einzigartiger Weise große Teile eines ganzen Kontinents geprägt hat. Sie erzählen die Ausbreitungsgeschichte in Europa, in deren Verlauf Buchenwälder die vormals herrschenden Linden-Ulmen-Mischwälder weithin verdrängt und sich sehr unterschiedlichen Standortbedingungen angepasst haben sowie zur absoluten Vorherrschaft in der natürlichen Vegetation gelangt sind. Sie sind ein außergewöhnliches und einzigartiges Beispiel für die regenerative Kraft eines Klimax-Ökosystems, das trotz Fragmentierung und Verinselung innerhalb ausgedehnter Landschaften mit langer Siedlungs- und Landnutzungsgeschichte Strukturen und Prozesse ursprünglicher Wildnis bewahren und sogar regenerieren kann.

Echte »Urwälder« gibt es in Deutschland seit langem nicht mehr. Wir sprechen daher von »alten« Buchenwäldern und meinen damit urwaldähnliche Wälder mit lange Zeit nicht unterbrochener Waldbedeckung am Ort (lange Habitattradition); Bestände mit Bäumen hohen Alters, mit vollständigem Regenerationszyklus einschließlich aller Entwicklungsphasen und Strukturelemente, mit allen Ökosystemfunktionen und – ganz wesentlich – Bestände, die seit vielen Jahrzehnten von jeglicher Nutzung freigestellt sind und damit ein hohes Maß an Integrität aufweisen.

Die Zeitdauer der natürlichen Entwicklung frei von Nutzungen ist das entscheidende Maß für den Natürlichkeitsgrad, sie ist durch nichts zu ersetzen. Die Fähigkeit von Buchenwäldern, in langen Zeiträumen zu urwaldähnlichen Strukturen hoher Integrität zu regenerieren (»Urwald« kann ein einmal genutzter Wald jedoch nie wieder werden), ist Ausdruck der außerordentlichen Regenerationskraft als ein Aspekt andauernder ökologischer Prozesse. Die Nominierung und Einschreibung erfolgten nach dem Kriterium »außergewöhnliches Beispiel bedeutender im Gang befindlicher ökologischer und biologischer Prozesse in der Evolution und Entwicklung von Land-Ökosystemen«.

Wir hatten uns zwar seit den 1970er Jahren mit der Vegetation von Wäldern, speziell auch mit Struktur und Dynamik von Buchenwäldern im Osten Deutschlands, befasst, doch zu jener Zeit noch keinerlei Bezug zur Welterbekonvention. Darauf wurden wir erst aufmerksam, als Mitte der 1990er Jahre Greenpeace Russland sich an den Nabu wandte mit der Anfrage, ob fachliche Beratung bei der Auswahl und Bewertung von Naturgebieten in Russland zur Nominierung für die Welterbeliste gegeben werden könne. Auf zwei Workshops an der Internationalen Naturschutzakademie Insel Vilm diskutierten wir 1995 und 1996 mit russischen Kollegen eine Liste potenziell

Alte Tieflandbuchenwälder sind nur noch in wenigen Resten in Mitteleuropa erhalten geblieben. Die Buchenwälder von Serrahn im Müritz-Nationalpark unterliegen seit über fünfzig Jahren keiner forstlichen Nutzung und gehören heute zu den wertvollsten Beständen.
(Foto: H. D. Knapp, 2010)

in Betracht kommender Gebiete, nahmen 1995 bis 1997 im Rahmen eines vom Bundesamt für Naturschutz geförderten Nabu-Projektes an Geländeerkundungen teil und sammelten Erfahrungen mit der Bearbeitung von Nominierungsdossiers für Gebiete in Rußland.

Das Thema Weltnaturerbe wurde auch bei der europäischen IUCN/WCPA-Arbeitstagung »Parke für das Leben 97« 1997 auf Rügen diskutiert. Sie widmete sich auch dem Potenzial an Naturstätten in Europa, die für eine Nominierung für die Welterbeliste in Betracht kommen könnten. In Bezug auf Deutschland wurde die Frage aufgeworfen »Gibt es in der dicht besiedelten, von Verkehrswegen durchschnittenen, seit Jahrtausenden von Menschen überformten Landschaft Mitteleuropas überhaupt Naturgebiete, die den zitierten strengen Kriterien des Welt-Naturerbes entsprechen?« (*Nationalpark* 2/97, S. 13) Unter vier zur näheren Prüfung vorgeschlagenen Gebieten sind das Wattenmeer – es wurde 2009 in die Welterbeliste eingeschrieben – und der Nationalpark Jasmund mit der Kreideküste. 2001 regte Norbert Panek mit dem Buchenwaldinstitut e.V. eine europäische Buchenwaldinitiative an, die 2003 und 2007 mit Workshops an der Internationalen Naturschutzakademie Insel Vilm diskutiert wurde. Eine internationale Konferenz über Laubwälder Europas in Mukachevo (Ukraine) gab 2003 den Anstoß zur Nominierung der Buchenurwälder der Karpaten. 2004 wurde vom Bundesamt für Naturschutz (BfN) ein »Screening potenzieller deutscher Naturwerte für das Unesco-Welterbeübereinkommen« in Auftrag gegeben, in dessen Ergebnis Buchenwälder als eine denkbare Möglichkeit erwähnt werden. Wilhelm Bode schlug als damaliger Vertreter des Saarlandes auf der 87. LANA-Sitzung 2004 in Bremen Buchenwälder als mögliches Weltnaturerbe vor. Das BfN ließ dies 2006 mit einer »Machbarkeitsstudie für eine Unesco-Welterbenominierung eines ausgewählten deutschen Buchenwaldclusters« prüfen und auf einer Tagung im Mai 2006 auf der Insel Vilm diskutieren.

Im Ergebnis zeigte sich, welch geringen Anteil Buchenwälder (als der dominierende Waldtyp der natürlichen Vegetation) an der realen Vegetation in Deutschland haben, welch verschwindend geringer Anteil alter, lange Zeit nicht durch Nutzungen in ihrer Integrität beeinträchtigter Buchenwälder in Deutschland erhalten ist, welch massiver Nutzungsdruck auch heute noch selbst in Schutzgebieten besteht, welch teils drastische Managementprobleme auch in Nationalparken bestehen und – wie wenig Natursubstanz in Deutschland, trotz 100 Jahren Naturschutz, erhalten ist.

Dennoch zeigten sich Ansätze, einen »außerordentlichen universellen Wert« (OUV) von Buchenwäldern zu begründen. 2007 nahm eine Lenkungsgruppe aus Vertretern des Bundes und der Länder Hessen, Thüringen, Brandenburg und Mecklenburg-Vorpommern mit Unterstützung externer Experten die Arbeit für die Erstellung der Nominierungsunterlagen, verbunden mit zahlreichen öffentlichen Diskussionen in den fünf ausgewählten Regionen, auf. Seit Mai 2007 wurde auf mehreren trilateralen Treffen ein intensiver Austausch mit Vertretern der Ukraine und der Slowakei gepflegt. Ende 2009 wurde das Nominierungsdossier fertiggestellt und im Februar 2010 offiziell bei der Unesco eingereicht. Im September 2009 unterzog der von der IUCN bestellte Gutachter David Mihalic aus den USA die fünf Gebiete einer intensiven Prüfung, am 25. Juni 2011 beschließt das Welterbekomitee die Einschreibung der »Alten Buchenwälder Deutschlands« als Erweiterung der Buchenurwälder der Karpaten.

Bei den »Alten Buchenwäldern Deutschlands« handelt es sich jeweils um Teile der Nationalparke Kellerwald-Edersee, Hainich, Müritz (Serrahn) und Jasmund sowie des Naturschutzgebietes Grumsin im Biosphärenreservat Schorfheide-Chorin. Damit haben drei Gebiete des Nationalparkprogramms von 1990 Anteil an der Welterbestätte.

Linke Seite oben: Der Grumsin im Biosphärenreservat Schorfheide-Chorin repräsentiert einen Endmoränen-Buchenwald mit zahlreichen Mooren, kleineren Seen und ausgeprägtem Relief. Als früheres Staatsjagdgebiet blieb dieser Wald über Jahrzehnte von üblicher forstlicher Nutzung und von Entwässerungsmaßnahmen weitgehend verschont. (Foto: M. Succow, 2012)

Linke Seite unten: Die wertvollsten Teile des Nationalparks Kellerwald-Edersee befinden sich in der unteren Bergwaldstufe. Als ehemaliges fürstliches Jagdgebiet blieb es von intensiver forstlicher Nutzung verschont. (Foto: H. D. Knapp, 2010)

Was bedeutet nun der Welterbestatus für die einzelnen Gebiete, für den Wald, für Deutschland? Ist es lediglich ein zusätzliches Etikett, das die Tourismuswirtschaft werbewirksam vermarkten kann? Das wäre gewiss zu wenig und der Mühe nicht wert. Doch die Anerkennung der »Alten Buchenwälder Deutschlands«:

- stärkt das öffentliche Bewusstsein für den Wert und die globale Bedeutung von Wäldern der gemäßigten Zonen einschließlich ihrer natürlichen Dynamik in der Biosphäre weltweit und die Verpflichtung der Industrieländer, die letzten Reste von Urwäldern und alten Wäldern von jeglicher Nutzung freizustellen und als Naturwälder zu sichern
- bringt Unterstützung für die nach über 100 Jahren überfällige Einrichtung ernsthafter, das heißt großer und nutzungsfreier Wald-Naturschutzgebiete, in denen »der Wald sich selber leben darf« (Max Kienitz)
- bedeutet Stärkung regionaler Identifikation und Imagegewinn für die Regionen der fünf Teilgebiete; der Welterbestatus ist natürlich ein Werbefaktor für hochwertigen Natur- und Kulturtourismus; die alten Buchenwälder sind das Markenzeichen für »Natur pur«
- ist Verpflichtung, die Managementstandards in den Teilgebieten zu halten und weiter zu verbessern; ist zugleich Herausforderung und Chance, das Management in allen Nationalparken und Biosphärenreservaten in Deutschland zu stärken.

Tabelle:
Buchenurwälder der Karpaten und Alte Buchenwälder Deutschlands – serielle transnationale Weltnaturerbestätte aus 15 Teilgebieten in drei Vertragsstaaten der Welterbekonvention

Nr.	Gebiet	Fläche [ha]	Pufferzone [ha]
	Ukraine	**23 513**	**34 873**
1	Cernohora	2 477	12 925
2	Uholka	11 860	3 301
3	Svydovets	3 030	5 639
4	Maramorosh	2 244	6 230
5	Kuziy/Trybushani	1 370	3 163
6	Stuzhytsia/Ushok	2 532	3 615
	Slowakei	**5 766**	**13 818**
7	Stužica/Bukovske vrchy	2 950	11 300
8	Rožok	67	41
9	Vihorlat	2 578	2 413
10	Havešova	171	64
	Deutschland	**4 391**	**13 709**
11	Jasmund	493	2 511
12	Serrahn	268	2 568
13	Grumsin	590	274
14	Hainich	1 573	4 085
15	Kellerwald	1 467	4 271
	Fläche insgesamt	**33 670**	**62 400**

Auch im Thüringer Nationalpark Hainich sind sehr alte Buchenwälder erhalten geblieben, die sich – seit 2011 im Schutze des Unesco-Welterbes – weiterhin selbst überlassen bleiben. (Foto: L. Jeschke, 1998)

2004 noch war die Einschreibung deutscher Buchenwälder in die Welterbeliste eine Vision, heute ist diese Vision Realität geworden. Die Entscheidung des Welterbekomitees ist mit der verpflichtenden Empfehlung an die Vertragsstaaten Ukraine, Slowakei und Deutschland verbunden, »eine umfassende Gesamtkonzeption zur Bewahrung der urwaldartigen und alten Buchenwälder in Europa zu gewährleisten« und »den Schutz dieses einzigartigen Waldökosystems in einer abschließenden seriellen, transnationalen Nominierung sicherzustellen«. Deutschland steht nun mit der Slowakei und der Ukraine gemeinsam in der Pflicht, weitere interessierte Mitgliedstaaten der Konvention zu einem Netzwerk urwüchsiger und alter Buchenwälder in Europa einzuladen und das bestehende trilaterale Welterbe zu einer kompletten, seriellen, transnationalen Welterbestätte der Buchenwälder Europas zu erweitern.

Ein europäischer Workshop auf Vilm im November 2011 hat bereits das Potenzial weiterer Buchenurwälder erkundet und darüber beraten, wie die Vision einer umfassenden Welterbestätte der Buchenurwälder und alten Buchenwälder Europas Wirklichkeit werden kann.

Literatur zum Weiterlesen

Knapp, H. D.; Esping, L. E. (1997): Welt-Naturerbe in Deutschland?, in: Nationalpark (2), S. 8–14.

Knapp, H. D.; Fichtner, A. (Hg.) (2011): Beech Forests. Joint Natural Heritage of Europe, BfN-Skripten 297.

Knapp, H. D.; Großmann, M. (2011): Eine Vision wird Realität. Welterbestatus für fünf deutsche Buchenwaldgebiete, in: Nationalpark (4), S. 28–30.

Knapp, H. D.; Spangenberg, A. (Red.) (2007): Europäische Buchenwaldinitiative. Experten-Workshop zur Zukunft der Buchenwälder in Deutschland. Internationale Naturschutzakademie Insel Vilm 2. bis 5. Mai 2007, BfN-Skripten 222.

Knapp, H. D.; Nickel, E.; Plachter, H. (2007): Buchenwälder. Ein europäischer Beitrag zum Waldarbeitsprogramm der CBD, in: Natur und Landschaft (9/10), S. 386–390.

Plachter, H. et al. (2006): Screening potenzieller deutscher Naturwerte für das Unesco-Welterbeübereinkommen, BfN-Skripten 177.

Ökologisch orientierte, sozial und moralisch verantwortbare Ackerkultur im Bioland-Betrieb Bisdamitz am Rande des Nationalparkes Jasmund im Norden Rügens. Die Natur, die Landschaft wird und muss auch in Zukunft unsere Lebensgrundlage sein. Ihre Funktionstüchtigkeit, ihre ökologischen Leistungen zu erhalten und für die Zukunft zu sichern ist ein Gebot der Stunde. Wir brauchen eine Agrarwende!
(Foto: M. Succow, 2001)

SCHLUSSBETRACHTUNG

NATURSCHUTZ IN EINER SICH DRAMATISCH ÄNDERNDEN WELT

Angekommen im Anthropozän

Von Michael Succow

Wir beginnen allmählich zu begreifen, dass wir nicht mehr in einer Welt leben, in der Naturkatastrophen noch wirklich Natur-Katastrophen sind, sondern sie sind immer häufiger durch den Menschen verursacht. Der in den letzten 200 Jahren zunehmend anthropogen veränderte Kohlenstoffhaushalt der Erde wird uns zur Schicksalsfrage. Die menschliche Wachstumsgesellschaft stößt an ihre Grenzen.

Für den Fortbestand unserer Zivilisation wichtige Ökosysteme sind weltweit großräumig verändert, geschädigt oder gar – in menschlichen Zeiträumen gemessen – irreversibel zerstört und nicht mehr reparierbar. Wie viele fruchtbare Oasenkulturen sind lebensfeindliche Salzwüsten, wie viele lebensvolle, Regen spendende, kühlende Urwälder sind tropische Wüsten, wie viele einst Torf speichernde Moore sind entwässert und setzen nun Kohlendioxid frei, wie viele einst produktive Steppen und Prärien sind vernutzt, die Schwarzerden aufgebraucht, wie viele der Mangroven und Korallenstöcke, diese wichtigen Senken-Ökosysteme tropischer Meere sind inzwischen vernichtet …?

Die natürlichen Rahmenbedingungen für unsere Zivilisation ändern sich damit rasant, einschneidende Verwerfungen sind unausbleiblich.

Wir müssen begreifen: Der für den Fortbestand unserer Zivilisation so notwendige ausgeglichene Naturhaushalt, der die Basis der Menschheitsentwicklung der letzten 10 000 Jahre (Holozän) darstellte, ist unübersehbar beeinträchtigt.

Die Konditionen des ökologisch gebauten Hauses Erde waren eine durch evolutionäre Prozesse ausgelöste, immer größer werdende Lebensfülle (Biodiversität), die auch Extremräume eroberte, immer neue Ökosysteme schuf sowie durch Humusanreicherung eine zunehmende Fruchtbarkeit der Böden, verbunden mit dem Vermögen, den Kohlenstoffüberschuss aus dem Stoffkreislauf der Biosphäre festzulegen, zu fossilisieren.

Mit der industriellen Revolution, die um 1800 begann, ist ein neues Zeitalter angebrochen, das »Anthropozän«, in dem der Mensch den Zustand der Biosphäre mitbestimmt, angefangen bei der Ausbeutung der begrabenen, von der Natur aus dem Stoffkreislauf gebrachten Energieträger Kohle, Erdöl, Erdgas. Willkommen im Anthropozän! Allgemein bekannt ist, dass unser gegenwärtiger Ausstoß an klimarelevanten Treibhausgasen deutlich über dem Zuträglichen liegt. Eine Überschreitung der noch hinnehmbaren plus 2° C ist nicht mehr aufzuhalten, ebenso überschreitet der immense aktuelle Verlust an Biodiversität alle Vorstellungen. So rechnet man beispielsweise mit dem Aussterben von 30 Prozent der Wirbeltiere unserer Erde noch in diesem Jahrhundert.

Weniger bekannt ist (nach Rockström et al. 2009), dass:
- der Stickstoff-Kreislauf, gemessen an der Menge an atmosphärischem Stickstoff, der durch das Haber-Bosch-Verfahren in biologisch aktiven Dünger umgewandelt wird (121 Millionen Tonnen im Jahr), das akzeptable Maß der Belastung von Böden, Gewässern und Ozeanen mehr als dreifach übersteigt
- die Phosphor-Belastung der Gewässer, insbesondere der Meere, zu einem tödlichen Zusammenbruch der Sauerstoff-Gehalte der Ozeane führt. Der kritische Wert liegt derzeit bei 8,5 – 9,5 von maximal elf Millionen Tonnen im Jahr
- die Versauerung der Meere ebenfalls einen kritischen Wert erreicht hat
- bei der Umwandlung von Wäldern und natürlichem Grasland (Steppen) in Ackerstandorte das verfügbare Flächenpotenzial nahezu ausgeschöpft ist
- die Verschmutzung des Süßwassers, eine verminderte Grundwasserneubildungsrate, der Aufbrauch des fossilen Grundwassers und die Versalzung von Bewässerungskulturen zu bedrohlicher Wasserknappheit führt.

Braunkohletagebau in der Lausitz. Das Dilemma unserer Zeit: Begrabener, entsorgter Kohlenstoff aus dem einstigen Überschuss hochproduktiver Ökosysteme wird durch die Nutzung als fossiler Energieträger wieder in den Stoffkreislauf und in die Biosphäre gebracht. Der daraus resultierende CO_2-Anstieg der Atmosphäre wird uns zur Schicksalsfrage.
(Foto: M. Succow, 1991)

Der Torfabbau in den einstigen großen Regenmooren Niedersachsens läuft auf Hochtouren. Jährlich werden in Deutschland acht Millionen m³ Torf abgebaut und der Gartenkultur zur Verfügung gestellt. Die sich daraus ergebende CO_2-Freisetzung liegt bei 1,9 Millionen Tonnen. Das hatte die Natur nicht vorgesehen: Sie speicherte den Kohlenstoff in den wachsenden Mooren. Im Bild: Torfabbau in der Diepholzer Moorniederung in Niedersachsen.
(Foto: M. Succow, 2011)

Die seinerzeit neu ausgebaute Welse (ein Nebenfluss der Oder) in der Uckermark. Die Niedermoore sollten im Rahmen von – wie es hieß – »Komplexmeliorationen ausbluten«, um sie anschließend in eine »industriemäßige«, agrarische Nutzung zu führen. Die tiefe Grundwasserabsenkung hatte verheerende Torfmineralisierungen zur Folge, verbunden mit schwerwiegenden Eingriffen in den Landschaftswasserhaushalt.
(Foto: M. Succow, 1972)

Die aktuelle Geo- und Klimaforschung bestätigt die befürchteten Annahmen:
- die Landwirtschaft muss sich radikal verändern
- weder die ohnehin nur begrenzt mögliche Ausweitung der Ackerflächen noch der gegenwärtige Einsatz von Kunstdüngern sind akzeptable Optionen
- wir können uns die gegenwärtige Agrarverschwendung von Energie, Flächen, Stickstoff und Phosphor geopolitisch nicht mehr leisten.

Mag es auch niemand gern hören, keine Generation vor uns hat ihre Lebensgrundlage – und das ist vor allem der Kapitalstock Natur – in einem solchen Ausmaß beeinträchtigt, reduziert, wie wir im vergangenen halben Jahrhundert. Was gilt es in diesem Dilemma zu tun? Was darf wirklich wachsen, ohne die Menschheit zu gefährden? Wir Menschen haben zu lange gegen die Natur gekämpft, wir nutzten sie wie einen Steinbruch, haben uns über sie erhoben, wollten sie beherrschen. Nun, da die Schäden unübersehbar und die Verluste unwiederbringlich sind, ergreift uns Unbehagen, auch Mitleid, vor allem aber Sorge. Sorge um unsere eigene Zukunft. Und Zweifel. Wer ist wirklich der Stärkere? Wie weit darf sich der Mensch von der Natur entfernen, ihre Tragekapazität überfordern? Das Projekt Mensch – ist das ein Projekt mit unbekanntem Ausgang? Eine Zufallsepisode im Universum, ein interglazialer Irrtum? Uns scheint, wir schlagen das Zeitfenster, das die Evolution der menschlichen Zivilisation eröffnet hat, vorzeitig zu.

In diesem neuen Jahrhundert, gar Jahrtausend der Menschheitsgeschichte müssen wir begreifen: Wir dürfen uns nicht länger als Herrscher über die Natur aufspielen, als deren Ausbeuter und Zerstörer handeln, ihre Ressourcen nicht weiter vernutzen, verschwenden. Wir müssen uns endlich in das so wunderbar ökologisch gebaute Haus Erde einpassen, uns als Teil von ihm empfinden. Es ist das Gebot der Stunde, der durch uns Menschen ausgelösten Veränderung des globalen Naturhaushaltes und der Zerstörung der Lebensfülle, dem Verlust an biologischer Vielfalt mit allen zur Verfügung stehenden Kräften entgegenzuwirken.

Das zwingt uns:
- die letzten noch ungenutzten, intakten Naturräume der Erde unangetastet zu lassen
- bei allen Formen der Naturnutzung dem Erhalt der Funktionstüchtigkeit der Ökosysteme höchste Priorität einzuräumen
- die ökologischen Leistungen der Natur, dieses immer knapper werdende Gut, in Wert zu setzen
- eine Wertediskussion zu führen, in der der Schutz der Natur (des Naturhaushaltes) einen zentralen Stellenwert einnimmt
- von der Natur zu lernen, wie sie es macht, sich immer weiter zu vervollkommnen, zu optimieren und zu wachsen ohne zu scheitern!

Die beiden Schlüsselworte der Michael Succow Stiftung lauten »erhalten« und »haushalten«.

Links: Totalumbruch in der Recknitz-Niederung bei Bad Sülze in Mecklenburg-Vorpommern. Die tiefgreifende Entwässerung fast sämtlicher Niedermoore Deutschlands seit den 1960er Jahren führte neben gewaltigen CO_2-Emissionen (bei Ackerbau 45 t CO_2 / ha/Jahr) zur Degradierung der Torfböden; begleitet vom Verlust des Lebensraumes einer vielfältigen Tier- und Pflanzenwelt.
(Foto: M. Succow, 1967)

Mitte: Aktuelle »industriemäßige Agrarkulturen« im einst größten Niedermoor der DDR, der Friedländer Großen Wiese in Mecklenburg-Vorpommern: Dauer-Maisanbau unter hohem Gülleeinsatz (auf Grundwasserböden) und damit zwangsläufigem Einsatz von Agrochemikalien.
(Foto: M. Succow, 1993)

Rechts: Die ungehemmte Nährstofflast der Landschaft spiegelt sich in den Gewässern wieder. Im Bild der regulierte Lauf der Randow. Um dem Vertrocknen der Moore entgegenzuwirken, sind heute die Fließgewässer hoch angestaut. Die mineralisierten, verdichteten Torfkörper sind allerdings kaum noch zur Bodenwasserbewegung in der Lage.
(Foto: M. Succow, 1994)

Die rigorose Beseitigung von Kleingewässern (Söllen) auf den Flächen der damaligen landwirtschaftlichen Produktionsgenossenschaft Groß-Ziethen, Uckermark. Das Bild datiert vom Juli 1989, kurz vor dem Zusammenbruch der DDR. Im Osten nannte man das »Komplexmelioration«, im Westen »Flurbereinigung« – die Agrarlandschaften wurden homogenisiert, um eine industriemäßige Agrarnutzung umzusetzen. Heute ist diese Landschaft Teil des Biosphärenreservates Schorfheide-Chorin.
(Foto: M. Succow, 1989)

Riesige humusverarmte, für den Dauer-Maisanbau bestimmte Flächen der Agrar-GmbH Albrecht Daniel von Thaer in Möglin in Ostbrandenburg. Das Ziel erreicht!? – Eine der vermeintlich modernsten Landwirtschaften in der EU hat sich auf den Flächen der einstigen großen Güter, dann der LPGs auf den nun seit der Wende errichteten privatisierten Agrarbetrieben entwickelt. A. D. Thaer, einer der bedeutendsten deutschen Agrarpioniere, hatte hier auf seinem Gut vor fast 200 Jahren die Humuswirtschaft eingeführt.
(Foto: M. Succow, 2005)

Zunächst möchten wir auf das Erhalten eingehen: Die Stabilität der Biosphäre der Erde – als Lebensraum von uns Menschen – wird entscheidend durch die bislang noch nicht genutzten, noch nicht wesentlich beeinträchtigten Ökosysteme gewährleistet. Zu den Grundleistungen dieser Ökosysteme gehören Recycling und Kohlenstofffestlegung, Grundwasserbildung und Kühlung, Mehrung der Fruchtbarkeit durch Humusbildung und Erweiterung der Mannigfaltigkeit im Ergebnis evolutionärer Prozesse. Hier entfällt jedes Reparieren und Renaturieren.

Als ein vielleicht entscheidender Schlüssel zur Zukunftssicherung könnte es sich erweisen, die ökologischen Leistungen insbesondere der natürlichen Ökosysteme in Wert zu setzen, das heißt, sie in unser Preissystem einzubeziehen. Da das noch nicht der Fall ist, bleibt uns vorläufig nur der Weg, die noch verbliebenen natürlichen, intakten Ökosysteme in weiträumigen Schutzgebieten, in denen bewusst auf jede materielle Nutzung verzichtet wird, zu sichern. Wir verzichten also darauf, sie unserm Herrschaftswillen unterzuordnen, wir lassen sie unangetastet. Hierbei haben die reichen Länder gegenüber den armen Ländern eine besonders große Verantwortung, eine immense Bringepflicht. Als Instrumente haben sich dafür die international von der IUCN zertifizierten Schutzgebietsformen Nationalpark und als höchste Auszeichnung das Unesco-Weltnaturerbe bewährt.

Zum Zweiten geht es um das Haushalten: Lassen wir die Natur unverändert, ohne Naturnutzung, können wir nicht existieren; zerstören wir sie, gehen wir zugrunde. Deshalb müssen wir mit der Natur, die wir nutzen, also unseren Kulturlandschaften, haushalten. Es ist längst überfällig, in den von Menschen kultivierten Räumen generell eine dauerhaft umweltgerechte Landschaftsnutzung zu praktizieren, die sich an der Tragekapazität dieser Erde orientiert. Aber dafür ist die Hochzivilisation offenbar (noch) nicht reif. So bleibt uns vorerst nur, Beispiele für einen vernünftigen Umgang mit unseren Lebensgrundlagen zu entwickeln. Dafür bietet sich die seit 40 Jahren gewachsene Idee der Biosphärenreservate an: die Entwicklung von ländlichen Wirtschaftsregionen mit hohen ökologischen und sozialen Standards, also von Modell-Regionen mit einem Naturumgang, wie er auf der ganzen Fläche nötig wäre. Die Naturnutzung muss naturnäher werden! Deshalb ist es, wird es unabdingbar, bei allen Formen der Landschaftsnutzung die Funktionstüchtigkeit des Naturhaushaltes in den Vordergrund zu rücken. Unsere Äcker dürfen nicht weiter durch unsachgemäße Bodenbearbeitung, durch reduzierte Fruchtfolgen erodieren und ihre natürliche Fruchtbarkeit – den Humus – einbüßen. Unter unseren Äckern hat sich trinkfähiges Grundwasser wieder in Menge und Qualität zu bilden. Zu nutzende Moore haben durch Formen nasser Bewirtschaftung (Paludi-Kultur) weiterhin Torf zu bilden. Zu nutzende Wälder müssen, um Humus bilden zu können, älter werden dürfen. Zu nutzende Steppen dürfen nicht mehr umgebrochen werden, minimale Bodenbearbeitung ist hier der einzig zukunftsfähige Pfad

Links: Industriemäßiger Kartoffelanbau in Tangrim in Vorpommern. Über diesem Acker singt keine Feldlerche und der Hase ist schon lange ausgestorben. Alle Aufmerksamkeit gilt nur einer Frucht, hier der Kartoffel. Alles sonstige Leben wird bekämpft. Kein Ackerwildkraut findet hier noch eine Existenzmöglichkeit, selbst der Regenwurm ist fast verschwunden.
(Foto: M. Succow, 1998)

Mitte: Die Agrarchemie hat Hochkonjunktur. Um die Lohnkosten zu reduzieren, wurden gewaltige Gerätesysteme entwickelt: 12 m Arbeitsbreite gehören inzwischen zum Standard. Was ist aus großen Teilen unserer Kulturlandschaft geworden, die einst Nützlichkeit mit Lebensfülle, Arbeitsplätzen und auch Schönheit verband? Naturschutz auf 100 Prozent der Fläche, wie einst von den Naturschutzverbänden gefordert, ist eine Illusion.
(Foto: M. Succow, 2007)

Rechts: Die Feldwege sind verschwunden. Die Ausbringung der Agrochemikalien verläuft auf festgelegten Spurtrassen mit entsprechender Bodenverdichtung. Auf dem Bild sehen wir Ackerflächen in Michael Succows Heimatort Lüdersdorf in Ostbrandenburg. Was blieb von der Agrarkultur?
(Foto: M. Succow, 2010)

Die Bodenerosion schwemmt fruchtbaren Boden in die Senken. Eine Versickerung ist nicht mehr möglich. Vernässungen durch das Zulaufwasser sind die Folge. Eine Grundwasserneubildung findet kaum noch statt – als Ergebnis von Bodenverdichtung, des Humusschwundes, des Verlustes der Regenwürmer und der fehlenden Fruchtfolge. (Foto: M. Succow, 2010) | Rechte Seite: Das Bild zeigt die aktuelle, durch Windräder geprägte Ackerlandschaft in meiner Heimat. Dies ist schon längst keine Kulturlandschaft mehr, die durch nachhaltige Nutzung die ökologischen Funktionen der Agrarlandschaft sichert. Sie ist zur reinen Produktionslandschaft geworden. (Foto: M. Succow, 2011)

bei Ackernutzung, die am Humuserhalt orientiert ist. Wir könnten mit dieser Liste an Umstellungen der Naturnutzung noch lange weiter fortfahren. Auch in Nutzungslandschaften gilt es, die erbrachten ökologischen Leistungen mit in die Vergütung einzubeziehen beziehungsweise bei den Transferzahlungen (Subventionen) gebührend zu berücksichtigen. Die Suche nach alternativen Nutzungsformen für die einzelnen Ökosysteme hat gerade erst begonnen. Es soll in diesem Zusammenhang Friedensreich Hundertwasser zitiert werden: »Alle Zivilisationen haben so lange gedauert wie ihr Humus. Die ägyptischen, griechischen, römischen und viele andere Zivilisationen waren zu Ende, als ihr Humus zu Ende war. Unsere Zivilisation wird folgen, wenn wir nicht fähig sind, unsere unglaublich dünne Humusschicht wieder herzustellen.« Dieser Aussage ist nichts hinzuzufügen.

Lasst uns die Prinzipien der Natur annehmen, das bedeutet, von der Natur lernen, wie sie zukunftsfähig ist und bleibt. Üben wir uns im Erhalten, üben wir uns im Haushalten, gewähren wir der Natur Raum, geben wir ihr Zeit – um ihrer und unserer eigenen Zukunft willen. All das schließt tiefe Liebe zur Natur ein. Aus Liebe wächst Achtung, Verantwortung, das Einsetzen für ihren Fortbestand. Üben wir uns in Mäßigung, versuchen wir eine Zivilisation, eine Gesellschaft zu entfalten, die ohne das Paradigma, wirtschaftlich wachsen zu müssen, zurechtkommt und dabei freundlicher und zufriedener wird.

Literatur zum Weiterlesen

Dömpke, St.; Succow, M. (Eds.) (1998): Cultural Landscapes and Nature Conservation in Northern Eurasia, Bonn, Berlin.

Succow, M.; Jeschke. L. (2008): Naturschutz – Anspruch und Wirklichkeit. Herausforderungen am Beginn des 21. Jahrhunderts, in: Dengler, J.; Dolnik, C.; Trepel, M. (Hg.): Flora, Vegetation und Naturschutz zwischen Schleswig-Holstein und Südamerika. Festschrift für Klaus Dierßen zum 60. Geburtstag. Mitteilungen der Arbeitsgemeinschaft Geobotanik in Schleswig-Holstein und Hamburg, Bd. 65, S. 393–404.

Succow, M. (2009): Die Spielregeln der Natur einhalten, in: Natur frei Haus. Hamburger Gespräche für Naturschutz, S. 8–11.

Succow, M. (2011): Naturschutz persönlich betrachtet. Michael Succow: »… warum mir der Naturschutz so am Herzen liegt!«, in: Natur und Landschaft, Zeitschrift für Naturschutz und Landschaftspflege (1), S. 19–23.

Schlussfolgerungen für Deutschland

Von Michael Succow, Lebrecht Jeschke und Hans Dieter Knapp

Am Ende dieses Buches möchten wir, die wir viele Jahrzehnte haupt- und ehrenamtlich im Naturschutz gearbeitet haben, unsere Sichten, unsere Sorgen, unsere Hoffnungen zum Verhältnis Mensch – Natur zu Beginn des 21. Jahrhunderts darlegen.

Historischer Abriss

Vor 200 Jahren verzichteten erste fürstliche Waldbesitzer aus religiös-spiritueller Überzeugung insbesondere unter dem Einfluss der Romantik auf die wirtschaftliche Nutzung ausgewählter Waldflächen. Das war der Beginn des Naturschutzes. Als Folge von jahrhundertelanger auszehrender Bodennutzung und damit Verarmung weiter Teile der ländlichen Bevölkerung begann sich Mitte des 19. Jahrhunderts unter dem Begriff Landeskultur eine Landnutzung zu entwickeln, die das vertraute Bild der historisch gewachsenen Kulturlandschaft dramatisch veränderte. Eine Reaktion auf diese Veränderungen war der sich in der zweiten Hälfte des 19. Jahrhunderts formierende Heimatschutz, vor allem verwurzelt im städtischen Bildungsbürgertum. Als Reaktion auf vielfältige, staatlich geförderte landeskulturelle Maßnahmen, wie die Entwässerung von Mooren, die Begradigung von Flüssen, die so genannte Kultivierung von Ödland, konnte sich an der Wende des 19. zum 20. Jahrhundert Naturschutz als eine bürgerschaftliche Bewegung und staatliche Aufgabe in Deutschland etablieren.

In ihrem Bestreben, gewohnte und tradierte Bilder von Landschaft sowie seltene Pflanzen und Tiere zu erhalten, zu konservieren, wurden Heimat- und Naturschutz frühzeitig als konservativ und fortschrittsfeindlich, als Hemmnis für wirtschaftliche Entwicklung und als Beschneidung von Eigentumsrechten wahrgenommen. Der im wahrsten Sinne des Wortes fortschrittliche Ansatz von Wilhelm Wetekamp und C. A. Weber, Reste von »Urnatur« vor wirtschaftlichem Zugriff zu sichern, blieb auf der Strecke.

Da sich landwirtschaftliche Flächen weit überwiegend in Privatbesitz befanden (und befinden), waren (und sind) die Möglichkeiten, auf ihnen Naturschutzziele zu verfolgen, sehr begrenzt und weitgehend von der Einsicht und dem Wohlwollen des Eigentümers abhängig.

Als öffentliches Eigentum waren lediglich Teile der Wälder, Truppenübungsplätze und Verkehrsinfrastruktur einschließlich Wasserstraßen in direkter Obhut des Staates. Aber auch hier hatte Naturschutz – seit der Weimarer Verfassung als Staatsaufgabe anerkannt – kaum Zugriff. Flüsse gelten zwar als Lebensadern der Landschaft, doch wurden sie als Wasserstraßen ohne

Der Seeadler, deutscher Wappenvogel, war vor 100 Jahren fast ausgerottet. Ausgehend von Nordostdeutschland hat er in den letzten 50 Jahren fast das gesamte Deutschland wieder besiedelt und eine Siedlungsdichte erreicht, wie sie in der einstigen Naturlandschaft nicht möglich war, ein bemerkenswertes Ergebnis des Artenschutzes, aber auch des Nährstoffreichtums und damit des Nahrungsangebotes in der Kulturlandschaft. In Deutschland brüten gegenwärtig über 600 Brutpaare, davon fast die Hälfte in Mecklenburg-Vorpommern. (Foto: P. Wernicke)

Historisch gewachsene bäuerliche Kulturlandschaft, wie wir sie noch bis in die 1950er Jahre erlebten. Das Bild zeigt die damalige Getreideernte in ihrer schweren körperlichen Arbeit. Die vorindustrielle Kulturlandschaft, die uns heute oft als Ideal erscheint, gehört der Vergangenheit an.
(Foto: M. Succow, ca. 1959)

Rücksicht auf ihre Funktion im Naturhaushalt technisch ausgebaut und kanalisiert. Etablierte und personell wie technisch sehr gut ausgestattete Wasserstraßenverwaltungen vollbrachten ingenieurtechnische Meisterleistungen, die aber zugleich gravierende Eingriffe in den Naturhaushalt bedeuten, denen gegenüber der Naturschutz machtlos blieb. Ebenso problematisch ist, dass für land- und forstwirtschaftlich genutzte Flächen ein Nutzungsvorbehalt des Flächeneigentümers gilt.

Es gab und gibt in Deutschland praktisch keinen Quadratmeter herrenlosen Landes. Anders als in den USA vor 150 Jahren, als von grandioser Natur faszinierte Pioniere des Wilden Westens auf die Idee kamen, in der noch nicht privatisierten, scheinbar herrenlosen Wildnis Nationalparke zur Freude und Erbauung ihrer Bürger einzurichten. Dass dabei Rechte und Traditionen indigener Indianerstämme ignoriert oder gewaltsam gebrochen wurden, gehört zur dunklen Seite der Erfolgsgeschichte amerikanischer Nationalparke. Dies gilt jedoch nicht nur für die nordamerikanischen Nationalparke, sondern erst recht für Nationalparke in Afrika, Indien und Südostasien. Diese wurden von europäischen Kolonialmächten begründet und stets gegen die Interessen und die Rechte der indigenen Bewohner durchgesetzt.

Wohl aber gab es in Deutschland das aus der Allmende beziehungsweise dem Besitz der Fürsten hervorgegangene kommunale beziehungsweise staatliche Eigentum an Grund und Boden, über dessen Verwendung die zuständigen Landes- oder Kommunalparlamente nach geltendem Recht zu entscheiden hatten und haben. Naturschutz ist zwar in Deutschland gesetzlich bis ins Detail geregelt, letztlich aber, wie schon ausgeführt, weitgehend vom Wohlwollen des Flächeneigentümers abhängig.

Vor diesem Hintergrund der Eigentumsverhältnisse und etablierten Zuständigkeitsverteilung blieb für Naturschutz nicht wirklich Raum. Nationalparke nach amerikanischem Muster hatten unter diesen Bedingungen in Deutschland erst recht keine Chance. So nimmt es nicht Wunder, dass Naturschutz über Jahrzehnte als Naturdenkmalpflege betrieben wurde, sich auf Einzelgebilde der Natur beschränkte und Schutzgebiete ohne ernstliche Nutzungsbeschränkungen einrichtete, während die Gesamtlandschaft unter dem Einfluss fortschreitender Landnutzungsänderungen tiefgreifendem Wandel unterworfen wurde.

Rechte Seite oben: Traditionelles bäuerliches Wirtschaften in Nienhagen auf dem Fischland. Die Landschaft der 1970er Jahre war ein wichtiger Arbeitsplatz und voller Leben. Ökologische Fragen, die uns heute bewegen, waren unbekannt. Der Naturschutz hatte andere Sorgen. (Foto: M. Succow, ca. 1976)

Rechte Seite unten: Wilde Weiden – Eine neue Naturschutzstrategie, die versucht, auf degradierten agrarischen Grenzstandorten eine Landnutzung aufrechtzuerhalten, ohne diese »ökologisch sensiblen Standorte« weiter zu schädigen. Im Bild: extensive Weidewirtschaft auf stark erosionsgefährdeten Muschelkalkböden am Rande des Thüringer Waldes (Krawinkel). Das ungedüngte Dauergrasland befördert die Humusanreicherung, ermöglicht Grundwasserbildung in Menge und Güte und liefert mit den Weidetieren zertifizierte Ökoprodukte. Eine sich wieder einfindende, vielfältige Tier- und Pflanzenwelt lockt Touristen an und schafft Arbeitsplätze – ein notwendiger, wie uns scheint zukunftsfähiger Ansatz. (Foto: M. Succow, 2012)

In der Zeit des Nationalsozialismus suchte Naturschutz Unterstützung bei einem vermeintlich starken Staat, der seinerseits Naturschutz für seine »Blut und Boden«-Ideologie vereinnahmte, missbrauchte und zugleich auch Natur und Landschaft dem totalitären Machtanspruch des Nazisystems unterwarf. Dem Naturschutz wurde damit eine schwere Erblast aufgebürdet. Begriff und Wesen von »Heimat« wurden in Deutschland für Jahrzehnte diskreditiert. Die Reorganisation des Naturschutzes nach dem Kriege erfolgte im Wesentlichen auf der Grundlage des Reichsnaturschutzgesetzes von 1935, das nach dem Ende des Nationalsozialismus 1945 gültig blieb und dessen Schutzkategorien selbst in das Naturschutzgesetz der DDR übernommen wurden.

In den 1960er und 1970er Jahren erfolgte im Osten wie im Westen mit durchgreifender Industrialisierung der Landwirtschaft (Chemisierung, Mechanisierung, Melioration beziehungsweise Flurbereinigung, Kollektivierung oder Konzentration beispielsweise durch Höfesterben) ein grundsätzlicher Paradigmenwechsel in der Landnutzung mit entsprechenden Auswirkungen auf Natur und Landschaft. Der Naturschutz versuchte mit wissenschaftlichen Begründungen (wie ökologisches Gleichgewicht, Rote Listen, Pflegekonzepte) gegenzusteuern und bemühte sich mit dem Anspruch, Naturschutz auf 100 Prozent der Fläche, die Naturschutzziele in die Land-, Forst- und Wasserwirtschaft zu integrieren, während gleichzeitig der seit dem Reichsnaturschutzgesetz gesetzlich verankerte Nutzungsvorbehalt in Schutzgebieten bestehen blieb.

Das Dilemma des deutschen Naturschutzes

In Deutschland existieren heute rund 8000 Naturschutzgebiete (circa 3,3 Prozent der Landesfläche), in denen teilweise durch Naturschutzverbände Pflegenutzung zum Erhalt historischer Nutzungsformen (Halbkulturformationen) stattfindet, ansonsten die Bewirtschaftung aber keinen oder nur sehr geringen Beschränkungen unterliegt. Soweit es sich um privates Eigentum handelt, muss letzteres aufgrund der Rechtslage hingenommen werden. Wo es sich bei den Naturschutzgebieten aber um im öffentlichen Eigentum stehende Flächen handelt, ist das nicht mehr zu akzeptieren. Das erkannte der Forstmann Herbert Hesmer vor 80 Jahren für die Wälder mit bewunderungswürdiger Schärfe und schlug vor, die staatlichen Forstverwaltungen mögen sich der Sache annehmen und richtige Naturschutzgebiete im Walde schaffen, die er »Naturwaldzellen« nannte. Das Naturwaldzellenprogramm, in der DDR 1961 eingeführt, von den Landesforstverwaltungen der alten Bundesrepublik ab 1972 etabliert, halten wir für einen ersten Meilenstein in der deutschen Naturschutzgeschichte. Die heute bundesweit über 700 Naturwaldreservate nehmen mit über 31 000 ha Gesamtfläche 0,3 Prozent der Waldfläche Deutschlands ein. Damit wurden erstmals mit wissenschaftlichem Hintergrund Waldgebiete von jeder wirtschaftlichen Nutzung ausgeschlossen. Das wurde von Naturschutzvertretern bisher jedoch kaum gewürdigt.

Unabhängig davon wurden in den vergangenen Jahrzehnten verschiedenartige Instrumente entwickelt, um Land- und Forstwirte zu naturnäherem Wirtschaften zu veranlassen. Dieses Vorgehen wird unter dem Begriff Vertragsnaturschutz subsumiert. Das heißt, der Landnutzer erhält für eine bestimmte Zeit eine gewisse Summe Geldes, wenn er nach den Vorgaben des Naturschutzes seine Produktionsverfahren ausrichtet. Er bleibt dabei jedoch immer ein Unternehmer, dem es im Kern um seine Rendite geht. Die für den Naturschutz erbrachten Leistungen sind für ihn sekundär. Der Landnutzer muss so handeln, bei Strafe seines wirtschaftlichen Ruins. Denn der Landnutzer ist Unternehmer, er konkurriert mit anderen Unternehmern. Er muss bestrebt sein, erfolgreicher zu wirtschaften als die Konkurrenten – das ist das Prinzip des Kapitalismus.

Das auf 14 km Länge wiedervernässte Talmoor des Großen Landgrabens in Vorpommern. Durch die Beweidung mit Wasserbüffeln wird hier Landschaftsnutzung bei Erhalt der Torfbildung und sich entfaltender Biodiversität ermöglicht. Ein gelungenes Beispiel einer Ersatzausgleichsmaßnahme im Zusammenhang mit dem Bau der Bundesautobahn A 20. (Foto: M. Succow, 2011)

Mit den Naturschutzgroßprojekten, welche die Bundesregierung 1979 einführte und die seit 2009 unter dem Titel »Idee Natur« laufen, wurde die Möglichkeit geschaffen, über befristete Transferzahlungen die Landnutzung naturschonender auszurichten oder durch den Erwerb von Bodenflächen und deren eigentumsrechtliche Übertragung an private, eigens dazu gegründete Fördervereine für den Naturschutz zu sichern. Wenn Fördervereine sich dann jedoch wie private Landnutzer verhalten und die Rendite für ihren Fortbestand wiederum unabdingbar ist, wird das Programm zur Farce. Inzwischen gibt es dafür zahlreiche Beispiele. Dennoch halten wir dieses Programm für einen wichtigen und seinerzeit wohl einzig möglichen Schritt, dem Naturschutz eine neue Dimension zu erschließen. Damit konnte die Bundesregierung in Sachen Naturschutz durch den Erwerb privater Flächen konkrete Naturschutzmaßnahmen veranlassen.

Demgegenüber müssen wir heute feststellen, dass mit der Gründung von Landesforstbetrieben in den Bundesländern im letzten Jahrzehnt eine Quasi-Privatisierung staatlicher Forstverwaltungen erfolgte und mittlerweile kaum noch Unterschiede zum privaten Waldbesitz bestehen. Die zwangsläufige Gewinnorientierung lässt für Naturschutz immer weniger Raum. Lediglich vermögende Stiftungen mit festgeschriebenen Naturschutzzielen bilden hier eine Ausnahme. Als wir damals in der Endphase der DDR versucht haben, mit dem Nationalparkprogramm das Tor zu neuem Denken, zu einer neuen Dimension des Naturschutzes zu öffnen, haben wir die Rolle des Privateigentums an Grund und Boden noch nicht überblickt.

Wenn das erklärte Ziel der Bundesregierung, zehn Prozent des öffentlichen Waldes (fünf Prozent der Waldfläche Deutschlands) der Naturwaldentwicklung zu überlassen, erreicht werden soll, muss umgehend ein Einschlagsmoratorium für die noch vorhandenen alten Waldbestände verfügt werden.

Die zunehmende Industrialisierung der Agrarproduktion, verbunden mit einer bis dahin nicht dagewesenen Homogenisierung ganzer Landschaften und dem Verlust vieler Lebensgemeinschaften und Arten, veranlasste die Europäische Gemeinschaft, die Vogelschutz-Richtlinie (1979) und die FFH-Richtlinie (1992) als verbindliche Naturschutzregelungen einzuführen. Das Hauptanliegen der FFH-Richtlinie ist darauf gerichtet, insbesondere die Reste von Halbkulturformationen in der Kulturlandschaft, koste es was es wolle, zu erhalten. Wolfgang Haber hat sehr früh mit großem Nachdruck darauf hingewiesen, dass dieses Ziel jeder wissenschaftlichen Grundlage entbehrt und auch Erkenntnisse der modernen Ökologie negiert, also in eine Sackgasse führt: Kulturlandschaft wurde mit Natur gleichgesetzt, die Dynamik der Natur jedoch ignoriert.

Der Artenschutz wurde ins Zentrum des Naturschutzes gerückt, der Naturschutz hat damit in der breiten Öffentlichkeit zwangsläufig an Überzeugungskraft und Glaubwürdigkeit verloren. Dazu haben nicht zuletzt Versuche beigetragen, um nur zwei Beispiele zu nennen, mithilfe der Mopsfledermaus den Bau einer Brücke über die Elbe in Dresden zu verhindern, weil alle Sachargumente weggewogen wurden; oder mithilfe des Wachtelkönigs den Bau einer Start- beziehungsweise Landebahn in Hamburg zu verhindern. Ein auf den Artenschutz reduzierter Naturschutz läuft Gefahr, seine kulturelle Dimension zu verlieren. Wir sind heute mehr denn je der Überzeugung, dass es nicht mehr und nicht weniger um das Verhältnis des modernen Menschen zur Natur geht, von der er lebt und die ihn trägt (Haber 2011).

Globalisierung als neues Paradigma

Die Umsetzung des EU-Naturschutzrechts (Vogelschutz-Richtlinie, FFH-Richtlinie) in den 1990er Jahren erfolgte etwa zeitgleich mit einem erneuten Paradigmenwechsel globalen Ausmaßes, der Globalisierung. Die mit der Globalisierung entfesselten Märkte agieren international, die nationalen Regierungen sind ihnen ausgeliefert. Mit der Globalisierung wird eine neue Dimension von Ressourcenausbeutung, Ressourcenverschwendung und Naturzerstörung praktiziert, die einer zukunftsfähigen, nachhaltigen Entwicklung, wie sie im Rio-Prozess (1992) entworfen worden war, diametral entgegengesetzt ist. Mit der Entkoppelung der Finanz- von der Realwirtschaft, mit Börsenspekulationen auf landwirtschaftliche Produkte und Landbesitz, Preissteigerungen auf Nahrungsmittel und Globalisierung der Agrarindustrie ist die Naturzerstörung in den vergangenen anderthalb Jahrzehnten extrem verschärft und die Welt in eine globale Krise getrieben worden.

Klimawandel, Tropenwaldzerstörung, Wüstenausbreitung, Versauerung der Weltmeere, Verknappung von Trinkwasser, Verlust von biologischer Vielfalt, Degradation der Funktionsfähigkeit von Ökosystemen und auch die Finanzkrise ... sind Symptome einer weltweiten systemischen Krise, wie es sie noch niemals in der Geschichte der Menschheit gegeben hat.

Fatalerweise sind Politiker dabei auf die falsche Fährte gelockt worden. Beim Klimaschutz (beabsichtigte Reduzierung von Treibhausgas-Emissionen durch Nutzung regenerativer Energien) ergaben neue Berechnungen, dass die Bioenergie nicht nur die Natur unter zusätzlichen Druck setzt, sondern für den Klimaschutz ohne Bedeutung ist, wenn nicht gar negativ zu Buche schlägt. Von jüngeren Entwicklungen in Deutschland seien hier nur Dauer-Maisanbau, Ganzbaumernte für Hackschnitzel oder Windkraftnutzung über Wald als Beispiele genannt. Wo bleibt angesichts dieser Entwicklungen noch Raum für Natur und für Naturschutz? Wird gut gemeinter Naturschutz klassischer Prägung – Konservierung bestehender Zustände, Schutz seltener und gefährdeter Arten, Pflege von Biotopen historischer Kulturlandschaft – nicht zur bloßen Augenwischerei angesichts flächendeckender multifunktionaler Inanspruchnahme von Natur und Landschaft? Inanspruchnahme, die selbst in ausgewiesenen Schutzgebieten zum großen Teil fortbesteht? Ist Naturschutz auf ganzer Fläche mit Landbewirtschaftung, die auf Profitmaximierung programmiert ist, im Sinne eines integrativen Ansatzes überhaupt vereinbar? Retten drei oder fünf oder neun Biotopbäume und fünf oder zehn oder 20 Festmeter Totholz pro Hektar das Ökosystem Wald mit seinen vielfältigen Funktionen, wenn dieser von Rückegassen zerschnitten, von Windrädern überflügelt und vom Holzhunger globaler Märkte bis auf den letzten Ast »beerntet« wird? Ergibt biologische Vielfalt überhaupt noch einen Sinn, wenn die Integrität des Waldes als Ganzes zerstört ist? Ist es da noch gerechtfertigt, ein isoliertes Vorkommen einer Art um jeden Preis mit aufwendigen Erhaltungsmaßnahmen zu sichern, nur weil diese Art im Anhang der FFH-Richtlinie gelistet ist? Ist es Naturschutz, wenn FFH-Arten benutzt werden, um unsinnige Großprojekte doch noch zu verhindern, nachdem vernünftige Argumente gegen Lobbyinteressen nichts auszurichten vermochten? Was kann Naturschutz bewirken, da nicht Achtung und Ehrfurcht gegenüber Natur, nicht Wissen und Erkenntnis das Verhältnis des Menschen zur Natur bestimmen, sondern Nutzungsinteressen, vermeintliche Effizienz und Gewinnmaximierung darüber entscheiden? Naturschutz braucht seine eigenen Flächen, auf denen jedwede materielle Nutzung absolut unterbleibt!

Globale Herausforderungen als neue Dimension des Naturschutzes

Die Befriedigung der wachsenden Bedürfnisse einer unkontrolliert wachsenden Menschheit stellt gegenwärtig die wohl größte Herausforderung für die menschliche Zivilisation dar. Unabdingbar für das Fortbestehen der Menschheit sind die Reduzierung des Ressourcenverbrauchs beziehungsweise eine effizientere Ressourcennutzung und damit eine verringerte Belastung des Naturhaushalts. Diese überlebensnotwendigen Voraussetzungen werden die nationalen Regierungen immer weniger zu leisten in der Lage sein. Für immer mehr Menschen wird zur Gewissheit, dass die anthropogen sich global dramatisch verändernden Umweltbedingungen – wie der Klimawandel, Nährstoffdeposition, Biodiversitätsverlust – zwangsläufig zu tiefgreifenden Verwerfungen der menschlichen Gesellschaft führen. In diesem Dilemma gewinnt der Schutz der Natur, das meint den umfassenden Schutz unserer natürlichen Lebensgrundlagen, im ureigensten Interesse der Menschheit eine fundamentale Bedeutung. Bei allen Formen der Landschaftsnutzung ist der Sicherung der Funktionsfähigkeit der Ökosysteme und des Naturhaushaltes Priorität einzuräumen.

Zum Erhalt der Biosphäre, die auch den Lebensraum von uns Menschen einschließt, leisten die bislang vom Menschen noch nicht genutzten, oder noch nicht wesentlich beeinträchtigten Ökosysteme einen grundlegenden, unverzichtbaren Beitrag. In diesen Ökosystemen zählen Recycling des Abfalls und der Kohlenstoffbindung, Grundwasserbildung und Klimaregulierung (Küh-

lung), Mehrung der Bodenfruchtbarkeit (Humus) und Zunahme der Biodiversität im Zuge evolutionärer Prozesse zu den Grundleistungen. Dem Erhalt dieser Grundleistungen der Ökosysteme ist höchste Aufmerksamkeit zu schenken.

Diese ökologischen Leistungen, insbesondere der natürlichen Ökosysteme, sollten in Wert gesetzt und in das allgemeine Preissystem einbezogen werden. Die TEEB-Studie (»The Economics of Ecosystems and Biodiversity«, 2009) liefert hierzu einen ersten Ansatz. Das wäre ein entscheidender Schritt zur Zukunftssicherung, zumal es sich um immer knapper werdende Güter handelt. Da sich dieses Konzept aber nach wie vor sehr schwertut, bleibt uns vorläufig nur der Weg, die noch verbliebenen natürlichen Ökosysteme durch großräumige Schutzgebiete zu sichern, in denen bewusst auf jede materielle Nutzung verzichtet wird.

Das klingt alles sehr ernüchternd und desillusionierend. Dennoch müssen diese und weitere Fragen gestellt und beantwortet werden. Unser Buch »Naturschutz in Deutschland« versucht hier Antworten zu finden. Naturschutz kann nicht als ein Sektor in Konkurrenz mit anderen Sektoren, meist vordergründigen Wirtschafts- und Einzelinteressen, abgehandelt, sondern muss als Überlebensvorsorge in einem umfassenden und ressortübergreifenden Sinne verstanden werden. Die Sicherung unserer Lebensgrundlage muss zum Prinzip erhoben werden. Naturschutz muss als

Sommerüberflutung im Nationalpark Unteres Odertal in Brandenburg. Die großen Stromauen in Mitteleuropa sind in den vergangenen Jahrhunderten durch Flussregulierungen, Eindeichungen und Überführung in Ackernutzung anthropogen besonders stark verändert worden. Diese Lebensadern in Teilen zu revitalisieren, ihnen für Überflutungsdynamik wieder Raum und Zeit zu geben, bedeutet die Wiederherstellung der Funktionstüchtigkeit unserer Landschaft.
(Foto: H. D. Knapp, 2010)

Naturnahe Großseggenriede im Oder-Nationalpark bei Friedrichsthal. Die sich in den Überflutungsräumen wieder entfaltenden Großseggenriede und Röhrichte sind nicht nur Lebensraum selten gewordener Tier- und Pflanzenarten, sondern auch Torfbildner (CO_2-Senke) und bedeutende Flächenfilter zur Festlegung von Nährstoffen. (Foto: M. Succow, 2009)

Kulturaufgabe verstanden werden. Die Verengung auf naturwissenschaftliche und juristische Begründungen muss durch Wiedergewinnung der kulturellen Dimension überwunden werden.

Da es in der Natur der Natur liegt, sich fortwährend zu verändern, ist es unmöglich, bestimmte Zustände zu fixieren oder zu konservieren. Naturschutz muss sich von statischen Leitbildern, wie Natur auszusehen und zu sein habe, lösen. Es ist natürlicher Dynamik Raum zu geben, auch wenn dies zu unerwarteten Entwicklungen führt. Heute muss der Schwerpunkt des Naturschutzes auch in Mitteleuropa die Erhaltung beziehungsweise Entwicklung von Stammlebensräumen sein. Vor allem für sie tragen wir allein die Verantwortung. In Deutschland sind das Wälder, Moore, Seen, Stromauen, Küsten und Hochgebirge. Ihnen ist Raum und Zeit in ausreichend großen, nutzungsfreien Schutzgebieten zu gewähren (Naturschutzgebiete, Nationalparke). Mit den Nationalparken und dem Nationalen Naturerbe besteht jetzt in Deutschland erstmals die Chance, auf großer Fläche ungesteuerte Naturentwicklung zuzulassen.

Der bewusste Verzicht auf wirtschaftliche Nutzung, das Zulassen von Wildnis in großräumigen Naturschutzgebieten ist für das westliche Europa eine weitgehend neue Naturschutzstrategie, die tief in das Bewusstsein der Menschen greift. Das 20. Jahrhundert war stärker als je eines zuvor von fortschreitender Zerstörung beziehungsweise Kultivierung alles Natürlichen geprägt. Einerseits herrscht eine nie da gewesene Naturentfremdung, andererseits beobachten wir aber auch eine wachsende Sehnsucht nach unberührter, unreglementierter Natur, nach einem Miteinander von Zivilisation und Wildnis.

Wildnis, also Naturräume, die aus sich heraus existieren, brauchen den Menschen nicht, aber der Mensch der technisierten Welt braucht Wildnis auch als Maß und um seiner Demut willen. Wildnis ist eine Alternative zur zunehmend urbanisierten Welt. In einer Zeit wachsender Orientierungslosigkeit und Entwurzelung können wir im Erleben unverletzter Natur zu geistig-seelischem Wohlbefinden, zu künstlerischer Inspiration, zu Hoffnung, aber auch zu Ehrfurcht, zu Spiritualität und zu Bescheidenheit gelangen. In diesem Sinne ist der Erhalt von Wildnis kein Luxus, sondern eine Kulturaufgabe der menschlichen Gesellschaft.

Naturschutz in neuer Dimension muss auch Meeresnaturschutz miteinbeziehen, da die Meere globale Funktionen in der Biosphäre wahrnehmen und derzeit unter zunehmenden Nutzungsdruck geraten. Naturschutz in neuer Dimension darf sich in der Kulturlandschaft nicht auf den Schutz einzelner Arten, die Verwertung von Rest- und Splitterflächen und die Duldung von Nutzungen in Schutzgebieten beschränken, sondern muss mithelfen, nachhaltige Formen der Landnutzung, zunächst beispielhaft vor allem in Biosphärenreservaten und Naturparken, zu entwickeln.

So erscheint es uns als ein Gebot der Stunde, auf den so genannten Grenzertragsstandorten nach alternativen Nutzungsformen zu suchen, sowohl aus ökologischen als auch aus sozialen Beweggründen. Grenzertragsstandorte, einst Problemstandorte intensiver agrarischer Nutzung, werden gegenwärtig mithilfe der Agrarchemie und entsprechender Technik zu Höchstertragsstandorten entwickelt mit vorauszusehenden schwerwiegenden ökologischen Schädigungen: forcierte Bodenerosionen, Humusschwund, Störung des Landschaftswasserhaushaltes, Grundwasserbelastung, Verlust der Vielfalt an Lebensräumen und Arten. Bei diesen besonders sensiblen Ökosystemen handelt es sich vor allem um untere Mittelgebirgslagen in Höhenbereichen von 300 bis 600 Metern mit besonders starker Erosionsdisposition; um potenziell überflutungsgefährdete Auenstandorte; um Niederungslandschaften mit Moorböden und Grundwassersanden sowie um stark reliefierte Endmoränenlandschaften und grundwasserferne Sandgebiete. Auf all diesen Standorten ist die gegenwärtig festzustellende Fortführung oder Wiedereinführung intensiven

Die Heiligen Hallen in Mecklenburg, der heute wohl älteste Buchenhochwald Deutschlands. Hier kann der Wald sich selber leben. (Foto: L. Jeschke, 2011)

Ackerbaus, insbesondere zur Bioenergiegewinnung (Mais), oft verbunden mit Güllewirtschaft aus industriemäßigen Massentierhaltungen nicht mehr verantwortbar.

Auf den genannten Standorten erscheint uns eine Umwandlung in Dauergrünland unter Verzicht jedweder Form künstlicher Düngung und Pflanzenschutzmittel angebracht. Das Konzept der »Wilden Weiden«, wie es derzeit schon großflächig von der Naturschutzstiftung Schleswig-Holstein, einem Landwirtschaftsbetrieb in Krawinkel oder auch in einigen Biosphärenreservaten und Naturparken praktiziert wird, sind gelungene Beispiele einer Naturressourcen schonenden, ökologisch und sozial verantwortbaren Landnutzung. In diesen wiederbelebten Kulturlandschaften sind Schönheit und Nützlichkeit miteinander verbunden. Die Landschaften erzeugen mit artgerechter Tierhaltung gesunde Nahrungsmittel, sie befördern Tourismus- und Gesundheitswirtschaft. Hier ist ein sich neu entwickelndes Berufsbild: »Manager des ländlichen Raumes«, gefragt. Solange die hier erbrachten ökologischen und sozialen Leistungen noch nicht in unserem Preisgefüge berücksichtigt werden, müssen derartige Wirtschaftsweisen durch Transferzahlungen subventioniert werden. Wir sind der Überzeugung, dass die Gesellschaft zunehmend bereit ist, diese Leistungen zu honorieren, im Gegensatz zur aktuellen industriemäßigen Agrarnutzung in unserer historisch gewachsenen Kulturlandschaft. Diesen Herausforderungen werden künftig am ehesten genossenschaftliche Strukturen gewachsen sein.

Generell ist die gesamte Landschaftsnutzung auf diese Ziele auszurichten, was wir als eine staatliche Aufgabe für die Zukunft erachten. Die Überwindung des einseitigen agrar-industriellen

Paradigmas durch regionalisierte Kreislaufwirtschaft ist darüber hinaus eine gesamtgesellschaftliche Aufgabe zur Revitalisierung von Kulturlandschaften und zur Lösung sozialer und wirtschaftlicher Probleme in ländlichen Regionen. Der Humusanreicherung und Bodenpflege sowie der Stabilisierung des Landschaftswasserhaushaltes kommt dabei entscheidende Bedeutung zu. Unter dem gegenwärtigen Paradigma agrar-industrieller Landnutzung hat der integrative Ansatz des Naturschutzes allerdings keine Chance und muss als gescheitert angesehen werden.

Das Dilemma unserer Zeit lässt sich in Anlehnung an Gedanken von Reimar Gilsenbach in drei Sätzen zusammenfassen: Lassen wir die Natur unverändert, können wir nicht existieren; zerstören wir sie, gehen wir zugrunde. Der schmale, sich verengende Gratweg zwischen Verändern und Zerstören kann nur einer Gesellschaft gelingen, die sich mit ihrem Wirtschaften in den Naturhaushalt einfügt und die sich in ihrer Ethik als Teil der Natur empfindet. Üben wir uns im Erhalten, üben wir uns im Haushalten, gewähren wir der Natur Raum, geben wir ihr Zeit – um ihrer und unserer eigenen Zukunft willen!

Literatur zum Weiterlesen

Deutscher Verband für Landschaftspflege und Stiftung Naturschutz Schleswig Holstein (Hg.) (2011): Wilde Weiden zwischen Nord- und Ostsee. Ein Naturführer, Husum.

Haber, W. (2011): Die unbequemen Wahrheiten der Ökologie: Eine Nachhaltigkeitsperspektive für das 21. Jahrhundert, München.

TEEB (2008): The economics of ecosystems and biodiversity. An Interim Report. European Community, Cambridge, 64 S.

TEEB (2009): Climate Issues Update. September 2009, 32 S.

TEEB (2010): Die ökonomische Bedeutung der Natur in Entscheidungsprozesse integrieren. Ansatz, Schlussfolgerungen und Empfehlungen von TEEB. Eine Synthese, 48 S.

Wilde Schwäne vor der Kreideküste im Nationalpark Jasmund auf Rügen. Der Höckerschwan war vor 150 Jahren in Deutschland in freier Wildbahn fast ausgestorben, denn er gehörte zur Hohen Jagd. Er ist heute an all unseren Gewässern ein gewohntes und vertrautes Bild: ein Ergebnis gewachsenen Umweltbewusstseins, aber auch unseres allgemeinen Wohlstandes. Das ist längst nicht in allen Ländern Europas so. Das Foto könnte ein Sinnbild des Friedens mit der Natur sein! (Foto: M. Succow, 2010)

ANHANG

Abkürzungsverzeichnis

Abkürzungen, die nicht buchstabiert werden (beispielsweise Unesco),
erscheinen nicht komplett in Großbuchstaben.

ABM	Arbeitsbeschaffungsmaßnahme
ABN	Arbeitsgemeinschaft Beruflicher Naturschutz
ACZ	Agrochemisches Zentrum
AdW	Akademie der Wissenschaften
AGBR	Ständige Arbeitsgruppe der Biosphärenreservate in Deutschland
BANL	Bundesanstalt für Naturschutz und Landschaftspflege
BBG	Brandenburgische Bodengesellschaft für Grundstücksverwaltung und -verwertung
BFANL	Bundesforschungsanstalt für Naturschutz und Landschaftsökologie
BfN	Bundesamt für Naturschutz
BMBF	Bundesministerium für Bildung und Forschung
BMU	Bundesministerium für Umwelt, Naturschutz und Reaktorsicherheit
BNatschG	Bundesnaturschutzgesetz
BR	Biosphärenreservat
BR S-C	Biosphärenreservat Schorfheide Chorin
BUND	Bund für Umwelt und Naturschutz Deutschland
BVVG	Bodenverwertungs- und -verwaltungs GmbH
DBU	Deutsche Bundesstiftung Umwelt
DFG	Deutsche Forschungsgesellschaft
DNR	Deutscher Naturschutzring
EU-Life	European Union L'Instrument Financier pour l'Environnement
F+E	Forschung und Entwicklung
FFH	Flora-Fauna-Habitat-Richtlinie
FÖLV	Förder- und Landschaftspflegeverein Mittelelbe
FÖNAS	Förderverein für Naturschutz im Spreewald
GIS	Geoinformationssystem
GPS	Global Positioning System
GNU	Gesellschaft für Natur und Umwelt
GV/ha	Großvieheinheit je Hektar
ILN	Institut für Landschaftsforschung und Naturschutz

IUCN	International Union for Conservation of Nature
KIM	Kombinat Industrielle Mast
KSDW	Kulturstiftung Dessau-Wörlitz
LAGS	Landesanstalt für Großschutzgebiete
LANA	Länderarbeitsgemeinschaft Naturschutz
LHW	Landesbetrieb für Hochwasserschutz und Wasserwirtschaft
LPG	Landwirtschaftliche Produktionsgenossenschaft
LSG	Landschaftsschutzgebiet
LUGV	Landesamt für Umwelt, Gesundheit und Verbraucherschutz
MAB	Man and the Biosphere
MAP	Managementplan
MNUW	Ministerium für Naturschutz, Umweltschutz und Wasserwirtschaft
Muner	Ministerium für Umwelt, Naturschutz, Energie und Reaktorsicherheit der DDR
Nabu	Naturschutzbund Deutschland
NGP	Naturschutzgroßprojekt
NLP	Nationalpark
NP	Naturpark
NSG	Naturschutzgebiet
NSG-VO	Naturschutzgebietsverordnung
OUV	Outstanding Universal Value
PEP	Pflege- und Entwicklungsplan
SDW	Schutzgemeinschaft Deutscher Wald
SOF	Save Our Future
SPA	Special Protection Area
S.U.N.K.	Stiftung Umwelt, Natur- und Klimaschutz
TEEB	The Economics of Ecosystems and Biodiversity
Unesco	United Nations Educational, Scientific and Cultural Organization
VDN	Verband Deutscher Naturparke
VO	Verordnung
WCPA	World Commission on Protected Areas
WWF	World Wildlife Fund
ZFA	Zentraler Fachausschuss

Register geographischer Namen

Ahlbecker Seegrund *256*, 263
Alpen 18, *200*, 206 f., 212
Altdarß 88
Altfriedländer Teiche 185
Altmarkkreis Salzwedel 194
Angermünde 136, 139, 271
Anhalt-Dessau 152
Arzberg 171
Australien 221

Bad Freienwalde *39*, 43, 46, 139
Bad Godesberg 240
Bad Harzburg 105, *205*
Bad Honnef 212
Bad Schandau 40, 116, 119 f.
Baden-Württemberg 20, *213*, *221*, 224, *246*
Balkan 289
Barnimer Grundmoränenplatten 186
Baruther Urstromtal 285
Bastei 116, 119
Bayern 2, 55, 169, *170*, 206, *210*, 211, *218*, 219, *232*, 242, 245, *247*, 254
Bayerischer Wald 254
Berchtesgaden *9*, *200*, 206 f., 219, 223
Bergen-Rugard 124
Berlin 25, 46, 55, 64 f., *69*, 76 f., 108, 149, 171, 184, 186, 187, 189, 237, 240, 278, 281
Berliner Urstromtal 185
Berlin-Wilmersdorf 65

Bernburg 112
Bernsteininsel 93
Bessin 91
Białowieża 32, 289
Bitterfeld 71, *267*
Bliesgau *220*, 224
Blumberger Teiche 271
Bock *89*, 90 f., 93 f.
Bodetal 50
Böhmen 18, *19*, 24
Böhmerwald 18
Börde 194
Boissower See 176
Bonn 64, 69, 75-77, 226, 240
Borkumer Dünen 263
Brandenburg 20, 42, *44*, 47 f., *55*, 58, 64, 67, 123 f., 132-134, 139, 143-145, 149 f., 184, 186, 189 f., 209, 212 f., 219, 230, 232 f., 245, 248, 250 f., *257*, 263, *268*, 271, 278, 282-284, 286-288, 293, *315*
Breitefenn 49, 133
Bremen *27*, 55, 293
Breszuller Moor 20
Brocken *59*, *73*, 76, 104-108, 110 f.
Brodowin *63*, 41, 134
Buch 155, 157
Buckow 184 f., 188-190
Buckower Kessel 184, 186, *188*
Buckower Rinne 185
Bulgarien 216
Burg 145

Campower Steilufer 176
Carzig-Mallnow *272*
České Švýcarsko 113
Cottbus 46, 50, 143

Danzig 19, 25
Darß 53, 65, 88, 90-95
Darß-Zingster-Boddenkette 88
Dessau 152-154, 156, 219, 330
Dessau-Roßlau 154 f.
Dessau-Wörlitz 123, 150, 154 f., 158
Döberitz 277
Döberitzer Heide 277-281
Döllnfließ 137
Domfelsen von Magdeburg 150
Dornbusch 88, 91, 93
Drachenfels 17
Dresden 40 f., 120, 313, 330
Drömling 58, 69, 191 f., 194-199, 224, 229 f., 245 f.
Dümmer *233*, *239*
Dünenheide 93

Ebenberg 263
Eberswalde *21*, 26, 136, 139, 216, 332
Eberswalder-Thorner Urstromtal 132
Eichsfeld 50
Eichsfeld-Werratal 249, 277
Eifel 9, 210
Elbsandsteingebirge 65, 113 f., 116
Elbtal 116, 150, 219 f.
Elisenhain 16
Ellbach 213

Erzgebirge   42, 50, 228
Ewiger Teich   176

Fährinsel   91
Fauler Ort   *138*
Feldberg   96
Ferbitzer Bruch   278
Finnland   43
Fischland   88, 91, 93, 95, *310*
Frankreich   216, *220*

Gadebusch   178
Gänsewerder   91
Gartzsee   186
Garz   124
Gellen   91
Georgien   79
Gerswalde   136
Geesthacht   150
Glatzer Bergland   18
Goitzscher See   *267*
Goldensee   176
Goor   *126*, 130, *259*, 329
Goslar   104
Göttingen   112, 331
Greifswald   *11f.*, 14, 16
Greifswalder Bodden   124, *126*, 260, 329, 331
Groß Schönebeck   136
Groß Ziethen   139, *302*
Großbritannien   216
Großer Däbernsee   185
Großer Klobichsee   185
Großer Serrahn-See   *98*
Großer Winterberg   117, 119
Großer Steinbach   82
Grube Messel   289
Grumsin   293

Hainich   210, 254, 293
Hainsimsen-Buchenwald   167
Halle/Saale   29, 37, 46, 112, 216, 240, 329, 332
Hamburg   55, 75, 85, 176, 182, 209

Hamburger Wattenmeer   206, 242
Harz   9, 50, 53, *73*, 76, 104–108, 112, 167, *205*, 209
Havelberg   150, 154 f.
Hechtdiebel   132
Helmstedt   194
Hembachwald   171
Hessen   21, 169 f., *207*, 210, *218*, 245, 254, 293
Hiddensee   88, 90 f., 93, 124
Hinterhermsdorf   119
Hohe Düne von Pramort   93
Hohe Rhön   242
Hohe Schrecke   248, *258*
Holstein   175
Hornmisse   212, *333*

Ibengarten   171
Ilsenburg   *104*, 108
Iran   79
Italien   205

Jasmund   50, 53, 58, 82–86, 122, *236*, *290*, 293, *296*, 320
Jena   160, 171
Jerichow   *153*, 157
Joachimsthal   139
Johanniskreuz   251
Jüterbog   282, 284–286

Kaltenbronn   *333*
Kaltensundheim   171 f.
Kammerbruch   176
Kanaren   289
Karl-Marx-Stadt (Chemnitz)   46
Karpaten   289 f., 293 f.
Kellerwald   86, 210
Kieckbuschwiesen   176
Kieler Bach   84, *86*
Kienhorst   133, *138*
Kietzer See   185
Kirnitzschklamm   117
Kirr   93
Klein Salitz   176
Kleine Schorfheide   288

Kleiner Barschpfuhl   186
Kleiner Jasmunder Bodden   266
Klobichsee   189
Koblenz   124
Kolliker Bach   82
Königsbrücker Heide   287
Königssee   *200*, 206
Krawinkel   *310*, 318
Kriegbusch   143
Kroatien   216
Krugberg   184
Kubani-Urwald   *18*
Kuhlrader Moor   175
Kühnauer See   156
Kuppenrhön   169
Kyffhäuser   37, 247
Kyffhäuser-Südharz   50
Kyritz-Ruppiner Heide   261 f.

Labské pískovce   113, 120
Lancken-Granitz   126, *129*
Lange Rhön   169, 242
Lankower See   176
Lauchhammer   176
Lausitz   142, *261*, 299
Lausitzer Seenland   245
Lebuser Grundmoränenplatten   186
Lehde   142
Leipe   142
Lieberose   282 f., 285 f., *288*
Lieberoser Heide   *55*, *69*
Liebitz   93
Lilienstein   119
Lübbenau   145
Lübeck   176, 182
Ludwigslust   178
Lüneburger Heide   20, *67*, 69, 184, 226, 228, *230*, 240
Lüttenhagen   16

Madeira   289
Magdeburg   107, 150, 154, 328
Mallnow   276
Mansfeld   104

Märkische Schweiz 58, 184, 186 f., 189 f.
Mechower See 176
Mecklenburger Seenplatte 50
Mecklenburgisches Elbtal 229
Mecklenburg-Vorpommern 58, 68, 78, *100*, 102, 126, 150, 175, 177 f., 181, 212, 219, 229 f., 232 f., *243*, 245, 247 f., 261, 293, *301*, 308
Mellnsee 137
Mexiko 221
Mittelelbe/Mittlere Elbe (BR) 150, 153 f., 156, 158, 246
Mittleres Elbtal 160
Mittellandkanal 194
Mönchgut 122, 124, 128
Mongolei 79
Montenegro 216
Müncheberg 184 f., 329
München 25, 37, 226
Münsingen *221*, 224
Müritz 9, 53 f., 55, 58, 65, 72, 75, 86, 96 – 98, 100 –103, 291, 293
Müritzhof 40, 43, 50, 102
Murnauer Moos 2, *210*, 212

Neuendorfer Moor 176, 180
Neuenkirchen 250
Neuenkirchener See 176
Neuensiener See 128
Neustrelitz 96 f.
Niederer Fläming 285
Niederlausitzer Heidelandschaft 58
Niedersachsen 69, 105 –108, 111, 150, 191 f., 194, *197*, *205*, 207, 209, 220, 242, 245, 250, *300*
Niedersächsische Elbtalaue 150, 220
Niedersächsisches Wattenmeer 206 f., 223
Niendorf-Bernstorfer Binnensee 176
Nordrhein-Westfalen 55, 207, 210, 212, 224, 230, 242, 289
Nordsee 185, 208, 254
Nordvogesen *220*

Nuthe-Nieplitz-Niederung 246

Oberlausitzer Heide- und Teichlandschaft 219
Oderaue 209
Oder 88, 185, 210, 300
Oder-Havel-Kanal 137
Odertal 185
Oebisfelde 195
Ohnhorn 170
Ohre 150, 191, 193, *197*
Oie 93
Ost-Berlin 43, 68, 71
Ostrügensche Boddenlandschaft 28, 245
Österreich 216
Ostsee 16, 56, 83, 88, 91, 122, 185, 277
Ostzingst 89 f., 93 f.

Paris 93, 289
Parsteiner See 36, 40, 134
Peenetal-Haffmoor 243, 245
Pfälzer Wald 212
Pfrühlmoos *2, 210*
Pinnowseen 133
Plagefenn 20 f., 23 f., 41, 49, 132, 216
Plötzendiebel 132
Polen 32, 205, 209, 216, 256, 286 f., 289
Polenztal 116
Pramort 90
Prerow 91, 94
Preußen 14, 16, 20, 24 f.
Prora 246, 265 f.
Putbus 122 –124, *126, 129*

Rehna 178
Rheinland-Pfalz 212, 220, 242, 261, 263
Rohnklippen 105
Rhön 50, 57 f., 169 –172, 174, 218 – 220, 228, *237*, 245, 247, 328
Rhönwald 171

Ribnitz-Damgarten 93
Röggeliner See 175, 180
Rominter Heide 26
Rote Luch 186
Ruhlsdorfer Bruch 189
Russland 79, 289, 291

Saale 50, 150, 153, 240
Saarland *220*, 224, 245
Sachsen-Anhalt 48, 58, 69, 105, 108, 150, 154, 157, 191 f., 195, 198 f., *205*, 209, 219, 223 f., 229 f., 232 f., 251, 263, 267 f., 272, 286
Sachsenburg 171
Sächsisch-Böhmische Schweiz 114
Sächsische Schweiz 40, 47, 58, 65, 113 f., 116 –118, 120 f.
Schaalsee *58*, 175 –178, 180 –183
Schermützelsee 185 f.
Schlepzig 145
Schlesien 24
Schleswig-Holstein 55, *58*, 150, 177 f., 207, 220, 242, 245, 248
Schleswig-Holsteinisches Wattenmeer 206 – 208, 223
Schlossberg 84
Schmiedefeld 159
Schönwolder Moor 175
Schorfheide 54, 132 f., 137 f., 216
Schorfheide-Chorin *21, 36*, 40 f., 86, 132 –134, 219, 293, *302*
Schwäbische Alb *221*
Schwarzes Moor 176, 237
Schweden 205
Schwedenhagener Ufer 91
Schweizer Mittelland 189
Schwerin 176, 182, 239
Sellnitz 120
Sernitztal 137
Serrahn 65, 97, *291*, 293
Siebengebirge 17, 212
Slowakei 289, 293, 295
Sophienfließ 189
Sowjetunion 66, 216
Spanien 205, 221

Speck   75, *100*
Spessart   25
Spreewald   50, 58, 142–144, 146 f., 149, 219, 245
Stechlin   *213*
Steckby   154 f.
Steckby-Lödderitz   30
Steckby-Lödderitzer Forst   154, 219
Stedtlinger Moor   171
Steigerwald   211
Stobber   185, *188*
Stobbertal   184, 187, 189
Stralsund   *11*
Strangen   176
Stubnitz   65
Südost-Rügen (BR)   54, 58, 77, *123*
Suhl   159, 162

Tangersdorf   282, 288
Techin   175 f.
Teutoburger Wald   212, 224
Thießow   131
Thüringen   48, 58, 169 f., 172, 174, 209 f., 218 f., 228, 230, 232, 245, 247 f., 252, 254, 260 f., 276, 293, 332
Thüringer Becken   210

Thüringer Wald   57, 154, 159, *165*, 167, 219, 277
Tönning   254

Uckermark   216, *300, 302*
Ueckermünder Heide   256, 263
Ukraine   289, 293, 295
Ulster   171
Untere Havelniederung   245, *273*
Unteres Odertal   245
Usedom   50

Vesser   159
Vessertal   30, 58, 154, 159–161, 163, 165, 219
Virgin Komi Forests   289
Vockerode   155, 157
Vogelsang   *207*, 210
Vogelsberg   170
Vogtland   58, 74
Vorpommern   48, 88, 219, *303, 312*
Vorpommersche Boddenlandschaft   88 f., *90*, 93

Waldhalle   86
Waldmeister-Buchenwald   167

Waldrhön   169
Wandlitz   76
Waren (Müritz)   53, 235
Wasserkuppe   169
Wehlen   119
Welsebruch   137
Werder-Inseln   90 f., 94
Wesenberg   48, 97
West-Berlin   64 f.
Wieck   95
Wildsee   *333*
Wildsee-Moor   212
Wittenberg   153, 330
Wittenburg   178
Wolfsburg   191
Wulfener Bruch   157

Zarrentin   58, 178
Zechnigleiten   117
Zehlau-Bruch   20
Zeidlerbachtal   115
Zella   174
Zichower Wald   271
Zingst   65, 90 f., 93–95
Zinnbach   242
Zschand   117

Angaben zu den Autoren

Karl-Friedrich Abe
Jahrgang 1955, 1977-1981 Studium an der Technischen Universität Dresden mit Abschluss Dipl.-Ing. Päd., 1981-1990 Berufsschullehrer, 1986-1990 ehrenamtlicher Naturschutz, 1990 Mitglied der deutsch-deutschen Naturschutzkommission in der Rhön, 1990-1991 Aufbauleiter des Biosphärenreservats Rhön/Thüringen, ab 1991 Leiter der Verwaltung des Biosphärenreservats Rhön/Thüringen. Zahlreiche Publikationen in Mitteilungen aus dem Biosphärenreservat Rhön/Thüringen.

Elke Baranek
Jahrgang 1965, seit 2011 Geschäftsführerin Europarc Deutschland e.V., Studium Gartenbau und Landschaftsplanung, Promotion im Agrarmarketing, Tätigkeitsschwerpunkte in den Bereichen Marketing und Markenführung, Presse- und Öffentlichkeitsarbeit sowie Konzeption und Management von Beteiligungsprozessen in den Feldern Naturschutz und nachhaltige Landnutzung.

Fred Braumann
Jahrgang 1962, Dipl.-Ing. (FH) für Wasserwirtschaft, 1982-1985 Studium in Magdeburg, 1985-1990 Wasserwirtschaftsdirektion Untere Elbe, seit 1990 stellvertretender Leiter Naturparkverwaltung Drömling, ab 2007 dort Leiter, seit 1990 ehrenamtlicher Naturschutzbeauftragter Landkreis Börde. Publikationen im Bereich Ornithologie, Naturschutz, Wasserwirtschaft und Bodenkunde.

Fritz Brickwedde
Jahrgang 1948, Studium der Geschichte, Politikwissenschaften und Publizistik, Akademiedozent und Fachbereichsleiter am Franz-Hitze-Haus in Münster, Leiter der Volkshochschule Georgsmarienhütte, Dezernent für Schule und Kultur, Landschaftspflege und Regionalplanung beim Landkreis Emsland, Sprecher der niedersächsischen Landesregierung, seit 1991 Generalsekretär der Deutschen Bundesstiftung Umwelt.

Eberhard Henne
Jahrgang 1943, Studium und Promotion an der Humboldt-Universität zu Berlin im Fach Veterinärmedizin, 1970-1990 Tierarzt im brandenburgischen Kreis Angermünde, seit 1965 im Naturschutz engagiert, 1990/91 Umweltdezernent in der Kreisverwaltung Angermünde, 1991-2008 Leiter des Biosphärenreservats Schorfheide-Chorin. 1998-1999 Umweltminister des Landes Brandenburg, 2000-2009 Vorstandsvorsitzender von Europarc Deutschland, aktives Mitglied in der German Ranger's Association.

Klaus Jarmatz
Jahrgang 1957, 1979 – 1983 Studium der Biologie an der Universität Rostock, 1983 – 1990 Arbeitsgruppenleiter im Institut für Umweltüberwachung, 1990 – 1992 Zusatzstudium Umweltschutz/Umweltmanagement in Berlin, seit 1990 zunächst Leiter des Naturparkes, später des Biosphärenreservates Schaalsee, 1994 – 2003 Vorstandsmitglied von Europarc Deutschland, Publikationen zu naturschutzfachlichen Themen.

Lebrecht Jeschke
Jahrgang 1933, Studium der Biologie in Greifswald, 1962 Promotion, 1959 – 1989 als wissenschaftlicher Mitarbeiter am Institut für Landschaftsforschung und Naturschutz in Greifswald tätig, entwickelte 1990 maßgeblich das Nationalparkprogramm mit, 1991 – 1998 Direktor des Landesnationalparkamtes Mecklenburg-Vorpommern, 1997 im Stiftungsrat der Michael Succow Stiftung, seit 2003 Ehrenmitglied des Stiftungsrates, zahlreiche Publikationen zu Moor- und Waldfragen.

Adrian Johst
Jahrgang 1972, 1991 – 1998 Studium der Biologie an der Martin-Luther-Universität Halle-Wittenberg, 1995 – 1999 freier Fernsehredakteur mit Schwerpunkt Natur und Umwelt, seit 1999 Geschäftsführer der Naturstiftung David, seit 2001 Koordinator der Strategiegruppe »Naturschutzflächen« beim Deutschen Naturschutzring, ab 1996 Vorstandsmitglied des Unabhängigen Instituts für Umweltfragen (UfU).

Hans Dieter Knapp
Jahrgang 1950, 1968 – 1973 Studium der Biologie in Greifswald und der Geobotanik in Halle, 1978 Promotion, entwickelte 1990 maßgeblich das Nationalparkprogramm mit, seit Gründung Leiter der Außenstelle Insel Vilm des Bundesamtes für Naturschutz mit der Internationalen Naturschutzakademie, Honorarprofessor am Institut für Botanik und Landschaftsökologie in Greifswald, inhaltlich verantwortlich für das Naturschutzgebiet Goor und zuständig für das Thema »Buchenwald/Buchenwaldschutz« in der Michael Succow Stiftung.

Hartmut Kretschmer
Jahrgang 1953, Studium der Biologie an der Humboldt-Universität zu Berlin, 1978 – 1990 Wissenschaftlicher Mitarbeiter am Forschungszentrum für Bodenfruchtbarkeit in Müncheberg und 1991 – 1997 am Leibnitz-Zentrum für Agrarlandschaftsforschung e. V. Müncheberg, Promotion 1983, ab 1998 Abteilungsleiter an der Landesanstalt für Großschutzgebiete und ab 2005 im Landesumweltamt Brandenburg, 1991 – 1998 Aufbau und 1. Vorsitzender des Nabu-Landesverbandes in Brandenburg.

Hans-Joachim Mader
Jahrgang 1944, 1973 – 1978 Studium der Biologie und der Physik an der Universität Heidelberg, 1979 – 1989 Mitarbeiter der BfANL (später BfN) in Bonn, 1990 – 1995 Leiter der Abteilung Raumordnung, 1995 – 2005 Leiter der Abteilung Naturschutz im Umweltministerium in Brandenburg, seit 2000 Vorsitzender der Stiftung Naturlandschaften in Brandenburg, zahlreiche Veröffentlichungen zu Isolationswirkung und Biotopverbund.

Ulrich Meßner
Jahrgang 1959, 1975 – 1981 Lehre und Arbeit als Feinmechaniker, 1981 – 1986 Studium Marine Ökologie in Rostock, 1986 – 1990 Leitung des Aquariums im Müritz-Museum Waren, 1989 Mitinitiator des Nationalparkprogramms und des Müritz-Nationalparks, ab 1990 Mitarbeiter der Aufbauleitung für den Müritz-Nationalpark und seit 1993 Leiter des Nationalparks.

Rainer Mönke
Jahrgang 1950, 1971 – 1975 Studium der Biologie an der Humboldt-Universität zu Berlin, 1975 – 1990 Mitarbeiter im Institut für Umweltüberwachung beim Amt für Atomsicherheit und Strahlenschutz in Berlin, 1976 – 1978 Zusatzstudium Strahlenschutz, 1985 – 1987 Teilnahme an der 31. Sowjetischen Antarktisexpedition, seit 1990 Mitarbeiter im Naturpark, später Unesco-Biosphärenreservat Schaalsee, zahlreiche Publikationen zu ornithologischen und naturschutzfachlichen Themen.

Arnulf Müller-Helmbrecht
Jahrgang 1942, Studium der Jura und Volkswirtschaft in Bonn und München, Naturschutzexperte im Bundesumweltministerium, 1990 Berater im DDR-Umweltministerium, 1992 – 2004 Mitarbeiter des Umweltprogramms der Vereinten Nationen (UNEP), Exekutivsekretär des »Übereinkommens zur Erhaltung der wandernden wild lebenden Tierarten«, der »Bonner Konvention«.

Peter Nitschke
Jahrgang 1962, Studium der Forstwirtschaft an der Fachhochschule Göttingen, 1999 – 2004 Projektleiter bei der Heinz Sielmann Stiftung, ab 2004 Geschäftsführer der Sielmanns Naturlandschaft Döberitzer Heide (SNL).

Eugen Nowak
Jahrgang 1963, Berufsausbildung zum Forstfacharbeiter, Studium der Forstwirtschaft in Dresden und Abschluss als Diplom-Forstingenieur, 1990 – 1992 Mitarbeiter für Waldschutz in der Brandenburgischen Forstverwaltung, 1992 – 2001 im Biosphärenreservat Spreewald verantwortlich für Ökologische Waldwirtschaft und Jagd, 2001 – 2002 Leiter des Naturparks Stechlin-Ruppiner Land, seit 2002 Leiter des Biosphärenreservates Spreewald.

Guido Puhlmann
Jahrgang 1963, 1984 – 1989 Studium des Meliorationsingenieurwesens in Rostock, ehrenamtliches Engagement für den Naturschutz seit 1976, 1990 – 1993 Ressortleitung der Unteren Naturschutzbehörde im Landkreis Roßlau, danach Wechsel zur staatlichen Wasserwirtschaftsverwaltung in Dessau und Lutherstadt Wittenberg, seit 1998 Leiter der Biosphärenreservatsverwaltung Mittelelbe, bis 2009 Sprecher der AG Biosphärenreservate bei Europarc Deutschland e.V.

Lutz Reichhoff
Jahrgang 1948, 1969 – 1975 Studium der Biologie und Landschaftsplanung an der Martin-Luther-Universität Halle (einschließlich Forschungsstudium), 1975 – 1990 Mitarbeiter am Institut für Landschaftsforschung und Naturschutz Halle (zuletzt stellvertretender Direktor), Promotion 1978, Habilitation 1988, 1990 Tätigkeit im Umweltministerium der DDR, Mitarbeit am Nationalparkprogramm, seit 1990 geschäftsführender Gesellschafter eines Planungsbüros.

Holm Riebe
Jahrgang 1955, Dipl.-Ing. (FH), seit der Gründung des Nationalparkes Sächsische Schweiz 1990 als Referent für Arten-, Biotop- und Naturschutz in der Nationalparkverwaltung tätig, Arbeitsschwerpunkte Botanik und Vegetation, Schutzgebiete sowie Geographisches Informationssystem, zahlreiche Fachpublikationen und Buchprojekte.

Peter Schneider
Jahrgang 1951, Kommunikationswirt, Dipl.-Designer, 1975 – 1979 Studium an der Hochschule der Künste Berlin, 1979 – 1994 Berater in diversen internationalen Werbeagenturen, Spezialgebiet Promotions, Markenstrategien, Handelswerbung, 1994 – 2005 Gesellschafter und Geschäftsführer der Werbeagentur Connex in Berlin. Mitarbeiter im Projekt Kommunikation von Europarc Deutschland e.V. seit Dezember 2008, 2009 – 2011 Geschäftsführer von Europarc Deutschland e.V.

Ulrich Simmat
Jahrgang 1966, Studium der Forstwirtschaft in Göttingen, 2000 – 2001 Mitarbeiter im Bundesamt für Naturschutz (internationaler Artenschutz), seit 2001 Mitarbeiter der Heinz Sielmann Stiftung und zuständig für Naturschutzprojekte.

Hartmut Sporns
Jahrgang 1951, Studium der Meliorations- und Vegetationskunde an der Universität Rostock, seit 1960 für den ehrenamtlichen Naturschutz engagiert, 1990 – 1996 Aufbauleiter des Nationalparks Vorpommersche Boddenlandschaft, derzeit im Nationalparkamt Vorpommern zuständig im Dezernat für Grundlagen und Entwicklung für die Nationalparke Vorpommersche Boddenlandschaft und Jasmund.

Reinhard Stock
Jahrgang 1956, Biologie- und Geographiestudium in Göttingen, 1986 – 1988 Graduiertenstipendium, 1990 Promotion, 1989 – 1993 Wissenschaftlicher Mitarbeiter am Institut für forstliche Biometrie und Informatik in Göttingen, ab 1993 Referent in der Deutschen Bundesstiftung Umwelt, seit 2010 stellvertretender Abteilungsleiter der Abteilung Umweltforschung und Naturschutz.

Michael Succow
Jahrgang 1941, Studium und Promotion im Fach Biologie an der Universität in Greifswald, 1981 Habilitation, 1987 Ernennung zum Professor an der Akademie der Landwirtschaftswissenschaften, entwickelte 1990 maßgeblich das Nationalparkprogramm als stellvertretender Umweltminister der Modrow-Regierung der DDR, 1992 Berufung zum Universitätsprofessor an die Universität Greifswald, Direktor des Botanischen Institutes und des Botanischen Gartens, 1997 Verleihung des Alternativen Nobelpreis der Right Livelihood Award Foundation in Stockholm, 1999 Gründung der Michael Succow Stiftung zum Schutz der Natur, 2006 Emeritierung, seit 1992 Mitglied des deutschen MAB-Nationalkomitees, Träger des Verdienstkreuzes 1. Klasse des Verdienstordens der Bundesrepublik Deutschland, Ehrenprofessorenwürde in Kirgisistan.

Christian Unselt

Jahrgang 1964, 1987 – 1993 Studium der Landschaftsplanung an der Technischen Universität Berlin, seit seiner Jugend ehrenamtlich beim Nabu aktiv, ab 1986 Mitglied im Präsidium des Nabu, seit 1992 Nabu-Vizepräsident, 1993 – 2011 hauptamtlicher Geschäftsführer des Instituts für Ökologie und Naturschutz in Eberswalde und Berlin, seit Gründung der Nabu-Stiftung Nationales Naturerbe deren Vorsitzender, zunächst ehrenamtlich, ab 2003 dann in Teilzeit und seit 2011 in Vollzeit. Über den Nabu und die Nabu-Stiftung von Beginn an maßgeblich an der Vorbereitung und Umsetzung der Naturschutzflächensicherung des Nationalen Naturerbes beteiligt.

Werner Wahmhoff

Jahrgang 1954, Studium der Agrarwissenschaften, Promotion und Habilitation an der Universität Göttingen, seit 1991 Leiter der Abteilung Umweltforschung und Naturschutz der Deutschen Bundesstiftung Umwelt, seit 2005 zugleich Stellvertreter des Generalsekretärs, zudem seit 2008 als Prokurist der DBU-Naturerbe GmbH tätig. Ehrenamtliche Tätigkeiten: Außerplanmäßige Professur an der Agrarwissenschaftlichen Fakultät der Universität Göttingen, Mitglied im MAB-Nationalkomitee des Unesco-Programms Man and the Biosphere, Mitglied im Beirat für Nachwachsende Rohstoffe am Niedersächsischen Ministerium für Ernährung, Landwirtschaft und Forsten, Mitglied im Hauptausschuss der Deutschen Landwirtschaftsgesellschaft (DLG).

Uwe Wegener

Jahrgang 1941, 1960 – 1966 Studium der Landwirtschaftswissenschaften in Halle, 1972 Promotion, 1973 – 1982 Mitarbeiter am Institut für Landschaftsforschung und Naturschutz in Halle und Potsdam, 1982 – 1990 Naturschutzwart, Oberförster und Forstmeister im Staatlichen Forstbetrieb Wernigerode, 1990 Aufbauleiter des Nationalparks Hochharz und dessen wissenschaftlicher Leiter bis 2004, zahlreiche wissenschaftliche Publikationen und Fachbücher, seit 1992 Fachgelehrter in der Kommission für Landeskunde der Sächsischen Akademie, seit 2002 Vorstandsmitglied in der Stiftung Naturschutzgeschichte in Königswinter.

Werner Westhus

Jahrgang 1954, 1975 – 1980 Studium der Biowissenschaften an der Martin-Luther-Universität Halle/Wittenberg, 1985 Promotion, 1980 – 1991 Wissenschaftlicher Mitarbeiter im Institut für Landschaftsforschung und Naturschutz Halle, Arbeitsgruppe Jena, 1989 Carl-Correns-Medaille der Biologischen Gesellschaft der DDR für wissenschaftliche Leistungen auf dem Gebiet der angewandten Vegetationskunde, stellvertretender Abteilungsleiter Naturschutz an der Thüringer Landesanstalt für Umwelt und Geologie, zahlreiche Veröffentlichungen zu Pflanzenwelt und Naturschutz in Thüringen.

Wachsender Hochmoorkern im Naturschutzgebiet Wildsee bei Kaltenbronn im Nordschwarzwald. Seit über einem Jahrzehnt wird dort über einen Nationalpark diskutiert. Wildsee und Hornmisse sollten darin Kerngebiete werden. (Foto: L. Jeschke)

Zeitreisen in die Kulturgeschichte

Der Ararat, mit über 5000 Metern höchster Berg an der Grenze der Türkei zu Armenien, ist Ort eines in vielen Religionen verbreiteten Glaubens: Hier soll nach dem Ende der gottgewollten Sintflut die Arche Noah gestrandet sein. Dieser Mythos hat den niederländischen Autor Frank Westerman seit seiner Kindheit begleitet. Er ergründet ihn in einer atemberaubenden Zeitreise im Spannungsfeld zwischen Wissen und Glauben, Historie und Gegenwart.

»Auf leisen Sohlen und mit bedächtigen Schritten kreist Westerman den Berg 280 Seiten lang ein, sammelt Andenken und Anekdoten christlicher und islamischer Kultur- und Religionsgeschichte. Wenn er am Ende oben ankommt, ist man dankbar, dass Westerman dem Leser nicht im letzten Moment noch ein Gotteserlebnis andienen will wie Hape Kerkeling.«   (Neue Ruhr Zeitung)

Frank Westerman
Ararat
Pilgerreise eines Ungläubigen

288 Seiten, 1 Karte,
Festeinband mit Schutzumschlag
ISBN 978-3-86153-487-7
19,90 € (D); 20,50 € (A)

Sicco Mansholt hatte einen Traum: Nie wieder einen Hungerwinter! Seine Familie stammte aus dem Oldambt am Dollart, der Kornkammer der Niederlande, wo er zu Beginn des 20. Jahrhunderts Armut, Reichtum und soziale Missstände erlebte. Als er nach dem Zweiten Weltkrieg Landwirtschaftsminister der Niederlande und schließlich EWG-Agrarkommissar wurde, versuchte er, die europäische Landwirtschaft krisenfest zu machen, und unterwarf sie rigiden planwirtschaftlichen Vorgaben – bis die Umweltbewegung aufkam und mit ihr die junge Petra Kelly in sein Leben trat.

»Großartig und bedeutsam – ein Buch, das an die deutsche TV-Saga ›Heimat‹ und zugleich an den italienischen Film ›1900‹ erinnert.«   (NRC Handelsblad)

Frank Westerman
Das Getreideparadies

320 Seiten, 27 Fotos, 1 Karte,
Festeinband mit Schutzumschlag
ISBN 978-3-86153-550-8
19,90 € (D); 20,50 € (A)

Christoph Links Verlag, Schönhauser Allee 36, 10435 Berlin, www.christoph-links-verlag.de

Expeditionen zu den letzten Naturvölkern

Seit über 20 Jahren fährt Roland Garve in die entlegensten Regionen der Erde zu archaischen Kulturen, die dem Untergang geweiht scheinen: nach Neuguinea, Schwarzafrika und an den Amazonas. Kaum ein anderer Deutscher hatte so viele Kontakte mit unbekannten Naturvölkern, wenige gingen auf so gefährliche Expeditionen. Der promovierte Zahnarzt reist als Ethnomediziner, Völkerforscher und Dokumentarist. »Kirahé« nennen ihn die Lippenpflockindianer im brasilianischen Regenwald, »der weiße Fremde«. Die Ureinwohner sehen in ihm einen Freund, denn er lässt sich auf ihr Leben ein und engagiert sich international für den Schutz ihres Lebensraumes. Gemeinsam mit dem Journalisten Frank Nordhausen erzählt er nun aus seiner bewegenden Lebensgeschichte, die zugleich eine einzigartige Dokumentation verschwindender Kulturen ist.

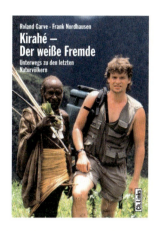

Roland Garve, Frank Nordhausen
Kirahé – Der weiße Fremde
Unterwegs zu den letzten Naturvölkern

528 Seiten, 260 Farbfotos, Klappenbroschur
ISBN 978-3-86153-425-9
24,90 € (D); 25,60 € (A)

Seit vielen hundert Jahren rauben »Zivilisierte« den Naturvölkern ihr Land und ihre Kultur. Jetzt sind die letzten hundert isolierten Stämme bedroht. Kaum einer weiß besser darüber Bescheid als der Lüneburger Zahnarzt und Völkerforscher Roland Garve. Seit über zwanzig Jahren reist er in die entlegensten Regionen der Erde am Amazonas, in der Kalahariwüste oder in der Südsee. Mehr als siebzig Expeditionen haben ihn zu Indios, Pygmäen, Papuas und anderen Urvölkern geführt. Er hat ihnen die Zähne behandelt und ihr Leben dokumentiert; seine ethnologischen Fernsehfilme haben ihn bekannt gemacht.
»Laleo – Die geraubte Steinzeit« ist die Fortsetzung seiner abenteuerlichen Lebensgeschichte aus »Kirahé – Der weiße Fremde«, illustriert mit spektakulären Fotografien.

Roland Garve, Frank Nordhausen
Laleo – Die geraubte Steinzeit
Als Zahnarzt bei den letzten Naturvölkern

408 Seiten, 202 Farbfotos, Klappenbroschur
ISBN 978-3-86153-546-1
24,90 € (D); 25,60 € (A)

Christoph Links Verlag, Schönhauser Allee 36, 10435 Berlin, www.christoph-links-verlag.de

Bewahrte Naturschönheit im Großformat –
Brilliante Farbfotografien in limitierter Auflage zur Bestellung

Foto: L. Jeschke

Foto oben: M. Succow, Foto unten: H. D. Knapp

Ausgewählte Motive der Naturfotografien von Michael Succow, Lebrecht Jeschke und Hans Dieter Knapp können als großformatige Abzüge über den Verlag bestellt werden. Die Abbildungen werden in kleiner Anzahl und höchster Qualität reproduziert und von dem jeweilgen Fotografen auf der Rückseite handsigniert. Die Hälfte des Erlöses geht an die Michael Succow Stiftung.
Eine Angebotsliste lassen wir Ihnen bei Interesse gern per Email oder Post zukommen. Sie können die möglichen Motive auch in einer Fotogalerie auf der Homepage des Verlages einsehen.

Anfragen bitte an
mail@christoph-links-verlag.de
oder
Ch. Links Verlag
Stichwort: Naturfotografie
Schönhauser Allee 36
10435 Berlin
Tel.: (030) 44 02 32-0
Fax: (030) 44 02 32-29
www.christoph-links-verlag.de/naturfotografie

Christoph Links Verlag, Schönhauser Allee 36, 10435 Berlin, www.christoph-links-verlag.de